GOLDMANN

D1993565

Herausgeberin

Melissa Andersson, geboren 1972 in Vimmerby, Schweden, studierte in Göteborg und Uppsala. Heute spielt sie Baß in der All-Girls-Band »Shut Up, Slut« und arbeitet an ihrem ersten Roman »100 Möglichkeiten, deinen Liebhaber zu enttäuschen«. Melissa Andersson lebt in der Nähe von Hamburg.

MELISSA ANDERSON (Hrsg.)

Das große Böse Mädchen Lesebuch

GOLDMANN VERLAG

Die Angaben zu den Übersetzungen und Quellennachweisen der einzelnen Texte finden Sie am Ende des Bandes.

Umwelthinweis:
Alle bedruckten Materialien dieses Taschenbuches sind chlorfrei und umweltschonend.
Das Papier enthält Recycling-Anteile.

Der Goldmann Verlag
ist ein Unternehmen der Verlagsgruppe Bertelsmann

Originalausgabe 12/96

Umschlaggestaltung: Design Team München
Umschlagmotiv: Tim Platt, London
Satz: Uhl + Massopust, Aalen
Druck: Elsnerdruck, Berlin
Verlagsnummer: 43689
Lektorat: Sky Nonhoff
Herstellung: Heidrun Nawrot
Made in Germany
ISBN 3-442-43689-3

1 3 5 7 9 10 8 6 4 2

Inhalt

Für die Mädchen, die schon immer böse waren:
Andrea, Silvia und den Schrecken der Meere.
Thanks, Girls! Und für Ulrike.
Von solchen Ideen kann man gar nicht genug haben.

Cassandra Brooke

Einmal ist keinmal

River Mews 1
London W 4
8. Februar

Liebste Ruth,

es folgt »ein Tag im Leben der Janice Blakemore«, nein, eigentlich fing es schon am Vortag an.

Erstens Harry. Aus Vilnius kam ein Brief – tiefste Zerknirschung. Dank für all die Erinnerungen, plus das Angebot einer satten Unterhaltserhöhung als Lockmittel für eine neue Verhandlungsrunde. Vielleicht machte er auch bloß mal wieder einen Kontrollgang über seinen Hühnerhof, spielte den Pfau für die süße kleine Pfauenfrau daheim, die ihn am Ende immer gerne wieder aufnimmt. Harry Blakemore, unser Mann in Osteuropa. Ein bißchen zu viel Mann, für meinen Geschmack – Macker wäre das richtige Wort. Ich habe gleich ein Nein-danke-Telegramm aufgegeben. Als ich danach den Hörer hinlegte, fühlte ich mich hundsmiserabel. Warum? Ich glaube deshalb, weil ich ihn mal so geliebt habe. Allein dieses Gefühl geht mir schon sehr ab. Und all die kleinen Dinge, die kleinen Alltäglichkeiten: »Wenn Harry zurück ist, werden wir...« – »Ich muß dran denken, Harry zu sagen, daß…« Ach Ruth, er wird in diesen Tagen vierzig, und ich hatte noch so viel vor! Erinnerst Du Dich, was Deine Mutter zu mir gesagt hat, kurz vor unserer Hochzeit? »Bist du dir ganz sicher, Janice? Fische und Jungfrau. Haarig, meine Liebe, ganz schön haarig.«

Am Abend bin ich mit der neuen P. D. James ins Bett gegangen, um mich abzulenken. Ich hatte mein Janet-Reger-Nachthemd angezogen, das Harry immer meinen siebten Schleier genannt hat. Ich hatte mich immer ein bißchen geschämt, es anzuziehen, aber was kümmerte mich das jetzt? Ich war ganz allein. Seit wann sollen sich Frauen bloß für Männer schick machen? Und so kam es, daß ich am nächsten Morgen praktisch nichts anhatte, als Maurice kam. Es war ein Tag, der ganz ruhig begonnen hatte. Ich zog die Schlafzimmervorhänge zurück und schaute in den Schnee hinaus. Zum erstenmal seit einer Woche schimmerte die Sonne rosa und purpurfarben auf der weißen Fläche, und am liebsten hätte ich gleich angefangen zu malen. Dann hörte ich die Katzentür klappern und ein furchterregendes Miauen von Spindle, die ihr Frühstück verlangte. Wie immer brachte ich es nicht übers Herz, ihr zu sagen, sie möge sich verdammt noch mal gedulden, und machte mich auf den Weg nach unten, wobei ich mir der Tatsache durchaus bewußt war, daß das einzige an meinem siebten Schleier, das nicht durchsichtig ist, das Janet-Reger-Etikett ist. Ich drückte mich für den Fall, daß gerade jemand vorbeikam, an den Fenstern vorbei, und Gott sei Dank war es warm im Haus, weil ich am Abend zuvor vergessen hatte, die Heizung runterzudrehen. Na ja, jedenfalls gab ich der Katze ihr Futter, das heißt, sie fraß es praktisch aus der Büchse. Dann ging ich zur Vordertür, um die Zeitung zu holen, die schon innen aus dem Briefschlitz ragte. Kaum hatte ich sie herausgezogen, fiel ein Brief vor mir auf den Boden. Ohne groß nachzudenken, öffnete ich die Tür: Wer um alles in der Welt wollte mir denn um acht Uhr morgens eine Nachricht zukommen lassen? Und da stand er vor mir, total verlegen: Maurice von Nummer 9 – der Werbefritze –, gestiefelt und gespornt, offenbar auf dem Weg ins Büro. Am Gehsteig, direkt vor meinem kleinen Renault, parkte sein Jaguar.

Ich habe gesagt, daß Maurice verlegen aussah, und das war kein Wunder. Er hatte, wie sich herausstellte, bloß im Auftrag seiner Frau eine Einladung zu einer Party einwerfen wollen. Und dann stand da plötzlich diese Blondine in der Tür, offensichtlich als Salome verkleidet.

Nun, ein anständiges Mädchen wäre in tiefe Schamröte versunken, hätte mit einem »Oh, verzeihen Sie vielmals!« versucht, sich zu bedecken, und sich hinter der Tür versteckt. Dieses Mädchen hier dachte gar nicht daran; oder, besser gesagt, es zögerte jenen fatalen Bruchteil einer Sekunde lang, die einem professionellen Jäger wie Maurice genügt. Ein ganz schöner Schlawiner, der Typ, es war faszinierend zu sehen, wie er's anstellte. Er lächelte und sagte: »Bei Ihnen bekomme ich nicht zufällig ein Täßchen Kaffee, oder? Es war so ein langer Weg hierher...« Ich lachte und sagte: »Wenn Sie es so nötig haben, gern.«

Meine liebe Ruth, es war acht Uhr morgens! Ich wundere mich wirklich über mich selbst – obwohl ich mich in dem Moment mehr über ihn wunderte. Gerüchten zufolge steckt in diesen Armani-Hosen nämlich der umtriebigste Schürzenjäger von ganz London. (Harry ist ein Waisenknabe dagegen!) Der Mann trägt seine Potenz vor sich her wie andere ihre militärischen Orden. Und er sieht gut aus. O ja, Du kannst es Dir richtig vorstellen, wie sich die kleinen Wuschelköpfe nach ihm umdrehen, wenn er durch das Großraumbüro läuft, und wie sehr er es genießt. Und da stand er nun vor mir, auf dem Weg ins Büro, den Aktenkoffer in der Hand, die Autoschlüssel parat, zweifellos kam der erste Kunde um neun. Eben noch ein Abschiedskuß von Frauchen in Nummer 9, und schon lockt ein kleiner Quickie in Nummer 1.

Und da stand ich, lächelnd und praktisch nackt, vor ihm. Er hatte Glück. Ganz plötzlich fiel ihm ein, daß er eine halbe Stunde Zeit hatte. Eine Gelegenheit wie diese läßt man sich nicht entgehen. Eine Blondine zum Frühstück – so fängt der Tag gleich richtig an.

Ich nahm also seinen Aktenkoffer, ging in die Küche voraus, warf die Kaffeemaschine an und setzte mich gesittet an die Frühstücksbar. Er ließ keine Minute ungenutzt – immer ran an die Buletten. Fing an wie der junge Charles Boyer: zärtliche Finger zerzausen dein Haar, zauberhaft verwirrter Hundeblick. Dann folgt die gute alte Kitschfilmschiene: »Wissen Sie, seit ich sechzehn war, habe ich mich nicht mehr so gefühlt... Spüren Sie das auch?« (O ja, ich spürte es – etwas Hartes an meinem Oberschenkel.) Dann plötzlich ein intensiver Blick – starker Mann, bis ins Innerste erschüttert. (Schmilz, Mädchen, schmilz dahin!) Etwas störend, muß ich gestehen, war das Rülpsen der Kaffeemaschine in der Endphase. Dafür konnte ich nun von meinem Hocker gleiten, um den Kaffee einzuschenken, was ihm wiederum ermöglichte, den Arm um mich zu legen. »Sind Sie eigentlich immer so schön am frühen Morgen?« – »Gott bewahre!« sagte ich. Er lachte. Aber ich wußte, daß ich das besser nicht gesagt hätte, weil sein Lachen eine Spur zu nervös klang. Diese Frau kennt ihren Text nicht; ein bißchen zuviel Bette Davis und zuwenig dummes Blondchen.

Wahrscheinlich hätte ich so etwas sagen sollen wie: O Maurice; ich weiß nicht, nein, das dürfen wir nicht usw., während er mit prallem Fahnenmast auf mich einstürmte, bis ich mich unter zufriedenen Seufzern geschlagen gab, und nach der Schlacht hätte er mit einem Lächeln und einem Blick auf seine Gucci-Uhr die Fliege gemacht. Ein kurzes Wangentätscheln und: Bis bald, Schätzchen, und danke für den Kaffee! Weit gefehlt. Als ich mich zu ihm beugte, sanft über die Wölbung seiner Hose strich und liebenswürdig sagte: »Gehen wir eine Treppe höher, ja?« hätte man meinen können, ich hätte ihn mitten in seine schwellende Leidenschaft getreten: sofortiges Erschlaffen, zusammengepreßte Lippen, Glupschaugen. Ein Kabeljau im Boss-Hemd. Hätte nicht die Dauerkarte für Wimbledon auf dem Spiel gestanden, wäre ich auf der Stelle empört aus dem Zimmer gerauscht. Und was für ein Abgang – Bette Davis, wie sie leibt und lebt. So aber nahm ich ihn bei der Hand, führte ihn hoch ins Schlafzimmer, und er folgte mir wie das Lamm zur Schlachtbank.

Ich bin mir sicher, genauso fühlte er sich auch: benutzt, ausgebeutet, verschlungen. All seine Schreckensvorstellungen von einer Vagina als Höllenschlund waren an einem schönen Mittwochmorgen in einem Häuschen in nächster Nachbarschaft Realität geworden. Er zog sich zaghaft aus wie zu einer lebensgefährlichen Operation, das arme Kerlchen. Und ich muß sagen, ich habe es genossen! Während er im wahrsten Sinne des Wortes immer kleiner wurde, blühte ich erst richtig auf. »Das ist mir noch nie passiert, wirklich, noch nie«, stammelte er immer wieder und strafte sein traurig herabbaumelndes Ding mit wütenden Blicken. »Macht doch nichts«, sagte ich. »Entspann dich! Er sieht sehr hübsch aus so«, fügte ich verlogen hinzu. In Wirklichkeit sah sein Glied nämlich aus wie ein halb gepelltes Würstchen aus der Dose. Ruth, findest Du nicht auch, daß es nichts Unerotischeres gibt als einen schlaffen Schwanz? Die ganze Zeit über mußte ich daran denken, wie ich Clives Piephähnchen gehalten hatte, als ich ihm beibrachte, ins Erwachsenenklo zu pinkeln. Dann endlich, nach gigantischen Anstrengungen meinerseits, begann die Sache gerade wieder vielversprechende Dimensionen anzunehmen, als die neunmal verfluchte Katze aufs Bett sprang und er wieder abschlaffte wie ein angestochener Reifen. Mein Gott! Jetzt dauerte es wieder eine halbe Stunde, und ich dachte an die Zeit, Mensch, jetzt verpaßt er seinen Termin und verliert wahrscheinlich den Unox-Auftrag. Na, schließlich haben wir's dann doch gepackt; man hätte meinen können, die Mauern von Jericho würden fallen. »War es schön für dich?« fragte er hoffnungsvoll, als er wieder zu Atem kam. »Super«, sagte ich. Super fand ich dabei vor allem die Tatsache, daß ich ihm jenes Gefühl vermittelt hatte, das er selber bestimmt schon bei vielen Frauen hinterlassen hatte – daß man bloß das Mittel zum Zweck gewesen ist, nämlich zu einem guten Orgasmus. Harry hat bei mir dieses Gefühl auch immer hervorgerufen. Na ja, das Imperium schlägt zurück. Die Nachbarn büßen für die Sünden des Ehemanns.

Er schlich sich davon wie ein Schuljunge, der den Rohrstock zu schmecken bekommen hat. Ich hörte, wie der Jaguar die Straße hochdonnerte. Da fiel mir plötzlich Myrna aus unserer Klasse ein. Erinnerst Du Dich an sie? Wir standen vor dem Mädchenklo Schmiere, während sie den Jungen erlaubte, unter ihren Rock zu sehen; mit Höschen ein Penny, ohne sechs. Und dann heiratete sie plötzlich diesen ingwerblonden Banker, diesen Dingsbums (der vom Bumsen bestimmt nicht soviel vertanden hat wie von Banken). Und kurz drauf war's aus mit dem roten Nagellack – »Er sagt, es sieht aus wie Blut« –, dann mit langen Nägeln – »Krallen« –, dann keine Massen von klimpernden Armreifen mehr – »zu ordinär« –, kein tiefes Dekolleté – »zu provokativ«. Und wie er sie ansah, wenn sie auf Parties zu laut redete! Er hat sie regelrecht plattgebügelt, weißt Du noch, und sie dann auch prompt verlassen, als er merkte, daß sie nicht die Frau war, die er geglaubt hatte zu heiraten.

Nachdem Maurice gegangen war, lag ich eine Ewigkeit in der Badewanne. Hydrotherapie. Als ich anschließend in den Spiegel schaute und diese süße, zierliche Blondine mit den dunkelblauen Augen sah, deren Ehemann ihr Schlimmes angetan hatte, dachte ich: Du bist genau das, was Typen wie Maurice eine »mörderische Blondine« nennen.

O Ruth, hättest Du gedacht, daß Kastration so einfach sein kann?

Und so war es schließlich schon Nachmittag, p. m. (post meridiem, post Maurice, post Mauseschwanz). Bist Du bereit für das zweite Kapitel dieses Tages?

Ich verbrachte besagten Nachmittag mit dem Anfertigen einiger Entwürfe. Es ist nämlich an der Zeit, Dir zu berichten, daß ich Arbeit habe – massenhaft Arbeit. (Was mich auf den Gedanken bringt, wie recht unsre gute alte Lehrerin Brown Owl hatte, wenn sie ständig wiederkäute, daß Frauen kreativ sein müssen, um Erfüllung zu finden. Gott, was haben wir diese alten Hennen an der Schule bemitleidet und verachtet, wenn sie vor sich hin schnipselten und klecksten, um ihre verkorksten sexuellen Energien abzulassen. Nun, gestern war ich Brown Owl.) Aufträge hab ich von Bill, dem Architekten, dem Mann der blöden Nina (von ihm später mehr). Und einen bekam ich aus heiterem Himmel von niemand Geringerem als Kevin, dem Filmregisseur mit Vorliebe für Dummchen. Er hat sich als ausgesprochen liebenswürdig herausgestellt, ein unglaublicher Charmebolzen, aber galant auf eine ungekünstelte Art. Wahrscheinlich ist es die reine Hölle, für ihn zu arbeiten: führt Regie von der Besetzungscouch aus. In seinen Filmen eine Vergewaltigung pro Minute, ganz so wie im richtigen Leben auf Nummer 2. Gott, was für ein Inbegriff von Manneskraft.

Es war etwa zur Cocktailzeit, als mein Telefon klingelte, und das war er: »Hallo, Schätzchen«, und so. »Haben Sie schon was für mich gezeichnet?« Nun, das hatte ich, an diesem Nachmittag. »Bringen Sie die Entwürfe doch rüber, wenn Sie Zeit haben.« – »Okay«, sagte ich. Was ich für Kevin gezeichnet hatte – für eine Wand im Schlafzimmer, sicher der meistbenutzte Raum –, war ziemlich clever, wie ich fand. Er hatte nicht gewußt, was er wollte. »Sie sind die große Künstlerin, ich mache bloß Filme und verdiene Geld.« Also hatte ich eine Art Panorama konzipiert, als würde man von einem französischen Fenster mit Balkon auf einen Fluß runtersehen. Reinster van Eyck. (Ich überlegte, noch eine betende Madonna in den Vordergrund zu stellen, oben ohne, das würde ihm zusagen.) Sich wie ein Herr über große Ländereien zu fühlen, dachte ich, müsse einem Filmregisseur gefallen.

Nun, das war's, was ich ihm mitbrachte. Nur eine Skizze, aber eine große. Nachdem er mich von oben bis unten angesehen – wahrscheinlich, um meine Formen zu taxieren – und uns zwei tödlich starke Martinis gemixt hatte, rollte er den Entwurf vorsichtig auf dem Küchentisch aus und beschwerte die Ecken mit Salz- und Pfefferstreuern.

Es waren ein paar unbehagliche Momente, das kann ich Dir sagen. Mir kamen sie vor wie Stunden. Kevin sagte kein Wort, brummte nur ab und zu. Sein Haar, von einem dramatischen Grau, fiel ihm immer wieder ins Gesicht, während seine Augen dem sich schlängelnden Flußlauf folgten, und immer wieder linste er durch seinen Haarvorhang und ließ seine Augen über mich schlängeln.

Irgendwann trat er einen Schritt zurück. »Ganz große Klasse«, sagte er. »Sie sind eine ausgefuchste Lady, wissen Sie das? Richtige Kunst, ja, das ist es.« Ich machte irgendeine blöde Bemerkung wie: »Finden Sie wirklich?« – »Natürlich finde ich das«, polterte er. »Mit blöden Komplimenten halte ich mich gar nicht auf. Fragen Sie die Mädels, die hierherkommen. Mädels mit Forschergeist.« Er lachte. »Sie haben sie ja gesehen. Ich sag' immer zu ihnen, wenn ihr Verstand so groß wäre wie ihre Titten, dann wären sie der gute alte Einstein persönlich. Sie dagegen, Janice, sind das genaue Gegenteil: großer Verstand, kleine Titten.« Wieder lachte er. Dann sagte er plötzlich: »Haben Sie schon mal einen Film von mir gesehen?« Ich war ehrlich: »Einen.« – »Und was halten Sie davon?« Ich weiß nicht, ob seine Bemerkung über Titten und Verstand schuld war oder der Gin, jedenfalls öffnete sich mein Mund, und ich hörte mich eine regelrechte Tirade vom Stapel lassen: »Primitiv und gewalttätig, ehrlich gesagt. Kein Funken Witz oder psychologische Durchdringung. Frauen sind bloß Besitztümer, die von perversen Kerlen durchgevögelt werden. Der Schwanz als Waffe. Kindische Männerspielchen, sonst nichts.« Und dann brach ich zu meinem Entsetzen in Tränen aus.

Armer Kevin. Er kam um den Tisch herum, wedelte mit seinen riesigen Pranken hilflos herum und wußte offenbar nicht, ob er mich trösten oder ohrfeigen sollte.

Die Tränen rannen von meinem Gesicht in den Martini, und ich merkte, daß meine Nase zu tropfen anfing. »Ein Taschentuch«, brachte ich mit Mühe heraus, er wühlte in seiner Tasche und brachte ein riesiges weißes Seidentuch zum Vorschein. Ich schniefte ein paarmal hinein, während er neue Martinis mixte, und dann fragte er: »Was ist eigentlich mit Ihrem Mann? Ist er abgehauen?« Ich nickte und stammelte, wir hätten uns getrennt. »Hat von anderen Torten genascht, was? So ein Schwachkopf. Eine Frau wie Sie. Kompletter Schwachkopf.«

Ich war ihm dankbar dafür, daß er das gesagt hatte, und meine Tränen versiegten langsam. Dann sagte ich, ganz die treue und brave Ehefrau: »Aber Sie machen's doch genauso. Warum? Erklären Sie mir das doch! Wenn ich mir die ganzen Tussis anschaue, die hier ein- und ausgehen – nichts als Titten und Ärsche und Endlosbeine bis zum G-Punkt.« Er schien überrascht, als habe er darüber nie nachgedacht. »Ich weiß es wirklich nicht.« Dann sah er mich plötzlich interessiert an. »Vielleicht ist es eines der letzten großen Abenteuer«, sagte er. »Wissen Sie, mein Ururgroßvater ist zur See gefahren. Bis Indien ist er gekommen. Das gefiel ihm einfach – das Land zu kolonisieren, würden Sie wahrscheinlich sagen. Ich lese manchmal in den Briefen, die er heimgeschickt hat. Er schrieb, es sei ein heidnisches Land, und er war dabei, als sie auf seinem höchsten Berg den Union Jack gehißt haben. Was sagen Sie dazu? Ein ganzer, riesiger Kontinent. Nun, ich kann das nicht machen. Das einzige, wo ich meine Flagge aufpflanzen kann, ist bei einer Frau.«

»Verstehe«, sagte ich. »Mösen ahoi!« Und er lachte, ein lautes, bellendes Lachen, das an den Wänden widerhallte. »Ach, Janice, Sie sind goldrichtig, wissen Sie das?« Und er gab mir einen herzlichen Klaps auf das Hinterteil.

Ich merkte aber, daß er irgendwie unruhig war; was ich gesagt hatte, gefiel ihm nicht recht. Es schien ihn zu stören. Er setzte sich wie ein Cowboy rittlings auf seinen Stuhl, die Lehne zwischen den Beinen, und sah mich herausfordernd an. »Ich werde Ihnen etwas sagen, meine Gute. Bevor Sie über mich und all die anderen Knaben den Stab brechen, sollten Sie mal einen Augenblick über die Frauen nachdenken. Ich und Ihr abwesender Harry, wir tun ihnen ja keine Gewalt an, oder? Hier geht's nicht um die unschuldigen Opfer männlicher Wollust« – das sagte er in einer perfekten Imitation von Ah-man-dahs lauter, schriller Stimme –, »die Tussis haben doch auch ihren Spaß. Niemand zwingt sie hierherzukommen. Es heißt doch nicht: Ihr kommt her, oder ihr seid weg vom Fenster. Kein weißer Sklavenhandel. Für die, verdammt noch mal, ist es auch ein Abenteuer. Sie wollen's von einem besorgt bekommen, der berühmt ist. Nun, zumindest *dafür* bin ich berühmt. Das wissen sie.« Und er lachte wieder sein bellendes Lachen. »So wie Mandy von Nummer 10 – die hat kein Verfallsdatum auf ihrem Hintern, wissen Sie. Die hockt den ganzen Tag auf dem Präsentierteller und bietet sich jedem an, der sie haben will. Ich hab' einmal zugegriffen und fand's auch sehr nett. Ich meine, was soll ein Kerl denn tun? Sich einen Knoten reinmachen? Was haben Sie denn getan, seit Sie Ihren Ollen mit 'ner anderen erwischt haben? In die Kissen geheult?«

Ich weiß nicht, was über mich kam – vielleicht, weil ich erfahren hatte, daß auch er es schon mit Amanda getrieben hatte –, aber ich sagte: »Nein, ich habe mir die Ehemänner der anderen vorgeknöpft.«

Jetzt weiß ich endlich, was das Wort »baff« bedeutet. Sein Gesicht wurde ganz weiß, sein Mund stand sperrangelweit offen, und ich konnte sehen, wie auf seiner Wange ein kleiner Muskel zu zucken begann. Dann sagte er ganz leise: »Nun, dann fick mich doch auch. Du Schöne, du.« Er sah mich eine ganze Weile an, und alles um uns begann sich zu verändern.

Willst Du den Rest hören? Nun, wir gingen nach oben, und er fing an, mich auszuziehen, und ich schwöre Dir, es war, als wäre ich das Kostbarste, was er je in Händen gehabt hatte. Er war unglaublich zärtlich. Wenn er mich mit diesen riesigen Händen berührte, war es, als würde Seide über mich streichen. Er hatte den Körper eines Affen, aber das machte nichts. Er liebte wie ein junger Gott, und ich bin völlig ausgerastet.

Keine Ahnung, wann ich von ihm weggegangen bin. Er machte mir noch eine Omelette – mit derselben traumhaften Fingerfertigkeit, wie ich bemerkte. Als er mir in den Mantel half, strich er mir übers Haar und sagte: »Ach, du bist so schön. Ich könnte mich leicht in dich verlieben. Jemand sollte es tun.« Aber dann verdarb er alles, indem er hinzufügte: »Und was wirst du mir für dieses Bild abluchsen, dieses Wandgemälde, wie du es nennst?« Ich lachte und antwortete, ich würde ihm in einer solchen Situation keinen Preis nennen, es würde nach »für geleistete Dienste« aussehen. »Nachbarschaftliche Dienste«, fügte ich hinzu und lachte, aber er sah verletzt aus, und ich schämte mich.

Das war's. Wie findest Du's? Zwei an einem Tag. Schamlos, nicht? Aber, weißt Du, Ruth, heute morgen bin ich aufgewacht, und ich mußte an Harry denken und an all die vielen Male, wenn er heimkam und nach anderen Frauen roch. Und an all die anderen verräterischen Anzeichen, die ich gelernt hatte zu deuten: wenn er die Krawatte anders gebunden hatte als am Abend, wenn sein

Haar feucht vom Duschen war, wenn sein Atem roch, als habe er sich woanders die Zähne geputzt. Es war seltsam, daran zu denken und an all die Wut, die sich in mir aufgestaut hatte. Ich fragte mich unweigerlich, ob Harry manchmal dasselbe erlebt hatte wie ich mit Kevin: Momente der Zärtlichkeit und der Liebe, kostbare Dinge, die ich ihm nicht geben konnte. Aber was glaubst Du, warum ich das nicht konnte? Und dann überlegte ich, ob ich dasselbe getan hätte wie Harry, wenn ich die Frau gewesen wäre, die ich heute bin. Hätte ich ihn lieben können – und ich habe ihn geliebt – und es dennoch fertiggebracht? Natürlich wird es darauf nie eine Antwort geben. Die letzte Chance ist vertan.

Und jetzt? Tempuswechsel, anderes ist geschehen, seit ich das letzte Mal zur Feder gegriffen habe. Kannst Du Dir vorstellen, daß ich einen Besuch von Ah-man-dah bekommen habe und daß sie mich gebeten hat, Harry freizugeben? Fast mußte ich lachen. »Harry ist nicht mein Sklave«, antwortete ich. »Es steht ihm frei, zu tun, was er will.« Sie schaute unbehaglich drein, und mir schwante, daß er genau das getan hatte und daß hier der Hase im Pfeffer lag. Bestimmt hatte er sich längst eine baltische Schnepfe geangelt. Aber was wollte Amanda von mir? Dachte sie, ich könne hexen? Die verlassene Ehefrau soll helfen und ausgerechnet der, die ihr den Mann weggeschnappt hat! Absurd! Sie muß völlig verzweifelt sein, die blöde Pute. Und weiß Gott, ihre Möpse sind wirklich schlaff – die hängenden Gärten der Semiramis.

Nun aber, was viel wichtiger ist, zu meinen Aufträgen: Es sind noch mehr geworden. Bill, der Architekt, will noch ein Bild. Warum? Findet er mich wirklich so gut? Soll ich langsam selbst daran glauben, daß ich es bin? Und damit noch nicht genug – er sagt, er hat ein paar stinkreiche Kunden in Chelsea Reach, die ausgesprochen interessiert sind. Er hat ihnen Fotos von meinem »Hausboot« gezeigt. Ich weiß, Du hältst meine glänzende Schulkarriere für elend verschwendete Zeit, aber langsam sieht es so aus, als habe in mir die ganze Zeit ein Genie geschlummert. Findest Du nicht auch, daß fünfunddreißig das richtige Alter für die Entfaltung eines Talents ist? Jedenfalls klimpert auf einmal an allen Ecken und Enden das Geld, und außerdem winken teure, vom Auftraggeber bezahlte Studienreisen. Na, wir wissen, was das bedeutet. Ich frage mich nur, ob es auch Nina weiß. Ich hoffe es sehr. Die blöde Zicke. Ich freue mich darauf, ihr noch eins auszuwischen.

Durch den Schneesturm hat es übrigens irgendeine seltene Spatzenart in unser Naturschutzgebiet am Ende der Straße verschlagen, sagt Roger, der Historiker. Ich mußte bereits mehrfach in seinem Auftrag im gefrorenen Schilf nach einer Spezies mit weißer Augenzeichnung suchen. Jesus, da draußen ist *alles* weiß! Wie soll ich da bloß irgendeinen weißen Streifen an etwas entdecken, das die Größe einer Maus hat? Lächerlich. Dabei gibt es anscheinend Hunderte von Leuten, die das nicht anders sehen; das ganze Gelände wimmelt nur so von kümmerlichen Gestalten, die, mit Kameras und Thermosflaschen ausgerüstet, darin herumpirschen.

Verzeih, jetzt hab' ich mich wirklich verzettelt, und dabei bin ich überhaupt nicht auf Dich und Deine Sorgen eingegangen. Ich kann Dir das mit der Dinnerparty nachfühlen. Ein Alptraum, den wohl jeder kennt – wie wenn man nach einem Telefongespräch über jemanden schimpft und merkt, daß der Hörer nicht aufliegt und derjenige mithört. Für solche Momente müßte es einen

Rausschmeißknopf geben. Warte mal, es klingelt... O nein, ein Riesenstrauß Rosen und ein Kärtchen: »Rosen für die Dame, Cognac für den Herrn... Du warst phantastisch, Kevin.« Von Fleurop – dabei wohnt er nebenan. Ruth, langsam krieg' ich zuviel. Kevin, du warst auch phantastisch. Und ich hoffe, du behältst mein Geheimnis für dich.

In Liebe und größter Verwirrung
Janice

Simone Borowiak

Herr Jesus, gib Gummi!

Die Fahrt droht lustig zu werden. Lauthals singen die Damen auf den vorderen Sitzen Lieder von Liebe und Tod. Die schöne Frau Rettich trägt schon am Frankfurter Kreuz eine gewaltige Sonnenbrille. Dabei nieselt es draußen. Hauptsache, sie fährt uns nicht an einen Brückenpfeiler in ihrer Urlaubsverdunkelung. Auf der Höhe von Baden-Baden ruft Rettich: »Autobahnkirche! Wer jetzt noch mal beten muß, sagt es bitte gleich! Ich halte nicht dauernd an, nur weil eine von euch das Gewissen drückt!«

»Klein oder groß?« fragt Czerni patent. Mir fällt auch etwas ein: »Frau Rettich, du könntest Pupsi doch in einer Autobahnkirche heiraten. Wäre das nicht wunderbar? Ich stelle mir das hinreißend spannend und stillos vor: Pupsi im kohlenmonoxydgrauen Anzug, du im schicken Viertürer, ein Traum in Blech. Die Gäste gespannt und gerührt im Handgas, oder wie das heißt. Da plötzlich ein krachendes Kreischen: Der Pfarrer brettert mit 70 Sachen in den Altarraum, in allen drei Gängen gleichzeitig; für jede Einfaltigkeit einen. Die Gemeinde singt: Herr Jesus, gib Gummi! Den Schwiegermüttern läuft das Kühlwasser aus. Der Pfarrer spricht mit laufendem Motor: Herr, segne diese Raststättenbekanntschaft! Herr, Du allein gibst uns mit der Lichthupe Signal und verweist uns auf die rechte Fahrspur! Du bist wie eine Notrufsäule, wie ein Abschleppwagen! Bewahre und schütze uns vor Kolbenfresser und Keilriemenriß bis zur nächsten BP-Tankstelle! Amen! Dann werden Felgen getauscht, und ab! Sagt mal selbst, nehmt mal an, ihr wäret Gott. Würdet ihr so eine Kirche besuchen? Glaubt ihr, Gott geht in die Autobahnkirche?«

Czerni: »Wenn ich Gott wäre, würde ich schon 200 Meter davor auf die Tube drücken.« Und Frau Rettich bringt alles auf den Punkt:

»Wenn der Herr gewollt hätte, daß wir Auto fahren, dann hätte ER uns doch wohl Sportsitze gegeben.«

Czerni und ich würdigen Rettichs schiefe Metapher und fahren enthusiasmiert fort: »Wenn ER gewollt hätte, daß wir übers Meer fahren, hätte ER uns doch Schrauben gegeben!«

»Und Kombüsen!«

»Und einen Kapitänstisch. Und Stewards!«

»Und wenn ER wirklich gewollt hätte, daß wir uns in die Sonne legen, dann hätte ER doch – na, was hätte ER dann?«

»Weiß nicht. Sag schon.«

»Dann hätte ER uns doch eingeölt!« läßt Czerni die Luft aus dem schönen Spiel.

Frau Rettich stöhnt am Lenkrad.

Das mit der Hochzeit geht ihr nicht aus dem Sinn, und auf der Höhe von Offenburg hat sie beschlossen, den *Navio* noch in diesem Sommer zu ehelichen. »Scheiß drauf!« sagt sie romantisch. »Es gibt Entscheidungen, die müssen ganz einfach mal getroffen werden. Ich glaube, das ist ein Mann fürs Leben. Und wenn ihr euch auf den Kopf stellt.«

Czerni wird sanft therapeutisch: »Wir stellen uns nicht auf den Kopf, du allein mußt wissen, was für dich gut ist. Und wenn er nun mal der Mann fürs Leben ist... genauso wie der Niko, der war ja auch was fürs Leben.«

»Uäh!« Frau Rettich übergibt sich fiktiv.

»Oder der Schmitz.«

»Hör mit dem Schmitz auf!«

»Karlimaus.«

»Karli – das war eine Pleite.«

»Fürs Leben. Wernerschatz.«

»Schluß! Aus! Das hier ist was ganz anderes! Mir ist, als hätten wir uns schon immer gekannt. Der ist so vertraut. Der wird geheiratet und basta! Und schön ist der! Schön!« Sie langweilt uns wohl hundert Kilometer lang mit der pupsischen Schönheit.

Die Landschaften draußen werden immer fremder. Die Czerni überlegt, ob sie das Bügeleisen abgestellt hat. Bei mir setzt erstes Heimweh ein.

Bin ich bescheuert, freiwillig mein Land zu verlassen? Was soll ich – so jung – in der Fremde? Im Nieselregen kenne ich mich aus. Wenn wo wer lacht, weiß ich worüber. Wenn wo Marmorkuchen draufsteht, ist auch Marmorkuchen drin. Wenn ein Kellner achtundsiebzigachtzig bitteschön sagt, weiß ich, daß ich beschissen werde. Was soll also der Unfug, fremdes Terrain zu betreten?

Unglücklich stecke ich fest neben Rettichs riesigem Kosmetikkoffer. Da lob' ich mir Czernis Equipment, das schmale. Sie hat wohl nur ein Fläschchen Tosca dabei für die nötigste Hygiene. Mehr braucht eine wie sie ja auch nicht.

Vom Fernschmerz erfüllt will ich sofort rauchen, zucke aber noch rechtzeitig zusammen. Geraucht wird alle achtzig Kilometer. Mit diesem Edikt hat Frau Czerni die aufgekratzte Stimmung gedämpft. Sie müsse sonst speien, sagt Czerni. Sie bekäme sonst Kopfweh. Es ginge ihr dann sehr schlecht, das muß man sich vorstellen: Diese Schlampe trinkt wissentlich und gerne schmerzbringende Weine, und zwar freiwillig und in großen Schlucken. Und uns verbietet sie das Rauchen! Rettich und ich starren auf den Tachometer. Wenn es soweit ist, rauchen wir wie die Braunkohlewerke. Wehmütig singe ich die schönsten deutschen Volkslieder und muß schon nach 70 Kilometern rauchen. Czerni wendet böse den Kopf, wagt aber keinen Protest. Wir könnten sie ja für das halten, was sie ist: eine mit Hang zum Höheren (A 13 brutto).

Hinter der französischen Grenze erklärt sich Frau Rettich zum Thema Frankreich. Schon oft ist mir aufgefallen, wie rüde und ausfallend sie wird, sobald wir auf unseren europäischen Nachbarn zu sprechen kommen. Nie konnte ich ihr etwas entgegenhalten, da ich zu selten bzw. noch gar nicht in Frankreich gewesen bin, doch meiner stramm sozialistischen Gesinnung ist es zu verdanken, daß sie bisher wenigstens die unschuldige französische Arbeiterklasse in ihren Tiraden geschont hat. Das fällt ihr leicht, da sie sowieso und egal in welchem Land nur Mittelständler kennt. Und nicht einen echten Proletarier. Wie ich übrigens auch, aber das ist noch lange kein Grund, nicht Sozialist zu sein. Es gibt sozialistische Parteien, die sind voll von Leuten wie Rettich und mir.

In flammender Rede hält sie nun dem »Kackland, dem unterentwickelten« harschen Chauvinismus vor; der Franzose sei eine »echte Nationalistensau«, wenn es um sein Land ging. Und Rettich beschließt ihre Brandrede mit einem nicht unbedingt logischen: »Der Spanier ist einfach besser!« Die Czerni hält moderat sozialdemokratisch dagegen, doch mehr aus Prinzip denn Weltläufigkeit. Sie hat die Welt ja auch noch nicht gesehen, kennt kaum fremde Länder; ja, wenn ich mir ihren Glockenrock so betrachte, dann möchte ich meinen, sie ist noch nie weiter gekommen als bis kurz hinter Fulda.

Frankreich dehnt sich vor unserem kleinen Auto. Es scheint immer länger zu werden. Wie Teig, der mit dem Nudelholz gerollt wird, und wir sind das Nudelholz.

Ich kenne Frankreich, wie gesagt, kaum; nur aus Filmen und Liedern, aus Büchern und Flaschen, vom Teller und von Frau Rettich. Hie und da erinnert etwas in der Landschaft die Czerni an ein Bügeleisen. »Schlimme Waldbrände sollen die ja auch haben. Haarsträubende, furchterregende Brände. Genauso schlimm wie demnächst der Großbrand von Frankfurt.«

Am Abend in Bourg werden alle Koffer gewuchtet, denn, so Rettich: »Weil, der Franzose klaut nämlich wie ein Rabe, und das am liebsten aus dem geschlossenen Kofferraum.« Und weil sie nun mal unsere Führerin ist, nimmt Frau Rettich auch das Einzelbett. »Oder will eine von euch?« fragt sie rhetorisch und verrammelt sicherheitshalber den Zugang zum Bett mit dem Kosmetikkoffer. Frau Czerni und ich sitzen auf dem gemeinsamen Ehebett und mustern uns wie zwei Ratten in der Falle.

»Und jetzt«, bestimmt Rettich, »gehen wir in eine Kneipe. Weil, in französische Betten muß man sich nämlich hineintrinken.«

Und das tun wir denn auch.

Gauleiterin Rettich ist, obwohl in Welschenland, gut gelaunt und gibt eine hochintolerante Franzosen-Anekdote nach der anderen zum besten, bis Frau Czerni und mir der antifaschistische Schweiß auf die Stirn tritt.

Dann sehe ich nur noch die Czerni vor mir, wie sie ihre Socken auszieht und diese – einer guten Zigarre vergleichbar – unter der Nase durchführt. Dazu brüllt sie:

»Wäschetest!«

und

»Jawohl! Die gehn morgen noch mal!«

Da schlafe ich angeekelt ein und träume von – Bad Orb.

100 Kilometer vor Spanien wirft Frau Rettich den Recorder an und stellt ihn auf Kreischen. Das mache sie immer so, sagt sie, das sei ihr kleines Ritual, wenn die karstigen spanischen Berge auftauchen aus dem »verfluchten französischen Kackpanorama«.

Das Gebirge ist herb, die Kassette jault, Frau Rettich jault mit. So schnell wechselt ihre Stimmung. Vorhin, in der französischen Raststätte, da hat sie noch einen Skandal gemacht, weil kein Bier verkauft wurde. Das heißt, Bier hätte Frau Rettich schon bekommen, aber nur im Verbund mit einem kleinen Tankstellenmenü. Kein Menü – kein Bier, lautete die schlichte französische Weisung. Frau Czerni und ich liefen vor Scham knallrot an; wir versuchten es mit Handauflegen, aber Rettich hat die Grande Nation zusammengekrischen, sie sei ja schon weit rumgekommen in der Welt, aber so etwas Bekacktes wie das Drecksfrankreich, das sei ihr noch nie untergekommen. Das Ganze hätte nur einen Sinn, nämlich den, daß man durch es hindurchfahren könne, direkt ins schöne gastfreundliche Spanien, ansonsten hätte Frankreich gar nichts auf der Landkarte zu suchen. So lief Frau Rettich völlig aus dem Ruder; zum Abschied forderte sie auch noch alle anwesenden Bediensteten auf, sich die Tankstellenmenüs in den Arsch zu stecken, das wäre der richtige Ort für den Fraß, von wegen Cuisine, alles Betrug, sie sollten viel öfter von ihrer Guillotine Gebrauch machen, das sei die einzig gute Idee, die dieses Land je hervorgebracht habe. Frau Czerni und ich standen roséfarben daneben und waren dankbar dafür, daß der Franzose zu faul und chauvinistisch ist, um Fremdsprachen oder gar Deutsch zu lernen, das behauptet jedenfalls Rettich. Frau Czerni und ich sind eher scheue Personen, wir lassen uns lieber bestehlen und betrügen als Skandal zu machen, und dementsprechend leidvoll standen wir neben der Megäre Rettich, die abschließend nur noch wiederholen konnte, das sei ja typisch! Das habe sie schon immer gewußt, typisch sei das, typisch!

Aber das grobe Gebirge hat Rettich die gute Laune zurückgegeben, im Rhythmus ihrer kreischenden Tangos schlägt sie mit den schmalen Händen auf das Lenkrad ein. Dafür geht es mir jetzt schlecht. Eigentlich wollte ich lieber doch nicht nach Spanien. Was soll ich in diesem rauhen Landstrich, wenn zu Hause Rotbuche und Linde sich zart im Wind wiegen? Was soll ich hier, auf diesem furztrockenen Boden, wenn daheim im kühlen Grund die Heidelbeere unter der Sandale weich nachgibt und der prachtvolle teutsche Specht eine teutliche klare Sprache spricht, deutlicher jedenfalls als der spanische Zöllner! Einen Moment lang irritiert mich sehr, daß der Zöllner Frau Rettich gar nicht zu kennen scheint! Die fährt doch jedes Jahr hierher, die ist doch eine der glühendsten Patriotinnen des Landes, und jetzt will sie auch noch einheiraten! Solche Vögel muß man doch kennen und per Handschlag begrüßen. »A, Señora Rettich, como estás, auch mal wieder hier, und was macht der Gemahl, und die böse Schwiegermutter – immer wohlauf? Estupendo, muy bien!«

Nichts da. Der Mann zeigt kein Zeichen des Wiedererkennens, noch nicht mal, als er – wahrscheinlich zum 100. Mal in seiner Berufslaufbahn – in Rettichs Reisepaß schaut. Finster blickt er drein, der Südländer. Und man versteht kein Wort von dem, was er sagt.

Nein, ich steige nicht aus. Neben der großen Kosmetiktasche von Rettich will ich feststecken und an Deutschland denken, bis die Urlaubszeit um ist. Oh, Deutschland, du fernes beklopptes Vaterland! Zum Weinen bescheuert und wiedervereinigt, nie warst du mir näher als hier, im spanischen Staube, wo die Menschen schnell sprechen und das noch nicht mal auf deutsch. Sei mir gegrüßt, Heimatland süß, du Land voller Kastanien und Eichen, voll Weizsäckers und Willi Brandts! Wie lieblich dehnen sich deine Felder, wie abgeklärt zieht sich der Main vom schönen Lohr/Main bis nach Würzburg/Main und noch viel weiter darüber hinaus, wie lahm und umständlich tratschen die Eingeborenen, die da tragen so traute Namen wie Hans und Franz, Renate und Bärbel, Norma, Aldi, Woolworth und Annemarie Renger! Und nicht solche Quatschnamen wie José oder gar Montserrat! O du drögeste aller Republiken, wie fehlst du mir gerade jetzt, wo das Aug nicht so weit reicht, wie der erbärmliche Wurz das karstige graue Gestein deckt! Und was immer ich so lauthals über Exil und Emigration blökte. Das war nur Spaß! Das war nicht so gemeint!

Der Frau Czerni ergeht es wohl ähnlich, denn sie mustert die garstigen Berge und sagt schlicht: »Ich will heim.« Ja, das hier ist was ganz anderes als Fulda. Mitfühlend kneife ich ihr in die Schulter. Dankbar kreischt sie auf. Und fragt sich, ob Frankfurt schon in Asche liegt. »Das war nämlich ein Hochleistungsbügeleisen!« Und sie schaut auf die Uhr.

Frau Rettich aber dreht den Recorder noch lauter und

atmet tief und befreit. Dann singt sie mit ihrer tiefgerauchten Stimme: »Presiento que tra la noche vendrá la noche más larga! Weil, der Spanier ist nämlich sentimental! Wie ich!«

Das wissen Czerni und ich schon lange. Frau Rettich ist eine sentimentale Schnalle, hemmungslos, eine Hardcore-Romantikerin von der ganz unbelehrbaren Schule; das gibt ihr auch die Kraft, beispielsweise in Raststätten herumzuschreien, aber unter dem rüden Verhalten verbirgt sich ja nur ein Mensch, dessen Tagebuch man um keinen Preis lesen möchte.

Unserem starken Heimweh zum Hohn spricht die zartfühlende Rettich nur noch von ihrem *Novio*, wohl 300 Kilometer lang. Da sinke ich in die Kosmetik und betrachte fassungslos dieses fremde Land. Noch nie war ich so weit im Süden. Um ehrlich zu sein: Ich lebte sehr lange Zeit nur in der Nähe von Fulda. Noch nicht mal mittendrin. Und in diesem Spanien, Donnerwetter, wachsen am Straßenrand Pflanzen, die gibt es bei uns nur in klitzeklein auf den gefeudelten Fensterbrettern der Vorstädte, in geschmackvollen Makramee-Ampeln, umrahmt von bunten Brezeln aus Salzteig.

Vollgebaute Küstenstücke blinken in der Ferne: »Da fahren wir nicht hin, keine Angst. Da sind schon alle europäischen Minderjährigen und Azubis, Gesellen und Stifte, um Schnitzel zu essen und sich reihum zu vögeln. Das ist das berühmte Lloret de mar.« Entsetzt schauen wir zu dem Pfuhl hinüber und sind uns einig: Sinnlose Völlerei und liebloser Beischlaf haben in diesem Urlaub nichts verloren. Wozu reisen wir schließlich! Wir wollen mal so richtig raus aus allem. Frau Rettich vielleicht ausgenommen.

»Stinkstufe 1!« ruft Rettich und kurbelt die Fensterscheiben hoch. »Hier ist so ein Werk. Gleich wird's noch schlimmer. Jetzt! Stinkstufe 2!«

Ein großer grinsender Holzwalfisch lädt vom Straßenrand aus die Camper zu sich ein. »La ballena alegre« heißt der Campingplatz. Ganz nahe an der Stinkstufe. »Und das da ist ein Straßenpuff.« Tatsächlich. Fernfahrer beklettern über Feuertreppchen Appartements. Die Klischees sind – Sozialismus hin, Arbeiterklasse her – auch hier akut, die Welt ist auch hier in der Reihe; auch hier spricht man offenbar die Sprache des zahlenden Gliedes, das Zipfel-Esperanto. Nach Rettichs verblendeten Dauerelogen in der Heimat ist das nun doch ein harter Schlag für Czerni und mich, ihre getreuen, blauäugigen Vasallen.

Zwischen hohen Gräsern im Straßenstaub stehen die Mädchen, und wir müssen ernsthaft über die Prostitution disputieren, bis schöneres Land in Sicht ist. Vor Sitges dreht Rettich durch, klopft, singt, raucht und pfeift, alles auf einmal, schreit: »Das Meer! Das Meer!« und: »Meine geliebte Zementfabrik!« Wir fahren durch ein verröhrtes und vernetztes Tal, aus Bergscharten staubt grauer Puder, vorbei, vorbei. Vor uns liegt Sitges.

»Frau Rettich, was soll das heißen: Tot per Catalunya!?«

»Und warum heißen die Straßen hier nicht calle sondern carrer?«

»Mein Goldstück, wir sind hier in Katalonien. Hier spricht man Katalan.«

»Ja, um Himmels willen!« bricht sich Empörung Bahn, »warum hast du uns das nicht beigebracht? Wie sollen wir uns hier verständigen? Sag bloß, wir haben all die Wochen Spanisch gelernt, nur damit du uns an den einzigen Fleck der Welt gurkst, in dem man Katalan spricht, du Kuh!« Frau Czernis Urlaubskonstrukt gerät ins Wanken. Dafür hat sie wochenlang im Kurs geblufft und geschummelt und Rioja getrunken, um jetzt damit nichts anfangen zu können! Ihre Empörung ist von gleicher Wucht wie die dazugehörige Lebenslüge. Frau Rettich windet sich wie immer gekonnt: »Erstens kann ich selbst kein Katalan. Zweitens ist das eine furchtbare Sprache, es ist so verwandt mit dem Französischen. Statt ›todo‹ sagen die ›tot‹ und statt ›por‹ sagen die ›per‹. Keine Bange, Papa Alfredo und Jorge sind Argentinier, und die sprechen bekanntlich das deutlichste und feinste Spanisch.« Doch im Kurs rumort es leise weiter. Vier Wochen lang nur betrogen und verarscht. Nieder mit Rettich. Wir sind der Kurs. Wir wollen sofort unsere Akten sehen.

In der Carrer Bon Aire ist das Begrüßungsgeschrei groß. Frau Rettich wird geherzt und gepreßt, Herr Jorge stemmt den Kosmetikkoffer sofort aufs Einzelzimmer. Dann muß sie berichten, von daheim, von Katze und Eltern und *Novio*, und Alfredo singt: »Madrid. Madrid. Madrid.«

Alfredo ist ein zierlicher Mann mit dem gütigsten Gesicht der Welt. Czerni und ich sind uns einig: Selten haben wir jemanden getroffen, dem das große Herz schon von weitem so hell aus dem Leibe leuchtet. Ja, Alfredo könnte man alles erzählen. Wenn man könnte. Alfredo wendet sich liebevoll an uns beide; wir sitzen wie Taubnüsse auf dem Sofa. Jetzt spricht er uns an! Frau Czerni grinst dämlich.

Natürlich habe ich heimlich gelernt! Natürlich habe ich mich darauf gefreut, im entscheidenden Augenblick loszulegen und spröde Lehrbuchweisheiten in souveränes Parlando zu verwandeln!

Natürlich wollte ich prahlen!

Als Alfredo mich anspricht, fällt das Gelernte sofort von mir ab wie Schuppen. Ich weiß nichts mehr.

Und grinse so dämlich wie Czerni.

Am Abend wirft sich Frau Rettich in ein stechend rotes Kleidchen und geht mit uns das Meer begrüßen. Da tappen Czerni und ich hinterdrein und stehen artig in einer Postkarte: 1 untergehende Sonne, 1 weites Glitzern, 1 Raunen, 1 Rauschen, div. Fledermäuse an Laternen. Das Kirchlein steht über dem Strand, das Meer drückt dagegen, weicht zurück und drückt, und Frau Rettich sagt: »Jede siebte Welle ist eine Woge.«

Da denken wir uns stumm ins Universum hinein, bis Frau Rettich lüstern aufstöhnt.

Sie hat es mit ihren Gedanken offenbar gerade mal wieder bis nach Madrid geschafft.

In der Nacht, nach dem rettichrituellen Großumtrunk, schaut sie noch einmal kurz bei uns im Zimmer vorbei. Czerni hat alle Glockenröcke in den Schrank gehängt, alle schlimmen Schuhe daruntergestellt, sie hat den Wäschetest positiv abgeschlossen, und gerade ist ein temperamentvoller Streit am Kochen: ob das Fenster des Nachts zu öffnen oder zu schließen sei. Dazu brummt laut ein Aggregat im Hinterhof.

»Hör mal, Frau Rettich, wie eklig das brummt. Da muß man doch das Fenster...«

»Ich will nicht ersticken!«

»Dann leg halt deine Socken vor die Tür!«

Frau Rettich, mit ihrem Einzelpräsidenten-Vorzugszimmer hoch zufrieden, kann nur an den *Novio* denken. Da liegt sie in Unterwäsche und Turnschuhen platt auf

Czernis Bett und sülzt sich die Seele aus dem schönen Leib.

Ja, Frau Czerni könnte sich mal ein Beispiel an der rettichschen Unterwäsche nehmen. Da könnte sie sich mal eine Rüsche von abschneiden. Sie jedenfalls sieht in der ihrigen aus, als wollte sie gleich in den nächsten Sandkasten und mitspielen.

»Ich glaube, den muß ich heiraten!«

»Vor drei Monaten hast du uns noch zu einer anderen Hochzeit eingeladen.«

»Mein Goldstück«, argumentiert Frau Rettich, »das war doch etwas anderes.«

»Aha«, sagt Czerni bartgemäß sachlich und herzlos: »Wenn ich mich recht erinnere, wolltest du damals heiraten, weil er so patent war, auch den Abfall runtergebracht hat und – ich zitiere aus dem Gedächtnis – ›mir die Bierkästen hochschleppen kann‹. Und der *Novio* ist das blanke Gegenstück?«

»Jaaaah!« rennt Frau Rettich ins offene Messer. Die viele Libido hat ihr wohl das Hirn erweicht. Czerni stößt zu: »Du brauchst also jetzt einen mit linken Händen, einen, der Abfall macht und...« Rettich steht auf und geht: »Wohl noch nie was von Seelenverwandtschaft gehört.«

Die Czerni macht sich lang: »Tsttst, wenn du mich fragst: Die Logik hat sie nicht gepachtet.«

»Nee, das nicht«, murmele ich ins aggregatorische Brummen: »Aber klasse Unterwäsche.«

»Gans!« sagt Czerni und atmet die ganze Nacht durch ihren hierfür viel zu schmalen Rachen.

Vicky Hendricks

Bügelfrei

Hank war betrunken und knallte mir eine – es war nicht das erste Mal –, und ich griff mir das Radio und erwischte ihn damit voll an der Stirn. Es war so ein großer *Ghetto-Blaster* mit Kassettenrecorder, aber ich hätte nie gedacht, daß es ihn töten würde. Wir saßen gerade vor dem Ventilator, hörten Country-Musik und schlürften Jack Daniels – und nannten uns gegenseitig »Toots«, was uns beiden gefiel –, doch urplötzlich war die Welt nicht mehr die gleiche. Mein Typ war tot. Mir kam es so vor, als hätte ich gar nichts damit zu tun. Die Frage stellte sich mir überhaupt nicht.

Ich verbrachte ein paar Tage im Knast, bis der Richter entschied, daß es nicht meine Schuld war. Hanks langes Vorstrafenregister half mir raus. Er war den Bullen bekannt. Kaum wieder zu Hause, trank ich weiter und vermißte den Hurensohn wie blöde. Er konnte schrecklich gemein sein, aber zusammen waren wir klasse – besonders, wenn wir keine Klamotten anhatten.

Keine Ahnung, was ich in den folgenden Monaten gemacht habe. Irgendwann erwachte ich aus einem *Blackout* und war im Krankenhaus. Ich hatte vage Erinnerungen an einen Scheißkerl; der mir erst ein paar Drinks in einer Bar spendiert hatte und später in einem muffig riechenden Auto auf mir rumgeturnt war. Es flogen Fäuste, und eine prallte an meinen Unterkiefer, doch ich weiß nicht, wessen Faust es war – kann sein, daß ich da etwas durcheinander bringe. Die Krankenschwester sagte mir, ich wäre so schlimm getreten und verprügelt worden, daß ich Glück gehabt hätte, noch am Leben zu sein. Ich weiß nicht, warum ich ihr das mit dem Glück geglaubt habe, aber nachdem man mich aufgepäppelt und trockengelegt hatte, war ich bereit für einen Neuanfang. Für den Versuch, mein Leben zum allerersten Mal wirklich selbst in die Hand zu nehmen. Das war ein großer Fehler.

An diesem Morgen in North Miami war Hank fast aus meiner Erinnerung verschwunden, ebenso wie die Pulle Pfefferminzschnaps, die ich gewöhnlich in meiner Umhängetasche trug. Ich gab dem Taxifahrer die neun Dollar, die ich noch bei mir hatte – fast mein allerletztes Geld –, rutschte zur Tür, öffnete sie und sprang heraus.

»Da fehlt noch 'n Vierteldollar, Lady«, sagte der Taxifahrer.

Ich haute einfach ab. Hatte gar keine Wahl.

«Aufgeheizte Schlampe«, brüllte er, lehnte sich nach hinten und knallte die Tür zu. Ich glaubte, er versuchte, meinen Hintern einzuklemmen.

Aufgeheizte Schlampe, der Ausdruck war mir neu. Ich warf ihm noch einen Blick zu, als ich den Bordstein hochstieg. Er war stinksauer, sah aber ein, daß es wohl sinnlos war. Ich machte einen letzten Zug und warf meine Zigarette auf den Asphalt. Der Bürgersteig war glatt und sauber von der morgendlichen Straßenreinigung.

Ich war auf Jobsuche gewesen in den Straßen *Biscayne und Dixie.* Da gab es einige Tankstellen, ein paar Stundenmotels, die ich kannte, einen Seven-Eleven-Supermarkt, Versicherungen und daneben Bars und Strip-

Clubs. Ich hatte den Taxifahrer fünfmal anhalten lassen, und die Uhr war um Haaresbreite zu lange gelaufen. Ich dachte gar nicht erst an Trinkgeld. Nun reckte ich mein Kinn etwas in die Höhe, ging weiter und zuckte nicht mal mit der Wimper, während er hinter mir losfluchte. Mir gefiel, was er gesagt hatte – *aufgeheizt*. Ich war tatsächlich heiß. Mit sechsunddreißig sah ich zwar noch aus wie dreißig, aber es war höchste Zeit, die dunklen Bars zu verlassen und ans Tageslicht zu treten. Ich glaubte, daß ich auch noch andere Dinge tun konnte außer Drinks zu mixen oder mit meinem blondierten Busch im Schwarzlicht zu wackeln. Klar, das brachte 'ne Menge Kohle ein, aber die war fast genauso schnell wieder ausgegeben, wie sie vom Straps bis zu der Nase brauchte. Schon früher, seit ich etwa zwölf war, hatte es viele andere Männer gegeben. Sie alle hatten mich eine ziemliche Stange Geld gekostet, nur nicht ganz so viel wie Hank. Ich machte sie glücklich und behielt nichts für mich. Dachte, da wäre Liebe mit im Spiel.

Zuletzt tanzte ich im »Bubbles«. Ich wollte auf keinen Fall zurück zu dem Haufen. Ich hatte bereits genug aufs Maul bekommen – oder sonstwohin. Ich beschwerte mich nicht, aber Hank sollte mein letzter Fehler gewesen sein.

Viel hatte ich nicht zu bieten – eine wilde blondierte Mähne und den Arsch einer Tänzerin, der immer noch superknackig war. Meine Nase war sauber. Alles, was ich brauchte, war eine geregelte Arbeit, denn die Miete war fällig. Das Schild an der Tür *»Aushilfe gesucht«* kam mir gerade recht.

Ich schaute durch das schmierige Glasfenster hinein und sah einen Ständer, an dem saubere Kleider hingen, die sich durch den Laden bewegten. Dieser Morgen war bewölkt, aber die Totenhemden unter den rosafarbenen Plastiküberzügen glitzerten im Neonlicht. Yeah, das sah gut aus.

Ich war bereits seit ein paar Jahren in Miami, doch bisher hatte ich überhaupt nichts davon gesehen. Ständig angeknallt, hatte ich so gut wie nichts wahrgenommen, außer daß es warm war. Seit ich Cleveland verlassen hatte, war ich kaum jemals außerhalb einer Bar gewesen, von Strandspaziergängen oder Sonnenbädern mal ganz zu schweigen. Jetzt begann ich, mich umzusehen. Falls Cleveland die Achselhöhle der Welt war, dann war Miami das Augenpaar – klare, blau funkelnde Augen mit vielen Verheißungen. Und alle da für mich.

Ich nahm den Türgriff mit einer Hand, strich mit der anderen meinen Minirock glatt und betrat die *Miami-Purity-Reinigung*. Ich ging zu dem Ladentisch, wo ich auf die junge Frau wartete, die gerade mit einem Kunden beschäftigt war. Sie drückte drei Knöpfe, und die ganze lange Stange mit den Kleidern setzte sich in Bewegung und fuhr los. Ein leichter Lufthauch wehte unter meinen Rock. Ich sagte mir, yeah, mit der Stange möchte ich auch mal spielen.

Die Kleine war jung, aber meine Dinger, auf die es gewöhnlich in der Welt ankam, waren besser. Sie war dunkel, sah süß aus, ein wenig füllig. Kubanerin wahrscheinlich. Ich kannte die Spielregeln. Wenn sie die anstellten, würden sie auch mich nehmen. Der Kunde ging, und ich trat vor.

»Ist Ihr Boss da?« fragte ich. »Ich möchte mich für den Job bewerben.«

»Die zuständige Dame ist im Moment nicht da, aber ich hole den Manager.« Sie streckte die Hand aus, und ich schüttelte sie. »Ich bin Marisol.«

»Sherri«, sagte ich.

Sie ging nach hinten.

Es dauerte bloß eine Sekunde, bis er mit ihr im Schlepptau hinter der Trennwand hervorkam. Ein Blick in sein Babygesicht mit diesen Jagger-Lippen, und ich war geil genug. Er trug das sauberste Hemd, das ich jemals gesehen hatte. Aus dem geöffneten Kragen schaute ein zarter, weicher Hals heraus. Ein paar dunkle Löckchen waren wie Federn auf seiner Brust. Ich hatte nie erwartet, daß ein Typ aus einer chemischen Reinigung meine Säfte so aufdrehen würde. Es war diese Mischung aus Unschuld und Tier, die das bewirkte. Er sah mich mit seinen klaren, blauen Augen an, süß wie ein Baby. Ich fühlte, wie sich mein Gewicht nach hinten verlagerte und meine linke Hüfte vorschwang. Ich wollte seine Hände an meinen Schenkeln spüren und zusehen, wie seine Lippen an mir nagten. Es war das erste Mal seit Hank, daß mein Körper heiß wurde und ein Eigenleben führte. Er fühlte sich gut an, aber ich wußte, *paß auf*.

»Was kann ich für Sie tun?«

»Ich interessiere mich für die Stelle.« Ich parkte meine Titten auf der Theke zwischen meinen Ellbogen und hakte einen Daumen unter den Schulterriemen, um ruhig zu bleiben. Sah geradewegs in seine blauen Augen. »Was für eine Stelle ist das denn?«

»Sie können ein Bewerbungsformular ausfüllen, aber eigentlich dachten wir an eine ältere Person. Das Gehalt ist minimal.«

Ich wußte nicht, ob das genug zum Leben sein würde, aber diese Lippen waren wirklich überzeugend. Es war bereits ein langer Morgen gewesen.

»Wird wohl reichen«, sagte ich. »Ich hatte auch schon weniger. Ich würd's gern mal versuchen.«

Jetzt hatte ich seine Aufmerksamkeit und sprach ein bißchen leiser, etwas vertraulicher mit ihm.

»Mein ganzes Leben habe ich in Bars gearbeitet. Jetzt brauche ich was Neues. Als ich Ihren Laden hier sah, hatte ich so ein Gefühl. Wissen Sie – als ob mich das Schicksal hierher gebracht hätte. Ich sagte zu mir, ich geh einfach rein und bekomme den Job. Mit Kleidung kenne ich mich ganz gut aus.«

Ich beobachtete sein Gesicht und sah auf das schimmernde Goldkreuz an seinem Hals. Ich schätzte, daß er gläubig war. Ich kannte eine Menge Tänzer, die gläubig waren, und bewunderte ihre guten Vorsätze. Er musterte mich von oben bis unten.

»Es war ganz spontan. Ich glaube ans Schicksal, Sie nicht?« sagte ich.

»Yeah. Wie auch immer, ich kann Ihnen ein Bewerbungsformular geben.« Er streckte seine Hand aus, wie ein Vertreter. Er hatte lange, saubere Finger und einen gebräunten, muskulösen Unterarm, der aus dem ordentlich hochgekrempelten Ärmel herausschaute. »Ich bin der Manager. Mein Name ist Payne.«

Ich konnte nicht widerstehen. »Autsch«, sagte ich und spitzte meine Lippen eine Sekunde länger als nötig, während ich seine Hand nahm. Dann lächelte ich. »Ich heiße Sherise Parlay. Sherri, ist kürzer.«

Ein Mundwinkel hob sich zu einem Grinsen. »Payne war der Name meines Großvaters. Wir sind Iren – Mahoney.« Er schob ein Blatt Papier über den zerkratzten weißen Tresen. »Hier«, sagte er, »füllen Sie das aus. Die Besitzerin wird in ein paar Minuten hier sein. Sie müssen so lange warten. Ich kann diese Entscheidung nicht treffen.«

Ich setzte mich auf einen Plastikstuhl an der Seitenwand. Ich konnte sehen, daß er mich beobachtete, daher schlug ich meine Beine mit der »Ich-laß-dich-kurz-unter-mein-Röckchen-kucken-Nummer« übereinander und wischte mir den Schweiß aus dem Nacken. Mein Fuß fing an zu wippen, und ich stellte beide Füße flach auf den Boden. Mir war klar, daß ich mit Payne nicht bumsen mußte, um den Job zu bekommen, aber es wäre sicher um einiges angenehmer gewesen.

Das Formular war lang und kompliziert, so wie die meisten, die ich an diesem Morgen ausgefüllt hatte. Ich wußte nicht, ob ich alles richtig machte. Bei einigen Angaben mußte ich raten. Als ich fertig war, überflog ich das Ganze noch einmal. Die Seite war hübsch ausgefüllt, doch zeigte sie die Lücken in meinem Lebenslauf. Na ja, ich wollte halt nicht lügen. Es war ein Neuanfang. Ich fühlte das Pech von meinem Rücken abtropfen und meine Schultern leichter werden.

Ich saß ruhig und aufrecht, als ob ich mich schon hundertfach für Tagesjobs beworben und diese auch bekommen hatte.

»Da kommt sie«, sagte er. Ich sah die Frau, bevor sie die Glastür aufstieß. Ihre Lippen verrieten alles – die, ihre Augen sowie das dichte, dunkle Haar paßten zu ihm. Sie war seine Mutter. Sie sah etwa zehn Jahre älter aus als ich. Ziemlich gute Figur. Klein und kompakt. Stark.

Payne stellte sie mir vor als Brenda Mahoney.

Sie verlor keine Zeit. »Zeig mir die Bewerbung«, sagte sie zu ihm. Ihr Gesicht sah aus der Nähe etwas verquollen aus, die Augen gelblich und rosa in den Winkeln. Ihre Hand zitterte, als sie sie ausstreckte, und mir wurde klar, daß sie letzte Nacht etwas zu tief ins Glas geschaut hatte. Die Nacht davor vermutlich auch, wohl eine ganze Reihe solcher Nächte. Sie begann, mit den Fingern auf den Tresen vor ihr zu klopfen, damit er ihr den Papierkram schneller rüberschob. Er runzelte die Stirn und warf ihr den Bogen zu, als ob er brennen würde.

Ich beobachtete ihr Gesicht, um zu sehen, was sie wohl denken würde, wenn sie von meiner Berufserfahrung las, Tänzerin und Barjobs, obendrein unvollständig, wo ich mich nicht mehr an meine Arbeitgeber erinnern konnte, geschweige denn eine Bezeichnung für das finden konnte, was ich dort gemacht hatte, aber sie blieb ganz ruhig.

»Es ist kein besonders glanzvoller Job«, sagte sie zu mir. »Ich bin nicht sicher, ob er Ihnen gefallen würde.«

Ich bemerkte ihre süßliche Alkoholfahne. Sie sprach schnell, jedoch ohne zu nuscheln.

»Sie werden hier drin schwitzen, und Ihr Haar wird sich kräuseln. Wir können keine Aircondition benutzen, wegen dem vielen Dampf – die kalte Luft würde ihn in Regen verwandeln. Und Sie müssen zu jeder Sekunde aufpassen. Für manche Stoffe werden Sie Dampfdüsen benutzen, für andere wiederum heiße Preßplatten.«

Ich fragte mich, wie vorsichtig sie wohl selbst gegen Nachmittag wurde, wenn sie morgens schon mit dem Trinken anfing. Sie lehnte sich vor, verschränkte die Arme und fummelte an einem Goldkreuz mit grünen Steinen herum, das an einer schweren Kette zwischen ihren Brüsten baumelte. Es war zu niedlich – Mutter und Sohn beide ihr Kreuz. Die Steine hatten die Farben ihrer Augen, und die brannten in mich hinein.

»Wenn Sie eine dieser Platten mit Ihrem Arm berühren, verbrennt Ihre Haut dran.«

»Ich bin ganz vorsichtig.«

»Ihre Berufserfahrung zeigt mir, daß Sie immer in der Öffentlichkeit gearbeitet haben – in der Unterhaltungsbranche. Sie sind in den Dreißigern und hatten noch keinen Routinejob. Sind Sie sicher, daß Sie diese Verantwortung auch wollen?«

Ich nickte. »Ich würde es sehr begrüßen, Mrs. Mahoney. Ich bin bereit für Verantwortung. Ich brauche eine geregelte Arbeit.«

»Okay«, sagte sie und stemmte ihre Arme in die Hüften. »Klingt so, als meinten Sie's ehrlich. Gut. Wir versuchen diese Stelle nun schon seit einiger Zeit zu besetzen. Ich sehe, Sie haben die nötige Energie, obwohl Ihnen noch die Erfahrung fehlt.« Sie legte eine Hand auf meinen Oberarm. Vermutlich wollte sie, daß ihre Hand dort fest und warm wirkte, aber ihre Nägel waren lang und fühlten sich eher wie Klauen an.

»Sie werden die anderen Angestellten während der Schichten an den Preßmaschinen kennenlernen. Wir sind hier alle Freunde.« Sie reichte mir die Hand. »Nennen Sie mich Brenda.«

Ich sah in ihr Gesicht und dachte, ja, vielleicht bin ich in zehn Jahren auch so, smart und tüchtig, mit genügend Know-how für mein eigenes Geschäft. »Danke, Brenda«, sagte ich.

Als sie wegging, warf ich einen Blick über den Tresen zu Payne. Er sah genervt aus. Er schürzte seine vollen Lippen und beobachtete mich mit diesen kühlen blauen Augen. Ich stellte mir vor, in das dicke, lockige Haar zu greifen und sein Gesicht zu meinem herunterzuziehen.

»Wie steht's mit Ihnen?« fragte ich. »Glauben Sie, ich passe hierher?«

Er sah mich bloß an und sagte gar nichts, aber unsere Augen trafen sich eine Sekunde lang.

Am nächsten Tag durfte ich in der Hemdenabteilung anfangen. Die Hemden kamen feucht aus der Waschmaschine, und ich mußte sie zu drei weiteren Maschinen bringen: eine zum Ärmelpressen, eine für Kragen und Manschetten und eine für Brust und Rücken. Die Maschine für den Körper war ein nett geformter Torso, und wenn ich daneben stand, konnte ich durch den Raum auf die Rückseite der Hosenpreßmaschine sehen: ein Hintern mit Beinen. Mir war klar, daß vorne dran kein Schwanz war, aber ich hatte doch etwas zum Nachdenken. Seit Hank hatte ich niemanden mehr gehabt, außer *mich* selbst. Ich wurde schon unruhig, wenn ich Payne in dieser warmen und feuchten Reinigung bloß ansah. Der Geruch der frisch gewaschenen Hemden ließ mich ohnehin schwerer atmen, denn er erinnerte mich an saubere Männer. Von denen hatte ich allerdings noch nicht viele gehabt. Payne war einer der schnuckeligsten, die ich je gesehen hatte.

»Ziemlich gut für den Anfang.«

Durch den Lärm der großen Waschmaschine hatte ich gar nicht gehört, wie er herangekommen war. Er kontrollierte den Kragen und sah mich über die Schulter an.

»Ich dachte, Sie hätten noch nicht oft gebügelt.« Er sah sich die perfekten Kragenspitzen an.

»Nicht schlecht, was?« sagte ich.

»Ja doch, ganz hübsch. Sie lernen schnell.« Er schaute verträumt hinten an dem Hemd herunter. »Jede Woche kommt hier eine Kostümbluse rein, mit einer kleinen Liebesnachricht drin, in echter Tinte, immer genau hier unten.« Er streichelte das vordere Ende. »Da steht dann, inzwischen kenn ich's auswendig: *Diese geschriebenen Worte verraten Dir, wie meine Lippen Dich heute nacht verwöhnen. XXX UUU, Ich.*«

Er kicherte. »Wir könnten ja etwas Tintenkiller drüberspritzen und es rausmachen, aber das ist einer der wenigen Momente, die diesen Laden hier erträglich machen. Ich fänd's schade, wenn die Bluse mal nicht mehr käme. Wenn ich mich an manchen Tagen hier gefangen fühle, ist es das einzige, was mich daran erinnert, daß das Leben auch schön sein kann.«

Ich neigte den Kopf und blinzelte zu ihm hoch. Es war mir neu, daß Männer so schnell über ihre Gefühle sprachen. Hank sicher nicht. Eigentlich niemand. Wieso empfand ich plötzlich Mitleid für Payne? »Was meinen Sie mit *gefangen*«, fragte ich. »In Ihrem Alter kann man doch alles tun.«

»Klar«, sagte er.

»Ich versteh schon, Ihre Mutter ist der Boss und so. Aber unterm Strich bleibt doch sicher 'ne Menge hängen.«

»Yeah. Zum Beispiel mehr Geld, als ich sonstwo für die gleiche Arbeit kassieren würde. Viel mehr, als ich Zeit hätte, es auszugeben.«

»Ja, das meine ich. Die meisten Menschen würden gerne mit Ihnen tauschen. Sie haben doch ausgesorgt.«

»Na ja, klingt irgendwie mehr nach lebenslänglich.«

»Kann schon sein«, sagte ich, obwohl ich sein Problem nicht verstehen konnte. Er hatte es gut. Ich wollte ihn immer noch küssen oder sonstwas tun, um ihn zu trösten. Ich kannte eine Menge Tricks, um ihn aufzuheitern – wenn er nur wollte.

»Auch ich denke in letzter Zeit viel über die Zukunft nach«, sagte ich. »Könnten aber auch bloß die Jahre sein, die sich an meine Titten hängen. Manchmal zieht einen die Schwerkraft allein schon ganz schön runter.« Ich grinste, und er kapierte, daß es ein Witz sein sollte. Dann reckte ich meine Brüste zu ihm hoch, damit er auch ja sah, daß sie nicht hingen.

Er schaute auf meine Nippel, die sich zart durch den BH und die Bluse abzeichneten. Irgendwie stachelte mich sein Starren an. Ich verschränkte die Arme. »Vermutlich macht Ihnen Ihr Alter gar nichts aus«, sagte ich. »Wie alt sind Sie?«

»Siebenundzwanzig.« Es klang so, als sei er uralt.

Ich sah auf seine leicht gebräunten Wangen und die vollen Lippen.

»O Mann, von jetzt an geht's bergab.«

Er lächelte, und ich konnte seine weißen Zähne sehen. »Sie veralbern mich, aber es kommt mir vor, als wäre ich schon ewig hier drin.«

»Vielleicht brauchen Sie nur etwas Abwechslung. Haben Sie 'ne Freundin?«

»Nein, im Moment nicht. Ich hab ja kaum Zeit.«

»Genau da könnte Ihr Problem liegen. Was machen Sie denn die ganze Zeit?«

Er dachte nach. »Meistens Papierkram. Was gerade so anfällt.«

»Und was ist mit Spaß?« Ich zwinkerte ihm zu. »Mit Sex? Oder holen Sie sich bloß unterm Tisch einen runter?«

Er wurde rot und stemmte die Fäuste in die Hüften. Zu spät fiel mir ein, daß dies ja ein völlig anderer Arbeitsplatz war als meine früheren. Payne war keiner der Stammgäste vom *Bubbles*, die jetzt gelacht und mir Klugscheißerin ins Bein gekniffen hätten.

»Klar, Lady. Und im Waschraum tu ich's auch, und in meinem Büro, manchmal auch voll in ein Seidenblüschen. Das ist das Beste.« Er rümpfte die Nase. »Ich glaube, ich mag nicht, was Sie so daherreden.«

»Tut mir leid«, sagte ich. »Das wollte ich wirklich nicht. Wirklich.« Ich leckte mir über die Oberlippe und legte noch eins drauf. »Ich weiß, wie Sie mir den Mund stopfen könnten.«

Doch bevor er das ganz kapierte, kam Brenda aus ihrem Büro zu uns herüber. »Na, wie macht sie sich?« fragte sie.

»Gut. Sie kapiert schnell.« Seine Lippen formten den Schmollmund, den ich schon vorher bemerkt hatte.

»Ich lerne«, sagte ich.

Dann machte ich mit den Hemden weiter und war bereits bis zum Nachmittag viel schneller geworden. Ich lag zwar noch weit unter der Vierhundertfünfzigermarke, die eine erfahrene Kraft laut Payne schaffen konnte. Aber den Overnight-Service schaffte ich, und niemand mußte mir helfen, weil ich gebummelt hatte. Das war mir wichtig.

Bei der Arbeit war es heiß, aber wie gesagt, mir hatte Hitze nie etwas ausgemacht. Und die Arbeitsgänge wiederholten sich. So konnte ich meine Gedanken schweifen lassen. Eine Weile dachte ich an Hank. Es tat zum Glück nicht mehr so weh. Es war irgendwie süß gewesen, wenn wir zusammen getrunken hatten, ohne uns dabei total vollaufen zu lassen. Ich dachte an meinen Geburtstag, den wir in der Bar in unserer Straße gefeiert hatten.

Hank hatte mir fast nie Geschenke gemacht. Keiner meiner Männer war je ein Schenkertyp gewesen. Gewollt hätten sie alle, aber es reichte halt nicht dafür. Daher hätte ich nie erwartet, daß Hank plötzlich ein kleines, haariges Knäuel aus seiner Jacke zog und es mir über die Bar entgegenhielt. Ich konnte das Strahlen auf meinem Gesicht geradezu fühlen und streckte beide Hände danach aus. Es war leicht feucht.

»Du hast den ganzen Nachmittag da drauf geschwitzt?« fragte ich. Ich erinnere mich, daß ich ein Lächeln unterdrücken mußte.

»Komm schon. Ich hab's auf dem Weg hierher geholt. Das ist ja das erste Mal, daß du dich über 'ne feuchte Muschi beschwerst.«

»Nicht so hastig«, sagte ich. «Ich hab mich ja gar nicht beschwert. Das ist das beste Geschenk, das du mir je gemacht hast.« Ich überlegte, was er mir in den vergangenen Jahren denn eigentlich geschenkt hatte.

»Toots, ich glaub, es ist das einzige«, sagte er.

Der flauschige Körper war crèmefarben, außer einem grauen Fleck auf der Brust und einem braunen Halbmond unter dem rechten Auge. Ich hielt es hoch und sah, daß es ein Mädchen war.

»Sieht aus wie du, wenn wir uns wieder vertragen haben«, sagte Hank.

Dafür liebte ich ihn. Auf seine Art erklärte er damit, daß er genau wußte, wie er mich manchmal fertigmachte. Es war so eine Art Entschuldigung, ohne daß ich vorher meine Koffer packen und ihm mit Auszug drohen mußte. Gut genug für mich. Ich konnte ja selbst ganz schön durchdrehen.

»Sie hat schon einen Namen: Spot«, erklärte er.

Ich küßte und kraulte Spot, als wäre sie das Kind, das ich und Hank niemals hatten. Die Barfrau Jeanni brachte mir eine Schachtel, in der ich das Kätzchen für den Rest der Nacht neben meinem Hocker aufbewahrte. Ein paar Kumpel von Hank waren auch noch da, und wir blieben alle ziemlich lange. Ich weiß nicht mehr, was sonst noch passierte, aber als ich am nächsten Morgen im Bett aufwachte, lag Spot zusammengekuschelt zwischen meinen Beinen. Ich stupste Hank an der Schulter, und als er die Augen öffnete, zeigte ich auf die beiden blonden Muschis, die ganz gemütlich dalagen. Als er wieder einschlief, hatte er ein halbes Lächeln auf seinen Lippen.

In den nächsten Monaten wuchs die Katze ganz prima heran, doch eines Nachts kam sie mal nicht nach Hause. Hank und ich hatten Krach gehabt. Ein paar Tage später hatten wir uns wieder beruhigt, aber ich konnte Spot nirgends finden. Hank sagte mir, er hätte sie einem kleinen Kind aus einem dieser Apartments gegeben. Sie wäre ohnehin zu groß geworden. Mir war klar, daß er das nur gemacht hatte, weil ich ihn verletzt hatte, und ich überlegte, wie ich die Katze zurückbekommen konnte, aber dann kapierte ich, daß sie bei dem Kind ohnehin viel besser dran war. Ich hätte sie ihm eh nicht wieder wegnehmen können.

Vor meinem geistigen Auge sah ich Hank ganz deutlich vor mir, seine Zähne und Augen, die Sommersprossen auf seinen Armen. Er hätte genausogut hier auftauchen und einfach in diese Reinigung marschieren können, mit einem neuen Kätzchen für mich. Mir war, als hätte er mich bloß verlassen, wie all die Male, die wir uns schon getrennt hatten.

Ich war eingeteilt für die Schicht von mittags bis zum Ladenschluß um neun, daher war es meine Aufgabe, alles für den nächsten Tag vorzubereiten. An diesem Abend nahm Brenda mich mit zum Empfangstresen, um mir das Nummernsystem für die Abholtickets zu erklären, während Payne das Geld in der Kasse zählte.

Brenda suchte nach irgendwas, und ich sah rüber zu Payne. »Danke für Ihr Verständnis heute«, sagte ich und grinste. Ich bemerkte, daß er zu Brenda schaute, die links neben mir stand. Ich drehte mich zu ihr und sah, daß sie mich leicht genervt anblickte.

Sie sprach extra laut. »Dies sind alles Hunderter-Rollen«, erklärte sie und zeigte mir eine Rolle hellfarbiger Tickets. »Und jede Rolle hat eine andere Farbe, damit wir sehen können, bei welcher Rolle wir sind und wieviel Stück wir pro Tag schon herausgegeben haben. Dann gibt es hier eine separate Abschnittsnummer, mit der wir erfassen können, wieviel Umsatz wir pro Woche oder Monat machen. Sie müssen nur aufpassen, daß Sie die Tickets für die Wäsche und die chemische Reinigung nicht durcheinander bringen.« Sie deutete auf die verschiedenen Rollen und steckte sie auf die jeweilige Spule.

»Okay. Klingt ja ganz einfach«, sagte ich.

»Das meiste hängt von unserem schnellen Service ab. Die farbigen Tickets erleichtern uns das Zählen und die Suche.«

»Haben Sie sich das alles selbst ausgedacht?« fragte ich. Sie schien stolz zu sein auf ihren Erfolg und redete wahrscheinlich gern darüber. Aus dem Augenwinkel beobachtete ich Payne, der die Scheine mit seinen langen Fingern glattstrich. Ich sah, wie er einen Zwanziger in seiner Hosentasche verschwinden ließ.

»Nicht wirklich. Die meisten Reinigungen arbeiten ähnlich, soweit ich weiß. Aber ich habe dieses Extra-Abschnitt-System, damit ich immer auf dem laufenden bin. So können wir die Arbeitszeit und unsere Vorräte besser abschätzen. Unser Geschäft ist natürlich saisonabhängig, aber auf diese Weise kann ich es ganz gut überblicken.«

Sie wandte sich dem Regal zu und ordnete ein paar Tüten, die noch nicht richtig verstaut waren. Sie wirkte ein bißchen eingeschnappt. Ich fragte mich, was sie wohl hatte, und hoffte, daß sie nicht sauer auf mich war.

Ich hörte, daß Payne mit dem Wechselgeld hantierte, und beobachtete, wie er die Vierteldollar-Münzen aufrollte. Ich sah seine Mutter wieder an. »Schön zu sehen, daß sich eine Frau so gut um ihr eigenes Geschäft kümmern kann«, sagte ich.

Sie drückte ein paar Knöpfe, und ihre Augen blickten über das tanzende Plastik, als die obere Stange zum Stillstand kam. »Payne hilft mir«, sagte sie. »Aber in knapp zwei Monaten eröffne ich einen weiteren Laden. Der kann dreimal so viel Geschäft abwickeln wie der hier. Dann übernimmt Payne diesen.«

»Ist ja toll«, sagte ich. »Ich bewundere Sie. Vielleicht mache ich eines Tages auch mal 'nen eigenen Laden auf.«

»Na ja, vertun Sie sich da mal nicht«, sagte sie. »Es ist harte Arbeit. Sie müßten 'ne Menge aufgeben, Ihren ganzen Freundeskreis und so. Ich glaube nicht, daß Sie das wollen.« Aber ich dachte, wieso nicht. Ich wollte doch etwas aufgeben, zum Beispiel den Teil von mir, der mich immer wieder in Schwierigkeiten brachte. Wenn sie es konnte, konnte ich es auch.

Ich warf einen schnellen Blick rüber zu Payne, der gerade an der Kasse fertig wurde. Seine Augen blickten in meine Richtung, aber ich wußte nicht, ob er meine Titten anstarrte oder auf dem Mond spazierenging. Ich sagte mir, *bleib cool*, aber mir wurde ziemlich warm.

»Bis später«, sagte Brenda zu ihm und ging hinten raus zu ihrem BMW.

»Fertig für heute?« fragte ich ihn.

»Fast. Manchmal muß ich 'ne Menge Papierkram aufarbeiten, aber in letzter Zeit war's nicht so schlimm, trotz der Touristensaison. Liegt wohl am Regen.«

»Schon irgendwas vor?«

»Nö. Nur nach Hause. Bin ziemlich müde.«

»Leben Sie bei Ihrer Mutter?« Ich schätzte, ja, aber ich wollte sehen, ob er es mir sagen würde.

»Im Moment ja.«

»Mmh, müssen Sie gleich zu ihr, oder gehen Sie noch schnell was essen mit mir?« Ich legte eine Hand auf meinen Bauch, den Daumen leicht am Busen. »Ich bin am Verhungern und fast pleite. Außerdem würde ich gern mit Ihnen reden.«

»Bin selber knapp bei Kasse«, sagte er. »Und meine Mutter will nicht, daß ich mit den Aushilfen ausgehe. Ist schon mal vorgekommen.«

»Die Aushilfe. Oh.« Ich zeigte ihm, daß ich getroffen war, aber ich hätte mir diese Antwort eigentlich denken können.

»Tut mir leid. Ich hab's nicht so gemeint. Ich bin etwas aus der Übung mit Frauen.«

»Schwer zu glauben«, sagte ich. »Okay, na schön.« Ich senkte meine Stimme. »Sie können's ja wiedergutmachen. Sie brauchen nur zu fahren, sonst nichts. Wir holen uns was vom Drive-In und ein Six-Pack und gehen zu mir. Der Zwanziger, den Sie stibitzt haben, reicht doch dicke. Ich zahl's Ihnen am Monatsende auch zurück.«

»Ab und zu muß ich mal ein paar Mäuse abstauben«, sagte er. »Meine Mutter rückt nicht viel raus. Ich soll immer zu Hause essen. Aber ich beklag mich nicht. Sie kauft mir alles, was ich will.«

»Aber nicht, daß es hinterher mir in die Schuhe geschoben wird.« Schon tat es mir leid, daß ich das gesagt hatte.

»Keine Sorge«, sagte er, »am Ende stimmt's immer. Ich mach das schon.«

»Ich will's dir machen«, sagte ich. Dann drehte ich voll auf. Ich konnte mich nicht bremsen. »Ich hab den ganzen Nachmittag geschwitzt...« – dabei berührte ich seinen Hals am Kragen –, »...und meine Schenkel aneinander gerieben, die ganze Zeit.« Ich öffnete den obersten Knopf. »Dabei hab ich dich angesehen, Payne. Und du hast zurückgeschaut, das hab ich gemerkt.«

Ich nahm meine Hand von ihm und strich über meine Nippel. Sie waren schon ganz hart unter dem Seidenhemd. Dann faßte ich mir in den Schritt meiner Jeans und drückte die Naht fest nach oben. Ich fühlte, wie ich bereits auslief.

Er sah mir mit offenem Mund zu. Ganz automatisch hob er die Hand und berührte meine Nippel.

Jetzt kam ich über ihn. Ich griff in seine Haare und zog diese Jagger-Lippen fest auf meine. Er wehrte sich nicht. Sobald sich unsere Lippen berührten, gab's keine alte Brenda mehr für ihn. Und diese Lippen hatten Muskeln. Ich fühlte sie mit meinen Zähnen.

Er öffnete meine Jeans und zog sie runter. Dann drückte er meinen Hintern so hart, daß rote Fingerabdrücke zurückblieben. Ich drückte seinen Hintern und bohrte meine Nägel durch die dünne Hose, bis er stöhnte. Ich drängte mich voll an ihn und spürte, wie er steinhart wurde. Er schubste mich weg und warf mich auf die Theke neben die Münzrollen. Ich wollte seinen Gürtel öffnen, doch ich erwischte zwei Rollen mit meinem Ellbogen und warf sie zu Boden. Sie fielen auf den Beton und platzten mit lautem Geklimper. Payne sprang zurück, als ob er aus einer Trance erwacht wäre. Er starrte mich und meine nackte Möse an und schloß die Augen. Seine Schultern zuckten.

Meine Augen standen weit offen, und ich wartete auf eine Erklärung oder so was, aber er sagte kein Wort, sondern half mir bloß wieder auf die Füße. Ich zog die Jeans hoch und wurschtelte sie über meinen Hintern. Dabei starrte ich in sein leeres Gesicht. Mein Verlangen war jetzt nur noch Wut im Bauch, und ich begann, neben ihm die Münzen vom Boden aufzusammeln und auf dem Tisch zu stapeln. Dadurch hatte ich etwas zu tun, während ich überlegte, was wohl mit mir nicht stimmte – oder mit ihm – oder mit uns beiden. Außerdem verkniff ich mir so schnippische Bemerkungen.

Ich wußte, der Abend war gelaufen, und als alle Münzen aufgesammelt waren, sagte ich »Gute Nacht«. Ich überließ ihm das Einpacken.

»Sorry«, sagte er. «Hab bloß gerade gemerkt, daß man hier voll reinsehen kann, bei dem Licht.«

»Oh«, sagte ich. Immerhin versuchte er eine Entschuldigung. »Nun, wir könnten ja zu mir gehen.«

Er hob die Hand und schüttelte den Kopf. »Mir ist gerade was eingefallen, was ich heute noch erledigen muß. Tut mir wirklich leid. Ich seh dich dann morgen früh.«

»Hey, kein Problem«, sagte ich. Ihm saß plötzlich die pure Angst im Nacken, aber ich hatte keine Ahnung, was ich dafür konnte. Ich drehte mich um und ging Richtung Büro, um meine Tasche zu holen und rauszugehen. Als ich die Tür öffnete, sah ich mich noch mal um. Er beugte sich konzentriert über die Münzen und rollte sie wieder ein. Ich zitterte ein bißchen. So war ich noch nie abgeblitzt, außer wo ich dem Typ auf seine neuen Schuhe gekotzt hatte. Damals war ich noch ein Kind gewesen.

Hank hatte nie nein gesagt.

Mein Magen fing an zu knurren. Ich schloß die Tür und ging hinaus. »Fuck«, sagte ich. Hoffentlich war da noch ein Bier im Kühlschrank und mindestens eine halbe Packung Spaghetti. Ich hätte mir 'nen Fünfer leihen sollen.

Kerstin Ekman

Das Dreieck

Im August 1954 fuhr ich nach Uppsala. Jenny und Ingrid Johansson begleiteten mich zum Zug. Ich erinnere mich, daß ich fand, sie sähen tantenhaft und lieb aus. Ich muß sehr aufgedreht gewesen sein. Vielleicht trat ich am Bahnhof exaltiert und gekünstelt auf. Gott sei Dank erinnere ich mich nicht mehr daran. Ich fand, daß die Welt, die ich verließ, klein und grau war und daß es ihr an Bedeutung mangelte.

Wir waren natürlich so zeitig am Bahnhof, daß sich das Abschiednehmen peinlich in die Länge zog. Schließlich wußten wir nicht mehr, worüber wir noch reden sollten. Da kam Hasse Curtman. Er hatte einen kleinen Blumenstrauß aus Bartnelken in der Hand, weinroten, purpurroten und weißen. Ingrid beharrte darauf, daß das Studentennelken seien und daß es Hasses Absicht gewesen sei, gerade mit solchen aufzuwarten. Ich glaube, sie war auch ein bißchen exaltiert. Ich hatte meine Studentenmütze auf, und Ingrid war wohl ganz aus dem Häuschen darüber, daß sie hier praktisch neben einer Studentin stand. In unseren Kreisen war man das nicht so gewohnt.

Als der Zug endlich abfahren sollte, küßte ich Jenny und Ingrid auf die Wangen, und sie umarmten mich, offensichtlich dadurch ermuntert, daß das lange Warten vorbei war. Hasse küßte ich, zu meiner eigenen Verwunderung, auf den Mund. Es war höchst ungewöhnlich, in unserer Stadt so etwas am hellichten Tag und in Gegenwart der Tanten zu tun. Ich tat es aber trotzdem. In meiner Exaltiertheit hatte ich die Konventionen der Kleinstadt wohl schon hinter mir gelassen.

Ich hatte keine Unterkunft, als ich nach Uppsala kam, doch Jenny hatte mir eine Adresse eines ihrer entfernten Verwandten mitgegeben. Er hieß Lager, und das war für mich ein Name, der von Vornehmheit und Gelehrtheit zeugte. Mit meinen zwei schweren Koffern fragte ich mich zu seiner Adresse, Stora Torget 2, durch.

Stora Torget, der große Markt, war ein kleiner Platz, im Grunde kleiner als der Marktplatz meiner Heimatstadt. Die Buslinien trafen sich hier, und große Steinhäuser standen um ihn herum Wache, außer nach einer Seite hin, wo ein Haus stand, in dem – das wurde mir später klar – der von meinem Papa sehr bewunderten Karl Wilhelm Scheele gewohnt hatte. Dort gab es auch eine Konditorei. Sie wurde meine erste Station in Uppsala. Ich saß in der qualmigen Luft, einer Mischung aus Zigarettenrauch und Kaffeeduft, und blickte auf das Haus schräg gegenüber. Ich hatte einfach Angst davor, zu dem feinen Johann Lager zu gehen.

Er und seine Frau wohnten in einer Einzimmerwohnung zum Hof hin. Sie starrten mich an, als ich schließlich mit meinen zwei Koffern vor ihrer Tür stand. Sie waren schlichtweg erschrocken. Wortkarg zeigten sie mir, wie eng es bei ihnen war. Aus allen Winkeln roch es nach Armut. Er arbeitete in einer Metzgerei draußen in Boländerna und war hier im Haus als Hausmeister beschäftigt. Die Frau putzte die riesigen geschwungenen Steintreppen. Sie ging auch in andere Häuser putzen. Ihre

Hände waren aufgequollen und von einem körnigen Ausschlag übersät. Ich war so angewidert und so verschreckt von ihrer Armut, daß ich in der Küche, wo es nach leckenden Gasleitungen roch, kaum Atem zu holen wagte.

Er rannte hinaus und telefonierte irgendwo, und schon nach einer Stunde war ich mit einem Taxi zu einer Adresse in Bortre Svartbäcken unterwegs. Es war eine lange Fahrt. Die Fahrbahn wurde löchrig wie eine Landstraße, und die Abstände zwischen den Straßenlaternen wurden immer größer. Schließlich hielten wir vor einem dreigeschossigen Mietshaus mit vom Wind zerzausten Sträuchern am Eingang. Die weite Ebene erstreckte sich in der Dämmerung, und ich sah ein scheunenähnliches Gebäude, eine Ziegelei, wie ich später erfuhr.

Hier wohnte ich während meiner ganzen Zeit in Uppsala. Meine Wirtsleute waren entfernt mit Lagers verwandt. Es waren junge Menschen, die hatten heiraten müssen und in der Panik eine zu teure Wohnung gemietet hatten. Jetzt bezog ich das größte Zimmer, für das ich hundertzehn Kronen Miete bezahlen mußte. Ich traute mich nicht zu feilschen. Er arbeitete in einer Schuhfabrik, und sie fuhr jeden Morgen kurz vor sechs mit dem kleinen Kind zu ihrer Mutter. Dann arbeitete sie in der Küche der Rickombergaanstalt.

Viele Möbel hatten sie nicht, und die meisten nahmen sie zu sich in das kleinere Zimmer. Ich bekam ein Reisebett, einen Stuhl, eine Kommode und eine Nähmaschine. Da die Maschine versenkbar war, konnte ich sie als Schreibtisch benutzen. Dort saß ich, die Füße auf dem Tritt, und lernte. An der Decke leuchtete eine weiße Kugel mit einer Fünfundsiebzigwattbirne darin.

Mein Verhältnis zu den zwei verbitterten und verschreckten Menschen war so, daß er und ich einander haßten und sie und ich sehr gut miteinander auskamen. Sie weinte viel und erzählte, wie es sei, zu heiraten, weil man gezwungen sei. Ich wagte nie, dort auszuziehen. Einmal deutete ich an, daß ich das wolle, aber da fing sie zu weinen an und sagte, daß ich die einzige Vertraute sei, die sie habe. Das war bestimmt nicht wahr. Aber wie sollten sie das Zimmer je wieder an Studenten vermieten können? Es lag ja so weit draußen. Nein, ich wagte nicht auszuziehen, denn sie hatten mich aufgenommen, nur weil Lagers sie dazu überredet hatten. Doch ich hielt mich mit der Zeit so wenig wie möglich in der Wohnung auf.

In den ersten Wochen war das natürlich anders. Da kannte ich niemand. Ich studierte Nordistik, weil Jenny und Fredrik meinten, daß ich Lehrerin werden sollte. Papa kam mit unrealistischen Vorschlägen von Fächern, von denen wir noch nie etwas gehört hatten. Der Berufsberater, der bei uns in der Schule gewesen war, hatte gesagt, daß man mit acht Zensuren in entsprechender Kombination einen Magistergrad bekäme. Das würde fünf Jahre dauern, wenn ich fleißig wäre. Dann könnte ich von dort abreisen und Lehrerin werden.

Ich fuhr mit dem Bus zu den Vorlesungen, die hinter dem Englischen Park in einem Haus stattfanden, das Philologicum hieß. Alle, die Nordistik studierten, schienen einander zu kennen. Sie redeten über Dinge, von denen ich noch nie etwas gehört hatte, über Professoren, von denen ich nicht wußte, was sie lehrten, über Begriffe wie Proschein, Assi und Kompendium. Meine Situation war sicherlich klassisch, aber das wußte ich nicht, so daß mir das kein Trost war. Ich kannte die Bauernstudenten grauer Vorzeiten nicht. Hätte mich jemand mit einer solchen Figur verglichen, so hätte ich die Ähnlichkeit nicht verstanden. Ich trug eine schwarze, enge lang Hose mit einem roten Elastikgürtel um die Taille und eine schwarze Hemdbluse, die laut eines Studenten höheren Semesters, den ich im Philo getroffen hatte, existentialistisch war. Ich sagte jetzt Philo, und ich wußte, was ein Assi und was ein Proschein war.

Jeden Monat ging ich zur Schwedischen Handelsbank am Stora Torget und holte mein Studiendarlehen ab. Ich hatte fünfundsiebzig Kronen im Monat und hungerte ununterbrochen, was mir zunächst nicht schlecht stand. Anstatt Essen kaufte ich billige Blusen und Elastikgürtel, Lippenstifte und Büstenhalter mit festen, spitzen Körbchen. Wenn meine Wirtsleute zur Arbeit waren, kochte ich mir von ihren Graupen Grütze und hatte wahnsinnige Angst, daß er den Inhalt der Tüten messen würde. Er war oft mißtrauisch, konnte mir jedoch nie etwas anhaben, denn ich war nicht so dumm, Speckscheiben oder Semmeln zu nehmen.

Beim Erstsemesterfest änderte sich mein Leben von Grund auf. Ich hatte ein bißchen Angst, als ich dorthin ging, denn ich hatte gehört, daß sie sich an den Neulingen vergriffen. Das taten sie auch, doch kam man als Mädchen, wenn man ganz gut aussah, sehr leicht davon.

Ich hatte mein bestes Kleid angezogen. Jenny hatte es genäht, und es war aus dünner, hellblauer Wolle. Es hatte einen weiten, in der Taille eingehaltenen Rock, und darunter trug ich einen bestickten Petticoat. Der Kragen war aus weißem Pikee mit einem kleinen Spitzenrand, und er wurde am Halsausschnitt mit zwei Stoffbändern zusammengehalten. Um die Taille trug ich einen schwarzen, breiten Lackgürtel, von dem Jenny nichts wußte. Ich zog ihn sehr fest zu.

Ängstlich, scheu und fest entschlossen zu fliehen, falls

es unbehaglich würde, ging ich zum Erstsemesterfest der Studentenvereinigung. Aber es kam alles anders, als ich gedacht hatte.

Mein Gesicht war klein und blaß und hatte keine hervorstechenden, aber auch keine entstellenden Züge. Ich nehme an, daß ich ganz niedlich, erstsemesterfrisch war. Mein Haar war in stramme Dauerwellen gelegt und mit dem starken Shampoo jener Zeit frisch gewaschen. Es stand wie eine Wolke um meinen Kopf, fast ebenso hell wie Engelshaar am Weihnachtsbaum. Dazu der fest zugezogene Lackgürtel und ein feuerroter Mund.

Ich wußte damals nicht, daß auf dem Erstsemesterfest etwas ältere Kommilitonen wie Hechte zwischen zappelnden kleinen Fischen umherglitten. In jeder Erstsemestergeneration gehörten einige Mädchen zur Beute, die Niedlichen, die mit den am festesten zugezogenen Gürteln Ich selbst wurde von diesen älteren Herren von fünfundzwanzig, sechsundzwanzig Jahren außerordentlich gut behandelt, praktisch verwöhnt.

Ich hatte einen hinreißenden Abend. Ich tanzte, ich nippte an ihren Kognak-Sodas. Mit einem Mal war ich frei und sorglos geworden, und ich traute mich witzig und spritzig zu kontern, wenn sie mich aufzogen. Meistens tanzte ich mit einem Mann, den nicht nur ich für den schönsten der ganzen Studentenvereinigung hielt. Er wurde, erfuhr ich später, allgemein schöner Filip genannt. Er tanzte ganz eng mit mir, und seine Lippen streiften meine Wange. Die Stimmung war orgiastisch. Doch das kapierte ich nicht. Ich war zu benommen von meinem Erfolg. Ich begriff ganz einfach nicht, daß die Leute voll waren. Vielleicht war ich das zu sehr gewohnt. Ich hatte dem Rausch meines Papas noch immer keine Beachtung geschenkt.

Als sich das Fest auflöste, hakte sich Filip mit sicherem Besitzrecht bei mir unter.

»Kleines, liebes Kleines«, flüsterte er mir ins Ohr. Das war etwas! Das hatte ich nur im Kino gehört, oder besser gesagt auf dem Textstreifen der Filmleinwände gelesen. Rings um mich herum lächelten ältere Kommilitonen verstehend.

Dann geschah etwas, was ich diesem Sven-Ake Filipsson, der um keinen Preis der Welt Sven-Ake genannt werden wollte, niemals verzeihen werde. Er fragte, ob ich mit ihm nach oben kommen und mir seine Radierungen ansehen wolle. Ich hatte keine Ahnung, daß das eine Redensart war, sondern sagte ja und erzählte, daß mein Pflegevater zu Hause im Kunstverein sei und daß wir zu Vernissagen zu gehen pflegten. Dieser verdammte schöne Filip sah ganz ernst drein, und wir gingen auf sein kahles, tabakvermieftes Zimmer, eine der Studentenbuden der Vereinigung. Dort begann er mich sofort zu küssen, und wir vergaßen ganz, daß an den Wänden Radierungen hängen sollten.

Ich muß ziemlich betrunken gewesen sein, denn ich erinnere mich überhaupt nicht, daß ich mich besonnen oder um meine Unschuld gezittert hatte. Wir zogen uns aus, das heißt, er zog mich aus und dann sich selbst erheblich schneller, und wir krochen in seine etwas grauen Laken.

Diese Sven-Ake Filipsson, der schöner Filip genannt wurde und den ich nicht kannte, legte mich in sein schwankendes Bett, spreizte meine Beine und kauerte sich dann vor mich auf den Fußboden. Er ergriff meine Schenkel, die ich zu schließen versuchte, und dann küßte er mich heiß in dem, was damals unter Damen der Schoß genannt wurde. Ich war trotz meines Rausches so fürchterlich verlegen, daß ich gern ohnmächtig geworden wäre. Ich hatte nicht die leiseste Ahnung gehabt, daß man so etwas, wie das, was er da machte, überhaupt tun konnte. Ich wollte nur, daß er aufhörte, und ich traute mich nicht, mich zu rühren, weil ich fürchtete, mich plump oder linkisch zu benehmen. Daß es nicht angebracht war, jetzt tugendhaft zu sein, war mir klar. Dafür war es zu weit gegangen. Wie und wann ich die Grenze überschritten hatte, wußte ich nicht. Filip flüsterte (zwischen den Bissen, wie es mir vorkam) unaufhörlich Repliken, die am unteren Rand einer Filmleinwand hätten stehen können.

»Kleines, liebes Kleines, du bist süß!«

»Du bist verrückt«, sagte ich.

»Ja, nach dir«, flüsterte er, und auch das war neu für mich, weil für mich alles neu war.

Ich kann mich, wie gesagt, nicht daran erinnern, daß ich vor dem Eindringen gezittert hätte, doch ich fand, daß es sich allmählich in die Länge zog. Ich wollte es hinter mich bringen. Vielleicht hatte ich die Hoffnung, dann nach Hause laufen zu können. Doch hier geschah nichts mit Eile. Er ging zum Kleiderschrank und holte eine Flasche Eau de vie hervor. Wir tranken noch mehr. Ich aß eine Banane. Ich kicherte wahnwitzig, froh darüber, daß er seine Stellung zwischen meinen Schenkeln aufgegeben hatte. Ich rauchte seine Zigaretten. Alles drehte sich im Kreis. Er war blaß, und der Schweiß stand ihm auf der Oberlippe.

»Kleines, liebes Kleines«, sagte er. Und immer öfter: »Verzeih mir, Kleines.«

Die Laken waren, wie gesagt, grau, auf dem Tisch standen ein überfüllter Aschenbecher und ein Strauß Blumen einer Sorte, die nicht mehr zu identifizieren war. Die meisten Blütenblätter waren abgefallen und rings um die Vase verstreut. Da lagen auch aufgeschlagene Bücher, Manschettenknöpfe, ein Feuerzeug mit seinen Initialen. Allmählich fühlte ich mich sicherer und fand es wunderbar. Ich hatte noch nie in meinem Leben ein so schmutziges und verrauchtes Zimmer gesehen, noch nie so nahe bei einem überfüllten und stinkenden Aschenbecher in einem Bett gelegen. Ich dachte: »Das ist der Existentialismus, das ist das Leben.« Es lag auf einer Linie mit meiner schwarzen Hemdbluse und dem roten Elastikgürtel.

«Verzeih mir, Kleines«, flüsterte Filip und koste mich immer intensiver zwischen den Beinen. Das trieb er, bis ich ihn bat aufzuhören. Ich mußte es ganz einfach tun, denn ich wußte mit seinem systematischen Gereibe nichts anzufangen, hatte keine Ahnung, wohin das führen sollte. Lust empfand ich nur, wenn er mich küßte, und auch diese Lust wurde allmählich geringer, weil ich so müde war. Er schlief ein, und noch im Halbschlaf bat er mich um Verzeihung.

Ich schlief in dem grauen Zimmer und wachte auf, als es dämmerte. Die Lampe am Bett schien nach wie vor direkt auf uns herunter. Ich war so durstig, daß ich es nicht aushielt, sondern die Vase nahm und das Blumenwasser trinken wollte. Als ich aber roch, wie muffig es war, wurde ich schlagartig nüchtern. Ich steuerte die Toilette an, und dann trank ich Wasser, trank und trank und begoß meine geschwollene, eingetrocknete Zunge. Ich hatte den ersten Kater meines Lebens und wußte nicht, warum mir so komisch war. Das graue Zimmer war modern, es gab sogar eine Dusche. Ich stellte mich darunter und ließ lauwarmes Wasser über meinen Körper strömen, wusch mir mit Filips Palmolivseife die Haare und trocknete mich mit einem schmutzigen Handtuch ab.

Er schlief noch, und er war sehr schön mit seinem ebenmäßigen Gesicht und den weichen, braunen Wimpern. Seine Haut war etwas brauner als in unseren Breitengraden üblich. Als ich hochgetaumelt war, hatte ich ihm das Laken weggezogen, und nun sah ich, welch schönen Bauch er hatte. Ich starrte auch seinen Penis an, der zum Hodensack hin geschrumpft auf seinem Schenkel ruhte. Es war das erste männliche Glied, das ich sah, und ich fand es wundervoll.

Ich dachte, daß er aus Rücksicht auf meine Unreife und unsere kurze Bekanntschaft nicht mit mir hatte schlafen wollen. Er hatte um Verzeihung gebeten, und ich glaubte, es sei der ersten lustvollen Brutalität wegen gewesen, die er an den Tag gelegt hatte. Es gefiel mir, daß ich der Auslöser dafür gewesen war. Wenn ich nun zu ihm kröche, würden wir zusammen für den Rest des Lebens aufwachen, und ich wäre keine Unschuld mehr, wenn der Abend käme. Wenn er nüchtern wäre, würde er merken, daß dies keine vorübergehende Lust- oder Rauschgeschichte war, sondern die große und lebenslange Liebe. Dann würde er natürlich nicht zögern, mich zu nehmen.

Trotz der Kopfschmerzen war ich glücklich. Ich hatte all diese starken Erlebnisse gehabt, und ich war mit heiler Haut davongekommen. Die Zukunft war klar. Der schöne Mann im Bett. Alles Graue und Verschwommene und Unbestimmte aus meinem Leben war verschwunden. Er war Jurist, das wußte ich. Ich könnte Frau Rechtsanwalt oder Frau Richter werden. Mir fiel die Rechtsanwaltstochter ein, die auf der Oberschule zwei Klassen über mir gewesen war. Ihr maßgeschneidertes Kostüm. Das fiedrig geschnittene Haar nach einem Besuch in Stockholm. Das Auto des Herrn Papa.

Ich beschloß dennoch, nach Svartbäcken heimzugehen.

Ich getraute mich nicht, zu bleiben, denn meine Wirtsleute würden es merken, wenn ich die ganze Nacht weg wäre. Während ich mich anzog, sah ich ihn mir näher an. Der Schein der Lampe reichte nicht weit ins Zimmer, beleuchtete aber intensiv seine Haut. Jedes Haar war zu sehen. Er war keine zottige Bestie, hatte aber am ganzen Körper feine Härchen. Ich kannte einmal eine Hebamme, die sagte, daß man bei manchen Neugeborenen sehen könnte, wie auf einem menschlichen Körper das Haar wachse. Es beginne beim Wirbel auf dem Scheitel und ziehe sich dann spiralenförmig den ganzen Körper hinab. Diese Härchen schimmerten im Schein der Lampe nun golden. Auf der Brust waren sie kräftiger und kräuselten sich. Dann lagen sie in einem schmalen, braunen Streifen den Bauch hinuntergekämmt und breiteten sich weich und dunkelbraun um sein Glied herum aus, das zusammengezogen zwischen den Eiern im Hodensack lag. Die Vorhaut war runzlig und die Eichel lag frei und leuchtete intensiv rosafarben, so daß man sah, daß sie eigentlich zu seinem Inneren gehörte.

Seine Beine waren bis zu den schmalen Fesseln hinunter dunkel behaart, und als ich noch näher trat und seine Hände betrachtete, sah ich, daß sich die Haare auf dem Handrücken vor dem ersten Fingergelenk wiederholten, dort aber so weich und fein waren, daß man sie nicht gesehen hätte, wäre er blond gewesen. Über Wangen und Kinn breitete sich ein dunkler Schatten aus, und unter der Nase war er so dicht, daß man sich vorstellen konnte, wie er mit Bart aussähe.

Er lag auf dem Rücken und hatte den Kopf auf die Seite geneigt. Die Wimpern reichten weit auf die Wangen herab, und er hatte einen kindlichen Gesichtsausdruck. Er ließ die schmutzigen Laken schön erscheinen, wenn er auf ihnen ruhte, ihre Falten und Schatten und die Tapete hinter ihm gaben den Hintergrund für den braunen Farbton seiner Haut ab, nichts weiter.

Als ich mich heimwärts begab, mußte ich bis zum Stadtrand von Svartbäcken laufen, denn es fuhren noch keine Busse, und für ein Taxi hatte ich kein Geld. Meine frisch gewaschenen Haare froren auf dem Kopf zu einer Kappe. Als ich im Bett lag, war ich nach wie vor glücklich. Ich sah ihn im Schein der Lampe vor mir, und ich dachte daran, daß es erst zehn Stunden her war, daß ich ihm begegnet war. Jetzt aber hatte sich mein Leben von Grund auf verändert. Mit feinen Drähten war es an das seine gebunden worden. Den Duft, den ich an seiner Haut und seinem Haar gerochen hatte, jede Nuance seiner Stimme und seiner Augenfarbe banden mich an ihn. Wenn er aufwachte,würde er seine Bartstoppeln rasieren, die ich hatte sprießen sehen und deren erste Rauheit meine Oberlippe und meine Wangen fleckig und empfindlich gemacht hatte. Ich hatte in diesen Stunden so fürchterlich viel über ihn erfahren. Ich wußte, daß seine Nägel gewölbt waren und daß er zwischen Zeige- und Mittelfinger der rechten Hand Nikotinflecken hatte. Über seinem Po war ein flaches Grübchen, es befand sich genau dort, wo die Hinterbacken vom dunklen Schatten der Furche geteilt wurden. Ohren hatte er, die ganz, ganz dicht am Kopf anlagen. Mit diesem Wissen und dieser Vertrautheit schlief ich ein.

Ein paar Stunden später wachte ich auf und glaubte eine Herzattacke zu haben. Ich wagte nicht, mich zu rühren, denn ich wußte, daß ich bei der geringsten Bewegung sterben würde. Mir war klar, daß sogar Atmen lebensgefährlich war, darum versuchte ich den Atem lange anzuhalten und holte dann nur äußerst vorsichtig ein bißchen Luft, die ich unmerklich wieder ausstieß, als ich sie erneuern mußte. Es war, als versuchte ich jemand, der neben mir stand, zu täuschen und ihm weiszumachen, daß ich bereits tot sei, daß es unnötig sei, mich zu töten. Ich zweifelte keinen Moment daran, daß ich eine Herzattacke bekommen hatte, und ich fürchtete nichts als den Tod. Er war mir nahe, er beschnupperte mich.

Mein Bewußtsein war ein schwarzer Strudel in die Tiefe. Zur selben Zeit, da ich mich davor fürchtete, einen kräftigen Atemzug zu tun und zu sterben, spürte ich einen Sog nach unten zum Kern des Strudels, wo es Erlösen und Ruhe gab. Ich lag sehr unbequem ganz am Rand des schmalen Reisebettes, traute mich aber nicht, die Stellung zu wechseln. Mein Mund war ausgetrocknet, die Zunge fühlte sich geschwollen und rauh an. Ich konnte jedoch nicht aufstehen und Wasser holen. Ich wagte nicht einmal den Versuch, den Gaumen mit Speichel zu befeuchten. Die ganze Erde wiegte sich unter mir und um mich herum. Es war, als wollte sie mich dazu verleiten, tief Luft zu holen und mich in Bewußtlosigkeit und den Tod hinabziehen zu lassen. Es war ein verführerisches und gefährliches Wiegen. Ich widerstand, ich lag mucksmäuschenstill und atmete unmerklich wie ein Hase, während der Greifvogel über ihm rüttelt, um ihn zu schlagen.

Allmählich ging die Attacke vorüber. Langsam konnte ich wieder normaler atmen, und ich wagte aufzustehen und ins Bad zu gehen. Ich glaubte immer noch, daß ich etwas am Herzen hätte.

Ich schlief fast den ganzen Tag, und als es Abend wurde, zog ich mich an und fuhr mit dem Bus in die Stadt. Ich suchte ihn natürlich unverzüglich auf. Es kam mir gar nichts anderes in den Sinn, als daß er dasäße und auf mich wartete, denn wir gehörten doch jetzt zusammen. Ich war verblüfft, daß er auf mein Anklopfen nicht reagierte. Ich ging hinunter auf die Straße und um das Haus herum und sah, daß sein Fenster dunkel war. Da ging ich zu seinem Nachbarn, einem Studenten von der fleißigen Sorte, und fragte ihn, ob er wisse, wo Sven-Ake stecke. Er wußte nicht, wen ich meinte, bis ich Filip sagte.

»Der ist wohl in der Kneipe«, gab er desinteressiert Auskunft.

Das glaubte ich aber nicht. Ich stieg all die steilen Treppen hinauf zum Dachboden der Studentenvereinigung, wo seine nächsten Bekannten wohnten, und irgendwann fand ich einen, der einen solchen Kater hatte, daß er nicht hatte mit ausgehen können. Er sagte, daß Filip mit einer Clique im Gillet sei. Dorthin traute ich mich nicht zu gehen. Ich hatte meine schwarze lange Hose und die schwarze Hemdbluse mit dem Stehkragen an. So kann man im Gillet nicht in den Speisesaal. Doch merkte ich jetzt, wie hungrig ich war. Ich setzte mich auf die Treppe vor seiner Tür und wartete, überzeugt davon, daß es nicht lange dauern würde, bis er käme.

Als der Fleißige aus seinem Zimmer kam, vielleicht um seinen fleißigen Abendspaziergang zu machen, schämte ich mich, daß ich dort saß, und ging ins eigentliche Vestibül; es war groß und hatte einen abschüssigen Marmorfußboden. Ich stand mit dem Rücken zur Außentür und sah in den entlaubten Garten hinaus. Die Stunden vergingen. Hin und wieder setzte ich mich auf den Marmorfußboden und döste. Es waren eigenartige Stunden – sie waren so kurz. Ich empfand eigentlich keine Ungeduld. Das einzige, was ich machen konnte, war ja, hier zu stehen.

Zu guter Letzt kam er natürlich nach Hause, und er

hatte eine große und ausgelassene Clique dabei. Ich kann mich nicht erinnern, daß unser Wiedersehen von Spannung oder einem Gefühl der Peinlichkeit begleitet gewesen wäre. Ich war nur froh.

Filip war kein erfolgreicher Student. Er studierte Jura, das heißt, zumindest die Bücher für den propädeutischen Kurs lagen aufgeschlagen und voller Krümel auf seinem Tisch. Er frühstückte darauf, und er aß darauf zu Abend. Kognakspritzer landeten auf den Seiten und Zigarettenasche in dem Spalt, wo sie geheftet waren. Diese Bücher waren natürlich legendär. Er war stolz auf sie und wäre außer sich geraten, wenn sie jemand zugeschlagen hätte. Dieses Arrangement auf seinem Tisch war das Emblem eines flotten und übermütigen Mannes. Krümel, Schmutz, Fettflecken, verschütteter und verdunsteter Alkohol – alles gehörte dazu, und alle, die ihn besuchten, waren sehr um dieses Stück Nature morte besorgt, das anfänglich der Zufall und die Faulheit arrangiert hatten, jetzt aber bewahrt wurde wie die Art von Kunst, die in Schweden erst in den sechziger Jahren gezeigt werden sollte.

Das Zimmer mit seinen beigefarbenen, fleckigen Tapeten war ansonsten nur eine Durchgangsstation in seinem Dasein. Nicht einmal wenn er Frauen bei sich hatte, lebte er, glaube ich, richtig in diesem Zimmer. Das tat er während der langen, sanften Abendstunden in der Kneipe. Dort war er geschätzt und bekannt. Er trug einen dunklen, flotten und gebührend zerschlissenen Anzug. Die Kleinbürger, die sich dorthin wagten, trugen Anzüge mit Bügelfalten und Seidenfliegen unterm Kinn. Sein schlabbriger, weinroter Schlips, die dünnen schwarzen Schuhe mit Löchern in den Sohlen, die grauweißgelben Manschetten der Nylonhemden, alles paßte absolut. Er hatte eine dünne braune Brieftasche, die selten etwas enthielt. Manchmal lieh er sich etwas vom Oberkellner, und das schien an seiner nahezu königlichen Stellung in der Kneipe nichts zu ändern. Vielleicht verachteten sie ihn insgeheim, obschon sie ihn so eifrig bedienten. Diese Gedanke kam mir erst viel später. Sie räumten ihm natürlich Kredit ein, weil sie sicher waren, ihr Geld zu bekommen. Er mußte sich ja wieder dort zeigen. Wer wäre er denn sonst?

Jetzt war ich sein Mädchen, und ich lernte das Leben am Abend in Lokalen kennen, die vom Rauch und feinen Essensdünsten vernebelt waren. Es gab Abende, an denen wurde Bauernfrühstück gegessen und Schnaps und Bier getrunken. Es gab andere, an denen ein extra Büffet und Obstteller bestellt wurden, was äußerst exklusiv war. Da trank man Bowle aus Champagner, Punsch und grünem Curaçao, der das Erbrochene giftgrün färbte. Dazwischen gab es alle Schattierungen von Kneipenabenden, alle Arten von Essen, Rotweinen, Hochprozentigem, Cocktails, Likören. Sogar das violette Parfait Amour und die klebrige, gelbe Crème dc Bananes.

Ich entdeckte, daß ich Alkohol gar nicht mal ungern mochte, wenn ich ihn selbst trinken durfte, und mir gefielen die gedämpften Geräusche, die leisen Stimmen und die Musik. Das war ja auch Hennings Welt. Ich hatte ihn am Stadthotel abgeholt, und ich glaubte, sie wiederzuerkennen, die vorzeitig gealterten Männer in den schwarzen Anzügen, die auf dem Podium spielten, das Priesterliche des Oberkellners und die Verhuschtheit der Kleinbürger. Sie waren verlegen, weil sie so selten hier waren.

Wenn wir in feierlicher Ordnung, die niemand ins Wanken bringen konnte, Speisen, Getränke und Utensilien auftragen ließen, spürte ich, wie ich eine Metamorphose nach der anderen durchlief. Meine Verfrorenheit und die Angst fielen von mir ab, die Bortre-Svartbäcken-Depression und der Hunger entschwanden in dem warmen Nebel, und ich bekam wieder Würde, ja Wert. Ich war Teilnehmerin an einem Mysterienspiel, manchmal auch Offiziantin – zum Beispiel, wenn ich das Messer an ein Tournedos setzte und verkündete, daß es à point sei. Mir wurde allmählich klar, daß Uppsala, daß die Welt voll solcher Teilnehmerschaften, größerer oder kleinerer Zusammenschlüsse war, in denen Kulte betrieben wurden. Bisher war ich jedoch wie eine Motte zwischen dickwandigen, dichten Welten umhergeflattert. Jetzt war ich drinnen.

Im Unterschied zu Filip, der sein siebtes Jahr in Uppsala zubrachte, besuchte ich nach wie vor Vorlesungen und Seminare. Doch ich war zerstreut. Alles war so unwirklich. Wir mußten verschwundene Kasus toter Wörter beugen lernen. Die Teilnehmer dieser Mysterien trugen dicke graue Pullover und festes Schuhwerk. Ich selbst fror viel, denn ich trug nach wie vor die schwarzen Kleider mit einer ungefütterten schwarzen Jacke darüber. Ich hatte kein Geld, um mir Winterkleidung zu kaufen. Was Jenny und Fredrik schickten, floß wie ein Studiendarlehen in die Finanzierung der Mysterien. Die schwarzen Kleider wurden jetzt auch emblematisch, ich war die Blonde in Schwarz, und alle zwei Tage wusch ich mir die Haare, so daß sie sich weiß um den Kopf wölkten. Ich hatte mir auch eine lange schwarze Zigarettenspitze angeschafft, und das ist das einzige in diesem Zusammenhang, was mich im nachhinein noch betreten macht.

Zu dieser Zeit hatten Filip und seine Kameraden auf dem Dachboden der Studentenvereinigung angefangen, sich fürs Lesen zu interessieren. Sie trugen Einkaufstüten mit Romanen in schnell zerreißenden Pappbänden zwischen ihren Studentenbuden hin und her. Es waren Henry Millers »Wendekreis des Krebses«, »Sexus« und »Plexus« und einiges andere, was es nur in Englisch gab. Ich las sie natürlich auch. Ich las, bis ich auf ein Buch stieß, das »The carnal days of Helen Seferis« hieß und worin einige Männer eine Frau und einen Esel zusammenbrachten, so daß sie Geschlechtsverkehr haben konnten. Da wurde ich, trotz meiner schwachen Englischkenntnisse, von einem solchen Ekel überwältigt, daß ich keines ihrer Bücher mehr anrührte. Über meine Reaktion bewahrte ich Stillschweigen, denn sie wäre für neurotisch erachtet worden. Wir lebten jetzt in einer Zeit der Befreiung, in der die miefige und krankhafte Einstellung zur Sexualität, die früher geherrscht hatte, durch eine gesunde und kämpfende Sinnlichkeit ersetzt werden sollte. Ich glaube nicht, daß Filip und seine Clique wirklich zu den Engagiertesten in der neuen Befreiung gehörten. Ihr Interesse galt vor allem dem Alkohol, und Bacchus bekommt bekanntlich keine Kinder. Meine Kommilitonen, die grauen Nordisten, deren Teint selten im milden Lampenschein der Kneipe rosig wurde, waren dagegen fanatisch daran interessiert und lernten, ihre Mädchen wie Schubkarren durch den Raum zu lenken und in ihren Mastdarm einzudringen.

Zur Befreiung gehörte eine wissenschaftliche Attitüde, die ich mir schnell aneignete. Es ging nicht um Heimlichtuereien und Schlüpfrigkeiten. Im Café, das im Keller der Universität lag, wurde ich einem Doktoranden vorgestellt, der über altenglische Verbendungen arbeitete. Er verbreitete die Theorie, daß Frauen aufgrund natürlicher Auswahl im allgemeinen etwas seien, was er tiefgebaut nannte. Alle Sexualität, sagte dieser frühzeitig glatzköpfige Mann, sei anfänglich Vergewaltigung gewesen. Die Frauen hätten sich geschützt, indem sie sich auf den Bauch legten. Diejenigen, die die Scheide weit hinten gehabt hätten, seien befruchtet worden. Wir diskutierten lange die Logik seiner Theorie. Ich klang so kühl und sachlich, wie man es sich von einer modernen Frau erwarten konnte, und schwenkte den Terminus »tiefgebaut« bald selbst wie eine Fahne der Freiheit.

Meine eigene Sexualität änderte sich nach der ersten Nacht mit Filip nicht. Unsere Liebkosungen wurden natürlich immer avancierter, da ja der Inhalt der Büchertüten abnahm. Ich lernte seinen Penis in meinen Mund zu nehmen, und manchmal mußte dunkel und schnell eine Lust auf Rache oder das Verlangen nach wirklicher Freiheit in meinem Bewußtsein reflektiert worden sein, denn ich erinnere mich, daß ich es verwunderlich fand, daß er sich so blindlings darauf verließ, daß ich ihn nicht abbeißen würde. Im technischen Sinn war ich jedoch nach wie vor unberührt. Wenn es zum äußersten und entscheidenden Punkt kam, zog sich Filip zurück. Der einzige Unterschied war, daß er nicht mehr sagte: »Verzeih mir, Kleines.« Er sagte statt dessen: »Kleines, ich verstehe, was du empfindest.« Intuitiv mußte ich begriffen haben, daß unser Verhältnis in jener fahlen Stunde zu Ende sein würde, da ich flüsterte, daß ich jetzt keine Angst mehr hätte. »Komm!«

Ich hatte im übrigen nie die geringste Angst gezeigt. Doch nun kam sie, sie entsprang der gleichen Quelle wie die Tränen der Schauspielerin und die Wollustschreie der Hure.

Filip war nicht permanent impotent. In dem Fall hätten die Mädchen seinem Ruf als Herzensbrecher schnell und grausam ein Ende bereitet. Nein, er war krank, als wir uns begegneten, und er trank viel und schlief wenig, hatte diffuse Magenbeschwerden und aß Kohletabletten gegen Diarrhö. Ich merkte es, obwohl er nicht gern darüber reden wollte.

Mein Studium lief nicht besonders gut, ich glaube aber trotzdem, daß ich bis Weihnachten leidlich mitkam. Es wurde ein leeres und tristes Weihnachtsfest zu Hause bei Otters. Ich bekam Schürzen, die Jenny genäht hatte. Henning war selbstverständlich auch da, aber er machte einen schäbigen und alltäglichen Eindruck auf mich. Ich rauchte und wanderte durch die grauen Straßen. Am Tag nach Dreikönig fuhr ich zurück. Da war die Situation eine ganz andere.

Zum Semesterwechsel kam ein neues Mädchen in die Studentenvereinigung. Sie war Stockholmerin und hieß Veronica. Ich weiß nicht, warum sie die Universität wechselte, und erinnere mich nicht, was sie studierte. Darüber redeten wir wohl nie.

Veronica erregte Aufmerksamkeit. Sie hatte ein dreieckiges Gesicht mit schräg geschnittenen Augen. Ihr Haar war von einer Farbe, die man damals platinblond nannte. Es war wie meines wolkig und trocken vom andauernden Waschen. Sie benutzte keinen Lippenstift, dafür aber ein kräftiges Make-up namens Pancake, das mit einem feuchten Schwamm aufgetragen wurde. Das machte ihr Gesicht blaß, glatt und ausdruckslos. Sie zog sich ebenfalls gerne schwarz an, und ich glaube, daß wir uns im großen und ganzen ziemlich ähnlich waren. Zwei Dinge aber unterschieden uns definitiv: mein roter Mund und ihre Reitstiefel.

Sie trug diese gut gearbeiteten und etwas abgetragenen Stiefel aus braunem Leder täglich. Das tat sonst niemand.

Wir hatten Gummistiefel an, wenn es regnete, ansonsten aber Straßenschuhe mit dicken Kreppsohlen. Veronicas Stiefel und ihr mongolischer Gesichtsausdruck ließen sie russisch aussehen.

Als ich sie zum erstenmal sah, stand sie von Filip und seiner Clique umgeben in einem der kreisrunden Turmzimmer der Studentenvereinigung. Sie rauchte. Ich sah sie deutlicher, als man Menschen sonst wahrnimmt. Ich hatte den Eindruck, daß sie mich mit den Lippen ansah, mit diesen blassen, ungeschminkten Lippen, von denen die untere etwas schilfrig und rissig war. Die Augen hatte sie halb geschlossen. Auf ihrem schwarzen Jumper und Rock waren blonde Haare. Sie sah mich unverwandt an, als Filip den Arm um mich legte und sagte:

»Kennst du Veronica schon, Kleines?«

Dann ging sie mit schwingendem, schwarzem Rock und kräftigem Klacken der Reitstiefelabsätze über den fleckigen Parkettboden zum Aschenbecher, der auf dem Flügel stand. Alles war staubig und durch jahrzehntelange Feierei heruntergekommen, wenn man den Raum bei Tageslicht besah. Als Veronica an der schwarzen Ruine von Flügel stand, sah es aus, als wäre der Raum um sie herum von einem Bühnenbildner errichtet worden. Ich hatte ganz stark das Gefühl von einer bevorstehenden Gefahr.

Manchmal denke ich daran, wie unmittelbar mich in diesen Jahren Gefühle trafen. Sie hatten keinen Namen. Sie wurden selten durch Worte und Reflexionen deformiert. Die Gefahr saß im Magen, in den Leisten und in der Kehle. Die Worte, meine eigenen und die Filips, flatterten wie die standardisierten, roh übersetzten Phrasen auf dem Textstreifen eines Films vorüber. Ich grübelte nie darüber nach, was Filip zu mir gesagt hatte. Aber sein

Arm um meine Schulter und, nur etwa eine Minute später, sein Mund ganz nahe an Veronicas Ohr in dem silbrigen Haargewuschel, verfolgten mich Tag und Nacht.

Unser Dreieck bildete sich im großen ganzen ebenfalls ohne Worte. Filip legte eines Abends, als wir im Turmzimmer standen, das voller Leute und Zigarettenrauch war, den Arm um mich und flüsterte dicht an meinem Ohr:

»Sie ist süß, nicht wahr, Kleines?«

Mein Ohr wurde heiß. Ich sah Veronica, einen Stiefel auf dem Boden, den anderen aufgestellt, auf den Zeh gestützt, und dieser Anblick trieb mir den Schweiß in die Leisten. Am nächsten Vormittag ging ich nach dem praktischen Kurs in Nordistik zu Filip. Er erwachte davon, daß ich kam, und ich zog mich aus und kroch zu ihm ins Bett. Er flüsterte, daß noch immer Winterluft in meinem Haar sei. Da klopfte es, oder vielmehr: es scharrte an der Tür, als ob jemand mit den Fingern übers Holz führe, mit langen Nägeln quer über die Fasern zöge.

»Komm herein, Veronica«, sagte Filip.

Sie öffnete die Tür, blieb am Türpfosten stehen und lächelte mit blassen, geschlossenen Lippen.

Wir waren selten richtig nüchtern, und ansonsten waren wir so todmüde, daß wir in einem rauschähnlichen Halbdämmer umherliefen. Die nordistischen Seminare gingen im wesentlichen ohne mich weiter.

Ich hatte erfaßt, daß die Gefahr von Veronicas Reitstiefeln ausging. Sie hatte einen kurzen, etwas untersetzten Körper mit einem kräftigen Hintern, eine schmale Taille und sehr kleine Brüste. Die Nase war ein klein wenig gebogen. Zusammen mit den schräg geschnittenen Augen und den gekünstelt blassen Lippen (ich hatte entdeckt, daß sie sie mit Pancake überzog), dem Dreieck des Gesichts und dem Haar, das weißer war als meines, ergab das ein frappierendes, sensationelles Aussehen. Trotzdem spürte ich, daß die Gefahr von den Stiefeln ausging.

Eines Vormittags verließ ich zusammen mit einer Kommilitonin in Nordistik das Philo. Da kam ein Mädchen den Stockholmsväg geritten, bog ab und ritt an der Mauer des Botanicums entlang weiter. Meine Kommilitonin, sie heiß Barbro, grüßte das Mädchen und erzählte dann, daß das die Tochter der Professorenfamilie sei, bei der sie zur Untermiete wohne. Nur wenige Tage später war ich dort in der Villa Sommerruh bei ihr zum Tee. Wir sahen die Tochter, als sie von ihrer Reittour heimkehrte. Sie grüßte uns nonchalant und setzte ihren Absatz in einen Stiefelknecht.

Barbro hatte die isländische Grammatik auf den Tisch gelegt und wollte, daß wir einander abhörten. Ihre eintönige Stimme sagte Njorór in vier Kasus auf. Am Hals hatte sie einen Knutschfleck. Doch sie war nicht wie ich. Sie schminkte sich nicht die Lippen und hatte einen festen Freund. Im Frühling würde sie sich mit einem Historiker verloben, dessen Kinder sie gebären und dessen Dissertation sie Korrektur lesen und dafür das Personenregister einrichten dürfte. Sie würde außerdem den Fußnotenapparat überprüfen, seine Hemden bügeln und für seine Mutter Geburtstagsgeschenke kaufen dürfen. Ich hatte zu der Zeit kaum einmal einen klaren Blick; ich spürte nur die Gefahr, so wie ein Rehkitz im hohen Gras den Raubtiergeruch wittert. Ich mied die Doktorkeimlinge in selbstgestrickten Pullovern, die Studienratspflänzchen in Bruhns Garküche und die sprießenden Beamten, die noch immer pickelig waren, aber bereits nach schreibmaschinenkundigen Mädchen mit guten Eileitern und festen Brüsten Ausschau hielten.

Ich selbst hatte vorübergehend zu menstruieren aufgehört. Das kam vermutlich daher, daß sich Hunger und nächtliches Wachbleiben mit schwelgerischem Schlaf und Essen abwechselten und daß ich immer aufs äußerste gespannt war, auf der Hut vor Veronica, auf Jagd nach Geld, Jennys besorgten Fragen am Telefon auswich und dem Ausbruch meines Vermieters, wenn der Käse um eine Schicht kleiner geworden war oder der Inhalt der Cornflakespackung abgenommen hatte. Ich versuchte darauf zu achten, wann die Aktentasche, die mir Fredrik zum Abitur geschenkt hatte, im Pfandhaus in der Vaksalagata verfiel, und ich nahm bei der Studentenvereinigung kleine Darlehen auf, um bei den Kameraden meine Schulden zu bezahlen.

Trotzdem hätte ich mein Dasein nicht gegen Barbros eintauschen wollen. Ich floh die Kreppsohligen, es zog mich zu den Dünnsohligen hin, zu denen, die im dunklen Anzug froren.

Die Stiefel nahm ich an einem Montagvormittag, als Barbro im Seminar war und Magnus Erikssons Landrecht studierte. Ich kannte die Gewohnheiten der Professorenfamilie und ging nach Sommerruh hinaus, als die Frau Professor einkaufen war. Die Stiefel standen im Haus, wenn die Tochter in der Fachschule für Hauswirtschaft war. Die Außentür war immer offen.

Ich hatte sie erst wenige Male getragen, als ich in Svartbäcken ans Telefon gerufen wurde. Es war ziemlich spätabends, und ich mußte zum nächsten Aufgang hinüber und in die Wohnung einer fremden Frau gehen, die mich zu ihrem Telefon, das auf dem Garderobentisch stand, führte. Als ich Barbros Stimme hörte, wurde mir zum erstenmal klar, daß die Welt klein ist, oder genauer gesagt, daß die Welten, die aneinanderliegen, keine undurchdringlichen Wände haben, wie man als Kind glaubt.

»Du mußt die Stiefel zurückbringen«, weinte sie. »Ich flieg hier raus. Sie wollen dich anzeigen und meine Eltern anrufen, falls du die Stiefel nicht zurückbringst.«

Der Schock fuhr mir in die Beine. Ich konnte nicht laufen.

Es war unmöglich, nach Sommerruh hinauszukommen, wenn man nicht laufen konnte. Die Busse fuhren so spät nicht. Hätte ich Geld gehabt, wäre ich in dunkler Nacht samt Stiefeln mit einem Taxi hinausgefahren.

Gegen drei Uhr morgens machte ich mich dann doch auf den Weg. Ich hatte die Stiefel in eine große Papiertüte gepackt, und die stellte ich, als ich endlich dort anlangte, vor die Außentür. Das Haus war still und schlief, die Gardinen bewegten sich nicht.

Nach dieser Nacht konnte ich nicht mehr am Unterricht in Nordistik teilnehmen. Barbro würde womöglich zu weinen anfangen, wenn sie mich sähe, oder aus dem Raum stürzen.

Das Wetter war übrigens schön in diesem Frühling, der Auftakt zu einem warmen und sonnigen Sommer. Wir fuhren nun zum Freiluftgelände der Studenten hinaus, das in einer Mälarbucht lag, Filip, Veronica und ich. Ich hatte jetzt schon viele Male seine Lippen sich ihren blassen, halb geschlossenen nähern sehen. Doch ich gewöhnte mich nicht daran. Jedesmal bekam ich Herzklopfen und ein schweres, wälzendes Gefühl im Unterleib.

Nach dem ersten Mai fingen wir an, uns auf einer Decke zu sonnen, und Filip war besorgt, daß wir häßliche weiße Spuren von den Schulterträgern unserer Badeanzüge bekommen würden. Wir sonnten uns ohne sie. Wir hatten uns in den Schutz einiger Erlen zurückgezogen.

Der Boden unter der Decke war knorrig. Es roch nach Morast und moderndem Schilf. Kindergeschrei schallte laut vom Badeplatz herüber, doch sie klangen entfernt, und das träge Klatschen des Wassers gegen die kleinen Ufersteine wirkte einschläfernd. Bei der Brücke saßen die studentischen Mütter und strickten. Es wurde davon gesprochen, daß in dem lauen, undurchsichtigen Wasser das Baden verboten werden sollte. Ich habe es grün und mit Verwehungen vom Sperma der Bäume in Erinnerung.

Hinter den Erlen bewegten sich Leute, und wir wußten, daß das nicht nur Filip war. Es raschelte, und Zweige wurden abgebrochen. Wenn es still wurde, obwohl wir eben gehört hatten, daß da jemand war, bekam ich wieder dieses schwere, lustvolle Gefühl und drückte mich fest an den Boden. Veronica blinzelte im Halbprofil, die andere Gesichtshälfte auf die Decke gedrückt. Wir lagen auf dem Bauch, die Beine in Richtung Erlen. Die Sonne traf uns vom Wasser her, und die Reflexe blendeten, wenn man die Augen öffnete. Wir hielten sie aber meist geschlossen. Ich wußte, daß Veronica die Beine spreizte. Ich wußte es, auch wenn ich mich nicht nachzusehen traute.

»Mein Gott, ist das warm«, sagte sie. »Wir sollten baden.«

Wir wußten nichts voneinander, wollten gar nichts wissen. Ich war in eine Welt gekommen, in der Fragen nicht existierten. Scharfäugig wie Marder oder kleine Füchse lernten wir durch das Sehen. Die Kneipe, das Pfandhaus, die verrauchten Festsäle der Studentenvereinigung – überall lernten wir. Es ging nicht ums Leben, aber es ging um Stil, einen fröstelnden, indolenten und fadenscheinig eleganten Stil, den Filip vielleicht nicht erfunden, den er jedoch so vollendet herausgemeißelt hatte, daß sogar die damit einhergehenden Kopfschmerzen und erfrorenen Füße dazu paßten, Akzente setzten.

Wir waren sicherlich käsig, wir nahmen nicht viel von der Umwelt wahr, doch es war eines der wenigen Male in meinem Leben, daß ich in Gemeinschaft lebte. Es war eine Gemeinschaft, die nicht auf der Kenntnis des Vorlebens gründete. Ich wußte kaum, was Veronica studierte, nicht, womit sich Filips Vater befaßte, und ich hatte nur unklare Vorstellungen von ihren Geburtsjahren. Das Wissen um all solche Dinge war für uns überflüssig. Was wir konnten, das konnten wir ohne dies Wissen, genau wie eine Gruppe Tänzer.

Als das Semester zu Ende war, wollte ich nicht nach Hause fahren. Ich besuchte Fredrik und Jenny an einem Wochenende und sagte dann, daß ich zurückfahren und mich auf eine Prüfung vorbereiten müsse. Als ich wieder nach Uppsala kam, war es richtig Sommer. Die Weiden spiegelten sich im grünen Wasser des Flusses. Der Schwanenteich war matschig vom Kot, und die Dohlen sah man erst abends, wenn sie von ihren Beutezügen aus der Ebene zum Domkirchturm zurückkehrten.

Jetzt hatten die meisten Studenten die Stadt verlassen, und die Touristen waren gekommen. Sie zogen durch die kühlen Kirchen, sie glotzten uns auf der Straße und wenn sie bei Flustret Kaffee tranken an. Filip im grauen Anzug und mit offenem Hemdkragen. Der Schlips ragte aus der Tasche heraus. Veronica ohne Strümpfe in einem Paar hochhackiger, schwarzer Schuhe, die zu groß waren, aber trotzdem aussahen, als gehörten sie zu ihren Füßen wie das Lid zum Auge. Als die Hitze sie zwang, die Reitstiefel abzulegen, war es mit der Magie indes nicht vorbei. Ich selbst hütete mich vor den selbstgenähten Sommerkleidern, die mir Jenny mitgegeben hatte, und trug lange

Baumwollhosen und Herrenhemden, deren Zipfel ich unter der Brust verknotete.

Wir fuhren mit einem kleinen weißen Mälarschiff von Flottsund nach Skokloster. Wir waren eine ganze Clique, Veronica und ich jedoch die einzigen Mädchen. Die anderen waren Mediziner, die Filip kannte, und sie hatten medizinischen Alkohol dabei. Ich traute mich nicht, ihn zu trinken, denn ich dachte an Leichenwäsche und eitrige, offene Wunden. Sie schütteten aber wahrscheinlich etliche Tropfen davon in unseren falschen Champagner, eine Mischung aus Weißwein und Limonade, den ich im Proviantkorb hatte. Ich war schon lange nicht mehr so benebelt gewesen. Als wir an Land gingen, zog ich mir hinter einem Kiosk meinen Badeanzug an. Dann rannte ich schnurstracks auf die Brücke hinaus und sprang ins Wasser. Ich erinnere mich noch an die Euphorie in dem Augenblick, als ich sprang, an den Jubel der Mediziner und Veronicas spitzes Lachen. Im Blickfeld hatte ich einen Schwan, seidenblaues Wasser draußen in der Bucht, wogende Laubmasen. Ich sprang und tauchte wieder auf, den Mund voll Wasser, das nach Kloake und Dieselöl schmeckte. Ich watete durch Eispapier und schaukelnde Obstschalen an Land, nicht nüchtern, aber plötzlich doch mit einer Heidenangst, mir an einer zerbrochenen Flasche im Wasser in den Fuß zu schneiden. Das Öl blieb wie ein Film auf der Haut kleben, ich hielt mich aber nicht damit auf, es abzuwischen. Ich schlüpfte nur so schnell wie möglich in meine Kleider, um zu verbergen, wie ich aussah. Dann nahm ich einige Schlucke von dem gestreckten Wein, um den Mund zu spülen, und ging dann ein Plätzchen suchen, wo wir unser Picknick halten konnten.

Ein Baum lag gefällt und aufbereitet dort, wo wir uns

niederließen. Der Holzstapel warf einen tiefen Schatten, und in diesem Schatten, fast unter den Ästen einer vom Gewitter zerstörten oder auch morsch gewordenen Eiche, sah ich eine Schnecke.

»Schaut«, rief ich.

»Das ist eine Weinbergschnecke«, bemerkte einer der Mediziner.

»Ich weiß. Helix pomata.«

Er sah mich an. Er war es gewohnt, immer nur mit Frauen eines tieferen Bildungsniveaus zu tun zu haben. Ich verblüffte ihn.

»Da muß es noch mehr geben.«

Ich ging weiter in den Park hinein und war irritiert, als ich seine Schritte hinter mir im Kies hörte und bald auch, übereifrig und dozierend, seine Stimme. Er mußte die Sache mit dem Bildungsniveau ins Lot bringen.

»Bei dieser Sonnenwärme suchen sie den Schatten, am liebsten unter Laub, das die Feuchtigkeit hält, oder an vermoderten Stämmen. Bleiben wir bis zum Abend; wenn sie wieder herauskommen, ist es möglich, daß wir ein paar Dutzend aufsammeln können. Wie du weißt, sind sie eßbar.«

Er blieb stehen, doch ich schlenderte weiter. Da folgte er mir wieder. Die Stimmen der anderen waren nicht mehr zu hören, und unter den Bäumen war es kühl. Ich streifte die Schuhe von den Füßen, als ich durchs Gras stapfte. So ging ich, behutsam mit den Füßen nach Schnecken suchend, dahin. Ich tastete mit den Zehen in Haufen von verrottetem Laub. Es roch, wie es dort, wo sich Weinbergschnecken aufhalten, immer riecht, ein Vorgeschmack auf den Herbst, ein Geruch von Tod. Gehäuse fanden wir, doch als wir sie umdrehten, waren sie leer. Ich wollte um jede einzelne, die leer und tot war, weinen. Hin und wieder sah man ihre eingetrockneten Spuren glitzern, wenn die Sonne auf das Laub fiel. Sie hatten ihren Schleim über die Blätter und das Gras gezogen, die lebenden Schnecken zeigten sich jedoch nicht. In den Laubhaufen schliefen Puppen, und große, schwarze Käfer suchten eilends das Weite. Krammetsvögel folgten uns in einiger Entfernung und schäckerten manchmal kurz auf, schrill und aufgeregt. Ringelwürmer, Beintastler, Springschwänze. Ich dachte an all das, was wir nicht sahen, und erzählte es ihm.

»Jedesmal, wenn du deinen Fuß aufsetzt, trittst du auf ungefähr zwanzigtausend Leben«, sagte ich.

Er wurde ganz aufgeregt, selbstverständlich nicht wegen der Lebewesen unter seinen Schuhsohlen, sondern weil ich ihm etwas beibrachte. Aus mir war ein Mädchen zutage getreten, das seine Sache beherrschte, ein Mädchen mit Goldeulen an den Ohren, die ihm alle Geheimnisse zuflüsterten.

Er suchte nun wie besessen nach einem Schneckenhaus mit einer lebenden Schnecke. Seine langen weißen Hände wühlten; sie waren wahrscheinlich noch nie so schmutzig gewesen. Oh, welch ein Triumph, als er zwei Stück fand! Sie saßen aneinander.

»Die paaren sich«, sagte er erregt. »Siehst du!«

Sie hatten sich jedoch zurückgezogen. Keusch und unbeweglich ruhten sie nun schwer in den zwei gestreiften Schneckenhäusern, die er in der Hand hielt.

»Sie sind Hermaphroditen«, erklärte er. Er ging in die Hocke, um zu versuchen, die getrennten Schnecken erneut zusammenzubringen.

»Laß das«, sagte ich.

»Sie leiten den Paarungsakt ein, indem sie mit dem fleischigen Fuß aufeinander herumzutasten beginnen. Dann sendet die eine einen Liebespfeil aus. Schau, hier. Abgebrochen.«

Ein schmales Stück Kalkschale saß mit ihrem Schleim auf seinem Finger fest.

»Die eine fährt mit ihrem Liebespfeil aus scharfer Kalkschale in diese dicke Muskelmasse, die wir Fuß nennen, die aber nur der Anfang des Körpers ist. Sie zieht sich zusammen, reagiert mit Schmerz, aber auch mit Lust, und dann kriechen sie hervor und beginnen, aufeinander herumzutasten. Erst kommt der Penis heraus und dann die Vulva. Die suchen einander. Und finden ihren jeweiligen Partner. Sie haben also doppelte Garnituren. Die Paarung zieht sich lange hin. Stunden. Einen ganzen Tag. Es dauert unerhört lange, bis es ihnen gelingt, einen Satz Sperma in die Vulva der anderen Schnecke zu plazieren. Jetzt wollen wir sehen, ob wir sie wieder stimulieren können. Der Pfeil müßte zu benutzen sein.«

»Laß das!«

Ich entriß ihm eine der Schnecken und warf sie in hohem Bogen ins Gras. Ich wußte, daß ich ebenso gelassen hätte bleiben sollen wie damals, als mir der Doktorand der altenglischen Verben seine Theorie über die Plazierung der Vaginalöffnung unterbreitete. Es war mir egal, daß er glaubte, ich hätte eine Sexualneurose. Ich hatte vergessene Wörter, vergessenes Wissen wiedergefunden, und ich bin mir fast sicher, daß meine Stimme die eines kleinen Mädchens war.

»Halt den Mund«, fuhr ich ihn an. »Hör auf damit, du verdammtes Ekel!«

Susanne Fülscher

Superbabe

Noch drei Stunden bis halb sieben. 180 Minuten. In 180 Minuten kann man drei Klassenarbeiten schreiben, 36mal telefonieren, 9mal baden, 29 Donuts essen und 10,5 Liebesbriefe schreiben. Also werde ich es wohl in der gleichen Zeit schaffen, ein läppisches T-Shirt zu kaufen. Eins, auf dem Superbabe steht – so wie auf Ninas.

Gesponnen! Ein Superbabe-T-Shirt ist gar nicht läppisch, im Gegenteil, es ist einfach wunderschön! Ich stelle mir vor, wie ich darin herumstolziere. Ein Raunen geht durch die Menge, weil ich so sensationell wie die Video-Jockey-Mädchen auf den Musik-Kanälen aussehe. Noch 180 Minuten – eigentlich genug Zeit, aber das große Problem ist, daß mir bis jetzt noch die 80 Mark fehlen, um das Ding zu kaufen. Es ist zum Verrücktwerden! Und ich brauche das T-Shirt heute. Heute abend ist Schulfest, heute abend will ich der Star sein und nicht die graue Maus, die Käse knabbernd in einem Eckchen herumsteht! Ich will tanzen, und Jo soll mich toll finden, er soll denken, ist die süß, steht ja auch auf ihrem T-Shirt: Superbabe!

Noch 177 Minuten. Ich schaue überall in der Wohnung nach, aber sämtliche Uhren gehen gleich, keine gibt mir ein bißchen Aufschub. Ich muß mir einen Plan zurechtlegen, ja genau, ich darf keine Zeit mehr verlieren und herumjammern, daß ich nicht eher was unternommen habe. Gestern wäre zum Beispiel eine günstige Gelegenheit gewesen. Gestern saß Mama ganz relaxed im Wohnzimmer und freute sich über irgendeinen Geschäftsabschluß mit irgendwelchen Japanern, aber gestern wußte ich noch nicht, daß mir dieses T-Shirt soviel bedeuten würde. Das kam erst heute in der Schule, als Nina ihres anhatte und Tini sagte, das wär's ja überhaupt, so ein T-Shirt, und dann merkte ich auch, wie die Jungs Nina anguckten. Mit Riesenaugen! Mit riesigen Bewunderer-augen! Okay, Nina steht es auch 1A. Mit ihrem genau richtig großen Busen und der schmalen Taille, flicht sie sich Zöpfe und bindet sie zu Affenschaukeln.

»Kaufst du dir eins?« fragte ich Tini.

»Glaub nicht.« Sie schüttelte ihre kurzen schwarzen Haare. »Wenn alle so ein T-Shirt haben, ist's doch auch langweilig.«

Klar, da hat sie irgendwo recht, aber ich will das Superbabe-T-Shirt trotzdem! Ich finde, die Aufschrift paßt haargenau zu dem Mädchen, in das ich mich in absehbarer Zeit verwandeln werde: Toll aussehend, klug und mit abgefahrenen Klamotten, einfach super, und von niemandem lasse ich mir mehr die Butter vom Brot nehmen!

Also, der T-Shirt-Plan. Als erstes rufe ich Mama im Büro an, erzähle ihr, daß ich für das Schulfest heute abend Getränke und Knabberkram besorgen muß.

»Nimm dir zwanzig Mark aus der Haushaltskasse«, sagt sie.

Ich will ihr gerade noch die Geschichte von dem teuren Schulbuch erzählen, das wir uns demnächst anschaffen sollen, aber da würgt Mama mich ab, sie müsse in eine Konferenz.

Mist! Für zwanzig Mark kriege ich noch nicht mal die Ärmel! Und wenn ich sie noch einmal anrufe und einfach die Wahrheit sage? Ach was! Es würde sowieso nicht klappen. Mama ist der Ansicht, daß ich genug T-Shirts im Schrank habe, was in gewisser Weise ja auch stimmt – abgesehen davon, daß eben das Superbabe-Teil fehlt!

Teil zwei meines T-Shirt-Planes besteht darin, meinen Stiefvater in seiner Edelschickimickibar aufzusuchen. Das Problem bei meinem Stiefvater ist, daß man ihm nur indirekt Geld aus den Rippen leiern kann. Wenn man kein Blatt vor den Mund nimmt und sagt, he Klaus, ich brauch unbedingt dies und das, dann stellt er sich taub. Wenn man aber nett zu ihm ist und ihm nicht unbedingt das Gefühl gibt, daß man es nur auf sein Geld abgesehen hat, dann läßt er schon mal freiwillig was springen.

Noch 160 Minuten.

Ich nehme schnell die zwanzig Mark aus Mamas Portemonnaie, schnappe mir meine Jacke und renne zur U-Bahn. Neunzehn Minuten später bin ich in der Bar. Ein paar Geschäftsmänner hängen herum und schütten sich irgendwelche Drinks rein. Mein Stiefvater steht hinter der Bar und fängt an zu grinsen, als er mich sieht.

»Chérie! Was für eine Überraschung!«

Mein Stiefvater sagt immer »Chérie« zu mir, was ich ziemlich albern finde.

»Ich war gerade in der Nähe«, lüge ich.

»Einkaufsbummel?«

»So ungefähr«, murmele ich und bemühe mich, nicht rot anzulaufen.

»Finde ich schön, daß du mir ein bißchen Gesellschaft leisten willst.«

Jaja. Ich setze mich auf einen Barhocker, lasse mir eine Cola spendieren und warte ab, was passiert.

Leider nicht sehr viel. Eine zweite Horde Aktentaschenträger ist nämlich gerade reingekommen, und mein Stiefvater hat alle Hände voll zu tun, die Drinks zu mixen. Ich vergammele derweil auf meinem Hocker und sehe meiner Cola beim Perlen zu. Zu blöd! Eine Sekunde nach der anderen verrinnt, noch 120 Minuten, 119, irgendwann sind es nur noch 110. Wenn ich nicht bald was unternehme, geht die Sache den Bach runter. Ich habe nämlich nur zwei Notreserven in meinem T-Shirt-Plan, und die möchte ich ungern in Anspruch nehmen. Die erste Notreserve ist mein richtiger Vater, aber der wohnt eine halbe Stunde mit der Bahn entfernt und hat so gut wie nie Geld in der Tasche. Die zweite Notreserve ist eigentlich gar keine, weil..., also, ich hätte ziemliche Skrupel zu klauen. Ich habe noch nie geklaut, ehrlich, und wahrscheinlich wäre es auch ein Riesenfehler, weil mein Herz so laut klopfen würde, daß man mich sowieso erwischen würde.

O Mann, das wird brenzlig! Unruhig rutsche ich auf meinem Hocker hin und her, und als mein Stiefvater fragt, ob ich noch eine Cola möchte, lehne ich ab. »Ich muß dann auch gleich wieder«, sage ich.

»Schade, jetzt habe ich gerade ein bißchen Zeit.«

»Heute abend ist Schulfest, da will ich noch Getränke besorgen«, sage ich ziemlich cool.

»Moment.« Mein Stiefvater verschwindet im Nebenraum, kommt kurz darauf mit zwei Flaschen Cola zurück. »Eine kleine Spende.«

»Danke.«

Er ruft mir noch »Viel Spaß!« hinterher, aber da bin ich schon draußen, habe beinahe Tränen in den Augen. Mist, Mist, Mist! Alles geht schief! Noch anderthalb Stunden bis Geschäftsschluß, und ich habe gerade mal zwanzig

Mark in der Tasche! Die Sache mit meinem richtigen Vater kann ich mir abschminken, der weiß ja nicht mal, wovon er die Miete bezahlen soll. Und Geld klauen? Ich pack das nicht, aber vielleicht könnte ich das T-Shirt einfach anziehen und...

Schon bin ich unterwegs zu dem Laden. Zu Fuß sind es nur fünf Minuten. Ich düse die Treppe runter ins Untergeschoß, mein Blick wandert hektisch über die Regale, da! Ich zerre gleich einen ganzen Stapel T-Shirts heraus, Superbabe in S. Meine Finger zittern, mir wird richtig übel, Gott sei Dank, noch eins in meiner Größe!

Mein Herz pocht, ich streiche über den Baumwollstoff, der sich in etwa wie Jos Arm anfühlt, den ich neulich aus Versehen berühren durfte...

Rein in die Kabine – noch 70 Minuten. Ich könnte es einfach anbehalten, mein altes Schlabber-T-Shirt drüberziehen und wieder rausspazieren, aber – o shit! Eine dieser Alarmplaketten prangt dick und fett an der unteren Kante – es ist zum Wahnsinnigwerden! Ich hätte es getan, ehrlich, aber so komme ich gleich hinter Gitter! Trotzdem probiere ich das Shirt an, nur mal zum Spaß, und werde fast ohnmächtig, so klasse sieht es aus! Irgendwie macht es mich reif und süß und... sexy?

Ich ziehe es wieder aus, bitte die Verkäuferin, es mir bis halb sieben zurückzulegen. Draußen setze ich mich auf die nächste Bank und versuche einen klaren Kopf zu kriegen.

Noch 66 Minuten.

Ich muß jetzt logisch vorgehen, darf mir keinen Fehler erlauben. Noch einmal Mama anrufen? Ach... Das hat wohl keinen Sinn. Nina anpumpen? Die wird mir was husten, hat doch selber keine Kohle. Mein Stiefvater..., hätte ich ihn doch nur richtig bearbeitet!

Ich schaue auf die Uhr: halb sechs. Die Uhr! Ich hab's! Hektisch springe ich auf, laufe ein paar Meter. Es ist entschieden: Ich werde meine Uhr verkaufen, auch wenn Mama sie mir vor zwei Jahren zum Geburtstag geschenkt hat und es eine ganz seltene Swatch ist, an der ich wie verrückt hänge, aber sie ist meine einzige Hoffnung!

Nur – wie verkauft man eine Uhr? Eigentlich bin ich eher schüchtern, gehe nicht gerne auf fremde Menschen zu. Aber jetzt hab ich keine Wahl. Schnellen Schrittes düse ich die Einkaufsstraße runter, rein in den nächsten Juwelierladen. Ob sie ein Sammelstück kaufen möchten, frage ich höflich – Herzrasen. Nein danke, kein Bedarf – drei Sekunden später stehe ich wieder draußen. Abserviert.

Nur noch 53 Minuten.

Auch im nächsten Geschäft habe ich kein Glück. Ich kann es nicht glauben, daß niemand meine Swatch haben will, an der doch mein halbes Herz hängt! Wenn ich die Sache mit dem T-Shirt nur eher gewußt hätte, dann hätte ich sie auf dem Flohmarkt verschachern können oder eine Anzeige in die Zeitung gesetzt...

Moment mal! Da fällt mir was ein! Wie unsere Nachbarin Sue Moon vor ewigen Zeiten mal neidisch auf meine Uhr geguckt hat. Sue Moon heißt in Wirklichkeit Bärbel Schröder, ist ziemlich abgefahren und hat sich das Treibhaus hinterm Hof zur Wohnung umbauen lassen.

Ich springe in die nächste Telefonzelle – die schweren Colaflaschen nerven langsam – und wälze das Telefonbuch. Superman, steh mir bei, daß sie zu Hause ist!

»Sue Moon«, meldet sich eine tiefe Frauenstimme.

Ich nenne meinen eigenen Namen, versuche schnell, alles zu erklären, verhaspele mich – mein Gesicht ist glühend heiß.

»Welche Swatch-Uhr?« fragt sie.

Ich fange an, sie zu beschreiben, schon sehe ich mein T-Shirt davonschwimmen, als sie plötzlich fragt: »Die mit dem blauen Ziffernblatt meinst du?«

»Ja«, sage ich, und daß sie sie für 80 Mark haben kann.

Stille in der Leitung, dann: »Ja, super, morgen bin ich...«

»Ich brauche das Geld sofort!« unterbreche ich sie. »Es ist sehr wichtig. Können wir uns vielleicht...« – ich setze alles auf eine Karte – »...in einer halben Stunde am Mönckebergbrunnen treffen? Dann kriegst du sie zehn Mark billiger.«

»Verrücktes Huhn.« Sie lacht laut in den Hörer. »Okay, ich komme.«

Ich hänge ein und fühle mein Herz immer noch bis zum Hals schlagen. Es kann klappen. Wenn sie zuverlässig ist, sich gleich auf den Weg macht.

Dann fällt mir ein, daß Sue nie ungeschminkt aus dem Haus geht, was also, wenn sie sich erst stundenlang anpinselt und fünf Minuten zu spät auftaucht?

Ich hocke mich an den Mönckebergbrunnen und suche schon die Straße nach ihr ab, obwohl gerade erst ein paar Sekunden davongetuckert sind. Wie halte ich das nur aus, hier rumzusitzen und nichts tun zu können? Gar nicht. Also laufe ich noch ein bißchen die Straße runter. Sekunden werden zu Stunden. Um sechs ist Sue immer noch nicht da.

Und wenn sie gar nicht auftaucht? Wenn die U-Bahn streikt oder ihr plötzlich einfällt, daß sie doch keine Lust hat?

Zehn nach sechs werde ich so nervös, daß ich einen Fingernagel abknabbere. Blöde Kuh, sie hat es doch versprochen!

Da! Ein blonder Haarschopf, nein – nur noch 15 Minuten.

Ich denke an Jo, wie er immer an mir vorbeiguckt, als wär ich ein Glas Wasser. So ein doofer Typ! Hat es doch gar nicht verdient, daß ich ihn süß finde. Seine langen Wimpern, mit denen er rumklimpert... Ist wohl zum Schönsein auf die Welt gekommen, der Typ! Da läuft sie!

»Sue!« brülle ich. Tatsächlich hat sie ihr Gesicht erst noch in einen Schminktopf gesteckt.

»Meinst du, du hast noch alle Tassen im Schrank?« fragt sie und fummelt ihr Portemonnaie aus der Tasche.

Ich zucke die Schultern – was ist schon normal, was nicht?

»Hier hast du die 80 Mäuse. Ich habe heute einen bombigen Auftrag eingesackt.« Sue arbeitet als Fotografin.

»Danke.« Ich reiche ihr meine Uhr. Sie schaut sie an, verzieht das Gesicht. »Die hab ich aber ganz anders in Erinnerung.«

»Wenn sie dir nicht gefällt, kaufe ich sie bei Gelegenheit vielleicht zurück... Tschüs!«

Ich renne los, die Cola ist bestimmt schon so durchgeschüttelt, daß sie gleich explodiert – rein ins Geschäft.

»Das Superbabe-T-Shirt, bitte!« sage ich atemlos; mein Gesicht sieht im Spiegel gegenüber hochrot aus.

»Einen Moment.« Die Verkäuferin geht nach hinten und kommt kurz darauf zurück. »79,90.« Sie packt das Ding ein, als hätte sie einen Putzlappen in der Hand, nicht zu fassen! Ich schnappe mir die Tüte und tanze damit zur U-Bahn. Es ist der Wahnsinn! Ich bin das Superbabe!

Zum Glück ist meine Mutter noch nicht zu Hause, als ich völlig verschwitzt die Tür aufschließe. Schnell springe ich unter die Dusche, probiere dann in aller Ruhe das T-Shirt an. Wow! Ich renne von Spiegel zu Spiegel, gucke, in welchem Licht es am besten wirkt. Aber es ist egal: Ich sehe einfach toll aus. Bombastisch! Galaktisch!

Kurz vor acht verlasse ich die Wohnung. Mama lege ich einen Zettel hin, den ich mit lauter Herzchen verziere. So sieht es auch in mir drin aus: voller Herzchen und glücklicher Gefühle. Noch nie habe ich mich wie wahnsinnig auf ein Schulfest gefreut, ich bin das Superbabe und fliege gleich zum Mond!

Die laute Musik ist schon draußen zu hören. Ein paar aus den höheren Klassen lungern auf den Betonklötzen herum und rauchen.

Noch während ich reingehe, ziehe ich meine Jacke aus, stecke meinen Superbabe-Busen raus. Ich drängele mich zur Bar vor, stelle dort meine Colaflaschen ab. Mein T-Shirt fühlt sich klasse auf der Haut an, ich merke förmlich, wie mein Busen wächst. Plötzlich habe ich so großen Durst, daß ich gleich aus der Flasche trinke. Und dann sehe ich sie: Jo und Nina. Nina und Jo. Sie sitzt auf seinem Schoß und hat ein völlig irres Minikleid an, silbrig und golden glänzend zugleich. Das muß sie neu haben. Wie das Sterntaler-Mädchen aus dem Märchen hockt sie da und streut ihm die Sterne in die Haare, jetzt nähern sich ihre Münder… – sie küssen sich.

Sterntaler gegen Superbabe, ich merke, wie die Tränen langsam hochsteigen. Vielleicht sollte ich gehen – wie spät ist es? –, aber als ich auf die Uhr gucken will, ist da keine mehr, nur ein runder weißer Fleck.

Iva Pekárková

Im Bus mit Fialka

Davon, daß in den Straßen Prags Dutzende von Regenbogen promenierten, konnte selbstverständlich keine Rede sein: Als ich mit meiner Hand das beschlagene Fenster abwischte, stellte ich auf der Handfläche einen dicken schwarzen Schmutzstreifen fest. Der Bus war, wie üblich, knüppeldick voll. Auch ich mußte diesmal stehen und hing baumelnd an der Stange über einer finster dreinschauenden Dame, die mich – sobald sie glaubte, ich würde es nicht bemerken – argwöhnisch und gehässig inspizierte. Alles um uns herum, die Stimmung eingeschlossen, war grau. Und als mich der Bus in der Kurve zur Seite warf, lehnte ich mich leicht gegen sie. Sie gab ein drohendes Knurren von sich, sah mich aber nicht an, und auf mein »Entschuldigung« reagierte sie nicht. Wunderbar, sagte ich mir, bald werden wir nur noch durch Knurrgeräusche miteinander kommunizieren. Das tschechische Volk ist dabei, das Reden zu verlernen: Die Menschen sind so sauer, daß sie vor Wut den Mund nicht mehr aufmachen. Sie werden doch wohl nicht auch das Schimpfen verlernen.

Ich hing an der Stange in dem verdreckten Bus, der voll war wie eine Sardinendose, voll von nervösen, finster blickenden, gräulich einsilbigen, winterlichen Leuten.

Zum Ölsardinendasein fehlte ihnen nur, daß ihnen die Köpfe abgehackt würden. Es gab wohl niemanden im Bus, der nicht sauer und genervt gewesen wäre; bis auf mich – das Grau zählte bei mir nicht mehr: Der Fußboden des Busses zitterte ein wenig, wenn die Räder über die vom Winter im Asphalt aufgerissenen Schlaglöcher hüpften. Oder besser gesagt: von mehreren Wintern. Die Straßen waren eine einzige Pfütze, die Rinnsteine waren mit Schneematsch verstopft – und jede übersehene Bodensenkung war ein unerforschlich tiefes Reservoir von schmutzigem Wasser. Draußen trieften die Fußgänger vom Matsch, der so grau war wie die allgemeine Stimmung. Und in dem überfüllten Bus sah jeder nur hilflos zu, wie ihm alle auf die Füße traten und ihm die Hosenbeine bis zu den Knien mit der typischen Prager Wintermischung von Salz, Sand und Asche, mit der die Hausmeisterinnen den Bürgersteig zu bestreuen pflegten, dreckig machten. Das Salz trocknete auf den Schuhen zu einem schneeweißen, spitzenartigen Dekor. Eigentlich auch eine Art von Schönheit, fiel mir ein, auch wenn das Salz in der Nähe meiner Wohnung ganze Alleen von Ahornbäumen auf dem Gewissen hatte... Auch wenn jeder Fußstapfen in dem Flur unserer Wohnung kristallisierter, salziger Straßenruß war.

Der Fußboden des Busses zitterte leicht – und ich brauchte mich nur ein bißchen zu konzentrieren, damit ein Wohlgefühl an meinen Beinen, an meinen Oberschenkeln hochstieg und den Schoß erreichte, mich berührte und mich liebkoste. Ich war in eine Skijacke eingehüllt, die jetzt aufgeknöpft war, und unter meiner Baumwollhose trug ich Paps' lange Unterhose. Keine Aufmachung, die man als besonders sexy bezeichnen würde, aber ich konnte jetzt keine Erkältung brauchen, und mir war auch sonst nicht nach Sex. Aber andererseits: Dieses Zittern fand doch den Weg zu mir, unter die Hose, zu meiner Haut, zu den Härchen in meinem Schoß... Dankbar dachte ich an Freud. Die Vorstellung meiner jetzt leicht gespreizten Oberschenkel berauschte mich für einen Augenblick; ich spürte innerlich (mit völlig unbeteiligtem Gesichtsausdruck), wie die Zitterwellen mir die Knie auseinanderspreizten, wie etwas Grobes, Großes und Willkommenes in die Wärme meines Schoßes eindrang.

(Eigentlich hatte ich schon fürchterlich lange nicht das echte, innere Lustgefühl verspürt, das das Auseinanderspreizen der Beine begleitet, schon fürchterlich lange hatte ich mich nicht mehr durch Gedanken in Erregung versetzt – und in einer so öffentlichen Einrichtung wie einem Bus schon überhaupt nicht. Schon lange hatte ich mich nicht so empfänglich gefühlt, so zugänglich – den Gedanken, Liebkosungen, allem. Es war mir plötzlich, als wenn ich wieder ich wäre: Ich hatte mich wiederhergestellt und nichts mehr gemein mit jenem Autobahnflittchen, das ich noch sechs Wochen zuvor gewesen war. Ja: Ich existierte wieder – ich, Fialka! Ich! Ich! Ich!)

Ich nahm zunächst überhaupt nicht wahr, daß eine breite Hand verstohlen meinen Hintern berührte. Vielleicht schon seit einer Weile. Ich erschauerte innerlich vor Wonne.

Er war für seine kontaktfreudigen Fahrgäste bekannt, der Bus, der zu den Außenbezirken der Stadt fuhr; nicht umsonst hatte ich ihm den Beinamen »Sexbus« gegeben. Denn ich hatte schon seit Jahren – eigentlich seit meiner Pubertät – ähnliche Erfahrungen gemacht: mit der sich hin und wieder auf den Po, den Oberschenkel, die Brüste oder die Hüfte verirrenden Hand. Die Prager Busse sind ja für eine Art Petting, wie wir Mädchen es auf dem Gymnasium nannten, wie geschaffen. Immer brechend voll (die Wartezeiten waren – außer in der Hauptverkehrszeit – so mörderisch lang, daß sich Unmengen von Menschen an den Haltestellen sammelten); die animalischen Prager Busse strömten ein Gemisch von Wärme, Deospray-Düften und Körpergerüchen aus, wobei letztere überwogen; die Busse hoben auf ihre Weise das Berührungstabu des Menschen auf: Die an die Einhaltung der Privatsphäre gewöhnten, stets auf sichere Distanz bedachten Menschen mußten Tag für Tag, Jahr für Jahr mit fremden Leuten, die fremd rochen und die sie sich sonst drei Schritt vom Leib hielten, um jeden Quadratzentimeter raufen. Das festlich gekleidete, parfümierte Jüngelchen, das offenbar auf dem Weg zur Tanzschule war, kämpfte um seinen Viertelquadratmeter mit einem verschwitzten Klempner, der beschissen gelaunt – die verdreckte Tasche über der Schulter – von der Nachmittagsschicht nach Hause fuhr. Distinguierte Damen mit modischen Schirmen hingen an den Stangen über fleißig kauenden Teenagern, und die Rentner und Rentnerinnen – die mit den Jahren gelernt hatten, sich in dem mobilen Dschungel des Prager Personenbeförderungssystems zu bewegen – beharrten hartnäckig und energisch auf ihrem Recht zu sitzen und schlugen sich mit ihren Stöcken als Macheten zu den Plätzen für Behinderte durch. Aufgescheuchte junge Gänschen gerieten in dem Gedränge unversehens in die Arme von irgendwelchen Männern – und da war es kein Wunder, daß eine Hand sich gelegentlich verirrte. Es gab nicht wenige dieser Hände, und so machten unter den Teenies, die sich schnell daran gewöhnten, die »Horrorgeschichten« über die Erlebnisse in den Verkehrsmitteln die Runde.

Ich selbst hatte seinerzeit, im ersten Semester, ein zwar naives, aber nach meiner Meinung reizendes Traktat über den Einfluß dieser Verkehrsmittel auf den Reifeprozeß junger Mädchen verbrochen und beim Studentenwettbewerb eingeschickt. Ich hatte es (mit einiger Überwindung und strenger Selbstkontrolle) in absolut anständiger Sprache geschrieben; es hatte die überfüllten Trambahnen und Autobusse zum Thema – und handelte von den Folgen der hier gegebenen Verletzung jener Distanz, die nach allgemein akzeptierter Meinung in den meisten Bereichen zwischenmenschlicher Beziehungen zu beobachten sei. Es besagte in groben Zügen, daß in den Prager Trambahnen und Bussen fremde Leute Körper an Körper wie Sardinen eingepfercht stehen müßten und daß ein (noch) unschuldiges Mädchen mit ihren emporschießenden Brüsten den Rücken (und Gott weiß, was alles noch) des neben ihm eingequetschten Mannes wohl oder übel berühren müsse. Ihre Privatsphäre, die psychologische Schutzschicht um sie herum, diese imaginäre Schicht, in der niemand etwas zu suchen habe, schrumpfe bis zu ihrer Haut zusammen. Mit einiger Anstrengung überwinde sie ihr Schamgefühl. Und gewöhne sich an die Nähe völlig unbekannter Leute, die ihr fast die Luft zum Atmen nähmen. Ich beleuchtete diesen Tatbestand in meinem »Wettbewerbsbeitrag« von allen möglichen und unmöglichen Seiten und zitierte dazu ein paar gescheite Bücher. Es waren selbstverständlich keine weltbewegenden Einsichten – es war vielmehr so, daß das Traktat die unausgegorenen Ansichten eines Teenagers reflektierte. Ich analysierte die Empfindungen eines unschuldigen und eines etwas weniger unschuldigen Mädchens – was es so denkt und fühlt, wenn ihm im Bus jemand die Hand auf den Po legt. Ich dachte über den akkumulierten Geruch menschlicher Körper nach – ein bekanntes Aphrodisiakum –, dem ein wehrloses junges Geschöpf dort unfreiwillig ausgesetzt sei. Ich sprach von einer gewissen inneren Heuchelei, die möglicherweise manch eine zwinge, solche Situationen zu suchen, ohne sich einzugestehen, daß sie ihr eigentlich guttun...

Nein, ich glaube nicht, daß mein Meisterwerk den geringsten wissenschaftlichen Wert hatte. Ich meldete es damals zum Wettbewerb an – und es wurde mir selbstredend keinerlei Anerkennung zuteil. Aber ich begreife trotzdem bis heute nicht, warum von den vielen Beiträgen wie »Die Erziehung des sozialistischen Menschen«, »Der Sozialistische Jugendverband und seine Rolle bei der Überwindung kleinbürgerlicher Überbleibsel« und so weiter – warum ausgerechnet mein kleines, bescheiden »Überlegungen über den möglichen Einfluß der städtischen Massenverkehrsmittel auf den Prozeß der sexuellen Reife« betiteltes Œuvre im Lauf des Wettbewerbs spurlos und auf Nimmerwiedersehen verschwinden mußte.

Uff! Ich erschauerte vor Wonne und spürte, wie eine unbekannte breite Hand an der Kurve zwischen meinem Po und dem Beinansatz prüfend herumtastete. Genüßlich befühlte sie die Spalte zwischen den Gesäßbacken und arbeitete sich von hinten zu meinen Oberschenkeln durch. In dem Bus war es schön warm, er rumpelte und schnaubte wie eh und je, und ich fühlte mich pudelwohl.

Als ich noch jünger war, schämte ich mich natürlich immer ganz schrecklich.

Ich wußte nie, was ich tun sollte: Es mußten ja die psychologischen Besonderheiten der Prager Sexbusse einkalkuliert werden. Sollte ich die Hand dort lassen, wo sie war? Und ihm seinen Spaß gönnen, auf meine Rechnung? Oder mich umdrehen und ihn bitten, daß er gefälligst...? Aber gerade das war absolut undenkbar.

Es war zwar nicht sehr wahrscheinlich, man konnte aber nicht völlig ausschließen, daß sich eine der Hände in dem mit Menschen vollgestopften Bus ganz unfreiwillig zu einer der bestimmten Stellen verirrt hatte. So daß sich umzudrehen und den Betreffenden zu bitten, er möge doch die Hand anderswo hintun, bedeutete, ein zynisches »Sie glauben doch nicht, Gnädigste, daß ich die Hand *absichtlich* dort habe?« zu riskieren. Denn diese Beschuldigung bedeutete für ein junges Mädchen eine der denkbar fürchterlichsten Beleidigungen.

Und so stellten die gerammelt vollen Busse für die anormalen (und normalen) jungen (und nicht mehr jungen) Männer ein wahres Grabschparadies dar. Und viele, sehr viele von diesen Zeitgenossen beherrschten früher oder später die Kunst des unauffälligen Sichheranmachens an das ausgewählte Opfer, jene Kunst der absoluten Kontrolle über den Gesichtsausdruck (so daß hie und da nur die Verlegenheit und die roten Wangen der Berührten sie verriet) – jene Kunst , den Rhythmus der Fahrt mit einem Rhythmus ganz anderer Art zu synchronisieren. Es war zweifellos eine Kunst, sich an die Betreffende zu drücken, so nah wie nur irgend möglich, und dabei vorzugeben, es geschähe nur, weil einem ein anderer Fahrgast beim Hinausdrängen einen Stoß mit dem Ellbogen versetzt hatte. Es war eine Kunst, nach allem zu grabschen, was zu grabschen war, und sich dabei in den Mantel der Unauffälligkeit zu hüllen.

Und es waren alle Arten Männer, die sich zu diesem schlüpfrigen Laster verführen ließen. Gelegenheiten boten sich genug.

Als ich jung und naiv – und unberührbar – war, hielt ich diese grabschenden Wilderer für geschmacklos. Für obszön. Für ekelhaft. Später gewöhnte ich mich mehr oder weniger an sie und begann, die verschiedenen Typen zu unterscheiden. Es gab die Grünschnäbel, die fast noch schüchternen Jungen, die Milchbärte , die auf diese Weise ihre Hände für das Berühren der Richtigen, der Auserwählten erst vorbereiteten. Es gab die Geübten, Männer, deren beleidigende Professionalität an jene von Taschendieben erinnerte. Die frechste Sorte von allen. Die Sorte, die bereit war, dem betreffenden Mädchen – wenn nötig – den Rat zu geben, sie solle eben den Arsch nicht herausstrecken. Eine weitere Kategorie waren die Wichser, die ewig heißen, eher etwas einfältigen Heranwachsenden mit der offenen Hosentür, die am verlängerten Rücken der Unglückseligen einschlägige Spuren hinterließen. Die waren schon ein wenig ekelhaft – aber vom Psychologischen her konnte man ihnen eigentlich nicht böse sein. Und die letzte Sorte waren die Walrosse: etwas wehmütig dreinschauende ältere Herren mit Bernhardineraugen, möglicherweise Familienväter, möglicherweise alleinstehend, die einfach den unschuldig sich anbietenden Pos der verlockend jungen Mädchen nicht widerstehen konnten. Einst, als ich selbst noch zu den verlockend jungen Mädchen gehörte, hatte ich es für sehr obszön gehalten. Mit zunehmendem Alter aber begann ich die schleichenden Grabscher, die frechen Wüstlinge mit der verstohlenen Hand und dem ausweichenden Blick immer besser zu verstehen.

Mit der Zeit gewöhnte ich mich so an sie, daß sie mir

fast sympathisch wurden – und es tat mir leid, wenn sich länger niemand sehen ließ. Ihre Anwesenheit tat meinem Selbstbewußtsein gut.

Nicht selten waren sie die einzigen, die einen in der grauen Masse der Namenlosen wenigstens bemerkten.

Ich spürte eine Hand auf meinem Po: Sie war verschwitzt, lauwarm und ein wenig unentschlossen. Wahrscheinlich nicht mehr die jüngste, aber es war mir überhaupt nicht danach, ihren Eigentümer ausfindig zu machen.

Ich fühlte mich wohl: Auf einmal bemerkte mich jemand, in der Masse der Wachsfiguren interessierte ich jemanden genug, daß er mich betatschte. Wahrscheinlich einer von der Walroßsorte. Er spreizte verstohlen die beiden Backen auseinander und schob mir sehnsüchtig die Hand zwischen die Beine. Ich wehrte mich nicht. Ich rückte nicht weg. Ich drehte mich nicht um, um ihn zusammenzustauchen. Statt dessen machte ich seiner Hand in einer halbbewußten Reaktion mehr Platz, indem ich die Muskeln lockerte – und als uns die nächste Kurve alle zur Seite warf, machte ich ihr noch mehr Platz und zog sie fast schon hinein. Es war ein Spiel. Ich hängte mir die Handtasche so über die Schulter, daß die unter mir sitzende mürrisch blickende Dame nichts sehen konnte, wischte mit der Handfläche noch einmal das beschlagene Fenster ab und starrte unbeteiligt in das dunkle Grau und die Lichter draußen. Der Autobus schnaubte und zitterte im Rhythmus der Fahrt, ich machte mir die Hand des Unbekannten zwischen meinen Oberschenkeln zunutze, und der offensichtlich überraschte Mann hinter mir schnaufte erregt.

Und mit einem völlig teilnahmslosen Gesicht, ohne daß ich mich irgendwie auffällig bewegt oder einen Seufzer von mir gegeben hätte, gelang es mir, umhüllt von Gerüchen nach Schweiß, feuchter Kleidung, billigem Make-up und aufdringlichem Deospray, eines der plötzlichen und unerwarteten – und gerade deshalb um so süßeren – Gefühle von Erfüllung zu erleben.

Julie Burchill

Herr Baby ist am Telefon

»Heile, heile Segen«, gurrte sie und streichelte ihm sanft über die kindlich gewölbte Stirn. »Armes Baby. Tapferer kleiner Schatz. Wer ist Mamas tapferer kleiner Soldat?«

Baby tippte sich kraftlos gegen die Brust und kämpfte mit bebenden Lippen gegen die Tränen. Matt und verstört lag er quer über dem Bett, ein Opfer seines eigenen Übermuts.

Baby hatte gerade den starken Mann markiert, als das Unglück ihn ereilte; der waghalsige Sprung vom Bett zum Sofa war ihm mißglückt, er war abgerutscht und hatte sich den Knöchel angeschlagen! Doch sie hatte die Schmerzen gleich mit einem Kuß von magischer Heilkraft gelindert. Das war ganz nach Babys Geschmack.

»Baby hat neues Weh-weh«, verkündete er weinerlich.

»Ach? Wo denn?«

Baby lachte, aber nicht kieksend wie sonst; aus Versehen rutschte ihm ein rauhes, dreckiges Männerlachen heraus, das dem verstorbenen Punkidol Sid Vicious alle Ehre gemacht hätte. Er lupfte das Gummiband seiner Pyjamahose, um einen strammen 22-Zentimeter-Ständer vorzuweisen, jenen atavistischen Mahnmalen in Stonehenge nicht unähnlich, die den biederen amerikanischen Touristinnen so manch verstohlenen Seufzer entlocken.

»Da!« krähte Baby vergnügt, packte sie mit festem Griff bei den Nackenhaaren und drückte ihren Kopf hinunter.

Als Maria aufwachte, gellte ihr aus dem Fernseher das blecherne Gequäke überdrehter Mickymäuse entgegen. Daniel lag bäuchlings auf dem Sofa, splitternackt, mit einem Joint im Mundwinkel und einer zischenden Coladose in der Hand, verfolgte er grinsend das grelle Gewusel auf der Mattscheibe.

Aufstöhnend zog sie das Kissen über den Kopf, nur um gleich wieder darunter hervorzublinzeln und einen schuldbewußten Rundblick durch das Zimmer zu werfen, wie ein Ladendieb, der seinen Aktionradius abschätzt. O Gott, dachte sie resigniert, was für ein *Saustall.*

Jetzt, da sie drauf und dran waren auszuziehen, sah sie das Zimmer noch einmal so vor sich, wie es ausgesehen hatte, als sie gerade eingezogen waren: knisternd vor Ordnung und Sauberkeit, wie elektrisch aufgeladen in seiner peniblen Pseudo-Eleganz. Doch mittlerweile, nach nur einer Woche, sah es aus, als sei eine ganze Legion römischer Heerscharen mit einem Trupp blindwütiger Heavy-Metal-Bands auf den Fersen hindurchgestampft.

Es war jetzt sieben Tage her, daß Maria und Daniel nach Brighton gekommen waren; doch es kam ihr vor, als sei es nicht mehr als ein kleines Eckchen Vormittag, eine halbe Portion Nachmittag und ein zerfließender Sahneklecks Abend gewesen. Sie hatten ihre Koffer fallen lassen und waren erleichtert auf das federnde Bett gesunken, sprachlos vor Glück, der Großstadt entronnen zu sein. Sie war vor allem von den Annehmlichkeiten des Zimmerservices beeindruckt, er ganz begeistert angesichts des unerschöpflichen Unterhaltungsnachschubs im Kabel-TV. Bald bogen sich die beiden Tische im Zimmer unter dem höchst verschiedenartigen Sortiment ihrer eisernen Rationen: Champagner und Coca-Cola, Räucherlachs und Smarties, Camembert und Kartoffelchips, Rioja und Limonade, Kaffee im Silberkännchen und ein schillernder Regenbogen von italienischem Eis auf ovalen Silberplatten. Das Flimmerauge des Fernsehers starrte unverwandt auf all den kunterbunten kulinarischen Überfluß.

Das Kokain wurde hervorgeholt, das Bitte-nicht-stören-Schild aufgehängt, die Klamotten eilig abgestreift. Alles andere konnte warten.

Im Zug, der sie nach London zurückbringen sollte, sagte er kein Wort. So viel geballte Muffeligkeit machte sie ganz schläfrig. Er seufzte vor sich hin und versetzte der gegenüberliegenden Polsterbank ungeduldige Fußtritte.

Sie brauchte gar nicht zu fragen, was los war; sie wußte es auch so.

Am letzten Abend, als sie vom South Pier zurück zum Grand Hotel geschlendert waren, hatte er gesagt: »Maria – ich *mag* noch nicht nach Hause fahren. Laß uns doch einfach dableiben. Was hindert uns daran? Einfach so weitermachen. Immerhin gibt's noch einen Haufen Sachen, die wir noch nicht ausprobiert haben.«

Sie drückte ihn an sich, gerührt von seinem naiven Enthusiasmus.

»Nein, wirklich, ich meine es ernst. Wir könnten hier noch eine Menge Spaß haben.«

Für Daniel war der Heilige Gral schlechthin soviel Spaß wie möglich. Sie kam sich vor wie eine Spielverderberin, als sie sich anschickte, ihm die Vorschriften und Verantwortlichkeiten des Erwachsenendaseins ins Gedächtnis zu rufen – Arbeit, Geld und Alltagspflichten. Daniel überlegte einen Augenblick, spitzte dann die Lippen, nach denen sich schon manch ein gestandener Mann hoffnungslos verzehrt hatte, und tat nach gebührender Berücksichtigung beider Standpunkte seine Meinung in einem langgezogenen, verächtlichen Piff kund.

Auf der Fußmatte fand Maria ein sehr willkommenes Begrüßungspräsent vor: einen Brief, der ihre Beförderung zur Redaktionschefin bei Metro Books bestätigte. Na also! dachte sie mit einem befriedigten Schmunzeln, ohne sich ihr Triumphgefühl allzusehr anmerken zu lassen. Denn Daniel hatte ihren beruflichen Erfolgen nichts als eine endlose Reihe von Pleiten und Pannen entgegenzusetzen.

Ihr neuester Volltreffer hätte ihn nur zu leicht an seinen letzten Reinfall erinnern können. Vor vier Wochen hatte er sich für eine Rolle in einer Familienserie beworben, die zur besten Sendezeit ausgestrahlt werden sollte und seiner flügellahmen Schauspielerkarriere endlich etwas Aufwind beschert hätte. Als er die Absage erhielt, hatte er nur die Achseln gezuckt. »Was soll's. Irgendwann wird sich schon was ergeben.«

Doch als nächstes flatterte ihm erst mal ein Steuernachzahlungsbescheid über vierzigtausend Pfund ins Haus.

Seit sie ihn kannte, schien Daniel unentwegt auf der Flucht vor seiner Vergangenheit zu sein, die ihm so hartnäckig wie ein Bluthund auf den Fersen blieb. Nach etlichen Umwegen landeten immer wieder neue Hiobsbotschaften vor Marias Tür, stets an Daniel adressiert: unbezahlte Strafzettel; Mahnungen aus der Leihbücherei; betont neckische Postkarten von Exfreundinnen. Er begutachtete sie alle mit dem gleichen zerstreuten Stirnrunzeln; als ob *irgend jemand* sie ihm eigentlich hätte vom Hals halten sollen.

»Du bist wirklich das größte Baby, das ich kenne«, neckte sie ihn eines Nachts im Bett.

»Wer, ich?« gab er mit einem koketten Augenaufschlag zurück und begann, an ihrer Brust zu nuckeln.

Am Anfang hatte sie das ja noch faszinierend gefunden. Doch inzwischen fragte sie sich manchmal, ob das Ganze nicht langsam ein bißchen zu weit ging.

Dabei hatte sie selbst damit angefangen, als sie ihm den Kosenamen Baby gab, weil er so rührend unfähig war, sich außerhalb des weich gepolsterten Kinderställchens ihres Apartments zurechtzufinden: Ständig ragten ihm die Markenschildchen aus den Pullovern; jedesmal, wenn sie ihn zum Essen ausführte, waren seine Klamotten am nächsten Tag reif für die Reinigung; jeder seiner Versuche, einen Nagel in die Wand zu schlagen, endete unvermeidlich mit jämmerlichem Gezeter und einem blauen Daumennagel. Er nannte sie Mama, weil sie alles, was ihm nie gelingen wollte, so selbstverständlich meisterte; bei ihr schien das Leben so glatt und perfekt abzulaufen wie eine Schlittschuhkür, ein einzig schwereloses Gleiten von Erfolg zu Erfolg. Mit ihren sechsundzwanzig Jahren war sie schon so erwachsen, wie er es trotz seiner einunddreißig niemals werden würde.

So hatten sie sich auf das Mama-und-Baby-Spiel verlegt, um alles auszublenden, was ihre jeweilige persönliche Vergangenheit betraf, deren bloße Existenz ihnen als frisch Verliebten ein Dorn im Auge war. Außerdem half ihnen dieses Rollenspiel, ihre Verschiedenheit im Hier und Jetzt zu überbrücken. Nur so gelang es ihnen, in eine neue Haut zu schlüpfen, wie füreinander wiedergeboren, in unschuldiger, unverbrauchter Reinheit.

Im Grunde waren Männer ja sowieso nichts als große Babys, sagte Maria sich beschwichtigend, während sie und Daniel sich mehr und mehr in ihrer privaten Welt einigelten. Daniel war da eben nur ehrlicher als die meisten anderen. Er nahm sich selber nicht so schrecklich ernst.

Nachdem er bei ihr eingezogen war, gingen sie kaum noch aus. Jeden Abend, wenn sie um sieben von der Arbeit kam, fand sie ihn schon im Bett vor – worauf sie sofort aus den Kleidern sprang und sich zu ihm legte. Nach drei Stunden Sex ließen sie sich dann eine Pizza kommen, machten eine Flasche Rotwein auf, spielten Dame, Mühle oder Malefiz, schauten ab und zu in den Fernseher, der mit abgestelltem Ton lief, während auf dem Plattenspieler die Velvet Underground röhrten. Bis drei Uhr morgens rauchten sie Marihuana und schnüffelten Koks, wobei sie sich in ihrem eigenen, höchstpersönlichen Jargon unterhielten. Maria konnte gar nicht begreifen, wieso eigentlich nicht jeder so lebte, einfach volles Rohr nach dem Lustprinzip. Wie hatte sie nur je ihre Abende damit verbringen können, mit einem Glas saurem Weißwein in der Hand in stickigen, überfüllten Räumen herumzustehen und sich von irgendwelchen sogenannten Kunstprodukten anöden zu lassen, wo sie sich zu Hause doch so viel besser hätte amüsieren können. Doch wie hätte ihr das andererseits ohne Daniel gelingen sollen? Er hatte ihr ihre Jugend zurückgegeben, hatte ihr geholfen, die triste Erwachsenenwelt der Abendeinladungen und Grillparties, der Immobilienpreise und Urlaubspläne zu verdrängen – all die hohlen Erwachsenenfreuden und kleinkarierten Erwachsenenzwänge, die sie immer wieder dazu verdonnern wollten, sich zusammenzureißen und zu *benehmen.*

Am ersten Tag auf ihrem neuen Chefposten rief er sie in der Arbeit an: »Ich wollte dir nur sagen, daß ich dich liebe«, flüsterte er durch die Leitung.

»O. k., Baby, das reicht jetzt aber«, sagte sie nach dem dritten Anruf.

Als er sie kurz darauf wieder anrief und nur mal schnell sein neuestes Lieblingslied vorgesungen haben wollte, hängte sie wortlos ein.

Als sie vom Mittagessen zurückkam, meinte ihre Sekretärin Jill: »Inzwischen sind sechs Anrufe für Sie gekommen. Alle von einem gewissen Herrn Baby.«

»So? Und hat dieser Herr Baby vielleicht irgendeine Nachricht hinterlassen?« fragte Maria mit möglichst unbewegter Miene, obwohl sie vor Peinlichkeit fast im Boden versunken wäre.

»Jawohl. Er hat Ihnen ausrichten lassen« – Jill schaute kurz auf ihren Notizblock, ohne sich die Mühe zu machen, ihre Genugtuung zu verbergen – »ach, da steht es ja: Sagen Sie Mama Miezemau, ihr Schnurribaby liebt sie nicht mehr.«

»Vielen Dank, Jill«, sagte Maria ruhig.

Sie hatte schon fast die sichere Zuflucht ihres Büros erreicht, als sie Jill hinter ihrem Rücken laut und deutlich fragen hörte: »Und wenn Herr Baby wieder anruft, soll ich ihm dann etwas von Mama Miezemau bestellen?«

»Ja«, sagte Maria und drehte sich mit der Hand auf der Türklinke nach ihrer Peinigerin um. »Richten Sie Herrn Baby aus, er solle gefälligst erwachsen werden.«

An ihrem Schreibtisch warf Maria eine Münze, um zu entscheiden, ob sie in Tränen oder in Wutgebrüll ausbrechen sollte. Sie hätte diesen Herrn Baby doch kurzerhand als perversen Spinner abtun können, der ihr gänzlich unbekannt war! Jetzt würde der Tratsch sich natürlich in zehn Minuten von ihrer Penthouse-Etage durch das ganze Gebäude verbreiten, ohne daß ihr noch irgendeine Möglichkeit blieb, die Notbremse zu ziehen.

Aber da hatte sie ihre Kollegen unterschätzt. Die Münze war gerade zu Boden gerollt, und Maria hockte auf Händen und Knien unter dem Schreibtisch, um festzustellen, ob sie Kopf oder Zahl geworfen hatte, als Suzy aus der Werbe-Abteilung schon den Kopf durch die Tür steckte: »Hallo, ich wollte fragen, ob Mama Miezemau vielleicht einen Augenblick Zeit hat, um die nächsten Veröffentlichungstermine zu besprechen?«

Als sie nach Hause kam, lag Daniel wie üblich im Bett, und ringsum war der Boden mit leeren Coladosen, Bonbontüten und zerfledderten Mickymausheften übersät. »Mama!« krähte er ihr entgegen und streckte die Arme nach ihr aus.

»Tu mir das ja nie wieder an!«

»Wieso?« quiekte er verdattert, mit einem Anflug von Panik im Blick und einer vor Schreck ins Falsett gerutschten Stimme.

»Weil es mir verflixt peinlich ist!«

»Aber warum denn?«

»Darum!«

»Aber...« Zu ihrem Erstaunen fing er an zu heulen. »Verstehst du denn auf einmal keinen Spaß mehr?« schluchzte er vorwurfsvoll.

»Doch. Aber nicht in der Öffentlichkeit! Kannst du nicht einsehen, daß es da einen Unterschied gibt?«

»Doch, kann ich!« fauchte er beleidigt zurück und verzog sich ins Wohnzimmer, um sich mit seiner elektrischen Eisenbahn zu trösten.

Manchmal fragte Maria sich, ob er bloß ausgelassen wirkte oder doch schon am Ertrinken war. Es war so schwer zu unterscheiden. Er schien sich eigentlich niemals Sorgen um seine Zukunft zu machen. Es störte ihn auch nicht, daß er ohne alle Perspektiven in der letzten Randzone seiner Jugend festsaß, daß seine finanziellen Reserven restlos erschöpft waren und daß er seit sechs Monaten keinen Job mehr bekommen hatte.

Er stammte aus einer mäßig erfolgreichen Schauspielerfamilie, die eine Zeitlang ihr Glück in Los Angeles versucht hatte. Dort war er für eine Saison als Kinderstar gefeiert worden, bis die Familie mangels weiterer Aufträge im Showbiz nach England zurückkehrte.

Als Teenager galt Daniel in Halbweltkreisen als »der hübscheste Junge von London«. Das war Mitte der siebziger Jahre, als London noch eine Stadt mit Pfiff war, wo ein charmanter, gutaussehender Junge wie er sich für Tausendundeine Nacht von Party zu Party schwingen konnte, wobei gelegentlich auch das eine oder andere Engagement abfiel – mal bei einer kleinen Avantgardebühne, mal bei irgendeinem Film an der Riviera. Jahrelang wurde er als »vielversprechendes Talent« gehandelt – auch wenn die neidischen Lästermäuler behaupteten, seine Talente lägen ausschließlich im horizontalen Bereich und das einzig Vielversprechende an ihm sei seine Bereitschaft, mit Regisseuren gleich welchen Geschlechts ins Bett zu gehen. Dank seiner Schönheit und seines Charmes war er über solch peinliches Gespött jedoch weit erhaben.

Allerdings nur bis zu Beginn der achtziger Jahre. In den achtziger Jahren wehte plötzlich ein anderer Wind.

Langsam, aber sicher sahen all seine ausgeflippten Kollegen zu, daß sie die Kurve kriegten: Sie hörten auf, Drogen zu nehmen, tranken ihren Wein lieber mit Mineralwasser verdünnt, heirateten hübsche junge Mädchen und gründeten Familien, erwarben Eigenheime auf dem Land – und *arbeiteten*, was das Zeug hielt. Wenn sie ihn mal zufällig trafen, umarmten sie ihn herzlich, hatten aber sonst nicht mehr viel mit ihm zu schaffen. Nur Arbeitslose konnten es sich jetzt noch leisten, müßig ihre Zeit zu verplempern.

Daß er nie in seinem Leben von blindem Ehrgeiz besessen gewesen war, hatte Maria gleich für ihn eingenommen. Männer auf Erfolgskurs fand sie abstoßend; ihre Strebsamkeit raubte ihnen nicht nur den Humor, sondern auch die Fähigkeit zu unbeschwertem Lustgewinn außerhalb der Bürostunden. Sie selbst war zwar auch ehrgeizig – aber nur um der Freiheit willen, die der Erfolg einem verhieß.

Anfangs hatten sie noch versucht, sich in die Erwachsenenwelt einzugliedern, doch es hatte nicht funktioniert; bei Abendeinladungen in Chelsea oder Islington saßen sie wie gelangweilte Kinder am Tisch, zappelten vor Ungeduld und befummelten sich gegenseitig unter dem Tischtuch, schielten wie in Schultagen immer wieder verzweifelt nach der Uhr und konnten es kaum erwarten, endlich zu Hause und im Bett zu sein. Marias Freunde, die sich ärgerten, daß er sie ihnen abspenstig gemacht hatte, unkten natürlich, es könne auf die Dauer nur schiefgehen; er sei zwar niedlich und ein rührender Kerl, aber es fehle ihm an »Eigenmotivation« – dem Sex-Appeal der neunziger Jahre.

Und was das geistige Niveau anging – nun ja, viel war da auch nicht geboten.

Nein, als brotlosen Intellektuellen konnte man Daniel gerade nicht bezeichnen, wie Maria sich bald eingestehen mußte. Er war eben eher *intuitiv*. Als er zum Beispiel die vollgestopften Bücherregale in ihrem Wohnzimmer sah, meinte er nur: »Uff, so viele Bücher habe ich noch nie auf einmal gesehen! Die hast du doch nicht etwa alle gelesen?«

»Nein«, hatte sie zugegeben. Daniel brauchte man zum Glück nie etwas vorzumachen.

»Trotzdem scheint dir ja was dran zu liegen«, hatte er gelacht. »Ich hab mit so intellektuellem Kram nichts am Hut. Aber das ist dir wohl schon aufgefallen.«

Er schaute nie in ein Buch, las nichts als Comics; sah sich nie die Nachrichten an, machte sich nichts aus dem Zustand der Welt, hatte kein Verhältnis zum Geld. Statt dessen hatte er die geniale Begabung, einem das Leben in jeder erdenklichen Form zu versüßen. Was konnte eine moderne Frau denn mehr von einem Mann verlangen?

Seit ihrer Beförderung blieb ihnen weniger Zeit füreinander. Oft kam sie erst um zehn aus dem Büro, so erschöpft, daß sie nur noch schlafen wollte, um für die Sitzung am nächsten Morgen fit zu sein. Er hingegen wollte natürlich die ganze Nacht lang spielen und blödeln, wie er es von früher gewohnt war. Wenn sie nicht mitmachte, schmollte er. Und morgens mimte er dann den Kranken, in der Hoffnung, daß sie zu Hause bleiben würde, um ihn zu pflegen. Was sie natürlich nicht tat.

Allmählich fiel ihr auf, daß der grausame Zahn der Zeit auch den niedlichen Daniel nicht verschonte. Zuerst wanderte sein Haaransatz immer weiter nach hinten, was seine runde Stirn noch babyhafter wirken ließ. Dann gruben sich die Falten um seine Augen immer tiefer ein. Spinnenbeindünne Haare begannen ihm aus der Nase zu sprießen, und sein Babybauch wölbte sich nach und nach zu einem ansehnlichen Ranzen vor, ohne das geringste Übergangsstadium einer erwachsenen Straffheit anzudeuten.

Doch während sein Körper unwiderruflich dem Alterungsprozeß anheimfiel, schien sein Geist zum Ausgleich in die Gegenrichtung davonzutrudeln. Als Maria eines Tages zu Hause arbeitete, konnte sie mit Schaudern beobachten, wie ihr Geliebter inzwischen den Tag zu verbringen pflegte.

Er stand mittags auf, rauchte erst mal gemächlich einen Joint und zog sich gleichzeitig ein paar Disneyfilme rein. Dann traf er umständliche Vorbereitungen für sein »Morgenbad« – eine strategische Aktion, die es an schierem Zeit- und Kraftaufwand gut und gern mit der Landung der Alliierten in der Normandie aufnehmen konnte. Kassettenrecorder, Marihuana, Comic-Hefte, tragbarer Fernseher, ein halbes Dutzend Coladosen, ein paar Tüten M & Ms, Plastikenten, Unterseebote – all das mußte im Bad deponiert werden, bevor Daniel sich endlich aufseufzend in die überlaufende Wanne gleiten ließ.

»Wieso nimmst du nicht auch noch das Spülbecken mit?«

»Red kein Blech, da ist doch schon 'n Waschbecken im Bad.«

Typisch Daniel; Ironie und Sarkasmus prallten einfach an ihm ab. Nur wußte sie inzwischen nicht mehr so recht, ob das nun für oder gegen sich sprach.

Als nächstes wurde ein genüßlicher Brunch zelebriert, der im wesentlichen aus einer Riesenladung Cornflakes mit Kakao bestand. Den Nachmittag vertrieb er sich stillzufrieden mit Rauchen, Fernsehen und Computerspielen.

Sie war schockiert – beinah schon angewidert. Aber er wirkte doch so *glücklich*. Was hätte er denn statt dessen tun sollen? Sich die Haare abschneiden und in einer Bank arbeiten gehen? Zu spät wurde ihr klar, daß ihr das tatsächlich viel lieber gewesen wäre.

An einem Samstagvormittag im Supermarkt kam es dann endlich zum längst fälligen Krach. Er war schon die ganze Weile greinend hinter ihr hergeschlurft, während sie den Wagen durch die Regalreihen schob. »*Maria*, ich bin so *müde*. Können wir nicht endlich nach Hause gehen?«

»Moment noch.« Sie überflog schnell die Liste und griff nach einem italienischen Fladenbrot. »O.k. Jetzt haben wir alles.«

Sie drehte sich nach ihm um. Er hatte sich gerade einen großen Osterhasen, Mr. Hop-It genannt, vom Regal geangelt. »Stell den wieder zurück, Daniel«, sagte sie entnervt. »Wir haben doch eh so viel Schokolade zu Hause, daß sie schon langsam verschimmelt.«

»Aber keinen Osterhasen«, quengelte er mit Babystimme.

»Laß den Quatsch, nicht in der Öffentlichkeit!« zischte sie ihn an. »Los, stell ihn zurück!«

»*Ich will aber so 'n Mr. Hop-It haben*«, maulte er noch vernehmlicher und drückte den Hasen an die Brust.

»STELL IHN ZURÜCK!«

»NEIN!«

»DOCH! DANIEL, WIRST DU WOHL TUN, WAS ICH SAGE!«

Daniel hob Mr. Hop-It hoch und schleuderte ihn mit aller Kraft auf den Boden. Dann fing er an, auf dem zerbrochenen Osterhasen herumzutrampeln, wobei er lauthals brüllte: »ICH WILL IHN ABER HABEN! ICH WILL IHN ABER HABEN!«

Die Leute liefen von allen Seiten zusammen, um sie anzugaffen – weniger schadenfroh als einfach neugierig. Zuerst schienen sie es für einen Gag zu halten, vielleicht irgendeine Aufzeichnung für eine Fernsehshow, die mit versteckter Kamera gefilmt wurde. Die Kinder verfolgten die Szene voll neidischer Bewunderung; die Erwachsenen lächelten verlegen und sahen sich kopfschüttelnd an.

Ein Verkäufer tippte Maria auf die Schulter: »Ist alles in Ordnung, Miss?«

Sie war so schockiert, daß sie kein Wort herausbrachte.

»Na, wenigstens hab ich jetzt ein für allemal bewiesen, daß ich schauspielern kann«, bemerkte Daniel lässig, als sie über den Parkplatz gingen.

»Das war aber eben nicht gespielt«, murmelte Maria, ohne ihn anzusehen.

»Danke«, sagte er grinsend. »Ein größeres Kompliment könntest du einem Schauspieler gar nicht machen.«

Sie starrte ihn entgeistert an.

Hatte er sie etwa die ganze Zeit nur zu Probezwecken ausgenutzt?

Sie war dankbar, daß die Woche auf der Frankfurter Buchmesse ihnen beiden eine Atempause bescherte, die sie nach den schrägen Spielchen der letzten Monate dringend nötig hatten. Als sie wieder auf heimischem Boden landete, freute sie sich sogar auf das Wiedersehen mit ihm.

Jemand hatte bei ihr eingebrochen.

Im Flur sah es aus wie auf einer Müllkippe. Zwischen faulenden Essensresten und zerbrochenem Geschirr blinkten einzelne Splitter ihrer Schmuckstücke traurig zu ihr auf. Kreuz und quer in dem Unrat lagen ihre Schuhe verteilt, allesamt mit abgesägten Absätzen.

Irgendwer mußte es mächtig auf sie abgesehen haben.

Sie folgte einer Spur von Exkrementen bis in ihr Wohnzimmer. Ihre Bücher waren in Fetzen über den Boden verstreut, die Möbel umgekippt; ihr Aquarium war über dem ganzen Chaos ausgeschüttet worden, und ihre bunten Schleierfische lagen tot dazwischen.

Sie hatte schon öfters von solchen Heimsuchungen gehört. Aber natürlich hätte sie sich nie träumen lassen, daß ihr selbst so was zustoßen könnte. Sie hatte doch einen *Filofax*. Sie hatte doch alles unter *Kontrolle*.

Was für ein Perverser konnte sich denn nur an so einer Wahnsinnstat aufgeilen?

Die Antwort fand sie im Schlafzimmer.

Es war dunkel, und es stank. Auf dem Bett lag ein fetter, nackter Mann mit einem Bart. Ein überwältigender Uringeruch hing in der Luft.

Starr vor Zorn blieb sie wie angewurzelt stehen; wie konnte dieser Fremde es wagen, ihr das anzutun? Und dann auch noch besoffen oder bekifft auf ihrem Bett einzuschlafen, das war ja wohl der Gipfel der Unverschämtheit.

Sie schnappte sich einen schweren Messingkerzenhalter vom Kaminsims, hob ihn hoch und zielte sorgfältig. Als sie zuschlug, stammelte die Kreatur auf dem Bett gerade noch ein Wort, bevor das schaurige Krachen ertönte.

»MAMA!«

MARY FLANAGAN

Die unsterbliche Freundin

Ich kannte einmal eine Göttin. Sie wohnte gegenüber von mir auf der anderen Seite der Straße. Sie hieß Estelle Vachon, und sie war eine Venus der Kleinstadt.

Was sie zur Göttin machte? Ihre Ausstrahlung, aber auch ihr Milieu. Stellen Sie sich die fünfziger Jahre vor – eine amerikanische Kleinstadt, die langsam verkommt, seit die Textilfabriken dichtgemacht haben. Jedermann kommt nur knapp zurecht, und die Stadt hat nicht viel zu bieten. Bars, Billardhallen, eine Loge der *Elks* und ein reparaturbedürftiges Kino. Ach ja, und im Herbst verfärbt sich das Laub rot. Stadtsanierung und sexuelle Revolution stehen noch als künftige Attraktionen auf dem Programm. Was der Papst sagt, gilt. Dann kommt der Rock 'n' Roll auf, und mit ihm alle möglichen Gefahren: Tumulte nach Konzerten (wir sehen sie im Fernsehen), schwarze Menschen, lodernde Klaviere, Männer mit Schmalzlocken, Männer, die mit den Hüften wackeln. Unsere Führer erfaßt moralische Panik, die Prediger machen den jungen Leuten weis, es sei eine Todsünde, Fats Domino und Little Anthony auch nur zuzuhören. Und währenddessen drehen sich in unseren Köpfen unentwegt die Fünfundvierzigerplatten – »Whooo do you love?... Whooo do you love?« An so einem Ort und in diesem kritischen Augenblick hob sich Estelle von ihrer Umgebung ab. Sie war wie Rock 'n' Roll.

Ich kann nicht an Estelle denken, ohne auch an die Jungs zu denken. An Raymond La Chance, Demo Eletherion, Frankie McCrillis, Bobby Wentworth, Mo St. Onge, Chester Langevin, an Frankokanadier, Iren, Griechen, Yankees. An Namen, die ich heute nicht mehr zu hören bekomme. An Gesichter, die ich nicht mehr sehe. Daneben gab es noch andere Namen, andere Bewunderer, eine ganze Reihe, von denen ich einige nur flüchtig kannte, wie zum Beispiel Eddy Foss. Der arme Eddy. Eddy der Letzte.

Jeder Junge aus meinem Bekanntenkreis, auch mein kleiner Bruder Marty, war in Estelle verliebt. Marty hat es nie gewagt, den ersten Schritt zu tun, da er von vornherein mit einem Korb rechnete, obwohl sie ihm immer wieder sagte, was für ein Süßer er sei. Aber Marty hatte den einmaligen Vorteil, ihr gegenüber zu wohnen, und er verfügte über Wissen, um das der Rest der Welt viel gegeben hätte. Ich erwischte ihn ständig mit Papas Fernglas, und er besserte sogar vorübergehend sein Taschengeld damit auf, daß er gegen Bares Augenzeugenberichte über die Aktivitäten unserer begehrenswerten Nachbarin abgab. Erwachsene, insbesondere Frauen, hatten für Estelle nichts übrig. Schon mit acht Jahren sorgte sie für Aufsehen, und meine Mutter, die sonst eine großzügige, mit allen christlichen Tugenden gesegnete Frau war, mißtraute ihr und beschwerte sich, sie sei für ihren Geschmack viel zu sexy, als wäre Estelle ein Gericht, das die Köchin aus Versehen überwürzt hat. Meine Mutter schien in die Zukunft blicken zu können, und es paßte ihr nicht, wenn ich mit Estelle spielte, obwohl sie nicht viel dagegen unternehmen konnte, da wir so dicht beieinander wohnten.

Estelle war ein gutmütiges, liebes Kind, neigte allerdings schon damals ein wenig zu Unfug und Auflehnung, was ihren Charme noch erhöhte. Sie hatte die Angewohnheit, auf Leute zuzulaufen und sie ohne jeden Grund zu küssen, um dann lachend davonzurennen. Sie kicherte ständig, und ihr Lachen besaß wie ihre Sprechstimme ein geheimnisvolles Knistern. Außer ihr hatte niemand, den wir kannten, so eine Stimme, die nach einer Mischung aus Schokolade und Zitronen zu schmecken schien. Anders weiß ich es nicht zu beschreiben. Sie und ich gehörten derselben Mädchenclique an, bis sie mit dreizehn aus unserer Liga in die der furchterregenden Laurel Carberry überwechselte – was sie mittels eines in aller Öffentlichkeit stattfindenden Vorspiels bewerkstelligte. Estelle stellte sich gern vor Publikum dar.

Sie interessierte sich nie sehr für Kleider. Ihr Vater arbeitete in der Bleicherei und hatte fünf Kinder und verdiente weniger als meiner, deshalb trug sie als Kind nur Sachen aus zweiter Hand. Ich erinnere mich an ein lavendelfarbenes Kleid mit Puffärmeln, oft beschmutzt und gewaschen, das für Schule, Kirchgang und Geburtstagsfeiern herhalten mußte, meist gepaart mit einem Buchstabenpullover, der ihrer Schwester Carol gehört hatte und den Estelle meist an Stelle einer Jacke anzog. Später kleidete sie sich schlicht: schmaler Rock, enge Pullover in Schwarz und verschiedenen Blautönen. Dazu trug sie die weißen Socken, die wir alle anhatten, hochgehalten mit Gummibändern, die uns die Blutzufuhr abschnitten und rote Ringe an den Waden hinterließen. Kein Firlefanz, nicht einmal an ihrem Kleid für den Schulabschlußball; nichts, was ihr Äußeres vorteilhaft zur Geltung gebracht hätte. Mode interessierte sie einfach nicht, so wenig wie Schmuck oder Schminke, alles

Dinge, von denen man hätte annehmen dürfen, daß jede gewöhnliche Venus sie für unentbehrlich hält. Und doch unterschied sie sich deutlich von jener munteren, atemlosen Brünetten, die auf der High-School eine Zeitlang alle anbeten. Die Leute fanden sie beunruhigend, und zwar – wenigstens anfangs – nicht so sehr wegen dem, was sie tat, sondern wegen dem, was sie hatte. Was sie hatte, muß wohl das gewesen sein, was die Generation meiner Eltern das gewisse Etwas nannte.

Estelle war nett, oft richtig süß, aber niemals unschuldig. Es gab Dinge, über die Estelle lange vor uns anderen Bescheid wußte, wenn wir überhaupt je davon erfuhren. Wir waren noch Kinder, da gab sie mir schon das Gefühl, daß sie im Zentrum des Lebens stand, ich dagegen in der Peripherie. Sie machte mir angst, daß ich dieses Zentrum nie erreichen könnte, wo das heilige Feuer brannte. Ihr Charme war ausgeprägt, ihre Leidenschaft echt, ihre Schmeicheleien waren unwiderstehlich. Sie war heiß, ja, genau das war sie. Alle müssen gespürt haben, daß sie deshalb so hell brannte, weil sie schnell verbrannte.

Darum auch tat sie alles als erste. Sie war die erste, die auf dem Heimweg von der Schule von den Riley-Brüdern verfolgt wurde, die ihr mit den blutigen Segmenten einer toten Ringelnatter drohten, bis sie vor Wonne quiekte. Sie war die erste, die zum Tanzen aufgefordert wurde, und zwar schon bei den Festen für die Jugend, bei denen sich die Knaben verschämt und murrend auf einer Seite der leeren Tanzfläche herumdrückten, während sich die Mädchen auf der anderen Seite zierten und kicherten. Einer der jungen Männer – meist war der betreffende ziemlich aufregend, aber sie war auch zu den weniger aufregenden freundlich – trat zu ihr und nahm ihre Hand, und gemeinsam hoben sie die soziosexuelle Erstarrung auf. Sie war eine gute, aber nicht herausragende Tänzerin, die sich geschmeidig und ohne Hemmungen zu bewegen verstand. Keine engagierte Bebopperin wie ich, mit der man Tanzwettbewerbe gewinnen konnte. Sie hatte es nicht nötig zu konkurrieren, und hat sich nie um etwas beworben, außer als Cheerleader. Sie wurde sofort aufgenommen, brachte aber keine große Begeisterung auf. Sie hatte es nicht nötig, zu gewinnen, weil sie nichts zu beweisen hatte. Sie war selbst lebender Beweis.

Sie war die erste von uns, die ihre Periode bekam, und mit zwölf Jahren die erste, die zum Ausgehen eingeladen wurde. Was, empörte sich meine Mutter, dachten bloß ihre Eltern? Aber Mr. und Mrs. Vachon hielten nicht viel von Zwangsmaßnahmen. Sie begriffen genau wie Estelles Freunde, daß romantische Verstrickungen das Schicksal ihrer Tochter waren, ihre gottgegebene Natur, ihr Recht.

Sie hüteten sich davor, einzugreifen. Sie schienen stolz zu sein auf die Macht, die ihre Tochter ausübte.

Estelle hatte das, was man einen Ruf nennt. Die Jungen nannte man »wild« oder »Cowboys« oder »Punks«, aber nur Mädchen hatten einen Ruf. Er hatte einen ähnlichen Stellenwert wie Brüste. Einerseits war es das Schlimmste, was einem passieren konnte, einen Ruf zu haben. Andererseits wurde man deswegen insgeheim und allenthalben bewundert und beneidet. Mit zwölf Jahren hatte sich Estelle einen erstklassigen Fünfsterneruf zugelegt, der sich zum Teil auf ihre Vorliebe für schamloses Knutschen gründete.

Die meisten von uns verzogen sich in ein anderes Zimmer oder wenigstens in eine dunkle Ecke, nicht jedoch Estelle. Sie knutschte ganz offen – im Stehen, im Sitzen oder auch im Liegen, wenn genug Platz war – mit Frankie McCrillis, Bobby Wentworth, Clovis Nedeau oder mit einem anderen, der am betreffenden Abend ihr Favorit war. Und es handelte sich dabei nicht nur um fünfminütige Episoden, sondern jedesmal um einen Marathon. Ich meine damit, daß nacktes Fleisch zu sehen war, daß Küsse mit der Stoppuhr verfolgt und Rekorde aufgestellt wurden. Und was uns männliche und weibliche Zuschauer am meisten erboste, war die Tatsache, daß sie sich dabei so schändlich gut amüsierte. Montag morgens breiteten sich dann wahre und falsche Gerüchte wie ein Lauffeuer in der High-School aus. Man war sich allgemein einig, daß eine Party einfach nicht gut gelaufen war, wenn es anschließend kein Raunen auf dem Schulkorridor, keine Telefonate zwischen naseweisen, aufgebrachten Müttern gab. Natürlich war es am besten, wenn sich die Priester dazu äußerten. Dann schlugen sich die Leute darum, eingeladen zu werden, selbst wenn man seine Partys im Kuhstall abhielt. Wenn gar in der Messe davon die Rede war, bedeutete das Spitzenreklame. Da mußte etwas wirklich Schweinisches vorgegangen sein. Ich war gewöhnlich nicht dagewesen und verzehrte mich wie die anderen braven (sprich: unter Hausarrest gestellten) Mädchen vor Neid. Das Hauptproblem im frühen Jugendalter ist mangelnde Mobilität.

Wir waren eifersüchtig auf Estelle; wir wünschten uns, mit ihr zusammenzusein; wir wünschten uns, sie zu sein. Und dann verloren wir sie. Wie gesagt, sie verließ um diese Zeit unsere Clique, obwohl sie weiterhin nett zu uns war und ich immer noch viel mit ihr reden konnte, weil sie im Haus gegenüber wohnte. Ich sah sie auf dem Black Pond, auf dem Long Swamp oder auf Filion's Field Schlittschuh laufen. Immer Hand in Hand mit einem Jungen: mit Chester Langevin, Vincent Kennedy, Elmer Verville. Dann nahm sie mir Frankie McCrillis weg. Nicht, daß zwischen uns viel gewesen wäre, und ich weiß auch, daß er sich noch mit anderen Mädchen verabredete, aber es war doch aufregend, ihn dauernd im Schlepptau zu haben. Frankie war niedlich und stinkfaul, und wir alle hielten ihn für einen Rebellen, für unseren ganz persönlichen James Dean. Er und Estelle gingen rund vier Monate lang immer mal wieder zusammen aus. Ich war ziemlich verstimmt darüber, aber das hielt mich nicht davon ab, Estelles Freundin zu sein. Ich erachtete es als unausweichlich, daß sie sich nahm, wen und was sie wollte.

Wahre Romantik kam jedoch erst mit den Autos auf. Blaugraue Chevys mit offenem Verdeck und Fuchsschwänzen an der Autoantenne, riesige schwarze Buicks Baujahr 49, die zwei Drittel der Straße einnahmen und in denen elf Leute Platz hatten, 51er Fords mit derart aufgemotzten Motoren, daß sie sich wie ganze Gewehrsalven anhörten. Und aus allen dröhnte, auf volle Lautstärke eingestellt, der Sender WBZ. Sie wurden alle von Sechzehn- bis Siebzehnjährigen gefahren, über Straßen und Wege und in die nächste Stadt, bis in die frühen Morgenstunden oder bis ihnen das Benzin ausging, und alle waren sie irgendwann einmal vor Estelles Haus geparkt. Die Besitzer machten nach der Schule oder am Wochenende dort halt, und bei gutem Wetter stand Estelle stundenlang auf der Straße und unterhielt sich mit ihnen, den Kopf zum Wagenfenster hineingestreckt und mit überkreuzten Beinen, so daß ihr Klassehintern bestens zur Geltung kam. Mein Vater regte sich darüber auf.

»Wieso?« fragte ich. »Die reden doch nur.«

»Es sieht schäbig aus«, lautete sein Urteil.

Spätnachts konnte man immer noch einen Motor laufen hören, während sie und Ray oder Frank oder Chester sich ausführlich gute Nacht sagten oder sich laut und regelmäßig stritten. Jedermann fragte, warum die Eltern dem nicht ein Ende machten, warum sie nicht darauf bestanden, daß Estelle zu anständigen Zeiten nach Hause kam wie andere Mädchen in ihrem Alter. Warum waren sie ihr gegenüber so nachsichtig? Aber ihre Eltern wußten, daß Venus neue Männer braucht. Nur daß Estelle, behindert durch eine Gesamtbevölkerung von knapp unter zehntausend, mehr nach dem Rotationsprinzip verfuhr.

Sie war die erste von uns, die ihre Jungfräulichkeit verlor – auf dem Rücksitz von Raymond La Chances Auto. Wir wissen davon, weil sie es uns sofort erzählt hat. Niemand wäre auf die Idee gekommen, Estelle diskret zu nennen.

»Man fühlt sich einander danach so nahe«, schwärmte sie und riet uns großäugigen Jungfrauen, auf der Stelle ihrem Beispiel zu folgen, nur nicht mit Ray. Mit ihm war es nämlich Liebe. Auf ihn hatte sie einen Exklusivanspruch. Sie trug seinen Siegelring an einer Kette um den Hals und saß praktisch auf seinem Schoß, während sie kreuz und quer durch die Stadt fuhren. Er war versessen auf sie, interessierte sich nur noch dafür, mit ihr zusammenzusein, ein schwacher, leidenschaftlicher Junge auf dem besten Weg, Ärger zu kriegen. Das behauptete jeder. Rays Vater, ein netter, aber furchtbar frommer Mann, versuchte dagegen einzuschreiten. Nach fünf Monaten im Dienste der Venus waren die normalerweise guten Noten seines Sohnes auf Dreier und Vierer abgesackt, und er machte sich Sorgen um Raymonds Zukunft. Er wandte sich sogar an Mr. und Mrs. Vachon mit dem Vorschlag, sie möchten ihre geile Tochter an die Kandare nehmen. Sein Besuch hatte eigentlich ein Geheimnis bleiben sollen, aber Marty und ich sahen ihn vom Schlafzimmer meiner Mutter aus kommen und gehen und stoppten die im Haus verbrachte Zeit ab – Informationen, die uns viel Ruhm einbrachten, als wir damit hausieren gingen. Vor allen Dingen hatte Mr. La Chance Angst, daß Estelle schwanger werden könnte.

Aber er konnte nichts tun, außer vielleicht, sie zu hassen. Ihre Eltern blieben aufreizend tolerant und taten so, als wüßten sie nicht, wovon er sprach. Er konnte sich einfach nicht mit der Tatsache abfinden, daß sein Sohn den Verlockungen von *l'amour* erlegen war. Er hatte Pläne für ihn, er wollte, daß er Anwalt wurde. Der arme Mann. Allen außer ihm war völlig klar, daß aus Ray nicht viel mehr werden konnte als ein verliebter Narr, wenn auch möglicherweise ein heiliger Narr. Er war emotional und physisch auf Estelle fixiert, beinahe so, als würde er versuchen, Selbstmord zu begehen, indem er eine Überdosis von ihr nahm. Jeden Abend wurde sein Auto an diversen entlegenen Stellen gesichtet: auf Feldwegen, am Acker, an verlassenen Stränden, ja sogar auf dem Parkplatz vor der Kirche. Wir alle wußten, was in diesem Auto vorging. Wir waren allesamt neidisch.

Venus braucht neue Männer. Das Rad drehte sich weiter, und bald erschien McCrillis wieder auf der Bildfläche. Er besaß kein Auto, war aber wie gesagt so niedlich mit seinem schiefen Lächeln und dem trägen, katzenhaften Gang, daß sich niemand darum scherte. Außerdem hatte Estelle nie eine Vorliebe für Helden. Sie interessierte sich nicht für Football- oder Basketballstars. Die mußten früh ins Bett und ihre ganze Energie im Training verschwenden. Der Gott Mars langweilte sie.

Sie und Frankie liehen sich Autos oder gingen nachmittags für eine Stunde zu ihr nach Hause, während ihre Schwester in der Doughnut-Bäckerei arbeitete und ihr Bruder für die Schulaufführung probte. Als die Neuigkeit

Ray erreichte, drehte er durch. Man hörte erregte Stimmen nachts um halb zwei in seinem Auto. Es kam zu Tränen auf den Korridoren und schließlich zu einem Faustkampf vor der Turnhalle während des Tanzabends, den der Biologieclub veranstaltete. Die Polizei kam, aber Estelle wurde von Mr. Beamis, dem Biologielehrer, in Sicherheit gebracht und nach Hause gefahren. Gerüchte gingen um. Fest stand, daß die zwei im Unterricht geschäkert hätten, und ihm schien die Art zu gefallen, wie sie gleichzeitig die Verworfene und das Dummerchen spielte. Er gab ihr eine Zwei minus, egal wie schlecht sie bei den Prüfungen abschnitt. Bei einer berühmt gewordenen Gelegenheit hatte er sie ertappt, wie sie einem Mädchen hinter ihr einen Zettel zusteckte. Er hatte sie gerügt, aber anstatt wie beabsichtigt zu sagen: »Miss Vachon, bitte drehen Sie sich um«, war ihm entschlüpft: «Miss Vachon, bitte legen Sie sich um.« Die Klasse geriet außer Rand und Band. Es dauerte zwanzig Minuten, bis er des Tumults Herr geworden war, bis er selbst die Fassung zurückerlangt hatte und sein Gesicht nicht mehr hummerrot war, sondern wieder seine normale bleiche Farbe angenommen hatte.

Sie war für einen Flirt immer zu haben. Sie flirtete mit der Katze, mit dem Mobiliar, dem nächsten Baum, mit allem und jedem. Sie wurde im Anhang zum Schuljahrbuch grundsätzlich zum Romeo der Klasse gewählt. Andererseits liebte sie feste Bindungen. Sie waren ihr innigster Wunsch. Sie glich Liz Taylor, die immer wieder von neuem heiratete und sich scheiden ließ. Estelle konnte nicht anders und war vielleicht wie Liz jedesmal überzeugt, daß die Beziehung halten würde. Ihre Bindungen und Entzweiungen nahmen auf der Hitparade der Gerüchte den Spitzenplatz ein und waren überall Gegenstand langer und eindringlicher Spekulationen, sei es im

Umkleideraum der Mädchen oder bei den Teepartys der alten *Mémères*. Wir alle machten sie schlecht, und wir alle wollten ihre beste Freundin sein, selbst gemeine und bösartige Mädchen wie Laurel Carberry. Estelle stand im Brennpunkt unser aller Aufmerksamkeit, und alles was sie tat, war für uns von Bedeutung.

Manche sagen, sie habe ihr Leben mit Gekicher und Liebelei vertan, aber ich bin anderer Meinung. Sie hatte es nur nötiger als wir anderen, Liebe zum Ausdruck zu bringen. Ich erinnere mich an die Art, wie sie jeden berührte, Mann und Frau, jung und alt, Tier und Mensch. Schlichter Körperkontakt war für sie eine wahre Wonne. Man sah es ihren Augen an, wenn sie mit ihren Freunden zu den Klängen von *In the Still of the Night, Since I don't have You* oder *Smoke Gets In Your Eyes* tanzte. (Estelle hatte eine besondere Vorliebe für die Platters.) Sie tanzten eng, viel zu eng, und wurden ständig von Mr. Hegarty und Miss Chick ermahnt. Ich beobachtete sie von den Sitzbänken aus oder über die Schulter eines weniger begehrenswerten Jungen. Ihr Blick war entrückt. Er verriet vollständige Hingabe – an die Musik, an den betreffenden Jungen, an die eigenen Gefühle. Bis dahin hatte ich geglaubt, daß solche Gesichtsausdrücke nur im Film oder im erhobenen Antlitz der Heiligen vorkamen. Woher rührte nur diese Verzückung?

Eine Zeitlang war sie auf Demo zurückzuführen. Demosthenes Eleftherion war *cool*. Er trug schwarze Hosen mit Knöchelverschluß und rosa Hemden, kämmte sich das mit Pomade eingefette Haar zur Schmalzlocke und kultivierte eine zynischete Fassade. Demo grinste über das Leben. Das war ziemlich beeindruckend. Estelle jedenfalls war beeindruckt. Er bedeutete eine Herausforderung, dieser Adonis. Für ihn war sie eine Trophäe, gleichbedeutend mit Sex. Er war stolz auf sich, weil er im Gegensatz zu ihr etwas zu beweisen hatte. Es war die ebenbürtigste all ihrer Partnerschaften, und möglicherweise war das der Grund, warum sie es fast ein Jahr miteinander aushielten. Mittlerweile versagte Ray in Englisch, Algebra II und amerikanische Geschichte. Mr. La Chance gab immer noch Estelle die Schuld, was wir alle ungerecht fanden, da sie nur mit Demo schlief, stritt und strahlte. Demo war stark, er strahlte eine negative Kraft aus. Er war ein Widerspenstiger, und deshalb konnte er mit Estelle fertig werden. Eine Zeitlang. Beinahe.

1959. Elvis leistete seinen Militärdienst ab, Alan Fried dankte nach dem Payola-Bestechungsskandal als führender Diskjockey Amerikas ab, und Estelles Benehmen wendete sich zum Schlechteren. Am Ende unseres vorletzten Schuljahrs wurde ihr ganz persönlicher Skandal aktenkundig. Ihre Clique, angeführt von der wilden Laurel, war seit Wochen von internen Zwistigkeiten geplagt. Die Spannung wuchs, und wir hatten das Gefühl, daß demnächst etwas nachgeben mußte – und das mit Gewalt. Dann kam Estelle eines Tages nicht zur Schule. Und das, obwohl sie nicht krank war. Es war etwas passiert am Abend zuvor, über das alle redeten, ohne eine rechte Erklärung zu wissen. Die Clique war gegen zehn Uhr abends nach Chandler's Hill hinübergefahren. Mehrere unbekannte junge Männer waren dazugestoßen, und dann hatte, so stellte ich es mir vor, eine Art Ritual im Dunkeln stattgefunden, an dem alle teilgenommen hatten, aber insbesondere Estelle. Was war so schändlich, daß selbst Estelle, die ewig Trotzige, sich verstecken mußte, daß auf einmal die ganze Clique gegen sie war? Sie schimpften sie eine Hure und dergleichen mehr, weigerten sich jedoch, Einzelheiten zu verraten, so als wäre schlechtes Benehmen ihnen allein vorbehalten. Oder vielleicht fürchteten sie sich diesmal wirklich vor den Folgen.

Wir bekamen sie fünf Tage lang nicht zu sehen. Marty behielt das Haus im Auge, aber sie kam nicht heraus. Das Gebäude sah aus, als hätte jemand ein Leichentuch darübergeworfen, und alle Jalousien waren heruntergezogen. Am Dienstag der Woche bog ein Mercury, gefahren von Laurels Freund Dave Seavy, mit quietschenden Reifen um die Ecke, und fünf Angehörige der Clique stiegen aus, woraufhin Dave weiterfuhr. Ich war draußen damit beschäftigt, den Rasen zu spritzen, deshalb bekam ich eine Menge zu sehen und zu hören, allerdings nicht die genauen, alles entscheidenden Worte. Ich hörte Schreien und Weinen. Dann Schweigen. Um fünf Uhr fuhr Dave erneut mit dem Mercury vor. Er winkte mir zu, anders als Laurel und Solange und Mary Lou und der Rest. Die waren überzeugt, daß ich der Feind war, weil ich gerade lauter Einser bekommen hatte. Ich wußte, daß sie vorhatten, mich zu demütigen. Sie stiegen ein und rasten los, wobei sie mir böse Blicke zuwarfen und die ganze Straße mit dem Geruch heißgefahrener Reifen erfüllten. Am folgenden Tag war Estelle wieder in der Schule und wieder in der Clique, wenn auch nur, so hieß es, auf Bewährung. Niemand hat je verraten, was an jenem Abend auf Chandler's Hill wirklich passiert ist. Das blieb ihr aufregendes und furchtbares Geheimnis.

Einige Wochen später kehrte Estelle zu Ray zurück. Sie behauptete, er sei nach wie vor der beste Liebhaber.

Ich glaube, daß sie über ihren Hinauswurf aus der Clique deshalb so bestürzt war, weil sie wirklich etwas für Frauen übrig hatte. Ihre Freundinnen waren ihr wichtig, und sei es nur als Vertraute. Sie ging liebevoll mit ihnen um, und sie waren ihr treu ergeben, trotz der Eifersucht, die sie ständig unterdrücken mußten. Wenn ihr Leben anders verlaufen wäre oder sie in einer anderen, späteren Zeit gelebt hätte, hätte sie vermutlich sowohl mit Frauen als auch mit Männern Liebschaften angefangen. Es erging den Mädchen wie den Jungen: Egal, wie wütend sie auf Estelle waren, sie schafften es nicht, sie zu verlassen und zu vergessen. Sie hatte diese Wirkung auf einen, daß man mit ihr zusammensein mußte, egal unter welchen Umständen. Wo sie war, da war etwas los. Es war nur etwas los, wenn sie dabei war.

Venus nahm zu. Das elfenhafte Kind von einst hatte im Heranwachsen eine Kompaktheit angenommen, die ans Massive grenzte. Sie war einen Meter siebzig groß, hatte eine gute Haltung und bewegte sich anmutig. Sie konnte die extra Pfunde vertragen, und die Leute sahen darin weiterhin angenehme Üppigkeit, bis im Frühjahr des Jahres, in dem wir von der Schule abgingen, ihre Schenkel aus den schwarzen Bermuda-Shorts hervorquollen, die sie zusammen mit einer weißen Bluse und schwarzen Turnschuhen trug. Immer noch weit und breit keine Rüschen. Manche behaupteten genüßlich, sie würde allmählich ihrem Nachnamen Ehre machen – Vachon, *la vache*. Oder sie stellten die hämische Vermutung an, sie sei schwanger. Aber Ray kümmerte sich nicht darum. Sie hatte nach wie vor ihre dicke olivfarbene Haut, die nie eine peinliche Unreinheit hatte erkennen lassen, ihr schimmerndes Haar, ihre klaren, schelmisch dreinblickenden Augen, die so dunkelbraun waren, daß sie fast schwarz wirkten. Er war wie eh und je ihr Sklave, und es brach seinem Vater das Herz, als er es nicht schaffte, ein Begabtenstipendium zu bekommen.

Tatsächlich war Estelle nicht schwanger, obwohl alle täglich mit der Nachricht rechneten. Während andere Mädchen praktisch direkt nach der Abschlußfeier zum Altar geschleift wurden, amüsierte sie sich weiterhin ungestraft, wie es einer Göttin gebührt. Denn Demo war wieder an der Peripherie aufgetaucht, und bald hatten sie in aller Stille ihren Spaß miteinander. Außerdem ging das Gerücht um, sie hätte mit Bobby Wentworth ein letztes Techtelmechtel gehabt, ehe er nach Fort Dix eingezogen wurde.

Und dann war es soweit. Sie ließ alle fallen und bekannte sich einen Monat lang zum Zölibat. Keine Autos parkten mehr vor dem Hause Vachon. Sie ging mit ihren Freundinnen tanzen und an den Strand und im Discountladen einkaufen. Sie bekam eine Stelle als Schreibkraft in der Fischfabrik. Was ging da vor?

Ray verfiel zusehends, und Mr. La Chance sah endlich ein, daß er bestenfalls hoffen durfte, daß sein Sohn bei klarem Verstand und als funktionsfähiger amerikanischer Bürger aus der Sache hervorging. Aber selbst dieser bescheidene Traum ging in die Brüche, als Ray eines Abends betrunken vor Estelles Haus erschien, um sie zu bitten, sie möge ihn zurücknehmen. Sie teilte ihm mit, daß es mit ihrer Liebe aus sei und daß sie ihn nicht wiedersehen wolle, und er steckte daraufhin die Veranda der Vachons in Brand. Sämtliche Nachbarn traten im Bademantel vor die Tür und sahen zu, wie die Feuerwehrautos vorfuhren. Ray mußte mit Verbrennungen zweiten Grades ins Krankenhaus und wurde dann zu einer Tante nach Illinois geschickt, um sich zu erholen und zu beruhigen. Mr. Vachon behauptete, Ray sei ein Tunichtgut. Mr. La Chance erlitt seinen zweiten Herzinfarkt. Rays Entschuldigung – die einzige, die er seiner Meinung nach nötig hatte – lautete, daß er Estelle mit so einem alten Kerl gesehen habe.

Wir waren alle einer Meinung mit Ray. Zweiunddreißig war alt, und Eddy Foss war zweiunddreißig. Er war hochgewachsen und kräftig, mit rotblonden Locken und grünen Augen, und sein Gesicht war nicht süß, sondern ernst und sprach, wie es meine Mutter ausdrückte, von Erfahrung. Alt. Er hatte bei der Marine gedient. Er war weitgereist. (Estelle war nicht weiter gekommen als Boston.) Nun hatte er Arbeit in der Ziegelei gefunden, gute Arbeit, hieß es. Und er besaß ein gelbes Oldsmobile-Kabrio. Die Leute sagten, er sei aus Delaware, aber dann stellte sich heraus, daß er aus Pittsfield war. Nachdem sie zwei Wochen miteinander ausgegangen waren, bat er Estelle um ihre Hand, und sie sagte ja. Rays Vater versuchte die Neuigkeit vor ihm geheimzuhalten. Niemand wollte, daß noch einmal die Veranda in Flammen aufging. Sein Chef bei der Reparaturwerkstatt, wo er Arbeit als Mechaniker gefunden hatte, sagte ihm schließlich Bescheid, aber anstatt zusammenzubrechen, litt Ray nur stumm. Er sprach mehrere Monate lang mit niemandem, nicht einmal mit seiner Mutter und seinem Vater.

Nun war das gelbe Oldsmobile wie ein treuer Gaul auf der anderen Straßenseite abgestellt. Eddy und Estelle waren jeden Abend zusammen. Marty berichtete, daß sie Händchen hielten und mit ihren Eltern und ihrem Bruder vor dem Fernseher saßen. Marty war inzwischen sechzehn, aber immer noch nicht über Ferngläser erhaben. Eines Abends sah ich es mir persönlich an: Sie saßen nebeneinander wie Eheleute, ohne etwas zu sagen. Ich hörte sie nie mehr kichern, nicht einmal in heißen Nächten, wenn alle Fenster offenstanden. In diesem Sommer gab es weder Gerüchte noch Skandale um Estelle. Sie hatte ein

Tratschvakuum geschaffen, das die Stadt entsetzlich fand, und das nahm man ihr allgemein übel.

Im September, wenige Tage vor meiner Abfahrt ins College, kam es zu einem Gespräch zwischen ihr und mir, sie auf ihrer Seite der Straße, ich auf meiner. Ich hatte das erste gefallene Laub zusammengeharkt und legte den Rechen hin, um mich mit ihr zu unterhalten. Sie wartete darauf, von ihrer Schwester abgeholt und ins neue Einkaufszentrum in Portsmouth gefahren zu werden. Dort wollten die zwei die Suche nach dem Hochzeitskleid beginnen, ohne Rüschen, so nahm ich es wenigstens an. Sie hatte sich das Haar kurz schneiden und dauerwellen lassen, und das Ergebnis war nicht erhebend. Ihr Gesicht war nicht mehr gerundet, sondern feist, und man konnte – ich bin ganz sicher, es gesehen zu haben – erste Anzeichen eines Doppelkinns erkennen. Sie lachte viel und war nett zu mir, und ich spürte die altbekannte Verlockung, die Anziehungskraft ihrer Aura auf meine. Sie wirkte zufrieden, aber zufrieden hatte sie schon immer gewirkt. Als ich zum Thanksgivingfest nach Hause kam, war sie tot.

Sie hatte im Oktober angefangen, Kopfschmerzen zu bekommen. Der Arzt hatte zu einer neuen Brille geraten, aber das half nicht. Dann war es vielleicht Migräne. Aber Migräne hört irgendwann auf. In der ersten Novemberwoche setzte ein Schmerz ein, der nicht aufhörte, sondern an Intensität zunahm, bis ihr das stärkste morphinfreie Schmerzmittel verschrieben wurde. Dann bekam sie Morphium. Fünf Tage lang konnte sie essen, schlafen, sich bewegen. Sie faßte Eddy wieder an und wollte von ihm angefaßt werden. Er war so glücklich und erleichtert, zu sehen, daß es ihr besserging, daß er in Tränen ausbrach. Er weinte, behaupteten manche Leute, weil er wie sie überzeugt war, daß Estelle Kopfschmerzen hatte, weil sie nicht heiraten wollte. Natürlich hat sie selbst so etwas nie gesagt. Aber die Leute schienen nun, da sie hilflos war, mehr als je zuvor das Bedürfnis zu haben, ihr Worte in den Mund zu legen.

Eine Woche später fingen die Schmerzen von neuem an und wurden so unerträglich, daß sie in Agonie aufschrie. So berichtete es ihre Mutter leichenblaß: in Agonie. Estelle hatte aufgehört, zur Arbeit zu gehen oder sonst etwas zu tun. Sie lag nur auf der Couch oder in ihrem abgedunkelten Schlafzimmer. Eines Nachmittags kam ihre älteste Schwester vorbei, um nach ihr zu sehen, und fand die Tür verschlossen vor. Sie klopfte und rief, aber es machte niemand auf. Sie geriet in Panik, zertrümmerte das Küchenfenster mit einem Stein und entdeckte Estelle, die im Morgenmantel neben ihrem Bett auf dem Boden lag. Das Bett war frisch gemacht und wie üblich mit Stofftieren übersät, mit herzförmigen Kissen und Puppen in weiten Röcken, die um sie herum ausgebreitet waren wie gefältelte Heiligenscheine. Sie war an dem Tumor gestorben, der ihr das Gehirn zerfressen hatte, und das möglicherweise schon lange, teilte der Arzt ihren weinenden Eltern, ihren Brüdern und Schwestern mit.

Ich konnte nicht anders, als ihn mir dort unter dem schimmernden Haar vorzustellen, hinter den wissenden Augen, wie er langsam wuchs, während sie noch schäkerte und kicherte, während sie mit verzücktem Gesicht zu den Klängen von *Smoke Gets In Your Eyes* tanzte, während sie sich auf dem Rücksitz seines Wagens mit Ray La Chance vergnügte. Schon damals war der Tumor dabeigewesen, sie bei lebendigem Leib zu verzehren.

Man mußte sich Mühe geben, um in die Geschäftsräume des Bestattungsunternehmens vorzudringen. Ich war mein ganzes Leben lang zu Totenwachen gegangen und hatte Leichen geküßt, aber noch nie hatte ich Mr. Guilmettes Etablissement so überfüllt gesehen. Estelles Mutter war zu gramgebeugt, um an der Totenwache teilzunehmen, aber Mr. Vachon stand neben dem Sarg, die rauhe Hand auf den Rand gelegt, als wolle er ihn wie eine Wiege hin- und herschaukeln. Ich trat zögernd auf ihn zu. Ich hatte mehr Angst vor ihm als vor Estelles Leichnam. Er wirkte kleiner und stämmiger und kahlköpfiger als zuvor, und die Tränen liefen ihm über das gerötete Gesicht. Ich konnte den Anblick seines Leids nicht ertragen. Ich sprach ihm mein Beileid aus und versicherte, daß ich Estelle immer liebhaben und an sie denken würde. Er hielt meine Hand fest, ohne zu merken, wie fest er zudrückte, und blickte auf seine Tochter herab, die vor ihm lag wie eine Puppe in einem mit blauem Samt ausgeschlagenen Karton.

»Sie sieht so schön aus«, sagte er ein ums andere Mal. »Sieht sie nicht schön aus?«

Nein, schön sah sie nicht aus. Man hatte ihr Rouge auf die Lippen und olivfarbenen Wangen geschmiert, als sei man fest entschlossen, sie in eine rosige Blondine zu verwandeln. Sie war in ein blaßgrünes Taftkleid gehüllt, voller Rüschen und Verzierungen, wie man es einer Zehnjährigen anzieht. Ihr Haar, dessen Glanz und Elastizität für immer vergangen waren, sah aus, als wäre es im Hundesalon frisiert worden. Jemand hatte einen kristallenen Rosenkranz um ihre rundlichen, gefalteten Hände geschlungen. Ich küßte sie auf die Stirn. Wie es sich geziemt.

Alle meine Klassenkameraden waren da. Sie waren um Zurückhaltung bemüht, fühlten sich total komisch. Für viele war es der erste Todesfall. Wir stahlen uns der Reihe nach hinaus auf den Parkplatz, um einen Schluck aus einer Flasche *Four Roses* zu nehmen. Ich trank davon zum ersten Mal. Das Zeug schmeckte scheußlich, aber es tat mir gut. Am Abend darauf ging ich wieder hin. Wie es sich geziemt. Wieder küßte ich Estelle auf die Stirn, und diesmal umarmte ich ihre Mutter, die sich kaum auf den Beinen halten konnte und mir versicherte, daß ich ihrer Tochter eine gute Freundin gewesen sei. Über ihre Schulter hinweg sah ich Eddy für sich allein am Ende einer langen Reihe von Klappstühlen sitzen, die an der Wand aufgestellt waren, wie es sich geziemt. Er saß vorgebeugt da, die Arme auf die Schenkel gestützt, den Kopf gesenkt, eine Bierdose in den großen Händen. Es geziemte sich nicht, in dem Raum zu trinken, in dem die Leiche aufgebahrt lag, aber niemand beschwerte sich. Eddy war Protestant.

In dieser Nacht schneite es. Dann fiel die Temperatur auf sechs Grad unter Null. Dennoch war die Kirche von St. Joseph am Freitag morgen so voll, daß noch Leute draußen auf der Freitreppe standen. Sie stampften mit den Füßen, rieben sich die behandschuhten Hände und meinten, es sei ein Glück, daß das Grab noch vor dem Wetterumschwung ausgehoben worden sei. Der Himmel war so blau, daß man kaum hinsehen konnte. Ich kann mich nicht erinnern, was Pater Gilraine gesagt hat, als er nach der ersten Hälfte der Totenmesse innehielt, um die Grabrede zu halten; es schien mir wenig Bezug zu dem zu haben, was tatsächlich geschehen war. Außerdem gab es zuviel zu fühlen und nachzudenken und zu beobachten. Wir waren zu spät gekommen und mußten uns hinten hinsetzen, aber das machte nichts, denn es bedeutete, daß ich alle sehen konnte, die zugegen waren. Ich sah den Sarg, über den ein weißes Seidentuch mit aufgesticktem gelbem Kreuz drapiert war, darauf ein Gesteck aus gelben und weißen Blumen. Er wurde von Raymond La Chance, Demosthenes Eleftherion, Frankie McCrillis, Bobby Wentworth, Mo St. Onge und Chester Langevin durch den Mittelgang nach vorn getragen. Auf dem Hauptaltar war kein Platz mehr für Blumen, und sie ergossen sich die Stufen hinab fast bis ans Altargitter, vor dem die Jungen Estelle absetzten.

Wir weinten allesamt. Ich konnte das charakteristische Schluchzen all meiner alten Freundinnen ausmachen, Schluchzen, das ich von Kindesbeinen an immer wieder gehört hatte. Selbst Laurel weinte. Selbst meine Mutter. Ich war verblüfft, als ich ihr tränenüberströmtes Gesicht sah, ihre in stummer Pein zuckenden Schultern. Nur Marty stand wie ein Zombie inmitten der Trauergemeinde. Ich glaube, er stand unter Schock. Die Leute hielten sich aneinander fest, steckten die Köpfe zusammen und weinten, auch Estelles Feinde, die neugierigen Mütter und mißbilligenden Väter. Wer immer wir sein mochten und was wir von ihr gehalten hatten, wir waren uns allesamt einig, daß achtzehn kein gutes Alter zum Sterben war, und wir waren erschüttert über diese furchtbare Ungerechtigkeit. Vielleicht weinten einige auch deshalb, weil sie erst jetzt, nachdem es erloschen war, erkannt hatten, was für eine Besonderheit ihr Feuer gewesen war.

Andererseits war an jenem Tag für die Anwesenden nichts interessanter als die sechs Sargträger, war von nichts anderem soviel die Rede. Die sechs hatten sich gehaßt und gefürchtet und geschlagen wegen jenem Mädchen, dessen Sarg sie nun mit vereinter Kraft trugen. Ihre Anwesenheit erschien, genau wie die ihnen übertragene Aufgabe, durch und durch angemessen. Wer sonst hätte sie heimbegleiten sollen? Sie bedachten Eddy mit

Blicken, in denen ich eine Mischung aus Verachtung und Mitleid zu erkennen glaubte. Möglich, daß sie sich auch nur selbst leid taten, weil er sie daran erinnerte, daß es ihnen wie ihm versagt geblieben war, sie zu besitzen.

Eddy selbst spielte den Tapferen und stützte die arme untröstliche Mrs. Vachon. Es war Ray, der kurz vor dem Zusammenbruch zu stehen schien, aber er fing sich wieder, bis wir uns am Grabesrand versammelt hatten. Erst nachdem seine Aufgabe vollendet war und er endgültig von Estelle Abschied genommen hatte, sank er zu Boden und weinte wie ein erschöpftes Kind und wurde von seinen Eltern weggeführt.

Als ich über Weihnachten das nächste Mal zu Hause war, sah ich Eddys Auto vor dem Haus der Vachons stehen. Eine Minute lang überlegte ich, ob Estelle vielleicht doch noch lebte und alles ein großer Irrtum gewesen war. Aber meine Mutter erzählte mir, daß er dauernd bei Estelles Familie zu Besuch sei und daß er sonst kaum etwas unternehme, es sei denn, sich zu betrinken. Man hatte den Eindruck, als hätten sie ihn adoptiert. Er saß da und sah mit ihnen zusammen fern, so als versuchte er, Estelles Genen nahe zu sein, dem Stoff, aus dem sie hervorgegangen war. Alle meinten, er sei ein trauriger Fall, und berichteten, daß die Vachons besorgt seien wegen seiner Trunksucht.

Dann hatte er eines Abends einen schweren Unfall auf dem Nachhauseweg, und sein rechtes Bein war danach nie wieder richtig zu gebrauchen. Schließlich verließ er die Ziegelei, wegen des Beins, behauptete er, aber es wurde bekannt, daß man ihm gekündigt hatte. Und eines Tages ging er fort und kam nie mehr zurück.

Vor zwei Jahren bin ich beim Umzug wieder einmal auf meine Jahrbücher aus der High-School gestoßen. Ich habe mich hingesetzt, habe die Glanzpapierseiten durchgeblättert und Fotos von Gesichtern betrachtet, die ich so gut wie vergessen hatte: Vierzehnjährige, die aussahen, als sei ihr Leben schon gelaufen, und vielleicht war es das auch; andere, darunter auch ich, deren Gesichtszüge von jugendlichem Trübsinn verdüstert waren, unausgeprägte oder unausgeglichene Gesichtszüge, die nicht richtig paßten, als wären sie versehentlich mit den Bauelementen eines anderen vermengt worden. Nur einige wenige hoben sich positiv ab, wirkten frisch und strahlend in der sogenannten Blüte der Jugend. Estelle war nicht dabei. Verblüfft, daß ich sie übersehen haben konnte, ging ich noch einmal alle vier Bände durch und suchte nach ihr. Ich war überrascht, als ich feststellte, daß sie eigentlich nach nichts aussah. Nett, aber das war auch schon alles. Es war dem Fotografen nicht gelungen, etwas von ihrer Anziehungskraft oder ihrer Wärme einzufangen. Oder aber sie hatte keine Lust gehabt, hatte sich keine Mühe gegeben, hatte sie ihm vorenthalten.

Ich las durch, was im letzten Jahr unter ihrem Namen für besondere Leistungen aufgeführt waren, und es waren nicht viele. Außer dem Cheerleaderteam und ihrer mehr der Form halber beibehaltenen Mitgliedschaft im Französischclub hatte sie nicht viel Interesse bewiesen. Ihre schulischen Leistungen waren mittelmäßig gewesen. Ehrgeiz hatte sie für unter ihrer Würde gehalten. Sie war nur daran interessiert gewesen, Venus zu sein, die unsterbliche Freundin. Was hätte sie getan, wenn sie jemals Ehefrau geworden wäre?

Unzufrieden, aber aufgerüttelt von den Bildern in den Jahrbüchern, sah ich einen älteren Stapel Fotos durch. Ich legte mehrere beiseite und hatte dabei das Gefühl, Estelle durch die Zeit zurück zu folgen. Ein Bild gefiel mir besonders, ein kleiner Schnappschuß, den ausgerechnet meine Mutter aufgenommen hatte, auf der Feier zu meinem neunten Geburtstag.

Estelle lacht mit offenem Mund und zeigt ihre strahlend weißen Zähne. Sie trägt den Buchstabenpulli ihrer Schwester. Ihre Augen funkeln vor Glück. Manchmal krame ich dieses Bild von Estelle hervor und betrachte es. Ich halte es abwechselnd mit ausgestrecktem Arm vor mir und dicht vor die Augen, auf der Suche nach Hinweisen, nehme ich an, auf der Suche nach etwas, das mir entgangen sein könnte. Hin und wieder träume ich von ihr. Dann wache ich auf und frage mich, was wohl damals auf Chandler's Hill vorgefallen ist.

BINNIE KIRSHENBAUM

Sag mir, wo die Gurken sind

Masturbieren. Für Frauen klingt das einfach nicht so gut wie für Männer. Männer haben dafür alle möglichen Ausdrücke. Witzige und nette Ausdrücke. Ausdrücke, die sich nach Spaß anhören. Männer geben dem Arbeitslosen die Hand, spielen Mütze-Glatze, kämpfen zu fünft gegen einen, schütteln die Palme, spielen Handorgel, bringen den Stein ins Rollen, gehen entsaften, gehen Sahne schlagen, streicheln sich den Pinsel, polieren sich die Nille, hissen die Fahne. Für uns gibt es nicht so viele. Kaum eine Handvoll, und die hören sich eher nach Peinlichkeiten an oder nach medizinischen Fachausdrücken, aber sicher nicht nach Mark und Bein erschütterndem Spaß.

Ich erzähle Irving, daß mich die Beschränkungen des Wortschatzes nicht irre machen, weil ich so viele Möglichkeiten in der Ausführung habe. »Worauf es ankommt, Irving.«

Irving nennt meine Operationen »Die Vielfalt im Tal der Entscheidung«. Irving denkt, er sei ein Spaßvogel.

Es ist nicht so, daß ich Sex mit Männern nicht mag, ich mag das schon. Es ist nett. Manchmal ist es sehr nett, aber wenn ich Sex mit mir selbst habe, treffe ich nie daneben. Das ist eine Tatsache. Selbst Masters und Johnson sagen, daß der Orgasmus, den man selbst auslöst, intensiver ist.

Sie sagen auch, daß masturbierende Frauen multiple Orgasmen haben und daß nur die körperliche Erschöpfung dem intensiven Masturbieren ein Ende zu setzen vermag. Mit anderen Worten, Sex mit mir selbst ist eine Goldgrube.

»Warum lassen Sie sich dann überhaupt mit Männern ein?« fragt Irving, und ich sage: »Weil ich mich nicht selbst lecken kann, deshalb.«

Trotzdem, die Geschichte mit dem Masturbieren ist so eine Sache. Ein bißchen wie das Öffnen der Büchse der Pandora, und ich bin nicht in der Lage, die Sache auf das Wesentliche zu reduzieren. Wäre ich doch eine Sumpfschnecke, hermaphroditisch und ohne den Zwang zur Wahl. Ich wage es jedoch nicht, Irving in irgendwelche Zweideutigkeiten einzuweihen. Für Irving bin ich eine Draufgängerin ohne Selbstzweifel. Ein obszöner Freigeist, und ich verkünde, ohne rot zu werden oder mit der Wimper zu zucken, daß ich mich zur Melodie der Lotusblumen-Queen rubble, während ich es mit der ganzen Truckergewerkschaft aufnehme.

Ich weiß nicht, ob mir Irving meine Angeberei abkauft oder nicht. Irvings Gesicht ist ausdruckslos. Rätselhaft. Eine jüdische Sphinx.

Irving ist mein Analytiker. Eigentlich stimmt diese Bezeichnung nicht, aber andere Wörter täten ihm unrecht. Therapeut.

Seelenschrumpler. Wer will sich schon schrumpeln lassen! »Ich nicht. Am liebsten hätte ich Titten wie Medizinbälle und möchte mich wie eine Schlange von Kopf bis Fuß zusammenrollen können. Geben Sie mir amazonische Ausmaße«, sage ich.

»So einen Kopfyentzer habe ich in meinem ganzen Leben noch nicht getroffen«, sagt Irving. »Sagt Ihnen Yentzer etwas?« fragt Irving nach. »Ein Sexprotz«, übersetzt er. »Ein regelrechter Mickey Mantle der Genitalien.«

Irving war der Vorschlag von meinem Mann.

Eugene sagte: »Vielleicht solltest du dich mal mit jemandem treffen.«

Auf einer überfüllten Party erwischte ich meinen Mann Eugene beim Rumknutschen mit einer Blondine. Seine Augen waren geschlossen. Ich beobachtete ihn, wie er an ihren Brüsten rumfummelte, bevor ich mich ins Badezimmer einschloß. Auf dem Rand der Badewanne hockend, stellte ich mir vor, in meinem Ohrensessel zu sitzen, Zigaretten zu rauchen und Eugene und das Blondinchen zu beobachten, wie sie es miteinander treiben. Wie sie vögeln, während ich Ringe in die Luft blase. Als dieser Film langweilig wurde, schaltete ich um, wie beim Fernsehen. Ich setzte Eugene mit runtergelassenen Hosen in den Sessel. Die Blondine steckte mir den Finger rein und manövrierte mich aufs Bett. In dieser Version hatte die Blondine Titten wie Medizinbälle.

Nachdem ich meine Unterhose wieder hochgezogen hatte, wusch ich mir die Hände. Der Form halber drückte ich die Klospülung. Dann griff ich mir Eugene und hielt ihn am Ellenbogen fest. »Laß uns heimgehen«, sagte ich. »Du bist betrunken. Du weißt nicht, was du tust.«

Am nächsten Morgen wachte ich mit einem zerknirschten Eugene zwischen meinen Beinen auf. Ich hob meinen Kopf, schaute runter und dachte, das ist Eugenes Gesicht in meiner Möse. Seine Zunge leckte und küßte, und je besser es sich anfühlte, desto weniger brachte ich es mit Eugene in Verbindung. Da war einfach ein Typ, der mich ausfraß. Mein Kopf fiel aufs Kissen zurück, als dieser Typ da unten anfing, dem Meister Propper mit der sagenhaften Reinigungskraft zu ähneln. Nur, daß mein Meister Propper weder lächelte noch zwinkerte. Ein muskulöser Sklaventreiber spielte mit mir, leckte mich, und ich sagte laut: »Tu mir weh.«

»Ich tu dir weh?« schreckte Eugene hoch. »Das tut mir leid. Ich wollte dir nicht weh tun.«

Während Eugene duschte, holte ich den Mann mit der Glatze und dem großen Bizeps zurück. Ich versah ihn mit dem Tattoo einer Frau, die sich rekelte, wenn er seine Muskeln spielen ließ, und zum Teufel, weil ich gerade beim Phantasieren war, gab ich ihm einen Zwillingsbruder mit einer Augenklappe.

»Einer Augenklappe?« Irving hält das für ein bedeutsames Detail. Er bringt mich darauf, daß ich mich daran erinnere, wie mich Captain Hook scharf gemacht hatte, als ich fünf oder sechs Jahre alt war. Captain Hook aus ›Peter Pan‹. Damals hatte ich einen blauen Plastikplattenspieler und ein paar Schallplatten und darunter eine mit Seemannsliedern. Was für ein Glück! Lieder, die etwas mit Captain Hook zu tun hatten. In meinem Schlafzimmer zog ich mich damals nackt aus und tanzte zu ›Blow the Man Down‹. Ich wirbelte herum und posierte für Piraten, die Rum tranken und sangen: »Auf, Matrosen, ohé, Seemannsbraut ist die See.«

Ich konnte mich nicht mehr auf Eugene konzentrieren. Immer wenn wir vögelten, verwandelte ich ihn in irgend etwas anderes oder in irgend jemand anderen. Alles, nur nicht Eugene. Ich hatte Sex mit Eugene als Schuldirektor. Eugene als chinesischer Kaiser, der mir mit zehn Zentimeter langen Fingernägeln den Rücken zerkratzte. Eugene als miesem kleinen Nazi und Eugene als sieben Männer mit einem Rottweiler.

Aber trotz dieser Verwandlung brachte es Sex mit Eugene nicht mehr. Um mich zu befriedigen, masturbierte ich. Auch da keine Spur von Eugene. Nicht die kleinste Nebenrolle, und ich machte es mir oft. Es wurde fast zu einem Hobby. Es wurde das, was ich in meiner freien Zeit tat.

Masturbation gilt als Ersatzhaltung. Etwas, was Teenies und Nonnen tun. Platzhalter. Statt eines ordentlichen Ficks. Wer regelmäßig gevögelt wird, braucht nicht in seiner eigenen Wäsche rumzufingern. Oder doch?

Ich dachte mir, ich bin mit einem Schlappschwanz verheiratet.

Ich dachte mir auch, daß ich pervers bin.

»Ich bin wie ein Hai im Freßrausch«, sagte ich Irving. »Je öfter ich flachgelegt werde, desto öfter mach ich es mir selbst. Als ob Männer das Vorspiel wären. Glauben Sie, daß ich pervers bin?« Ich sage »pervers«, als ob es ein Kompliment wäre.

»Aber nein«, sagt Irving. »Ein bißchen meschugge, vielleicht. Aber nicht pervers.«

Einmal, als ich das Abendessen vorbereitete, holte ich eine ziemlich große Salatgurke aus dem Kühlschrank. Ihre Größe erinnerte mich an James. James ist der stolze Besitzer des größten Schwanzes, den man sich nur vorstellen kann. Als ich ihn das erste Mal sah, mußte ich tief Luft holen. Ich hatte auf einmal Verständnis für phallische Kulte. Ich wollte vor ihm ihn die Knie sinken. Die Gurke, die James an Dicke übertraf, wollte nicht von alleine reingehen. James und ich haben immer Sonnenöl benutzt. Das einzige Gleitmittel, das ich in der Küche auftreiben konnte, war ein Becher Knoblauchbutter.

Ich hievte mich auf die Arbeitsplatte. Eine Phantasie mit James in der Hauptrolle hätte jetzt auf der Hand gelegen, aber ich entschied mich für Julia Child und die Vorbereitung eines festlichen Menüs. Ich wollte das Entree werden. Ich brachte ihr androgynes Falsett dazu, folgende Anweisungen zu geben:

»Bestreichen Sie die Gurke großzügig mit Knoblauchbutter. Und nun führen Sie sie vorsichtig ein. Langsam. Rein und raus. Und rein und raus. Und jetzt ganz hinein und voilà! Voilà! Voilà!«

Die Gurke landete im Müll, und Eugene kam von der Arbeit nach Hause. Er schnüffelte in der Küche herum und fragte: »Hast du Knoblauchbrot gemacht? Ich könnte schwören, es riecht nach Knoblauch. Und Salat? Hast du Salat gemacht?«

»Es gibt keinen Salat«, schnappte ich zurück.

Beim Essen bat ich Eugene, mir das Salz zu geben. Ich fragte, ob sein Steak roh genug sei und ob es jemals eine Zeit gegeben hatte, in der viel onanierte.

Eugene lachte los, und man sah lauter angekaute Kartoffeln in seinem Mund. »Aber klar«, sagte er. »Als ich ein Junge war, hatte ich tagelang nichts anderes im Kopf, als die ›Playboy‹-Centerfolds, den ›National Geographic‹ und den ›Sears‹-Katalog vollzuwichsen. Den Wäscheteil. Schließlich waren alle Seiten verklebt. Ich mußte sie wieder auseinanderfieseln. Fünfzehnjährige reiben sich ihre Schwänze wund. Warum fragst du?«

»Nur so«, sagte ich. »Ich bin bloß neugierig. Was ist mit Frauen? Glaubst du, daß Frauen oft masturbieren?«

»Um Himmels willen«, sagte Eugene. »Wir sind beim Essen.«

Mein Abenteuer mit der Gurke verwandelte den koreanischen Gemüseladen bei mir um die Ecke in einen Erotik-shop. Wie eine läufige Pawlowsche Hündin konnte ich nicht an ihm vorbeigehen, ohne naß zu werden. Das Gemüsefach in meinem Kühlschrank wurde zur erotischen Schatzkammer, prallvoll mit Zucchini, Gurken, Karotten, Maiskolben und manchmal auch mit seltsam geformten Kartoffeln. Radieschen fungierten als schnucklige kleine Eier. Gemüse bleibt tagelang, wochenlang hart. Zucchini verlangen nie eine Gegenleistung, und einer Karotte ist es so egal wie nur was, wenn ich danach rauche.

»Aber wissen Sie, was das Beste ist, Irving? Kein Gemüse fragt jemals, ob es für mich auch so schön war.«

»Sie shtupen sich mit Gemüse?« fragte Irving. »Warum nicht mit einem Dildo oder einem Vibrator? Was hat es denn mit dem Gemüse auf sich?« Wenigstens gesteht Irving mir den Maiskolben zu, genoppt und mystisch.

»Mein Gemüse«, kläre ich Irving indigniert auf, »ist kein Ersatz für irgendwas, aber ein batteriebetriebener Penis wäre es.«

»Sie müssen entschuldigen.« Irvings Stimme klingt nüchtern. »Ich wußte nicht, daß es darauf ankommt, daß das, was Sie sich reinstecken, aus natürlichem Material ist.«

Was ich Irving nicht sage, ist, daß man einen Vibrator nicht in den Müll werfen kann. Wenn ich die Beweisstücke nicht vernichten könnte, würde man mich eines Tages mit ihnen konfrontieren.

Nach dem Abendessen schaute Eugene fern, und ich las Zeitung. Während der Werbung drehte sich Eugene zu mir um und fragte: »Vielleicht hattest du irgendwas mit Knoblauch zum Mittagessen?«

»Das bildest du dir ein«, sagte ich und las ihm, um das Thema zu wechseln, etwas aus Tante Abbys Kummerecke vor. »Hör zu. Eine Frau schreibt, daß sie lesbische Phantasien hat, wenn sie mit ihrem Mann schläft. Sie ist richtig besorgt. Sie hat den Brief mit ›Bin ich homosexuell?‹ unterschrieben.«

»Warum liest du mir das vor?« fragte mich Eugene.

»Weil es faszinierend ist. Tante Abby rät ihr, ihren Gefühlen zu folgen. Jede Phantasie ist völlig natürlich. Weißt du, wir denken immer, daß das, was wir uns vorstellen, verdorben ist, ist es aber nicht. Worüber phantasiert wohl Tante Abby, was meinst du?«

Und Eugene sagte: »Ich glaube, du solltest dich mal mit jemandem treffen.«

Ich dachte, Eugene meinte mit »jemand treffen« »jemand anderen sehen, eine Affäre anfangen«. Da ich schon eine Affäre hatte, war ich kurz davor, ihm von James zu erzählen, als Eugene deutlicher wurde und hinzufügte, »jemandem, mit dem du reden kannst.«

Für meine wöchentlichen Termine mit Irving putze ich mich richtig raus. Glamour in Geschenkverpackung. Auf der mausbraun-orange-karierten Couch hier wirke ich absolut deplaziert.

Irving hat weißes Haar, das dringend geschnitten werden müßte, und der Stuhl, in dem er sitzt, ist irgendein skandinavisches Möbel, das deutlich auf seine Rückenprobleme hinweist. Irving spricht oft Jiddisch mit mir, was ich nicht besonders gut verstehe, aber ich bin überzeugt, daß diese Wörter Schnörkel und Verzierungen sind, mit denen er mir eine Freude machen will.

Bei einem Versuch, Irving im Gegenzug was Besonderes anzubieten, binde ich ihm einen Bären auf. Ich erzähle ihm, daß ich im Wartezimmer, während er telefonierte, mein Kleid hochgezogen und mich gestreichelt hätte. »Auf dem schwarzen Plastikstuhl«, male ich meine Geschichte aus. »Wahrscheinlich ist er noch feucht.«

»Oi! Oi!« Irving verdreht seine Augen, und ich sage: »Irving, entspannen Sie sich. Betrachten Sie es als Opfergabe. Abgesehen davon, was erwarten Sie, was ich da draußen tun soll? Das ›New York Magazine‹ lesen? Ich beklage mich oft über die ›New York Magazines‹ in seinem Wartezimmer, worauf Irving immer sagt: »Wenn Sie lesen wollen, gehen Sie in die Bibliothek.«

Ich drücke meine Zigarette aus und schlage Irving vor, sich Lederstühle anzuschaffen. »Wirklich, Irving. Plastik ist schäbig.«

Neben dem Aschenbecher steht eine Packung Kleenex. Außerdem steht auf dem Glastisch noch eine Obstschale. Zwei Mandarinen, ein paar Pflaumen und eine Banane, die Irving nicht erwähnt, wenn wir eine Affinität zum pflanzlichen Leben besprechen.

Ich traf mich mit Violet in einem Restaurant, das ein Treibhaus hätte sein können, alles Glas und Pflanzen. Violet und ich behaupten, keine Geheimnisse voreinander zu haben. Das stimmt aber nicht. Violet weiß von James, aber sie weiß nichts von seinem prächtigen Schwanz. Und obwohl ich erzählte, daß ich Eugene beim Knutschen mit einer Blondine erwischt hatte, ließ ich weg, daß ich ins Badezimmer ging und deswegen zu masturbieren anfing. Alles, was ich Violet sagte, war: »Er hätte soviel Anstand haben können, es hinter meinem Rücken zu tun.« Violet hatte auch keine Ahnung davon, daß ich Eugene in eine ganze Palette von Dingen verwandle, angefangen bei einer Ansammlung pferdefüßiger Hexenmeister bis hin zu einer gelben Kohlrübe.

Auf dem College hatte mich Violet dazu überredet, mit ihr einen Baum anzupinkeln. Sie sagte, deswegen würden Männer immer zu so guten Freunden werden. Männer entwickelten eine Kameradschaft, die bei Frauen kaum zu finden sei. »Die Männer behaupten, das läge an der Armee oder an den Umkleideräumen«, sagte Violet. »Aber das stimmt nicht. Es ist das gemeinsame Anpinkeln von Bäumen.«

Nicht, daß Violet immer weiß, was sie sagt. Violet denkt, Irving sei ein Quacksalber. Sie sagt, kein vernünftiger Therapeut würde aus der Bibel zitieren. Sie sagt außerdem, daß Irving versucht, mich zu verführen.

Beim Essen bat ich Violet, mir das Salz zu reichen. Ich fragte, wie das Huhn sei und ob sie oft masturbiere. Violet lief dunkelrot an. Ich brachte sie in Verlegenheit. »Was soll denn das für eine Frage sein?« fragte sie.

»Sind wir nicht die besten Freundinnen?« Ich setzte eine gekränkte Miene auf. »Ich dachte, wir hätten keine Geheimnisse. Männer reden dauernd über Onanieren. Sie machen es sogar voreinander. Kein Wunder, daß sie so gute Freundschaften haben. Frauen werden immer so verklemmt bei dem Thema.«

Ich brachte Violet dazu, über ihr letztes Wochenende in Vermont mit einem gewissen Walter auszupacken. In Erwartung einer Romanze hatte sich Violet in Seidenwäsche geworfen, aber Walters Unterwäsche hatte Löcher. »Und sie war fleckig.« Violet schüttelte sich. »Eigentlich hätte man meinen können, daß er sich für diesen Anlaß eine neue Unterhose kauft. Und als ob das nicht traurig genug wäre«, sagte Violet, »wir mußten

John-Wayne-Filme anschauen. Ist dir schon mal aufgefallen, daß alle Männer, die im Bett die absoluten Nieten sind, zufällig große John-Wayne-Fans sind?«

»Mögen Sie John Wayne?« fragte ich Irving.

»Wen?« sagte Irving. »Wer ist John Wayne? Oh, Sie meinen diesen Cowboy? Nein. So ein Chozzerai.«

»Wir hatten zweimal Sex«, sagte Violet. »Es war miserabler Sex. Ich konnte nicht über die Unterhose hinwegkommen. Auf der Heimfahrt wollte ich schlafen, also habe ich mich auf den Rücksitz gesetzt und hab es getan. Du weißt schon, das, wonach du mich gefragt hast. Auf dem Rücksitz von Walters Volvo auf der Interstate 95. Als ich kam«, sagte Violet, »fing ich an zu heulen.«

»Du hast geheult? Warum?«

»Ich weiß nicht. Die ganze Geschichte war so erbärmlich. Es war der einzige gute Sex, den ich während des ganzen Wochenendes hatte, und den hatte ich alleine.«

»Haben Sie nach dem Masturbieren jemals weinen müssen?« fragte Irving.

»Nein«, sagte ich. »Nie.«

Das stimmt, ich weine nie danach, aber es gibt Momente der Melancholie, schwer vor Kummer. Postkoitale Depression ohne Koitus, und das Verlangen zu weinen verschwindet so wie ein Traum. Dies Irving einzugestehen, wäre jedoch ein Stilbruch, also sagte ich: »Nein. Ich weine nicht, aber manchmal denke ich, ich hätte ein Loch durch die Matratze geschossen.«

»Wie ist es mit dir?« fragte Violet. »Machst du es? Du weißt schon, masturbieren?«

»Nein«, sagte ich. »Nie. Ich habe dich gefragt, weil Irving mich gefragt hat und überrascht war, daß ich es nicht tue, deshalb war ich neugierig.«

»Hmmph, Irving«, schnaubte Violet, und ich verpaßte die Chance herauszufinden, worüber Violet auf der Rücksitzbank von Walters Volvo phantasiert hatte.

Es gibt da einen üblen Streich, von dem ich gehört habe, bei dem eine Gruppe von Jungen einem Neuen vorschlägt, daß sich alle in einen Kreis setzen, das Licht ausmachen und wichsen. Natürlich macht keiner mehr, als sich die Hose zu öffnen und die entsprechenden Laute von sich zu geben. Nur der Neue hängt sich richtig rein. Wenn es ihm schließlich kommt, findet er sich im Rampenlicht, mit dem Schwanz in der Hand und einem Wichsfleck auf dem Boden.

Ich lud Violet zum Essen ein, weil ich mir ein bißchen gemein vorkam. Als ob ich ihr einen üblen Streich gespielt hätte.

In einem kitschigen Laden in Soho waren die Umkleideräume in Beichtstühlen untergebracht, die zusätzlich mit Spiegeln ausgestattet, aber sonst intakt waren. Harmlose Ketzerei, dachte ich mir, als ich den Vorhang zuzog und mich bis auf die Unterwäsche auszog. Schwarzer BH. Schwarzer Strapsgürtel. In einem Beichtstuhl. Komm her, Backe, du schaust so aus der rosa Unterhose raus. Mit einer Hand begab mich mich auf die Suche nach Ekstase. Aber angenommen, eine Verkäuferin platzte herein, um mir den Reißverschluß zuzumachen und mich davon zu überzeugen, daß das rote Kleid wie für mich geschaffen sei? Sie würde mich beim Masturbieren in einer Umkleidekabine erwischen, die einmal ein Beichtstuhl war. Sie würde glauben, daß ich pervers bin, und den Sicherheitsdienst verständigen. Meine Hand schnellte zurück, als ob ich mich verbrannt hätte. Ich stahl mich davon und ließ das rote Kleid am Haken hängen.

»Jetzt ist es eine Umkleidekabine«, erkläre ich Irving die Situation. »Aber es war ein richtiger Beichtstuhl. Mit einem Priester auf der anderen Seite. Einem gesichtslosen Priester.«

»Und das hat Sie erregt?« fragt Irving. »Sie waren heiß?«

»Ich konnte nicht widerstehen, Irving. Ich sank zu Boden. Die Beine breit. Die Knie gebeugt. Oh, Ekstase. Oh, Seligkeit. Verdorbene Schlampe.« Ich lüge wie gedruckt in der Analyse, die damit keine richtige Analyse mehr ist. Ich könnte genausogut auch ein paar Hosiannas einwerfen, wenn ich schon dabei bin.

Irving notiert sich etwas auf seinem Block, als ob er Petrus an der Himmelspforte wäre, oder der heilige Nikolaus, der seine Liste prüft.

Bevor ich zu Irvings Praxis ging, masturbierte ich, wusch mir aber nicht die Hände. Als Geste der Zuneigung. Oder, um etwas zu beweisen. Wenn Irving es bemerkt hat, zeigt er es zumindest nicht. Aber er fragt mich, ob ich die Geschichte von Lilith kenne.

»Lilith war die erste Frau«, sagt Irving. »Vor Eva. Sie war auch aus Lehm geschaffen. Wie Adam. Deshalb, als Adam Lilith bat, sich auf den Boden zu legen, damit er sie besteigen könne, sagte sie ihm liebenswürdig, daß Adam sich selbst in den Dreck legen könnte, vielen Dank. Nicht daß Lilith kein Interesse gehabt hätte«, merkt Irving an. »Sie mochte nur die Missionarsstellung nicht. Nun gut, Adam bestand darauf, aber Lilith weigerte sich weiterhin. Schließlich war sie so wütend, daß sie eine Zauberformel aussprach, die sie in die Luft hob. Da ging sie hin und ließ Adam ohne Gespielin zurück. Nun aber schritt Gott ein und beauftragte Engel, Lilith schnellstens zu finden und sie zu Adam zurückzubringen.« Irving verstummt und faltet die Hände, als ob die Geschichte damit zu Ende wäre.

»Und«, will ich wissen, »haben die Engel sie gefunden?«

»O ja«, sagt Irving. »Die Engel fanden Lilith am Roten Meer, wo sie sich mit Dämonen und Teufeln vergnügte.«

Ich bemerke, daß sich das Rote Meer wie ein Vorgänger vom ›Club Med‹ anhört, und Irving sagt: »Stimmt. Und Lilith wußte das auch, denn sie fragte die Engel, wie sie nach alledem erwarten könnten, daß sie zu Adam zurückkehrte und wie eine Hausfrau lebte. Das ist unmöglich. Und da schuf Gott Eva.«

»Aber was geschah mit Lilith?« frage ich.

»Das ist nicht wichtig. Belassen wir es dabei, daß Lilith ein erfülltes Leben gänzlich anderer Natur lebte.«

Ich wollte, daß James mich mit seinem Saxophon fickte. James ist Musiker und Kellner. Ich war acht Monate verheiratet, als ich mit ihm anfing. James ist ein bißchen beschränkt. Er denkt, sein großer Schwanz ist der absolute Hammer. Das ist der eine Punkt, an dem sich James als Hohlkopf erweist. Er hat einen beeindruckenden Schwanz, aber trotzdem, Sex mit James muß choreographiert werden. Als ob man ihn von der Lower East Side zum Lincoln Tunnel bringen müßte, dirigiere ich ihn. »Mehr. Ja. Nein, hier. Nach links. Weiter unten. Härter. Tiefer.« Aber das wirklich Traurige ist, daß James genau dann, wenn ich sage, »ja, ja, so ist es gut«, rausgeht. Und dann fragt er: »War es für dich auch gut?«

Irving nennt James »den Freund«, was sich meiner Meinung nach dumm anhört. Aber es gibt kein richtiges Wort dafür, was James ist. Lover ist eines der Wörter, die mir die Gänsehaut über den Rücken jagen, was Irving seltsam findet, ich aber nicht. James ist sehr hübsch und dauernd pleite. »Gespiele« ist das Wort, das ich für James benütze. »Gespiele« mag ich. Eine beiläufige Liebschaft. Wenn ich so darüber nachdenke, ist Eugene eigentlich auch nur eine beiläufige Liebschaft. »Nur ich bin die Hauptattraktion«, sage ich.

Um diese Behauptung zu unterstützen, beschreibe ich Irving meine neueste Phantasie. Sie hat mit Leuten zu tun, die mir Dinge geben. Dinge, die ich verschwinden lasse. Es ist wie bei einer Zaubervorführung, bei der das Publikum mitmachen kann.

James nahm meine Bitte um sein Saxophon nicht ernst. »Klar, Baby, ich fick dich mit meinem Horn.« Er schwang seinen Schwanz durch die Gegend, als ob das lustig wäre.

In einer abgeschiedenen Ecke im Central Park, sechs Blocks von Irvings Praxis entfernt, riß James Grasbüschel aus dem Rasen und fragte, wie mein Sexleben mit Eugene sei.

»Ich verbinde Eugene nie mit Sex«, sagte ich. »Wenn Eugene und ich vögeln, denke ich an andere Dinge.«

»Wie ist das bei uns?« wollte James wissen. »Wenn wir vögeln, denkst du da an mich?«

»Ich denke an dein Saxophon.«

James hielt die Wahrheit für einen großen Jux.

»Beim Vögeln mit James denke ich an seinen Schwanz. Nur hängt er nicht an ihm, sondern schwebt frei wie ein geflügelter Cherubim. Manchmal denke ich mir auch wieder, ich treibe es mit einem Gemüse. Statt mit James.«

»Irgendeinem Gemüse?« fragt Irving. »Oder mit einem besonderen?«

»Mit einem Kohlkopf«, feixe ich. »Aber sonst bin ich hinter seinem Saxophon her.«

Im Central Park, sechs Blocks von Irvings Praxis entfernt, gab ich James fünf Dollar, um uns was zu trinken zu kaufen.

»Kein Problem«, sagte James. »Ich bin gleich wieder da.«

Ich sagte ihm, daß er sich Zeit lassen solle, aber ich wußte, daß er es nicht tut. Bevor ich überhaupt meine Phantasie ins Rollen bringen konnte, kam James schon mit zwei Dosen Pepsi zurück. »Hast du mich vermißt?« fragte er mich.

Ich schaute in die Richtung von Irvings Praxis und sagte: »Schrecklich.«

»Ich habe mit meinen Phantasien aufgehört«, verkünde ich.

»Unmöglich«, sagt Irving. »Sie müssen an irgend etwas denken, wenn Sie Ihre Augen schließen.«

»Die Sache ist die, daß ich meine Augen nicht schließe. Ich laß sie auf, um mich im Spiegel zu beobachten. Ich bin eine unglaubliche Anmache. Mein Körper. Meine Brüste. Meine Schenkel. Meine Finger. Meine Fußnägel, rotlackiert wie Rosenknopsen.«

»Ah«, sagt Irving. »Eure Augen sollen geöffnet werden, und ihr werdet wie Götter sein.«

»Ja«, sage ich. »Das ist es. Ich bin der Star in meinem eigenen Porno.«

Ich versuchte James zu erzählen, wie ich es mir mache. Eigentlich wollte ich ihm sogar eine Vorführung geben, wie ein Staubsaugervertreter. Wir lagen im Bett, und ich fragte ihn, während er Schokoladeneis aus der Packung aß, ob er oft onanierte. James mochte diese Frage nicht. »Ich habe dich«, sagte er. »Warum sollte ich onanieren?«

»Aber du hast mich doch nicht. Zumindest nicht ganz.«

James verstand das als Anspielung darauf, daß ich verheiratet bin, und sagte: »Aber du denkst ja noch nicht mal an ihn.«

»Ich würde gern sehen, wie du wichst.« Das war eine glatte Lüge. Ich hatte kein Interesse daran, James beim Wichsen zuzuschauen, aber es juckte mich, daß er mir dabei zusieht. Ich hätte ihm fairerweise zugeschaut. Wie du mir, so ich dir.

Eifrig damit beschäftigt, sich mehr Eis in den Mund zu löffeln, reagierte James nicht, also wagte ich mich weiter vor. »Wenn du es mir zeigst, werde ich es dir auch zeigen.«

»Ich möchte dich nicht sehen, wie du es dir selbst machst.« James Unterlippe war schokoladenverschmiert. »Das ist Lesbenkram. Ich möchte in dir kommen.«

»So eine Gelegenheit«, kommentiert Irving, »und der Freund tut sie mit einem Achselzucken ab. Er ist ein bißchen ein Schlemihl, der Freund, oder?«

»Mehr als nur ein bißchen«, entgegne ich, obwohl ich nicht ganz verstehe, was das bedeutet. »Irgendwie tut er mir leid«, sage ich Irving. »Er hat keine Ahnung, was ihm entgangen ist. Wenn sich James mir zu Füßen gelegt hätte, hätte ich sein Bett nie mehr verlassen. Ich hätte ihm all meine irdischen Güter vermacht. Wenn er mir nur zugesehen hätte, wie ich es mir selber mache, hätten wir einen Glauben gefunden. Einen Glauben, wie man ihn findet, wenn man Zeuge eines Wunders wird.«

»Und an welches Wunder hatten Sie gedacht?« fragt Irving. »Der brennende Busch, der nicht verbrennt?«

Violet denkt, daß Irving mich verführen will, weil Violet die Tatsachen nur scheibchenweise mitbekommt. Nur Irving kriegt den ganzen Kuchen. Oder fast den ganzen. Ich schäme mich nicht vor Irving, aber ich habe meinen Stolz. Ich bin wie ein Mädchen, das dem Priester beichtet: »Vergib mir, Vater, denn ich habe gesündigt. Ich hatte unreine Gedanken«, aber zu erwähnen vergißt, daß er, seiner Soutane entledigt, mit einer Votivkerze in der Hand, das Objekt der unreinen Gedanken war. Oder ich bin das Mädchen, das die Sünde in die Welt bringt. Wunderbare Übertretungen, eines Gemäldes von Bosch würdig. Um den Priester aufmerken, hinhören zu lassen, bringe ich etwas Glanz in die Routinearbeit der Vergebung kleiner menschlicher Fehler.

Eugene drängt mich auch, Irving aufzugeben, aber aus anderen Gründen. »Er wird langsam teuer«, sagte er.

Ich nannte Eugene einen Schnorrer, aber er kann überhaupt kein Jiddisch. »Damit hat das gar nichts zu tun«, sagte er. »Du entfernst dich von mir. Manchmal bist du gar nicht da.«

»Ich weiß, was du meinst«, sagte ich ihm. »Manchmal ist es so, als ob du auch nicht da wärst.«

»Ich bin einfach eine Sexnudel«, sage ich Irving. »Eine geile Schlampe. Ich brauch einfach meinesgleichen, um mich zu befriedigen. Ich bin die einzige, die für diesen Job qualifiziert ist.«

Irving fragt, was ich zu tun gedenke, und ich zucke mit den Schultern. »Eine andere Affäre anfangen. Mein Glück mit jemand anderem versuchen.«

Irving erzählt mir, daß König Salomon siebenhundert Frauen und dreihundert Konkubinen hatte, aber es ist nicht ganz klar, worauf er damit abzielt. Ich warte auf einen Hinweis, aber es gibt keinen. Mit Irving möchte ich nie Poker spielen müssen.

»Wollen Sie mir damit sagen, daß ich tausend Affären anfangen soll?« frage ich. »Daß die Erlösung in der Quantität liegt?«

»Nein«, sagt Irving. »Ich sage Ihnen, daß seine Frauen sein Herz abwiesen.«

»Na und? Er hatte doch den Harem, oder?«

»Na und?« Eine von Irvings buschigen Augenbrauen geht in die Höhe. »Na und. Die geile Schlampe sagt na und zur Liebe. Geht's darum, Schlampe? Wie ist es, Miss Sexnudel-Schlampe, haben Sie außer in Ihren erogenen Zonen noch ein oder zwei andere Nervenenden?«

Ich habe Irving bis dahin noch nie wütend erlebt. Er schreit nicht und haut auch nicht mit der Faust auf den Tisch, sondern er hat diesen bedrohlich leisen Zorn des jüdischen Gottes, einen Zorn, der einem das Gefühl gibt, in großen Schwierigkeiten zu stecken. »Was werden Sie tun?« frage ich. »Mich verbannen?«

»Viel zu leicht«, Irving wischt das zur Seite. »Sie werden sich ins Geschäft fügen«, und ich frage mich, ob das bedeutet, daß ich auf die Knie gehen soll, aber Irving sagt: »Arbeiten. Hören Sie auf, sich hier selbst zu befriedigen.«

»Was meinen Sie mit aufhören?«

»Hier in meiner Praxis, wo Sie masturbieren, ohne die Hände zu benutzen. Wo Sie in Ihr Jezabelkostüm schlüpfen und angeben. Dieses Gewichse.« Irving lehnt sich aus seinem skandinavischen Sessel vor und sagt ganz sanft, als ob er Sorge hätte, etwas könnte zerbrechen: »Ich kauf Ihnen diese Angeberei nicht ab.«

Ich habe das Gefühl, als ob Irving meine Intimsphäre verletzt hätte. Ich fühle mich entblößt und möchte mich bedecken, weiß aber nicht, welche Stellen betroffen sind. Statt dessen greife ich in die Obstschale und nehme mir einen Pflaume. Ich halte sie in der Hand, unsicher, was ich als nächstes tun soll, bis Irving mir sagt: »Komm schon. Iß, Liebling. Iß.«

Iain Banks

Kaffee und Eis

Ich pirsche angespannt durch den Raum. Mein Atem geht schnell und tief. Sie dreht sich, folgt mir mit ihrem Blick. Ihr ganzer Körper glänzt. Auch ich atme schwer; meine Füße quietschen auf den Kacheln. Ich bin mir meines Schwanzes bewußt, der zwischen meinen Beinen pendelt. Sie stößt einen Laut aus, halb Grunzen, halb Lachen, und springt auf die Badewanne zu. Ich bekomme ihren Knöchel zu fassen, als sie urplötzlich in die entgegengesetzte Richtung sprintet und die Tür aufreißt. Ihre eingeölte Haut rutscht durch meine Finger, als ich stolpere und fast in den Whirlpool falle, und ich stoße mir das Knie an der gekachelten Plattform, während sie durch die Tür entschwindet und sie hinter sich zuschlägt. Ich reibe mir kurz das Knie, dann reiße ich die Tür auf und sprinte durch das Ankleidezimmer in das schummrig beleuchtete Schlafzimmer. Keine Spur von ihr. Ich stehe da, atme durch den Mund und lausche. Das große französische Bett ist noch immer zerwühlt; Fuß- und Kopfbrett glänzen schimmernd im Schein der verdeckten Lichtleisten hinter den Nachttischen und Regalen. Ich tappe zum Bett hinüber, werfe einen Blick zurück zur Tür des Ankleidezimmers, dann gehe ich langsam in die Hocke und fühle dabei mit einem köstlichen, erwartungsvollen Schaudern, wie mein Schwanz sich zwischen meine Waden schiebt. Ich ziehe die Decken hoch, die über die eine Seite des Bettes gefallen sind, und werfe blitzschnell einen Blick darunter.

Ich höre ein leises Geräusch hinter mir und will mich gerade umdrehen (während mir durch den Kopf schießt: War sie also *doch* im Kleiderschrank!), aber es ist zu spät. Sie stürzt sich von schräg hinten auf mich, daß mir schier die Luft wegbleibt, und wirft mich auf das Bett. Ich lande mit dem Gesicht auf den zerknitterten schwarzen Satinlaken und klemme mir meinen Schwanz zwischen den Schenkeln ein. Bevor ich noch richtig weiß, was mir geschieht, sitzt sie auch schon rittlings auf mir drauf: schlanke, durchtrainierte Beine gleiten geölt über meine Flanken, während ihr knackiger Hintern sich schwer auf meine Rückenbeuge fallen läßt und mir den letzten Atem aus der Lunge preßt. Sie packt meinen rechten Arm, verdreht ihn, bis ich vor Schmerz aufschreie, und reißt ihn hinter meinem Rücken zu meinem Nacken hoch, hält ihn dort fest, etwa einen Zentimeter unterhalb der Grenze, wo der Schmerz unerträglich werden würde, und nur wenige Zentimeter mehr unterhalb der Grenze, wo der Oberarmknochen brechen würde.

Geschieht mir recht, warum muß ich auch derartige Spielchen mit einer Frau treiben, die einen Selbstverteidigungskurs für Studentinnen gibt, die mich noch immer regelmäßig beim Squash in Grund und Boden stampft, entweder mit Technik oder schierer Kraft, je nachdem, wonach ihr gerade der Sinn steht, und die zum Training Gewichte hebt? Ich schlage mit meiner freien Hand auf die schlüpfrigen schwarzen Laken.

»Also gut. Du hast gewonnen.«

Sie schnaubt verächtlich, dann drückt sie meinen Arm

jenen Extra-Zentimeter hoch, bis ich vor Schmerz wimmere. »Ich sagte, es ist gut!« brülle ich. »Ich tue alles, was du willst!«

Sie läßt los, rollt sich von mir herunter und bleibt neben mir liegen, keuchend, lachend, und ihre Brüste heben und senken sich und wackeln, alles gleichzeitig, und ihr flacher Bauch bebt ganz leicht. Ich stemme mich hoch und werfe mich auf sie, aber sie rollt sich weg, und ich klatsche auf die Laken, während sie ihr Bein unter mir wegzieht und sich neben dem Bett aufbaut, die Hände in die Hüften gestemmt. Sie schaut auf mich herunter. Ihre Füße stehen einen Meter auseinander auf dem Boden, und ich starre auf das schwarze V ihres Schamhaars.

»Geduld«, sagt sie, holt tief Luft und streicht sich mit der Hand durch ihr kurzes, geöltes Haar. Sie dreht sich um und geht über den cremefarbenen Flauschteppich davon, auf den Zehenspitzen balancierend wie eine Tänzerin. Sie streckt die Hand aus und reckt sich zu einer kleinen Klappe über dem eingebauten Kleiderschrank hoch, und ich stöhne abermals theatralisch, als ich sehe, wie sich ihre Waden- und Gesäßmuskeln anspannen und die Grübchen in ihrer Rückenbeuge sich vertiefen und dehnen und der Schatten ihrer Brüste über das lackierte Eschenholz der Kleiderschranktüren zur einen Seite huscht, während ihr Spiegelbild sich nackt und quälend schön in den Spiegeln auf der anderen Seite reckt. Sie steht auf Zehenspitzen und tastet im Innern des Fachs hinter der Klappe herum. Der fleischige Hügel ihrer Klitoris ist dunkel zwischen ihren Beinen zu sehen, eine flüchtige, kostbare, süße Frucht. Ich sinke wieder auf das Bett zurück, außerstande, diesen Anblick noch länger zu ertragen.

Zehn Minuten später knie ich auf dem Bett, nach hinten ausgestreckt, die Beine gespreizt, meine Handgelenke mit ihren Seidenschals gefesselt, mein Schwanz so steif, daß es weh tut. Er reckt sich vor mir hoch, drohend aufgerichtet, aber auch seltsam verletzlich, und ich atme schwer, und meine Muskeln schmerzen, und ich stehe so kurz davor zu kommen, als würde schon ein *Luftzug* genügen, und sie zieht den letzten, überflüssigen Schal fest, bevor sie sich vor mir aufbaut, so sehnig und üppig, durchtrainiert und fest und feucht und weich in einem, daß ich nicht einmal mehr stöhnen kann, sondern lachen muß, und ich werfe meinen Blick an die Decke und fühle das angeschwollene Gewicht meines Schwanzes wackeln, als ich lache, und dann schlüpft sie vom Bett, greift sich die Fernbedienung und verkündet, daß sie sich jetzt *Eldorado* anschauen wird, und ich brülle, und sie lacht, während sich ihr Trinitron klickend einschaltet, und sie dreht die Lautstärke hoch, um meine Schreie zu übertönen, und ich bin auf dem Bett gefangen, und der Schmerz streckt erste Fühler nach meinen Muskeln und meinem Schwanz aus, während sie im Lotussitz dasitzt, hier und da kichert und so tut, als wäre sie ganz in diese beschissene Seifenoper vertieft, und ich muß versuchen, mich das Bett hinaufzukämpfen, muß mühsam rücklings auf meinen Knien und Knöcheln robben, bis ich es endlich den Meter oder so zurück zu den Kissen und dem Kopfbrett schaffe, so daß ich wenigstens meine schmerzenden Schultern anlehnen und – nun, dem Gefühl nach zu urteilen – so gut wie jeden anderen Muskel meines Körpers entlasten kann.

Gefangen muß ich mir diese Scheiße ansehen, und nach fünf Minuten gibt selbst mein Schwanz auf, läßt einfach den Kopf hängen, aber dann dreht sie sich herum und leckt einmal blitzschnell mit ihrer Zunge darüber, und ich flehe sie an, mir einen zu blasen, aber sie kehrt mir nur den Rücken zu und guckt wieder auf der anderen Seite des Zimmers fern, und ich strample und winde mich, aber die Fesseln sitzen zu fest, und meine Knie tun mittlerweile wirklich weh, und ich versuche, vernünftig mit ihr zu reden, und sage: »Hör zu, jetzt fängt es wirklich an weh zu tun«, aber sie ignoriert mich, einmal abgesehen davon, daß sie alle paar Minuten den Zustand meiner Erektion überprüft und hin und wieder blitzschnell mit ihrer unglaublich heißen, frustrierenden Zunge über meinen Schwanz leckt oder mit spuckebefeuchtetem Finger und Daumen den Schaft hinauffährt, und ich schreie aus tiefster Seele, etwa zu gleichen Teilen vor Frustration und Verlangen und Schmerz, und endlich, dem Himmel sei Dank, hat dieser anglo-spanische Mist ein Ende, und die Titelmelodie erklingt, und der Abspann läuft, und sie schaltet auf MTV um, und es ist *noch immer* nicht vorbei! Dieses aufreizende, marternde Miststück steht vom Bett auf und geht zur Tür hinaus, und ich bin so verblüfft, daß ich nichts sagen kann; meine Kinnlade hängt herunter, und mein Schwanz ragt auf, und ich bin so verdammt wütend, daß mein Blick rechts und links über die Nachttische wandert, auf der Suche nach etwas, das ich umkippen und zertrümmern kann, um eine scharfe Kante zu bekommen, an der ich die Schals zerschneiden kann, und ich habe mich gerade für das Kristallglas auf ihrem Nachttisch entschieden, in dem noch immer die dunkle Neige eines Riojas schimmert, als sie wieder zurückkommt, in der einen Hand ein funkelndes Glas und in der anderen einen dampfenden Becher, und sie hat ein breites Grinsen auf dem Gesicht, und ich weiß, was sie vorhat, und ich sage: »Nein, bitte; bind mich bitte nur los; meine Beine, meine Arme, meine Knie; ich kann vielleicht nie wieder laufen, bitte, bitte, bitte«, aber es nützt nichts; sie kniet sich vor mich hin und hebt das Glas an ihre Lippen und läßt einen Eiswürfel in ihren Mund gleiten, schaut mich grinsend an, und dann senkt sie ihren Mund über meinen Schwanz.

Dann ist es der heiße Kaffee aus dem Becher, aber nur kurz, es genügt nicht; dann wieder das Eis, dann der Kaffee, dann das Eis, und ich weine jetzt, weine tatsächlich vor Schmerz, Lust und unerträglicher Frustration, weine und flehe; flehe sie an aufzuhören, bis sie schließlich den letzten Eiswürfel ausspuckt und das Glas und den Becher neben dem Weinglas abstellt und zu mir kommt und sich rittlings auf mich setzt, mich blitzschnell, mühelos, tief in sich hineingleiten läßt, und sie ist heißer als der Kaffee, heiß genug, um sich an ihr zu verbrühen, heiß genug, um sich an ihr zu verbrennen, und ich stoße ein leises, schockiertes »Ah!« aus, während sie sich auf mir auf und ab bewegt und ihre Finger um meinen Hals und die andere Hand hinter ihrem Rücken um meine Eier legt, und plötzlich komme ich, noch immer weinend, und jetzt auch schluchzend, während der Orgasmus mich schüttelt und sie plötzlich ganz reglos erstarrt und mir »Baby, Baby!« ins Ohr flüstert, während ich zucke und abspritze, und die Bewegungen verschlimmern die Schmerzen in meinen Beinen und Armen und Gelenken, um sie gleichzeitig zu lindern.

Die Schals sind zu fest verknotet, um gelöst werden zu können; sie muß sie mit dem blitzenden Jagdmesser aufschneiden, das sie unter ihrer Seite der Matratze aufbewahrt, für den Fall, daß je ein Vergewaltiger einbrechen sollte.

Ich liege keuchend und erschöpft in ihren Armen, und sie wiegt mich sanft, während die Pein in meinen Muskeln und Knochen und Gelenkkapseln langsam verebbt und die Tränen auf meinem Gesicht trocknen, und sie sagt leise:

»Wie war das?«, und ich flüstere:

»Absolut phantastisch.«

TESSA DE LOO

Zieh Leine, Mann

»Möchte noch jemand eine Praline?« fragt Cora.

Mit ihrer molligen Hand reicht sie die halbleere Schachtel herum. Niemand beachtet sie. Trix fischt sich ein blondes Haar aus dem Mund, sie weiß nicht, ob es von ihr oder von ihm ist. Lien versucht vergeblich, sich eine Zigarette anzuzünden. Ihre Hände zittern. Ich sitze da und sehe sie in der vagen Erwartung an, daß eine von ihnen das Vorgefallene erklärt oder wir uns irgendwie dafür verantworten werden. Gibt es für das Vergehen, dessen wir uns schuldig gemacht haben, ein Wort, eine Bezeichnung oder einen juristischen Begriff?

»Ich habe sogar meine Pralinen vergessen«, sagt Cora, »das will was heißen.« Sie holt das Versäumte jetzt reichlich nach. Eine Praline nach der anderen verschwindet in ihrem zyklamroten Mund.

»Verflucht«, sagt Lien und schaut uns durch ihre dicken Brillengläser der Reihe nach vielsagend an. Wir lachen nervös.

Trix' blaue Augen sind heller als sonst. »Wenn sie uns Fragen stellen«, flüstert sie, »dann weiß ich gar nichts.«

»Wir wissen alle nichts.« Coras Finger fummeln an einem Silberpapier herum. »Laß sie nur kommen.«

»Wir haben ihn noch nie gesehen.« Mit einer ruckartigen Bewegung nimmt Lien die bleischwere Brille von ihrer Puppennase und entblößt, nicht ohne Gefühl für Dramatik, ihre halbblinden Augen. »Noch nie«, sagt sie beschwörend. Dann, als sei sie vom Gewicht ihrer Worte erschrocken, zündet sie erneut ein Streichholz an und zieht heftig an ihrer Zigarette. Diesmal klappt es, und der Rauch geht wie bei einer Anfängerin direkt in ihre Luftröhre, wo er einen heftigen Hustenreiz auslöst, der Tränen über die Wangen rinnen läßt.

Meine Gedanken verdrängen einander fieberhaft, purzeln in ihrer Eile übereinander, und obwohl jeder einzelne darauf bedacht ist, Klarheit zu schaffen, stiften sie nur Verwirrung. Haben wir uns, obwohl jede von dem Zeitpunkt an, wo wir abends erschöpft aus dem Zug steigen, bis zum nächsten Morgen, wo wir unsere noch müden, trägen Glieder aufs Trittbrett hieven, ein eigenes Leben führt, im täglichen Zusammensein auf den Schienen unbewußt einander ausgeliefert, und sind wir durch dieses Ereignis nun für immer und ewig aneinandergeschmiedet? Wie können in das warme Gefühl der schicksalhaften Verbundenheit, das mich durchströmt, immer wieder Breschen geschlagen werden durch den bedrückenden Gedanken, daß meine Mittäterschaft die Ursache ist?

Wir nähern uns unserem Ziel. Die strenge Polderlandschaft mit ihren schnurgeraden Gräben wird bald in einen Flickenteppich aus Kleingärten übergehen: der Vorbote der Stadt. Bisher hat es mich jeden Tag bei dem Gedanken geschaudert, in einem der Bauernhäuser in diesem geometrischen Niemandsland wohnen zu müssen. Heute nicht: Die Welt ist zusammengeschrumpft auf dieses Abteil und die Personen, die sich darin befinden.

»Einer von euch wird mich vor Sonnenaufgang verraten«, sagt Trix mit dumpfer, getragener Stimme, und ich bilde mir ein, daß der Blick, den sie mir zuwirft, mich daran erinnern soll, daß ich die Neue in der Gruppe bin.

»Unsinn«, ruft Cora, »wir sitzen doch alle im selben Boot.« Wie jeden Morgen wirft sie die leere Schachtel in den Abfallbehälter unterm Fenster und seufzt zufrieden. Sie hat gefrühstückt.

Seit Jahren fuhren sie gemeinsam in diesem Abteil, das sich am Zugende befand, im allerletzten Waggon, der meistens außerhalb der Überdachung des Bahnhofs zum Stehen kam, als gehörte er nicht richtig dazu und könnte unterwegs verlorengehen, ohne daß es jemand merkte. Morgens besetzte eine von ihnen das Abteil und hielt Eindringlinge fern.

War diese tägliche Bahnreise für die anderen schon zur eingefleischten Gewohnheit geworden, bei mir war es noch nicht einmal einen Monat her, daß ich die Strecke zum erstenmal zurückgelegt hatte. Nachdem wir uns bei der Arbeit kennengelernt hatten, luden sie mich in ihr Heiligtum, ihr Abteil, ein, als sei es extra für das Personal der Süßwarenfabrik reserviert. Durch ihre Anwesenheit erhielt der Raum die Intimität einer Wohnstube oder einer Stammkneipe: Coras Pralinenschachtel stand wie eine Kanne Kaffee oder eine Flasche Genever mitten auf dem Klapptisch; Lien, die sich keinen Moment der Untätigkeit gönnte, strickte, und Trix lag ausgestreckt mit ihren schlanken, in glänzende Nylons gesteckten Beinen auf der Bank und blätterte in einer Modezeitschrift oder einem Blatt der Regenbogenpresse. Sie tauschten Erfahrungen aus, erteilten einander lakonisch Ratschläge und lachten über ihre eigenen Sorgen am lautesten. Das Weltgeschehen war für sie das gleiche wie die wechselnde, ungreifbare Landschaft hinter dem Fenster: Sie konnten keinen Einfluß darauf nehmen, und wenn auch ständig Veränderungen stattfanden, im Grunde blieb sich alles gleich und hatte es keinen Sinn, Worte darüber zu verlieren.

Von den drei älteren Schaffnern, die auf dieser Strecke ihren Dienst versahen, wurden sie »die Mädchen« genannt. Cora bot ihnen jeden Tag eine Praline an, sie lehnten jedoch immer hartnäckig ab. Mit leichtem Abscheu gingen ihre Blicke von der Schachtel zu Coras umfangreicher Gestalt, als wäre sie bis in ihre runden Fingerkuppen mit Pralinen gefüllt und als strömte nur Kirschlikör durch ihre Adern.

Wenn sie jedoch erkältet waren oder blaß und zerknittert aussahen, ließen sie sich gern von ihr bemuttern. Machte Cora eine Bemerkung über ihren Bauchansatz, ihre fortschreitende Kahlköpfigkeit oder ihre Potenz, dann protestierten sie nur der Form halber.

Trix, das Objekt ihrer maßlosen Bewunderung, scheute sich nicht, sie aufzuheizen: Sobald die Tür aufgeschoben wurde, nahm sie eine laszive Haltung ein. Der Blick des Schaffners saugte sich sofort an dem verführerischen Fahrgast fest, wonach er ertappt und beschämt zu Cora glitt, die es mit leidvoller Miene beobachtete.

Mit Lien unterhielten sie sich je nach Jahreszeit über das letzte Fußballspiel, über Schlittschuhlaufen, Boxen und Radrennen. Es gab keine Sportveranstaltung am Wochenende, bei der sie und ihr Mann fehlten, und obwohl sie auch da ihre Stricknadeln tanzen ließ, wußte sie genau, was sich abspielte.

Für die Schaffner war das Abteil ein Ruhepunkt in dem Zug mit ansonsten ständig wechselnden Fahrgästen. Gerührt verziehen sie den Mädchen ihre Vergeßlichkeit, wenn sie ihre Monatskarte nicht rechtzeitig verlängert hatten. Manchmal ließ sogar einer von ihnen den Zug warten, bis Cora sich einen Kaffee aus dem Bahnhofsautomaten geholt hatte und mit ihrer matronenhaften Körperfülle zum fast vergessenen, nicht recht dazugehörenden Zugende watschelte.

Durch die Glastüren zum Garten sah ich unnatürlich große, rote Tulpen, die irgendwie der Standpauke noch mehr Nachdruck verliehen, die mir mein Vater hielt, während wir, mein Vater, meine Mutter und ich, zu dritt am ovalen Tisch unter der mit Schantungseide bezogenen, von Fliegendreck schwarzen Hängelampe saßen.

»Sie hat dein Sündenregister aufgeschlagen«, sagte mein Vater geheimnisvoll und drohend.

Ich verschob meinen Fuß unterm Tisch, stieß auf einen anderen, sich leicht bewegenden Fuß und zog meinen abrupt zurück.

»Ich muß schon sagen, es ist ja wirklich fabelhaft, wie du alle Chancen verspielst, die dir geboten werden.«

Meine Mutter rümpfte die Nase.

»Das einzige, wo du eine eindrucksvolle Erfindungsgabe zur Schau stellst, ist das Spicken«, sagte sie. Er trommelte mit den Fingern auf die Tischplatte. »Du scheinst dir geleistet zu haben, vor der Klasse ein Gedicht aufzusagen, dessen Text du mit einer Sicherheitsnadel zwischen deinen Rockfalten befestigt hast, so daß du nur ab und zu einen Blick nach unten werfen mußtest.«

Flüchtig schaute ich auf meinen Rock. Es war nicht der von damals, erinnerte ich mich, aber er hatte einen ähnlichen Schnitt: meterweit, mit drei Petticoats darunter. Einen nach dem anderen hatte Ruud sie abgestreift. Dabei verhakten sich seine Finger in dem hellgelben, der hatte nun ein Loch.

»Und das alles, während draußen dieses Moped-Gesindel ungeniert ins Klassenzimmer gegafft und dir zugelacht und gepfiffen hat.«

Überflutet vom Sonnenlicht, das im Chrom ihrer Lenkstangen und Scheinwerfer glitzerte, ärgerten sie die Schüler und all die Schwachköpfe, die dort unterrichteten. Ganz vorn stand Ruud, in Schwarz gekleidet, schräg an sein Moped gelehnt. Die einzigen Farben an ihm waren das Blau seiner halb zugekniffenen Augen und das rote Köpfchen des Streichholzes, das er grinsend zwischen den Zähnen hin und her bewegte. Ab und zu fuhr er sich langsam mit der Hand durch die zurückgekämmte Tolle.

Wie in Trance begann ich laut:

Was kann ich ohne dich,
als ewig, ewig sterben;
was hab' ich ohne dich,
das ich lieben werde?

Nervös klopfte Fräulein Kalmoes ans Fenster und bedeutete den Jungen zu verschwinden. In ihrem hellbraunen Kostüm und der graumelierten Dauerwelle war sie nur ein ohnmächtiger Spatz. Die Jungen blickten sie unverfroren an wie einen exotischen Affen, der verrückte Sprünge macht. In der Klasse herrschte eine Stimmung wie in einem Hundezwinger, wenn neue Besitzer in die Käfige lugten. Die Klasse bellte fast. Unter dem verbissenen Blick der Lehrerin fuhr ich fort:

Hingehen laß mich...
da, wo immer Sommer ist
und Sonnenlicht mich besprüht...

»Du interessierst dich für gar nichts«, sagte mein Vater, »nur für das andere Geschlecht.«

»Ein Mädchen wie dich heiratet keiner«, ergänzte meine Mutter leise, »sie laufen hinter dir her, benutzen dich und werfen dich weg, heiraten tun sie ein anständiges Mädchen.« Sie sah blaß und blutarm aus. Hatte tiefe Ringe unter den Augen. Es ist kein Vergnügen, dachte ich, das ganze Leben mit meinem Vater zu verbringen. Ich bin jetzt schon total geschafft.

»Wir sind mit unserem Latein am Ende, deine Mutter und ich«, fuhr mein Vater fort. Aus der Innentasche seines Jacketts zog er eine Uhr heraus, die er zu seinem fünfundzwanzigsten Lehrerjubiläum bekommen hatte. Er warf einen schrägen Blick darauf und steckte sie wieder ein. Es war sein Bridge-Abend, sehr lange konnte es also nicht mehr dauern.

»Zuerst haben wir es mit dem Gymnasium versucht, und als das nicht ging, dachten wir: Schicken wir sie in die Haushaltsschule, dann lernt sie wenigstens kochen und nähen. Aber auch da dasselbe Lied, nur Faulenzerei und Scherereien.«

Eine Fliege umkreiste leicht benommen seinen Kopf. Sie mußte im Haus überwintert haben, die Trägheit des Winterschlafs hielt sie noch gefangen. »Du weißt, dein Vater ist Sozialist.« Mit einer unbestimmten Handbewegung verscheuchte er die Fliege. »Freiheit, Gleichheit, Brüderlichkeit halte ich in Ehren. Aber ich weiß auch, daß der Pöbel, die große Masse, überhaupt keine Kultur hat. Wenn sie nicht denken müssen, sind sie in ihrem Element. Und es ist traurig, daß du auch zu ihnen gehörst. Ich hatte für meine Tochter eine bessere Zukunft geplant, aber du hast dich anders entschieden. Kurz und gut«, er räusperte sich, »du suchst dir eine Stelle. Egal was: Verkäuferin, Haushaltshilfe, Hilfsarbeiterin in der Fabrik, Putzfrau, oder was es da sonst noch gibt.«

Als ob das Todesurteil über mich gesprochen sei, warf mir meine Mutter einen gewichtigen Blick zu, in dem Mitleid und Scham miteinander kämpften. Sie saß gelassen da, das Opfer ihrer Tochter.

Ich tauge nichts, dachte ich.

Würde ich doch nur schon in einem Laden oder in einer Fabrik arbeiten, nichts könnte so öde sein wie mit meinen Eltern in diesem Zimmer zu sitzen und sie so entsetzliche Dinge sagen zu hören, gegen die ich nichts einwenden kann. Wenn ich den Blick abwende, um sie nicht ansehen zu müssen, ist nichts da, was Trost bieten könnte. Alles weckt maßlose Müdigkeit in mir: das über dem Kaminsims drapierte Tuch, die Sansevierien auf der Fensterbank, die Bilder von toten Familienangehörigen, die keiner ausstehen konnte, an der Wand und der schwere Lehnstuhl meines Vaters mit der abgenutzten Stelle in der Mitte, die immer an seine Körperlichkeit erinnert. Wie ich meinen Vater satt habe.

Wie meine Schwester und ich nach der Schule auf ihn warten mußten, bis er ganz exakt seine Hefte und Bücher geordnet und in seine Aktentasche geschoben, Federhalter, Radiergummi und Lineal in ein Etui gesteckt, die Tafel abgewischt, die Bänke in Reih und Glied gebracht, Papierkugeln in den Papierkorb geworfen, die Schultür abgeschlossen, herumlümmelnde Kinder vom Schulhof gejagt hatte. Wie er anschließend, als er im Begriff war, die verkehrsreiche, von großen Kastanien überschattete Straße vor der Schule mit uns zu überqueren, mit der einen Hand den Nacken meiner Schwester umfaßte und mit der anderen Hand meinen und sagte: »Erst nach links gucken, dann nach rechts und dann noch einmal nach links.« Und wie wir gemeinsam, in vollkommener Harmonie, die Straße überquerten.

»La douce France«, sagte er, wobei er mich über das französische Lehrbuch hinweg, das er aufgeschlagen vor sich hatte, eindringlich ansah. »La duus Frááns.« Ein Speichelschauer aus seinem geschürzten Mund traf mein Gesicht. »Frankreich ist die Wiege der westeuropäischen Kultur. Es hat berühmte Philosophen, Pädagogen, Maler, Schriftsteller, Politiker hervorgebracht. Die Franzosen sind nicht so ein ungehobeltes Volk wie die Holländer. Sie sprrrechen vorrne im Mund.« Das R sprach er wie ein Singvogel aus.

Ich war noch nie in Frankreich gewesen und hatte auch absolut keine Lust dazu.

Außer Cora arbeiteten wir alle in de Lakritzeabteilung. Dort, wo die flüssige Lakritze in die Förmchen tropfte, führte Trix die Aufsicht. Manchmal rann die Lakritze zu schnell heraus; wie heißes Pech quoll dann die Flüssigkeit über die Förmchen, tropfte von der Platte herunter und bildete unter der Maschine einen schwarzglänzenden Fluß. So schnell wie möglich brachte Trix den ganzen Prozeß zum Stehen und suchte einen Monteur, der den Fehler behob. In der Zwischenzeit streckten wir unsere Glieder. Zu viert arbeiteten wir am Ende des Fließbands, wo die Lakritze in Zellophantüten rollte; unsere Aufgabe war es, sie zuzuschweißen. Wir freuten uns über die Stockungen der Maschine, manchmal sehnten wir sie herbei, nur damit der Lärm endlich aufhörte, der unseren Körper und Verstand zermürbte.

Cora arbeitete bei den Pralinen. Jeden Nachmittag stibitzte sie eine Schachtel für den nächsten Morgen. Meine Augen müssen hervorgequollen sein, als ich Cora zum erstenmal frühstücken sah. Mit ihren molligen, beringten Händen wickelte sie eine nach der anderen aus. »Ich brauche das«, sagte sie. Nachdenklich glättete sie ein Silberpapierchen. »Zu Hause kriege ich morgens keinen Bissen runter.«

Sie nahm fast zwei Sitzplätze in Beschlag. In ihrem lilafarbenen Kleid mit grellgelben Noppen ähnelte sie einem riesigen Osterei. Über ihr hing das Foto einer schlanken Frau im weißen Kleid, die an einer altholländischen Zugbrücke lehnte.

»Wie kommt das?« fragte ich.

»Mein Mann«, sagte Cora, »ist schon ungefähr sechs, sieben Jahre krank. Die Parkinsonsche Krankheit, sagte der Arzt damals. Na, vielen Dank, sagte ich, warum hat dieser Parkinson diese abscheuliche Krankheit nicht selber behalten? Was hat mein Mann damit zu tun?«

Ihre dunkelbraunen Augen schauten mich empört an, als sei es erst gestern geschehen. Ich fühlte mich unbehaglich, als wäre ich mitschuldig. Die schlimmsten Krankheiten konnten einfach von einem Tag auf den anderen zuschlagen. Millarden von Bakterien und Viren lauerten Tag und Nacht auf eine Gelegenheit, in den Körper einzudringen und an den schwächsten Stellen ihren Zerstörungsfeldzug zu beginnen. Noch raffinierter waren jene bösartigen Elemente, Erbkrankheiten, die seit der Geburt im Körper anwesend sind und ruhig abwarten, bis die Zeit reif ist, sich zu offenbaren. Wenn ich nur daran dachte, bekam ich Schweißausbrüche und vor lauter Angst Schmerzen an allen möglichen Stellen meines Körpers.

»Er hat keine Kontrolle mehr über seine Bewegungen«,

sagte Cora, »morgens muß ich ihn waschen, anziehen, hinunterlotsen und ihn mit Brei füttern, von dem ihm die Hälfte ständig wie Sabber übers Kinn läuft.« Sie gähnte herzhaft. Ihre Zunge war ein glänzendes rosa Tierchen, das sich krümmte. »Jetzt, wo die Kinder aus dem Haus sind, habe ich ein großes Kind dazubekommen.«

Cartoons von grotesken Mannweibern mit mißmutigen Gesichtern, die den zappelnden Ehemann unterm Arm trugen wie ein Reisigbündel, schwebten mir vor Augen.

»Manchmal will er unbedingt radfahren«, sagte Cora, »aber er ist schon dreimal unterwegs vom Fahrrad gefallen.«

»Laß ihn doch radfahren«, sagte Trix, »vielleicht stürzt er sich mal zu Tode.« Verträumt starrte sie hinaus, Nebelfetzen trieben gelegentlich vorbei. Ihre langen Wimpern berührten ihre Wangen, wenn sie die Augen schloß.

»Dann hat sie doch niemanden mehr, für den sie sorgen kann.« Lien putzte mit einem karierten Männertaschentuch ihre Brille. Ihre Mausäuglein mit Ringen darunter blickten in Coras Richtung, die mit den Schultern zuckte.

In der ersten Woche kam ich abends erschöpft nach Hause. Meine Glieder fühlten sich matschig an, mein Rückgrat schien an verschiedenen Stellen geknickt zu sein wie der Mast eines Segelschiffes nach einem schweren Sturm; ich konnte nicht mehr aufrecht sitzen. Mein Vater erinnerte mich an die Tischmanieren, und meine Mutter sah mich besorgt an; ich fragte mich, ob sie ein neues Debakel befürchtete oder sich um meine Gesundheit sorgte, und neigte in meiner Müdigkeit zu der unfreundlichsten Annahme. Wenn ich endlich im Bett lag, konnte ich nicht einschlafen. In dem Labyrinth unter meiner Schädeldecke drängten sich die Bilder des vergangenen Tages, hallte das Echo der ratternden Maschinen, Musikfetzen und Menschenstimmen, die versuchten, sie zu übertönen.

Am nächsten Morgen im Zug, noch müder als am vorigen Abend, fragte ich mich, wie die anderen dies nun schon jahrelang durchhielten. Wenn das meine Zukunft ist, dachte ich, will ich lieber sterben. Aber sofort hörte ich in Gedanken meinen Vater protestieren, nicht gegen meinen Tod, sondern gegen meinen Widerwillen vor der Arbeit. Lautstark sprach er seine Losungen aus: Arbeit adelt, Recht auf Arbeit, Proletarier aller Länder vereinigt euch, Müßiggang ist aller Laster Anfang, die Ärmel hochkrempeln. Seine Stimme schallte, er lachte boshaft, machte ausgelassene Purzelbäume und rief dazu: Wir leben, um zu arbeiten, wir leben, um zu arbeiten.

Wie bei jedem, der seine Arbeit verabscheut, war der Montagmorgen für mich am schlimmsten; die Woche war ein Berg, auf den ein riesiger Stein geschleppt werden mußte.

Zuerst dachte ich, daß es das schlaffe Wochenanfanggefühl war, weshalb Trix, als wir ins Abteil kamen, weiter mürrisch aus dem Fenster sah, obwohl die an der Scheibe herabrinnenden Regentropfen die Aussicht trübten. Wie ein Hund, der sich trocken schüttelt, zog Cora ihren Regenmantel aus, so daß uns die Tropfen ins Gesicht spritzten. Sie ließ sich gegenüber von Trix nieder, die Bank ächzte laut, als Cora sich mit ihrem vollen Gewicht hinsetzte. Mit routiniertem Griff öffnete sie die Pralinenschachtel. Danach schien sie zur Ruhe zu kommen und wandte sich ihrer Umwelt zu.

»Jesus Maria«, rief sie und schaute entsetzt zu Trix, »was ist denn mit dir passiert?«

Trix zuckte die Achseln. Beider Profil, das von Cora mit vor Entsetzen weit geöffnetem Mund, zeichnete sich gegen das Fenster ab.

»Um Himmels willen, wer hat das getan?« rief Cora.

»Dolf«, sagte Trix gleichgültig.

»Schaut euch das an«, sagte Cora. Ihr schwerer Körper beugte sich vor. Mit ungewohnter Zartheit nahm sie Trix' Gesicht zwischen die Hände und drehte es uns zu.

»Verdammte Scheiße«, sagte Lien.

Im halbdunklen Abteil schien es kurz, als sei Trix' linkes Auge herausgerissen worden und hätte von der Augenbraue bis zur Mitte der Wange einen dunklen Krater zurückgelassen. Ich wäre am liebsten aus dem Abteil geschlichen, um es nicht sehen zu müssen. Gesichter mit Blutschwämmen, blutunterlaufene Augen, Hasenscharten, Spastiker, Bucklige, Mongoloide, Behinderte, wenn ich nicht hinschaute, gab es sie auch nicht. Reglos starrte ich auf Trix' linke Gesichtshälfte. Die Haut war dunkelviolett geschwollen. Das Augenlid war dick und verdeckte fast das ganze Auge; ich fragte mich, ob sie damit noch etwas sehen konnte. Quer über ihre Augenbraue verlief ein Bluterguß. Es sah aus, als könnte es nie verheilen, als müßte sie sich ihr Leben lang mit einem Gesicht behelfen, das einen schrillen Kontrast zeigte: Die eine Hälfte gehörte zu einem Engel, die andere zu einem Aussätzigen. Das heile Auge, sonst tiefblau, war jetzt grau und ausdruckslos.

»Warum?« fragte Cora.

»Weil er ein Arschloch ist.« Trix wandte den Kopf wieder ab und schaute zu Boden. Im Abteil war es ganz still. Der Regen strömte an der Scheibe herunter. Meine nassen Strümpfe trockneten langsam. Es juckte, aber ich traute mich nicht zu kratzen.

»Tut es weh?« hörte ich mich mit heiserer Stimme fragen.

»Hier tut's weh«, sagte Trix, legte nicht ohne Pathos eine Hand unter ihre linke Brust und sah uns mit dem einen Auge flüchtig an.

»Was ist passiert?« fragte Lien.

Trix seufzte. »Ich hab' mir schon gedacht, daß ich es jedem erklären muß. Am liebsten würde ich mich einen Monat verstecken. Was soll ich sagen? Samstag abend hat's angefangen. Auf der Hochzeit meines Bruders. Eppo Engelhardt, ein Jugendfreund von mir, war auch da. Ich hatte ihn jahrelang nicht mehr gesehen. Beim letztenmal war er noch ein mageres Kerlchen mit Sommersprossen, ich war ihm beim Raufen überlegen. Er ist ein richtiger Mann geworden mit einem gepflegten schwarzen Bart, ich mußte ihn ständig ansehen. Ihm ging es genauso. Wenn Eppo nicht gewesen wäre, wäre nichts passiert. Hier drin ist es so drückend. Kann man nicht ein Fenster aufmachen?«

«Dann regnet's rein«, sagte Cora.

»Wir haben bis zum Umfallen getanzt. Und viel gelacht. Verrückt«, ihre Stimme senkte sich, wir beugten uns zu ihr vor, »aber ganz kurz dachte ich: Dafür lebe ich, um einmal so etwas zu erleben.«

Sie schwieg.

»Was soll ich sagen? Es ist passiert.«

»Was ist passiert?« fragte Lien erneut.

Trix betrachtete ihre Fingernägel. »Je mehr ich mich amüsierte, desto mehr ärgerte sich Dolf. Mit finsterem Blick lief er herum, als würde er am liebsten die ganze Gesellschaft mit einem Maschinengewehr niedermähen.

Um halb zwölf zerrte er mich von der Tanzfläche. Er wollte nach Hause. ›Geh ruhig‹, sagte ich, ›ich komm dann später.‹ Aber er wollte nicht allein gehen. ›Dann bleib doch noch‹, sagte ich, ›mein Bruder heiratet nur einmal.‹ ›Das bleibt abzuwarten‹, sagte er. ›Wenn dir nichts Besseres einfällt‹, sagte ich und machte mich los, um weiterzutanzen. Aber er kam hinter mir her und zischte: ›Du gehst mit mir nach Hause, sonst kannst du was erleben!‹ Da wurde ich auch giftig. Ich flüsterte ihm ins Ohr: ›Zieh Leine, Mann, und laß mich in Ruhe.‹ Wütend drehte er sich um. Kurz darauf war er nirgends mehr zu sehen. Sieh an, dachte ich, den bin ich los.«

Unruhig rutschte sie hin und her. »Hat jemand eine Zigarette für mich?«

Lien kramte schnell in ihrer Tasche und steckte Trix mit einem gierigen Gesichtsausdruck die ganze Packung in die Hand, wie jemand, der den soundsovielten Gulden in die Musicbox steckt, damit sie weiterspielt.

»Ich sehe furchtbar aus, wie? Sag mal ehrlich: Ist es wirklich so grausig?«

»Sieht eher aus, als hättest du einen kleinen Unfall gehabt«, log Cora.

»Meinst du«, sagte Trix begierig, »daß man mir glaubt, wenn ich sage, daß es ein Unfall war?«

»Erzähl schon weiter«, drängte Lien.

Etwas weniger angespannt sprach Trix weiter: »So gegen drei kam ich nach Hause. Alle Lichter brannten. Das einzige erleuchtete Haus in der Straße. Alles in Ordnung, sagte ich mir. Aber als ich reinkam, bin ich zu Tode erschrocken. Habt ihr schon mal einen Verkehrsunfall gesehen, wo einer in einer Blutlache liegt? Genauso lag Dolf da, völlig schlaff, auf der Couch, mit lauter roten Flecken auf den Kleidern. Als ich näher kam, sah ich, daß es

Rosenblätter waren, von dem Strauß, den er mir letzte Woche zu unserem Hochzeitstag geschenkt hatte. Stück für Stück hatte er sie abgerupft, es müssen Hunderte gewesen sein. Zwischen den Wimpern hindurch schielte er mich an. ›Madame kommt endlich nach Hause‹, sagte er, ›um halb vier.‹ ›Ja‹, sagte ich, ›und sie geht sofort ins Bett.‹ ›Haha!‹ Er stand auf. Die Blütenblätter fielen auf den Boden. Mit eisernem Griff packte er mich am Arm. ›Jetzt bin ich an der Reihe‹, schrie er. Die Adern auf seiner Stirn waren geschwollen und seine Augen blutunterlaufen mit einem fiebrigen Blick, wie bei Tieren im Zoo, die in einem kleinen Käfig immer nur hin- und herlaufen. Ich verachtete ihn, wünschte, daß ich ihm nie begegnet wäre. ›Ich geh ins Bett‹, sagte ich noch einmal. ›Das könnte dir so passen.‹ Mein Arm wurde fast zerquetscht. ›So einfach geht das nicht; nach allem, was du dir geleistet hast, bin ich jetzt an der Reihe.‹ ›Mir geleistet?‹ sagte ich, ›du hängst mir zum Hals raus. Du kennst Eppo doch gar nicht‹. Na ja«, lakonisch zuckte sie die Achseln, »und dann ist es passiert. Ich brauche es euch nicht zu beschreiben, ihr könnt es ja selber sehen.«

Eigentlich wollte ich Trix gar nicht anschauen, aber ich konnte den Blick doch nicht von ihr abwenden. Ihr Gesicht war mir in seiner glatten Vollkommenheit immer unantastbar vorgekommen. Es machte mir angst, daß die dumpfen Gefühle in einem anderen Körper, zusammengeballt in einer ausrutschenden Faust, es verändern und solche bösen Spuren hinterlassen konnten. Unterdessen verging ich fast vor lauter Jucken an den Beinen. Es kam mir vor, als ob Juckreiz, wenn man umständehalber nicht kratzen konnte, mindestens genauso schlimm war wie Schmerzen.

»Bist du ohnmächtig geworden?« fragte Lien.

»Ha, nein, halb.« Trix ließ den Kopf hängen. »Ich bin auf den Boden gefallen, ein Rauschen in den Ohren. Ich habe nur halb mitgekriegt, daß er inzwischen mein Abendkleid hochgestreift hat. Mit der einen Hand umklammerte er meine Handgelenke über meinem Kopf. Ab und zu hörte ich ihn fluchen. Es schien überhaupt kein Ende zu nehmen.«

»Was für ein Schwein«, sagte Cora, »mir juckt's in den Fingern.«

Sie hatte einmal zwei streitende Männer mit den Köpfen gegeneinandergeschlagen, erzählte man in der Fabrik, sie mußte bärenstark sein. Ich hatte eine Vision von ihr als erbarmungsloser Rachegöttin, wie sie Trix' Mann zwischen ihren Brüsten würgte, quälend langsam ihre Schultern vorschob, ein vages Lächeln auf den Lippen, eine Praline zwischen den Zähnen.

Atmen war fast unmöglich geworden. Die verdampfende Feuchtigkeit aus unseren Kleidern und Haaren schlug sich auf den Scheiben nieder. Wir saßen in einem Dampfkessel unter starkem Druck.

»Was wirst du jetzt tun?« fragte Lien.

Mit ihrem einen Auge starrte Trix auf ihre Schuhspitzen. Das lange Haar fiel ihr ins Gesicht.

»Ich kann nicht ohne ihn«, sagte sie. Mit zitternden Fingern nahm sie noch eine Zigarette aus der Packung.

Niemand sagte etwas. Lien holte ihr Strickzeug heraus. Cora nahm noch eine Praline, ich kratzte mich endlich an den Beinen.

Wir hatten die Grenze des zu Begreifenden erreicht und waren auf furchtbare Gegensätze gestoßen, die in jedem von uns hausen und die schließlich vielleicht auch unseren Untergang verursachen könnten. Das hatten wir stillschweigend erkannt.

Ich wußte, wie es war, willenlos ausgeliefert zu sein. Wenn ich mich bei Ruud hinten auf das Moped schob, bohrten sich die Blicke der Mädchen in meinen Rücken. Früher hatte ich kaum für sie existiert, nun aber fragten sie mich schwärmerisch, wo ich meine Kleider und die schwarzen Ballerinaschuhe kaufte. Sie fragten mich, wie ich es fertigbrachte, meinen Pferdeschwanz so hoch zu binden. Sogar meine schlechten Noten wirkten sich zu meinem Vorteil aus: sie bewiesen, daß ich mich um die Welt unserer Eltern, deren Eckpfeiler Ehrgeiz, Selbstdisziplin und Leistung waren, einen feuchten Dreck scherte.

Es schien, als wollte er den Straßenbelag kehren, so nah kamen wir dem Asphalt, wenn Ruud in voller Fahrt in die Kurve ging. Mit einer Hand hielt ich meine Röcke fest, mit der anderen klammerte ich mich an seine steife Lederjacke. Die anderen waren auf dem Platz unter dem blauweißen Aushängeschild des »Milano«, der Eisdiele, zurückgeblieben. Da Ruud nun weggefahren war, würden sie schnell ihrer Wege gehen. Sie brauchten ihn. Seine Anwesenheit machte sie zur Gruppe.

Es nieselte. Die Mitteilung, daß der Frost nach Skandinavien abgezogen sei, hatte mit den übrigen Nachrichten die Mahlzeit bei mir zu Hause etwas aufgefrischt. »Da kann noch viel passieren«, sagte mein Vater, »ich erinnere mich an eine Elfstädtetour im März. König Winter ist noch nicht besiegt.« Das war für die Schulkinder, dieses König Winter.

Die Luft war fast lau. Ich war noch nie in diesem Teil der Stadt gewesen. Die Häuser waren vier- oder fünfstöckig und bildeten zwei Wände mit einer schmalen Gasse dazwischen. An jeder Ecke war eine Kneipe, vor der die Leute wie an einem Sommerabend herumstanden. Ein kleines Mädchen saß auf einer Apfelsinenkiste und saugte an einem Strohhalm, der in einer Limonadenflasche steckte.

Wir hielten vor dem fahl beleuchteten Schaufenster eines Möbelgeschäfts. Ruud lehnte das Moped gegen die Hauswand und fischte einen Schlüssel aus der Hosentasche, mit dem er die Ladentür öffnete. Wir schlüpften hinein. Sorgfältig schloß Ruud die Tür hinter uns. Im fahlen Lichtschein standen Couchgarnituren, Schränke, Eßecken ausdruckslos und unnütz kreuz und quer durcheinander. Die Frage: »Was wollen wir eigentlich machen?« lag mir immer auf der Zunge, obwohl ich es genau wußte, aber ich wollte es nicht glauben. Wir gingen durch den Laden nach hinten, wo aufrecht stehende Teppichrollen Wache über komplette Schlafzimmer hielten, die ihre Zeit abwarteten, um von jemand gekauft zu werden.

»Wem gehört das alles?« fragte ich.

»Meinem Vater«, sagte Ruud unwirsch.

Er schüttelte seine Lederjacke ab und warf sie auf das nächstbeste Bett. Mit drei Schritten war er bei mir. Er blieb einen Moment reglos stehen. Jetzt müßte er sagen, daß er mich schön findet, dachte ich, und vor allem, daß er die ganze Zeit nur an mich gedacht hat und verrückt würde vor Sehnsucht, wenn ich jetzt nein sagte.

Er beugte sich vor und drückte seine Lippen auf meinen Mund. Eine der Teppichrollen piekste mich in den Rücken. Garantiert Kokos, dachte ich, Kokosmatten pieksen so. Für einen Augenblick war meine Oberlippe zwischen seinen und meinen Vorderzähnen eingeklemmt.

»Hast du es schon mal mit jemand gemacht?« fragte Ruud.

Ich unterdrückte die Neigung, erfahren und gleichgültig zu tun, als hätte ich schon eine lange Vergangenheit hinter mir. »Nein«, sagte ich ehrlich und ärgerte mich, daß meine Stimme so ängstlich und schüchtern klang.

Mit einer ausladenden Gebärde zeigte er in die Runde und sagte: »Welches von diesen tollen Betten gefällt dir am besten?«

Mein Blick schweifte unwillig durch die Schlafzimmerabteilung. Die Betten war monströs, einschließlich der Nachtkästchen zu beiden Seiten und der Lämpchen mit Goldlitzen. Sie ähnelten dem Ehebett meiner Eltern, das pompös und prüde zugleich war. Mir graute vor der Vorstellung, daß ich darin gezeugt worden und aus ihren Körpern hervorgegangen war.

»Komm«, sagte Ruud, »such dir eins aus.« Seine Stimme hatte einen spöttischen Unterton.

Gehorsam, wie unter Hypnose, ging ich zwischen den Bettgestellen – schmale, breitere, französische und Ehebetten – auf der Suche nach dem Exemplar umher, in dem das geschehen sollte, woran jeder ständig dachte, ohne darüber zu sprechen, von dem die Mädchen aus der Gruppe glaubten, daß ich es schon längst täte, und worüber meine Eltern mit zusammengekniffenen Lippen schwiegen. Am Ende der Reihe entdeckte ich das scheußlichste Bett von allen: goldene Stäbe mit dicken glänzenden Knöpfen und molligen Engelchen, die Blumengebinde mit sich schleppten.

»Ruud«, rief ich, »ich hab' eins gefunden.«

Er kam mit einem dicken, zusammengefalteten Teppich in den Händen an.

»Dieses Bett«, sagte ich und strich über die Knöpfe, »ist echt toll.«

Ich hoffte, daß er meinen Spott nun merken würde, aber er sagte nur »Prima« und breitete den Teppich über der Tagesdecke aus Satin aus. Der Opferteppich, dachte ich. Warum ging ich nicht einfach weg, machte kehrt zwischen den Betten, Teppichen, Eßecken, Schränken, Polstermöbeln? Waren es seine Augen, blauer als blau, die über die Köpfe seiner Mitmenschen hinweg in die Ferne sahen, als erblickten sie Horizonte, die für die anderen unsichtbar waren? War es das dunkelblaue Haar, das genauso liegenblieb, wie er es kämmte? War es sein Selbstvertrauen?

Ruud strich die Teppichfalten glatt und richtete sich auf. Er legte die Hand auf meine Schultern, schaute mich vielsagend an und drückte mich langsam aufs Bett.

Als ich ungefähr zwölf war, hatte mich der älteste Bruder meiner Mutter ohne böse Absicht einer Gehirnwäsche auf dem Gebiet der erotischen Phantasie unterzogen. Seither hegte ich in mir ein Traumbild der idealen, unwiderstehlichen Frau, an dem ich mich früher oder später messen würde.

»Die schönen Frauen Indonesiens«, sagte Onkel Harry, »waren die aus Singaraja. Geschmeidig, verführerisch, frisch wie eine Lotusblume. Sie wußten, was ein Mann braucht.«

Ich sah Mädchen vor mit mit blauschwarzem Haar bis zur Taille, hellbrauner Haut, einem Sarong um die schmalen Hüften und Blumenkränzen um den Hals.

»Harry«, sagte mein Vater, »ich zweifle nicht daran, aber würdest du bitte berücksichtigen, daß wir hier in Holland sind und zwei unschuldige kleine Mädchen mit am Tisch sitzen?«

Onkel Harry warf den Kopf in den Nacken und lachte fröhlich. Meine Mutter blickte ganz kurz zu meinem Vater, dann kicherte sie hinter vorgehaltener Hand.

»Wißt ihr«, sagte Onkel Harry, »daß dort Mädchen ihres Alters«, sein Blick glitt von Louise zu mir, »schon lange reif sind und sich sehr geschickt Männer angeln? Die holländischen Mädchen«, er senkte die Stimme, »werden künstlich Kind gehalten.«

Mein Vater, der es nicht gewohnt war, in seinem Haus belehrt zu werden und schon gar nicht in lockeren Sitten, schlug hochmütig vor, das Thema zu wechseln.

Onkel Harry brachte meiner Mutter Seife mit, die romantisch verpackt war und schon durch das Papier duftete, Parfüm, bemalte Fächer und türkisches Konfekt; Geschenke, die in den Augen meines Vaters absolut überflüssig waren und uns gerade deshalb so begehrenswert erschienen. Wenn Louise und ich Onkel Harry darum baten, schob er genüßlich den Pullover hoch, um uns die Narben auf seinem Rücken zu zeigen. Die Japaner hatten ihn ausgepeitscht, weil er den gefürchtetsten, aber auch lächerlichsten unter ihnen hinter dessen Rücken nachgeäfft hatte. Wir wären lieber Kinder von Onkel Harry gewesen und mit ihm nach Indonesien gefahren, zumindest, wenn es dort genauso aussah, wie es das Bild in seinem Zimmer versprach: Im Vordergrund tiefgrüne, von Palmen umsäumte Dessas, im Hintergrund ein spitzer Berg, der sich mit seinem schneeweißen Gipfel in den blauen Himmel bohrte. Warum schmolz der Schnee nicht, wenn es dort wirklich so heiß war, wie Onkel Harry sagte?

Nachdem Ruud meine Petticoats und meinen Rock heruntergezogen, meine Strumpfhalter aufgemacht und die Strümpfe abgestreift hatte, verlagerte er seine Aufmerksamkeit auf meinen Oberkörper. Ich bin ein Ding, dachte ich, ich lasse es mit mir machen. Er zog mir den Pulli aus, und ich streckte die Arme nach oben. Ganz automatisch fügte ich mich der jahrhundertealten Tradition, die mir eine passive Rolle zuschrieb. Nur als er an meinem BH-Verschluß herumnestelte, mußte ich das Bedürfnis, es lieber selber zu tun, unterdrücken. All diese lächerlichen Details der Vorbereitung paßten gar nicht zu den Vorstellungen, die ich jahrelang gehegt hatte und die mal zu einer stürmischen Überwältigung hin tendierten, welche uns in einem schwindelerregenden Feuerwerk zerspringen ließ, dann wieder zu zärtlichen Liebkosungen, gegenseitigen Körpererkundungen, die in der vollkommenen Verschmelzung endeten, bei der wir alles, was irdisch und verdorben war, hinter uns lassen würden. Wie einen häßlichen Gegenstand warf er schließlich meinen BH von sich. Dann glitten seine kalten Hände von meinem Hals nach unten. Ich war unruhig, weil ich nicht erregt wurde, sondern nur unbeteiligt und kühl dalag und dachte: Was wird er jetzt wohl tun, was kommt als nächstes? Mit ein paar raschen Bewegungen zog er mir den Slip aus, richtete sich auf, zog seine Klamotten aus und warf sie wie einen Haufen Lumpen auf den Boden. Einen Augenblick stand er in seiner ganzen Männlichkeit aufrecht neben dem Bett und schaute auf mich herunter. Und obwohl ich bestimmt genauso neugierig auf seinen Körper war wie er auf meinen, schlug ich sofort die Augen nieder. Was für einen Anblick bot ich ihm? Ich hätte mich gern mit seinen Augen gesehen. Könnte ich doch in dem Bett versinken, im Fußboden, im Boden unserer Stadt, in der Erde, um auf der anderen Seite der Weltkugel an einem stillen und friedlichen Strand zu landen, wo man mich in Ruhe lassen würde.

Langsam ließ er sich vornüber sinken und schob sich, ganz und gar Dunkelheit, auf mich. Jetzt muß ich tiefe, starke Empfindungen haben, dachte ich, für den, der in meinem Leben eine historische, nie mehr rückgängig zu machende Handlung vollziehen wird. Aber von meinem bewußten, kontemplativen Erleben, wie ich mir das einmal erträumt hatte, war nichts zu merken. Es war, als würde ich mit einem scharfen Messer aufgestochen. Vom Mittelpunkt meines Körpers aus breitete sich ein wirrer, flammender Schmerz in alle Richtungen aus bis in die Fingerspitzen, Zehen, Haarwurzeln. Ich schrie, aber wie in einem Alptraum brachte ich keinen Ton heraus. Immer wieder stach er zu, als müßte ich von innen zerfetzt werden, als dürfte ich nie mehr heil sein und mir selbst gehören. Bei jeder Woge des Schmerzes wurde mir wärmer, Ozeane lebenspendender Nässe strömten aus meinem Körper in das dürre Bett. Sein Kopf fiel auf meine Schulter; sein Haar tröstete mich auf unbegreifliche Weise. Ich vergrub mein Gesicht darin, bis er mit einem kurzen Schrei den Kopf hob. In der Ferne erklang die Sirene des Krankenwagens. Für den Bruchteil einer Sekunde erschien es mir wie eine logische Folge unseres Zusammenseins, daß ich nun, verletzt wie ich war, ins Krankenhaus gebracht würde, um von einem verständnisvollen Chirurgen liebevoll geheilt zu werden, damit ich wieder so gesund und munter war wie früher. Ruud lag wie gelähmt auf mir. Es kam mir so vor, als würde er immer schwerer, ich konnte kaum atmen. Schließlich rollte er von mir herunter und lag neben mir auf dem Rücken.

Er blickte einen Augenblick zur Decke, dann wandte er mir sein Gesicht zu. Seine Augen erkundeten meinen Zustand. Er fragte: »Wie hat es dir gefallen?«

»Es hat weh getan«, sagte ich.

»Das gehört dazu«, sagte er beinahe stolz und lachte kurz.

Er zündete eine Zigarette an. Verstohlen schaute ich auf den glühenden roten Punkt. Es kränkte mich, daß bei ihm die eine Form des Genusses so schnell der anderen folgte.

Kurz darauf wurde ich schnell und ohne Umwege nach Hause gefahren. Aus dem Nieselregen war ein richtiger Regen geworden. Es gibt niemanden, dem ich erzählen könnte, wie es war, dachte ich und schmiegte mein verheultes Gesicht an seinen Rücken. Die Regentropfen vermischten sich mit meinen Tränen und rannen auf den Asphalt, den Weg vom Möbelgeschäft zum Haus meiner Eltern markierend.

In der Fabrik war ein Tag wie der andere.

So schnell das Band lief, so langsam verging die Zeit. Hier verbrachten wir den größten Teil der Woche; der Rest, die Außenwelt, war nur Kulisse. Es war, als arbeiteten wir in einer riesigen Schmiede im Innersten der Erde und schmierten fieberhaft das Räderwerk, damit es sich weiterdrehte, ohne zu wissen, was an der Oberfläche vor sich ging.

Eines Tages kam der Chef unserer Abteilung in Begleitung eines Mannes herein, der wie ein Amerikaner aussah: sportlich, gute Figur, Bebopfrisur und ein angenehmes Lächeln, das versprach, daß nichts unmöglich war, kein Berg zu hoch; kein Problem, das nicht mit dem menschlichen Verstand zu lösen, kein Krieg, der nicht zu gewinnen wäre.

»Wir brauchen eine charmante Hosteß«, sagte der Chef mit lauter Stimme, um sich im Rattern und Stampfen der Maschinen verständlich zu machen, »die unsere Artikel einigen potentiellen Kunden präsentieren kann.«

Prüfend glitten seine Blicke über uns hinweg. Unsere

Augen blieben verschämt gesenkt, das Zuschweißen der Tüten ging ganz normal weiter. Was sahen die beiden, unser sich freundlich zu uns herunterbeugender Chef und sein Kollege mit dem Bürstenschnitt, der mit einem breiten Lachen bereitstand, die Auserwählte dieses Tages wie ein Hamburger mit einem gesunden Salatblatt dazwischen aufzuessen?

Sie sahen sich in den dicken Brillengläsern Liens widergespiegelt, sie sahen die grauen, dauergewellten Köpfe der beiden anderen Frauen, sie sahen mich, wie ich mich fühlte, seit ich ein Mädchen mit hochtoupiertem, schwarzem Haar wie ein Maskottchen bei Ruud auf dem Moped hatte sitzen sehen, das die Arme um seine Taille schlang.

»Hier gibt es keine Schönheitsköniginnen«, reif Lien schnippisch, »dafür müssen Sie zur Prüfabteilung gehen.« Womit sie die Herren zu Trix weiterverwies.

»Sie sind alle gleich«, brummte Lien, »sie wollen eine Madonna für ihre Kinder und eine Marilyn Monroe im Bett. Schau mich an«, ihre Hände ließen die Tüten im Stich, die sich sofort anhäuften, und strichen ihren Pulli glatt, »meine zwei Kinder sieht man mir doch nicht an.«

Der selbstgestrickte, schwarzgelb gestreifte Pulli kräuselte sich über ihrer flachen Mädchenbrust, als sie ihn wieder losließ, wie die Haut einer Raupe vor der Entpuppung.

»Im Grunde ist Paul genauso wie alle anderen«, sagte sie, »darum lasse ich ihn auch nicht aus den Augen.«

»Soll das heißen«, fragte ich, »daß du ihn bewachst?«

»Was dachtest du denn?« Sie schien entrüstet. »Daß ich aus Spaß zu den ganzen Fußballspielen und Boxkämpfen gehe?«

Die Sonne versucht hartnäckig, den tiefliegenden Nebel zu durchbrechen. Wir durchfahren den schönsten Teil der Strecke: die Heide mit ihren bizarren, sich breit fächernden Tannen und Birken, die silberweiß im Nebel aufleuchten. Gern würde ich in diese mysteriöse Welt hineingehen. Mit meiner armseligen städtischen Phantasie stelle ich mir vor, daß die Sonne zugleich mit dem sich auflösenden Nebel bis in die tiefsten Höhen vordringt und die sich faul rekelnden Tiere erwachen sieht.

Ich kann mich nicht erinnern, wenn ich zum letztenmal in einem Wald war, ständig drängt sich mir das Bild des Stadtparks auf, der zuviel Menschenwerk und zu wenig Natur ist mit seinen Kieswegen, gepflegten Rasenflächen, Blumenbeeten, Teichen mit wohlgenährten Enten zwischen Apfelsinenschalen und faulenden Brotresten, wo es von Betagten nur so wimmelt; er ist eigentlich ein Friedhof, wo nur die Grabsteine fehlen, statt dessen sitzen die Leichen plappernd und vor sich hin dösend auf den grüngestrichenen Bänken und werfen den Vögeln trockene Brotreste zu.

Vielleicht ist keine von uns nach dem Wochenende ganz ausgeschlafen, wie dösende Katzen auf samtenen Kissen faul hingefläzt sehen wir verträumt und schläfrig aus dem Fenster. Cora saugt, scheinbar gedankenlos, sehr lange an einer Praline.

Wir schrecken aus unserem Halbschlaf hoch, als die Tür im Gegensatz zu dem gewohnten langsamen Aufschieben plötzlich mit einem Ruck aufgerissen wird. Ein junger, unbekannter, glänzend herausgeputzter Schaffner, der mit allen notwendigen Attributen ausgestattet ist, betritt unser Abteil.

»Die Fahrkarten bitte«, sagte er mit gemessener Stimme.

Leicht ungeduldig blickt er hinter einer scharfen, metallenen Brille von der einen zur anderen, als erstaune es ihn, daß wir nicht sofort unsere Monatskarten hochhalten. Ganz langsam suchen wir zerstreut in unseren Handtaschen und holen unsere Karten heraus. Gemeinsam sind wir ein einziger träger, widerwilliger Körper. Penibel wie ein Schulmeister studiert er die Angaben auf unseren Karten.

»Die ist abgelaufen«, sagt er und schaut mich durch seine glitzernden Brillengläser durchdringend an, »Sie hätten heute Ihre Monatskarte erneuern müssen.«

»Oh«, sage ich und greife mir mechanisch mit den Händen erschreckt an die Wangen, »das habe ich ganz vergessen.«

»Mach dir nix draus«, sagt Cora gutmütig, »das kann jedem mal passieren. Morgen früh holst du dir einfach eine neue.«

»Dann werde ich Ihnen jetzt eine Rückfahrkarte ausstellen«, sagt der Schaffner.

»Wie meinen Sie das, eine Rückfahrkarte ausstellen?« fragt Cora mißtrauisch.

»Für diese Fahrt natürlich.« Er ist gereizt, es dauert ihm zu lange. Cora schaut ihn verdutzt an. Mir fällt mit Schrecken ein, daß ich gar kein Geld dabei habe.

»Der ist gut«, Cora lacht uns zu, »so was haben wir ja noch nie erlebt.«

Mit hochgezogenen Augenbrauen und unwirsch zusammengekniffenen Lippen nimmt er Coras Gestalt in sich auf. Er guckt, als wolle er sich die Augen spülen, damit sie etwas anderes sähen, zum Beispiel seine Freundin, die immer pünktlich ihre Fahrkarte kauft und die zu dieser frühen Morgenstunde noch in ihrem flauschigen rosa Bettchen von ihm und den durchorganisierten Reisen träumt, die sie zusammen auf Kosten der Bahn machen werden.

»Seit Jahren fahren wir täglich diese Strecke, die Bahn wird reich durch uns«, ruft Cora empört, »und dann kommt plötzlich so ein Korinthenkacker daher.«

Wütend zieht der Schaffner einen Block heraus und fängt stur an zu schreiben.

Cora läuft rot an. »Was bildest du dir ein? Wir sind schon mit dem Zug gefahren, als du noch gar nicht geboren warst.«

Er stellt sich taub und reißt verbissen das Blatt aus dem Block. Während er es zu mir herüberreicht, schnappt Coras mollige Hand es ihm weg.

»Jesus Maria«, sie beugt sich zu Trix vor, »sieh dir das an, dieser kleine Scheißer hat ihr doch tatsächlich noch eine Buße draufgeklatscht.«

Und dann, im Bruchteil einer Sekunde, während ich immer noch dümmlich mit meinem leeren, geöffneten Geldbeutel dasitze und mir das alles ansehe, mustert ihn Cora unverfroren mit ihren dunklen Augen und faßt einen Entschluß in der gleichen kühlen, definitiven Art und Weise wie ein x-beliebiger König oder Kaiser der Weltgeschichte, dessen Toleranz eine Grenze erreicht hat und der von seinem Thron herab, nachdem er den Schuldigen mit einem kurzen abwägenden Blick gemustert hat, mit einer Handbewegung zu seinem Ratsherrn sagt: Sperrt ihn ein, oder: Hängt ihn auf, und damit auch nicht mehr belästigt werden möchte.

Sie steht brüsk auf, und mit ihr erheben sich alle imposanten Wölbungen, mit denen ihr Körper gesegnet ist, und alle gelben, tanzenden Noppen auf ihrem violetten Kleid. Breitbeinig stellt sie sich vor ihn hin und zieht ihm mit der einen Hand lässig die Brille von der Nase.

»Daraus wird nichts«, sagt sie.

Als hätte man ihn seiner Seele beraubt, blinzelt der Schaffner verstört mit den Augenlidern und beißt sich nervös auf die Unterlippe.

»Geben Sie sie her«, sagt er heiser und greift wild nach seiner Brille, die von Coras ausgestrecktem Arm hochgehalten wird.

«Geben Sie mir meine Brille wieder.«

Cora lächelt ihn breit an, ihr liebenswürdigstes Lächeln, Sternchen in ihren Augen.

Mutter, Mutter, der Bär tanzt, denke ich. Eine merkwürdige, verrückte Erregung durchströmt mich; ich habe das Gefühl, daß etwas Unwiderrufliches geschehen wird und hinterher keine von uns mehr dieselbe sein wird.

»Du bekommst deine Brille wieder, wenn du den Fahrschein zerrissen hast«, sagt Cora, »vorher nicht.«

Von dem schnellen Machtwechsel verwirrt, starrt er sie an. Mit der einen Hand greift er an die Ledertasche, die vor seinem Bauch hängt, mit der anderen zu seiner Mütze, als wolle er sich vergewissern, daß er noch immer Amtsperson ist.

»Ich denke nicht daran«, sagt er tapfer.

»Gut.« Mit einem tiefen Seufzer gibt Cora die Brille an Trix weiter, die in der Ecke am Fenster sitzt. Als hätte man sich über das Vorgehen bei dieser Szene abgesprochen, schreitet Trix zu einer Tat, die vollkommen Coras Absicht entspricht: Sie schiebt das Fenster auf und hält mit einer Hand die Brille hinaus in die neblige Luft, dabei nimmt sie eine anmutige Haltung ein, die die Kurve von Taille und Hüften betont. Mit ihrem reizenden Lächeln sieht sie der Art von Frauen zum Verwechseln ähnlich, die sich in Prospekten gegen die Motorhaube eines Mercedes lehnen und Männer zum Kauf verführen.

»Tun Sie's nicht«, ruft der Schaffner in Panik, »geben Sie mir meine Brille wieder.«

»Ich hab' dir gesagt, Schätzchen, welchen Tausch wir machen wollen«, sagt Cora ruhig, als ob sie auf dem Markt mit einem unwilligen Kunden feilsche.

In die Enge getrieben, schaut er abwechselnd wütend um sich und ängstlich zum Fenster, hinter dem das kostbare Kleinod mit den präzise nach der Schwäche seiner Augen geschliffenen Diamanten jeden Moment zertrümmert zu werden droht.

»Am ersten Bahnhof, wo wir halten, werde ich etwas gegen Sie unternehmen!«

»Habt ihr das gehört? Er wird was gegen uns unternehmen!« Mit einer Selbstverständlichkeit, als würde sie sie vom Kleiderständer pflücken, zieht Cora ihm die Mütze vom Kopf und setzt sie sich auf ihre schwarzgefärbten Haare. Fröhlich lacht sie uns über die Schulter zu. Ohne seine Mütze, mit blonden, seidigen Löckchen bis zum Nacken, ist der Schaffner zierlich und verletzbar.

»Weißt du, daß du schöne blaue Augen hast?« fragt Cora.

Er schluckt mühsam, als wäre ihm unglücklicherweise ein Pflaumenkern zu weit nach hinten gerutscht, und greift unbeherrscht nach der Mütze, aber Cora kommt ihm zuvor und gibt sie an Lien weiter. »Findet ihr nicht auch, daß er schöne Augen hat?« Wir stimmen ihr der Reihe nach zu und betrachten ihn mit der gleichen schwärmerischen Bewunderung wie James Dean in der Hauptrolle des Films, was ihn noch nervöser macht. Garantiert kann er hysterische Frauen nicht ausstehen, die, Leibwächtern und Saalwärtern trotzend, aufs Podium klettern, um Elvis Presley berühren zu können; er identifiziert sich nicht mit Elvis Presley, sondern mit den Saalwärtern, den Männern mit Mützen und Uniformen.

»Und nun gibst du uns deine Tasche«, sagt Cora, »mit allem Drum und Dran.« Er starrt sie entgeistert an. So einen unehrenhaften Vorschlag hat ihm noch nie jemand gemacht. Sprachlos schüttelte er den Kopf.

»Mach schon«, sagt Cora, »sonst wirst du sehen, was mit deiner Brille passiert.«

Mit lockerem Handgelenk bewegt Trix die Brille, nur zwischen zwei Finger geklemmt, im Nebel hin und her.

In Cora ist eine Kraft freigelegt worden, die jeden Widerstand bricht, gleich einem schnellströmenden Fluß in der Monsunzeit, der Bäume entwurzelt und mit sich reißt.

»Sei lieb, gib der Mama dein Spielzeug.«

Resigniert entledigt er sich seiner Schultertasche. Ohne selbst einen Blick darauf zu werfen, gibt Cora sie an Lien weiter, die sie in einer Ecke hinter ihrer zerschlissenen Einkaufstasche verstaut, aus der die Stricknadeln ragen wie die Antennen eines Transistorradios.

»So«, sagt Cora, »kommst du zur Vernunft?«

Abwartend stehen sie sich gegenüber, Cora ist einen Kopf größer als er. Wie hat sie so groß und so stark werden können, denke ich. Es muß schon ein kolossales Korsett sein, in das sie sich jeden Morgen hineinzwängt. Einen Augenblick sieht es so aus, als ob es zum Friedensschluß käme und er sagen würde: »Ihr habt recht, worüber mache ich mir eigentlich Gedanken, ist mir doch egal, Hauptsache, ihr laßt mich in Ruhe«, aber plötzlich drückt er mit einer Hand Cora zur Seite und schießt auf Trix los. Mit seinem ganzen Gewicht stürzt er sich auf sie. Sein Interesse gilt nur seiner Brille, verbissen greift er nach der Hand, die die Brille festhält; es ist ein Wunder, daß Trix sie nicht vor lauter Schreck fallen läßt.

Einen Augenblick scheint Cora aus der Fassung gebracht: Verdutzt wie eine dicke Dame, der ihr Hund abhanden gekommen ist (komisch, eben war er noch da), dreht sie sich um. Doch dann ist sie mit einem Schritt auch schon bei Trix' Belagerer, packt ihn am Kragen seiner Schaffnerjacke und zieht ihn rückwärts von Trix weg. Seine Augen quellen hervor, er ist nur noch rachedurstig und knurrt. Ein Hund, der von seinem uninteressierten Frauchen mitten im Eifer des Gefechts von seinem größten Feind getrennt wird.

Trix streicht sich ein paar Haarsträhnen aus dem Gesicht und zieht ihr Kleid glatt. Sie sieht gar nicht erschrocken aus, eher wie ein junges Mädchen, das zerzaust, mit rotem Kopf und glitzernden Augen nach einer Balgerei mit einem Jungen aus dem Gebüsch hervorkommt.

Vor dem Fenster schießt ein außerirdisches Projektil vorbei; Lien hat, um eine Tat zu vollbringen, der Schaffnermütze die Freiheit geschenkt.

Wild um sich tretend und stoßend, versucht der Schaffner, sich zu befreien. Cora ergreift seine Arme und dreht sie nach hinten. »Packt ihn an den Beinen«, zischt sie. Trix und Lien angeln sich je ein Bein und hängen sich dran, um es festzuhalten. Mir schlägt das Herz bis zum Hals. Ich bin Streit und Raufereien nicht gewohnt, bei mir zu Hause bleibt immer alles unterkühlt und unter der Oberfläche, die grausamsten Kriege werden mit schauriger Höflichkeit ausgetragen.

»Wir ziehen ihm seine Ausbeuterjacke aus«, sagt Cora.

Weil jede schon ihren Teil zur Bändigung des Raubtieres beigetragen hat, ruhen Coras Augen nun auf mir. Mit zitternden Händen nehme ich einen Ärmel und zerre an dem steifen Stoff. Es ist schwierig, einem, der sich heftig wehrt, aus der Jacke zu helfen. Wenn er ein bißchen mittun würde, denke ich, ginge es viel leichter. Coras Gesicht ist anzusehen, daß sie ihre ganze Kraft braucht, um ihn im Zaum zu halten; wie ein verwundeter Tiger kämpft er, um sich zu befreien, während seine Augen Signale des Hasses zu seinen Angreifern funken.

»Und jetzt die Krawatte«, sagt Cora sachlich wie ein Chirurg, der die Schwester um ein Seziermesser bittet. Gehorsam beuge ich mich über ihn, und wir sehen uns ganz flüchtig tief in die Augen, während ich in meiner Hand seine Krawatte halte, als wollte ich ihn erwürgen.

Was weiß ich von Menschen? Nichts. Es gibt einige, wie meinen Vater zum Beispiel, über die ich notgedrungen bis zum Schwarzwerden nachgedacht habe. Und nun sehe ich in diesen großen Pupillen, die fast das ganze Blau aus seinen Augen verdrängt haben, die Angst wie aufgeschreckte kleine Tiefseefischchen hin und her schießen. Ich glaube, daß seine Angst viel stärker ist als sein Haß, der ihn gewissermaßen noch ein bißchen auf den Beinen hält. Eine Woge des Mitleids, das mir sehr ungelegen kommt, bringt mich in Verwirrung. Schnell löse ich seine Krawatte.

»Nun«, fragt Cora rhetorisch, »wie sieht's aus?«

Er schweigt, liegt totenstill da. Ob er etwas ausheckt? Abwartend beobachten wir ihn. Auf einmal spannt sich sein Körper, er wirft den Kopf in den Nacken und spuckt Cora ins Gesicht.

»Sein Oberhemd«, sagt Cora barsch zu mir, während sie mit ihrer violetten Schulter den Speichel abwischt.

Er trägt die gleichen Manschettenknöpfe wie mein

Vater. Ich nestle sie auf. Als ich ihm den Ärmel halb ausgezogen habe, macht er eine unbeherrschte Bewegung, so daß der Stoff zerreißt, wie bei einem Kaninchen, das sich bei dem Versuch, sich aus der Schlinge zu befreien, die Haut aufreißt. Eine schmale blasse Brust mit zaghafter blonder Behaarung kommt zum Vorschein.

Ich lehne mich zurück.

»Seine Hose.« Cora wirkt ungeduldig. »Wir lassen ihn fühlen, daß er nur ein ganz gewöhnlicher Junge ist.«

»Du brauchst einem Mann nur eine Uniform anzuziehen«, sagt Trix, »schon bildet er sich was ein.«

Uniformen, das sind immer noch die Deutschen. In Archivfilmen, in den Büchern und der Erinnerung aller, die es gesehen haben, treten sie in Kolonnen marschierend, mit dröhnenden Stiefeln, den Arm hochgereckt, Lieder schmetternd, noch so auf. Was tun wir nur, denke ich, wir sind nicht mehr aufzuhalten, wir haben etwas entfacht, das stärker ist als wir.

Während ich den Gürtel aufmache, sehe ich Ruud im fahlen Licht neben dem Bett stehen, wie er mit schnellen Bewegungen seinen Gürtel aufmacht, und ich liege wieder in dem tiefen, weichen Bett, voller Erstaunen und Abscheu über meine Gefügigkeit. Es ist mir ein Rätsel, warum ich ständig etwas tue, was ich eigentlich nicht will.

Mit großer Mühe ziehen ihm Lien und Trix seine tadellos geputzten, schwarzglänzenden Schuhe aus. Um die Hose ausziehen zu können, muß man die Beine kurz loslassen. So wie Fechter und Boxer einen schwachen Moment des Gegners abwarten, um zuzuschlagen, benutzt der Schaffner diesen Augenblick für einen heftigen, gut gezielten Tritt. Trix taumelt rückwärts und faßt sich mit beiden Händen ans Gesicht.

»Ich werde euch…« keucht er.

Warum sie, denke ich, warum gerade Trix mit ihrem sowieso schon übel zugerichteten Gesicht? Aber sein nackter Fuß hat nicht viel Schaden angerichtet, sie erholt sich schnell. Ungehindert ziehe ich ihm die Hose aus.

Es hat kurz den Anschein, als sei seine Kraft gebrochen. Sein Oberkörper hängt schlaff auf Coras Schoß, die im Mittelgang halb kniet, halb sitzt. Es hätte der Kreuzabnahme Christi ähneln können – Cora als die schmerzlich trauernde Mutter und er als der jämmerlich gestorbene Märtyrer –, wenn sich da nicht anstelle eines weißen Keuschheitstüchleins so ein glänzender hellblauer Slip um seine Lenden spannen würde.

Wenn ich später heirate, denke ich, kaufe ich solche Slips für meinen Mann.

Was passiert nun? Zögern wir? Jede von uns ist unergründlich. Taxierend sehen wir uns über den Körper des Schaffners hinweg an.

»Wir machen weiter«, sagt Trix. Mit einer energischen Kopfbewegung wirft sie ihre Mähne zurück.

»Los«, sie nickt mir zu.

Ich stehe neben ihm, meine Hände sind wie gelähmt. Noch nie habe ich jemanden gesehen, der so in der Falle saß.

Er schaut, als stünden wir kurz davor, ihn durch das geöffnete Fenster zu werfen, oder, schlimmer noch, als wäre ihm ein solcher Tod lieber als das, was wir mit ihm vorhaben.

Was wollen wir? Wollen wir uns rächen, ihn bis zum äußersten demütigen? Oder wollen wir uns selbst eine neue Art von Aufregung verschaffen, um den Alltagstrott zu durchbrechen? Es ist mir unmöglich, mich in Bewegung zu setzen. Wäre ich doch ein mechanisches Spielzeug mit einem Schlüsselchen im Rücken, dann könnten sie mich aufziehen, und ich würde diese Handlung ungerührt verrichten. Drei Augenpaare zwingen mich, es zu tun, eines fleht mich an, es nicht zu tun. Ist das der Prüfstein ihrer Freundschaft? Muß ich nun beweisen, daß ich ihrer Gesellschaft würdig bin?

»Laß mich nur machen«, sagt Trix.

Sie steht auf. Beschämt und erleichtert nehme ich ihren Platz ein. Das wird ihr Akt werden, so ist es vorbestimmt, ich sehe es an ihrem verführerischen Lächeln, als ihre Augen die des Schaffners suchen.

In einer letzten Kraftanstrengung brüllt er: »Rühr mich nicht an, laß verdammt noch mal deine Finger von mir...«

Verzweifelt krümmt und windet er sich, um sich aus unserem Griff zu lösen, ich fühle die gespannten Muskeln seines Beines. Resolut faßt Trix den Slip mit beiden Händen und streift ihn über seine Hüften.

Gequält wendet er den Kopf ab. Ein Sonnenstrahl schafft es, durch den Nebel zu dringen und fällt genau in unser Abteil, den Körper des Schaffners in eine warme Glut hüllend. Stille tritt ein, die durch das Dröhnen der Räder auf den Schienen betont wird.

Wie eine friedfertige Matrone läßt Cora ihren Blick über den nackten Körper gleiten. Alle Rachegefühle scheinen sie verlassen zu haben, ihr Griff um seine Arme ist schlaff geworden, und er hängt an ihr wie der verlorene Sohn, der in den Mutterschoß zurückgekehrt ist.

Gedankenlos streichelt Lien sein Bein und zieht dabei ständig die kurze Nase in eine Falte, um ihre Brille obenzuhalten, eine uns vertraute Angewohnheit.

Trix' normalerweise so gelangweiltes Gesicht ist nun voller Leben. Ihre Augen sind gerötet vor Aufregung, ihre

Nasenflügel beben, und ihre Augen glänzen wie nie zuvor. So schön habe ich sie noch nie gesehen. Den hellblauen Slip hält sie wie einen Fetisch in der Hand.

Die Sonne scheint mir warm auf den Rücken. Ich spüre, wie die Spannung von mir weicht, so wie nach einem heftigen Gewitter der Himmel wieder aufklart. Von mir aus dürfte sich der Zug bis in die Unendlichkeit durch die Landschaft bohren, derweil wir das ewig andere, Fremde, Herausfordernde, Angsterweckende, Rührende anstarren.

Mit der Feierlichkeit einer Priesterin in der Antike beugt Trix sich vor und küßt ihn auf die Brust. Ein Schauder durchzuckt ihn, das Bein in meiner Hand bekommt wieder einen eigenen Willen. Langsam und bestimmt bewegen sich Trix' Lippen von seiner Brust bis zu seinem Bauch, ihre Haare wie ein Fächer über ihm. Von seinem Bauch beschreibt sie einen Bogen über die Hüfte zu den Schenkeln, auf denen kurze Härchen glitzern.

Niemand von uns sagt etwas, als würden wir einem geheimen Ritual beiwohnen, in dem sich ein Wunder an seinem Geschlecht vollzieht, welches wächst und sich erhebt, bis es glühend und zum Äußersten gespannt auf seinem Bauch einen Schatten wirft. Wie in Trance küssen Trix' Lippen die Innenseite seiner Schenkel. Ein rauher Schrei, der unten aus seinem Bauch zu kommen scheint und von krampfhaften Zuckungen in der Brust und den Schultern begleitet wird, bereitet dem wohligen Gefühl, das uns beschlichen hat, abrupt ein Ende.

Trix erhebt sich, und ihr Rausch weicht Erstaunen, als sie sieht, daß er auf Coras Schoß liegend weint und versucht, sein Gesicht in den Falten ihres violetten Kleides zu verbergen. Cora streicht ihm wie eine alles verzeihende und verstehende Mutter tröstend das Haar. Entsetzt über die Wirkung ihrer Liebkosungen zupft Trix nervös an der Unterhose, die sie immer noch in der Hand hält.

Der Zug verringert seine Geschwindigkeit.

Ich weiß nur, was in unserem Abteil geschah; das Gähnen und Husten, die stillen Blicke und vertraulichen Gespräche, die Irritationen und Träumereien im Rest des Zuges kann ich nur vermuten. Der Schaffner ist im Prinzip der einzige, der neutral bleibt, weil er während der Fahrt immer von einem Abteil zum anderen geht.

Unserer nicht. Der konnte seine Runde nicht zu Ende führen. Der Anblick des Bahnhofs hat ihn wieder einigermaßen zur Besinnung gebracht. Er ist erschöpft aufgestanden, er hat schwankend die Schiebetür geöffnet.

»Warte«, sagt Cora, »deine Klamotten.«

Hastig sammeln wir seine Sachen zusammen. Er hört nicht hin. Wir existieren für ihn nicht mehr. Auf wackligen Beinen stolpert er zum Aussteig, Cora wackelt mit uns im Schlepptau hinter ihm her.

»Zieh dich an«, ruft sie, »so kannst du doch nicht aussteigen.«

Wir stopfen Hose, Socken, Hemd, Krawatte, sein Brille und seine Tasche in die Jacke, binden sie mit den Ärmeln zu und drücken ihm das Bündel in die Arme. Verwundert, als reiche man ihm ein Findelkind, sieht er uns an.

Zum Glück wollen hier keine Fahrgäste aussteigen. Hastig gehen wir wieder in unser Abteil, wir sind noch nicht am Ziel. Unsere aufgeregten, warmen Körper aneinandergeschmiegt, die Nasen an die Scheibe gedrückt, sehen wir den Schaffner aussteigen.

Auf dem Bahnsteig drängelt sich eine Menge Passagiere. Vor dem nackten Reisenden weichen sie verblüfft auseinander. Er schreitet mit dem Kleiderbündel vor der Brust durch die Reihen und starrt ernst vor sich hin, als trage er seinen ersten Sohn zum Taufbecken.

KATHY LETTE

Das Schlimmste kommt noch

»Ausziehen«, befahl Tash dem Opa.

Ich beobachtete, wie er sich sein Hemd und die Hosen auszog und dann in seinen langen Strümpfen und diesen ausgebeulten Langweilerunterhosen, die amerikanische Männer tragen, dastand. Meine beste Freundin Natasha war gerade im Begriff, den Präsidenten eines mächtigen Filmstudios mit Handschellen an ein Messingbett zu fesseln und ihm den Hintern zu versohlen.

»Wer ist also heute ein unartiger Junge gewesen?« sagte Tash in ihrem Chicagoer Tonfall. Sie hatte eine Stimme, auf der man Käse hätte reiben können, ehrlich. Ein nervöses Kichern entschlüpfte mir. Auch Tash war kurz davor, in Lachen auszubrechen. Sie biß sich fest auf die Unterlippe und rief mich streng zur Ordnung: »Sch – Schnürsenkel!« Sie streckte ihre Hand aus wie ein Chirurg, der aufs Skalpell wartet. Ich fieselte fünf oder sechs Fäden aus dem Bündel von Lederstriemen auf dem Nachttisch.

Der alte Kauz streckte sich auf dem Bett aus, Gesicht nach unten. Tash band seine Handgelenke über dem Kopf zusammen. »Füße«, wies sie mich an, wobei ihre Stimme voller erzwungener Strenge war. Seine Haut war grau und hatte die Farbe von Cafeteria-Saucen, während seine lila

Socken einen intensiven Geruch verbreiteten. Ich wußte absolut *nichts* über Fesselung. Ich hatte immer angenommen, es sei einfach eine innovative Art, seinen Partner daran zu hindern, nach Hause zu gehen. Während ich seine Knöchel an das Bettgestell knotete, drehte der Typ seinen Kopf zur Seite. Seine Augen waren nicht nur glasig, sie waren doppelt glasiert, und er hatte so ein dünnes, hoffnungsfrohes Lächeln auf den Lippen. Ich hatte schon hübschere Köpfe an Brücken gesehen, kann ich nur sagen.

Tash zerrte ihm das Höschen herunter. Der Nachttisch war mit beeindruckenden Bildern von ihm selbst im Geschäftsanzug vollgestellt. Die dunkelblauen Nadelstreifen verdeckten die Realität seiner zitternden Oberschenkel und der schlaffen Pobacken, die wie Sahneküchlein aussahen: weich und krumpelig. »Jetzt«, befahl sie, »will ich, daß du zählst.« Er ballte die Sahneküchlein zusammen. Tash erhob den Ledergürtel und zog ihm einen über den Hintern.

»Eins«, sagte er schwach. Sie gab ihm einen zweiten Hieb. »Zwei...«

»Nicht zu fest... ich meine, tut das nicht weh?« hörte ich mich aufgeregt quaken, wobei ich, während mir diese Worte herausrutschten, begriff, daß das natürlich der Sinn der Sache war. *Was machte ich überhaupt hier?* Ich war die Sorte Mädchen, die abends mit Zahnseide herumfuchtelte und sich die Nagelhäutchen zurückschob. Himmel noch mal, ich löste schwierige Kreuzworträtsel, aber doch nicht so was wie hier.

»Keine Bewegung, Abschaum«, wies sie ihn in einer tiefen Internatsleiterinnenstimme an, ehe sie mich in ihren knarrenden Lederstiefeln ins Bad verfrachtete.

»Tash«, sagte ich, sobald sich die Tür hinter uns geschlossen hatte, »das hier ist mir zu merkwürdig.«

»Wo wohnst du eigentlich?« fragte sie sarkastisch. »In einer Kiste? *Alle* Männer wollen gefesselt werden, vor allem, wenn sie tagsüber im Büro richtige Ärsche sind.« Sie runzelte die Stirn beim Anblick des schwarzen Nagellacks, der von ihrem Zeigefinger absprang.

Tash war winzig und wurde ausschließlich von ihren Nerven zusammengehalten. Sie hatte einen zarten Mund, kupferfarbenes, kurzgeschnittenes Haar, einen Ring in ihrem rechten Nasenflügel und mächtige Brüste. (Sie hatte mir einmal erzählt, wie sehr sie es haßte, große Titten zu haben. Die Kerle waren immer dabei, nach ihnen zu greifen und zu sabbern. »Die vergessen einfach, daß es mich auch noch gibt! Es ist wirklich wie ...Hey! Verzeihung«, hatte sie vorgeführt, indem sie ihre Brust ansprach, als ob ein Mann sich dort befände, lutschend und schmatzend sich vergnügend. »Wenn ihr drei da fertig seid, laßt es mich wissen, okay?«)

Ich beobachtete, wie Tash sich ihren Fingernagel neu lackierte. »Was passiert als nächstes?« fragte ich und versuchte dabei, wie eine Frau von Welt zu klingen.

»Nun ja, ich werde ihm noch ein paar Popoklatscher verpassen und ihm dann einen schnellen Bums gönnen oder ihm einen blasen«, sagte sie mit resoluter Indifferenz. »Und das war's dann.«

»Bäh. Igitt.« Ich krümmte mich zusammen. »Du wirst ihn sein Teil in deinen Mund stecken lassen? Er ist doch praktisch ein Fossil! Er ist...«

»Ich blase den Leuten gerne einen«, erwiderte Tash mit fröhlicher Aggressivität. »Das ist für mich wie eine kleine Pause, weißt du, Zeit, um über etwas anderes nachzudenken.«

Etwas anderes? Etwas anderes? Und *was* zum Beispiel?

»Aber er darf nicht in meinem Mund kommen.«

»Ach so, richtig!« sagte ich mit gespielter Erleichterung. Ich konzentrierte mich auf die Badezimmerwände. Sie waren mit goldgerahmten Postern von Filmen bedeckt, die ich noch nie gesehen hatte und für die ich wohl auch fünf bis zehn Jahre zu spät dran war.

»Es gibt nur eine Methode, einen Cowboy, der so etwas tut, zu kurieren: Tu so, als ob du ihn küssen würdest, und leere den ganzen Kram in *seinen* Mund zurück. Frag' ihn, wie es *ihm* gefällt, einen Viertelliter warmes, salziges Porridge zu schlucken.« Tash legte ihre behandschuhte Hand auf die Türklinke. »Und, Kat« – ihre marokkobeige geschminkten Augen musterten mich von oben bis unten –, »das hier ist ein Powerfick. Reiß dich ein bißchen zusammen!«

Ich sah mich im Spiegel an. Ich sah lächerlich aus. Die leeren BH-Tüten in meinem Korsageoberteil hingen schlaff herunter, und meine Hosenträger waren verrutscht. Als ich Tash gebeten hatte, mir einen Job zu besorgen, hatte ich mehr an Buchladenaushilfe oder Pizzataxi gedacht.

Als ich ins Schlafzimmer zurückkam, hatte Tash den alten Schulman wieder richtig herum gewendet, seinen riesigen Bauch zwischen ihre Beine geklemmt und war gerade dabei, ein seidenes Seil um seinen Hals zu binden.

»Ich werde bis hundert zählen«, sagte sie feierlich. »Wenn du bis dahin nicht gekommen bist, dann werde ich dieses Seil mächtig fest um deine Mandeln ziehen. Kapiert, Cowboy? Meine Assistentin ist da und wird mir helfen.«

»Ja«, sagte der Mogul demütig, der auf seinem Bett gelandet war wie ein Walroß am Strand.

Assistentin? Assistentin? Das einzige, was ich jemals geschlagen hatte, war Sahne. Um die Wahrheit zu sagen, sind meine Erfahrungen, was sexuelle Dinge angeht, eher begrenzt. Eine neue Stellung im Bett bedeutet für mich, daß ich mich auf die Seite drehe.

Tash rutschte wie auf einem Hüpfball auf und nieder und zählte jeden Stoß. »Eins, zwei, drei, vier...« Dem alten Typen quollen vor lauter Vergnügen fast die Augen heraus. »...dreizehn, vierzehn, fünfzehn...« Es war schwer, sich vorzustellen, wie er hinter einem dicken Schreibtisch saß und Termine für Powerfrühstücke machte. »...einunddreißig, zweiunddreißig, dreiunddreißig...« Ich hatte Joel Schulmans Bild oft im *Variety Magazine* gesehen, inmitten eines Haufens Filmsternchen, schmunzelnd und mit Zigarre im Mund; für die Kameras freundliches Amüsement mimend.

»Fünfundfünfzig, sechsundfünfzig...« Tash zog das Seidenseil enger um seinen Hals. Seine Haut sah aus, als hätte er eine Woche lang in der Badewanne gelegen. Ich hätte nicht schlecht Lust gehabt, »Malen nach Zahlen« mit seinen Gänsehautpickeln zu spielen. »Neunundsechzig, siebzig...« Ihre Stimme nahm einen strengeren Ton an. »Neunundsiebzig, achtzig...« Er wurde drängeliger, schlug um sich und zog an seinen Lederstriemen. »Zweiundachtzig, dreiundachtzig...« Sein Doppelkinn wackelte. Sein großer Bauch schwabbelte. »Siebenundneunzig, achtundneunzig, neunundneunzig...«

Eine explosionsartige Erschütterung ging durch ihn. Sein ganzer Körper bog sich vom Bett ab. Er stöhnte ein Stöhnen völliger Ekstase und Erleichterung und schlichten, perfekten Vergnügens aus jeder Pore seines prähistorischen Körpers.

Tash stieg ab, gab seinem blassen Bein einen nachlässigen Klaps und machte mir ein Zeichen, ich solle ihr in die Küche folgen.

Sie machte uns beiden Tee – für mich Earl Grey und für sie Zitrone. »So«, sagte sie, »eine halbe Stunde und zweihundert Mäuse. *Geradewegs in die heiße kleine Hand von C. J.*«

Tash war keine wirklich wahrhaftige Nutte. Na ja, nur halbtags, um ihre Schulden abzubezahlen. Und es war nicht so, als hätte sich nicht auch schon andere Jobs versucht. Innerhalb des letzten Jahres war sie Straßenfegerin gewesen, vorgebliche Tarot-Kartenleserin, Fantasy-Sex-Telefon-Service-Mädchen und Discjockey in einem Krankenhaus, wo sie die Sportnachrichten und Todesmeldungen zu lesen hatte. Sie hatte sich als Weihnachtsmann verkleidet, in öffentlichen Parks Feuer geschluckt und war als menschliche Plakatsäule umhergegangen. Sie hatte Benzin aus Autos geklaut und die ganze Nacht damit verbracht, ihre Innereien auf irgendeinem Parkplatz in Downtown wieder herauszuspucken. Sie hatte ihr eigenes Auto gestohlen, um die Versicherungsprämie einzukassieren. Einmal hatte sie dreihundert Restaurants in L. A. angeschrieben und behauptet, ihr sei Tomatensuppe auf den weißen Designeranzug gekippt worden. Sie hatte jeweils fünf Dollar für die Reinigungskosten angefordert und erhalten. Aber sie war immer noch pleite.

Das meiste ihres Geldes ging an C. J., den Privatdetektiv, den sie angeheuert hatte, um irgendwelchen Kram aus ihrer Vergangenheit aufzuarbeiten. Tashs Vergangenheit war die klassische Kleinstadtkatastrophe aus dem Mittleren Westen. Inzest, Alkoholismus und eine Mutter, die sich mit Tierzucht befaßte. (Sie hatte sieben Ehemänner gehabt, jeder von ihnen ein Tier.) Irgendwelches Geld, das von C. J. übrigblieb, verwendete Tash auf ihren Gesangsunterricht und ihre Demo-Kassetten. Sie schrieb ihre eigenen Songs, die besten hießen »Everywhere I Go, Everywhere I Go, Everywhere I Go, I'm There« und »Fuck Me Now«.

Da es erst die zweite Nacht war, in der Tash diesen neuen Beruf ausübte, rief sie nach einigen Schlucken Tee ihre Puffmutter an, Candida. Die Nummer war nicht erreichbar. Ich war nicht überrascht, um ehrlich zu sein. Ich meine, was kann man von einer Frau erwarten, die nach einem Vaginalleiden genannt ist?

Erst als wir wieder reingingen, um den Alten loszubinden, stellte ich fest, daß die Telefonleitung nicht das einzige war, was heute abend tot war. Ich spürte die Hitzewelle purer Angst über mein Gesicht und meinen Hals herunter schießen.

»Er hat's geschmissen!« blökte ich.

Tash sah mich verständnislos an.

»Kaputt. Finito.«

»Häh?«

»Er ist von der Stange gefallen.« Ich zog meinen Finger über meinen Hals und gurgelte. »Er hat den Löffel abgegeben.« Immer noch kapierte sie nicht. »Er ist TOT, verdammt noch mal!«

»Scheiße«, sagte sie verstört, »das sollte eigentlich nicht passieren.« Dann raffte sie sich auf. »Aber er hat noch nicht bezahlt.«

»Also dann mach was!« Ich fing an, von einer Seite des Bettes auf die andere zu laufen.

»Was?«

»Weiß ich nicht. Wie wäre es mit Mund-zu-Mund-Beatmung oder irgendwas...«

»Iiirk. Bring mich nicht zum Kotzen!«

Das brachte mich fast um. »Tash, du hattest gerade Sex mit dem Jubelgreis, und du willst ihn nicht *küssen*? Hast du etwa Angst vor *Bakterien*?«

Tash stieß ihn vorsichtig mit dem Fuß an. »Es ist sowieso zu spät. Dieser Typ ist vollkommen tot.«

Ich starrte die Leiche an. Das seidene Seil war immer noch um seinen Hals geschlungen. Das Blut in meinen Adern gerann. Mein Gehirn pochte. Ich begann, mir Möglichkeiten zu überlegen, wie wir seine Leiche loswerden könnten. Wir könnten ihn in eine Badewanne voller Säure stecken... Nein. Wir könnten ihn zerhacken und ihn den Müllschlucker runterschicken. Aber alles, was ich bei mir hatte, war eine Nagelschere. »Wir könnten behaupten, es sei Selbstmord gewesen.«

»Na klar« sagte Tash, die gerade die Zigarre wiederbelebte, die Joel Schulman vorher im Aschenbecher ausgedrückt hatte. »Er hat sich zu Tode gefickt? Wer soll denn das glauben?« Aber dann leuchtete ihr Gesicht auf. »Komm schon! Hilf mir, ihn rüber zum Fenster zu schaffen!« keuchte sie, während sie die Schnürsenkel um seine Knöchel abzog.

»Wozu denn?«

»Diese Wohnung befindet sich im dreißigsten Stock.«

»Na und?«

Sie sah mich an, als wäre ich ein Hilfsschüler. »Sagt dir das Wort ›Platsch‹ irgend etwas?«

Der alte Knacker war unglaublich schwer. Wir zogen und hoben und fluchten wie die Kutscher und hatten ihn dann endlich über den Teppich zum Fenstersims hochgehievt. Zusammen hatten wir schon einen total überzeugenden und schrecklich bewegenden Abschiedsbrief entworfen, bis wir feststellten, daß das Fenster zugeschweißt war.

»Scheiße!« sagte Tash scharfsinnig. Und wir ließen seinen Körper zurück auf den Boden fallen.

»Herrgott. Was machen wir *jetzt*?«

Sie zuckte mit den Schultern, betrachtete einen Moment lang sein berühmtes Gesicht und lächelte ein kleines und zärtliches Lächeln. »Na ja. Wenigstens hatte er einen großartigen Orgasmus.«

»Orgasmus!« kreischte ich. »Orgasmus! Das war doch kein Orgasmus! Das war Todesröcheln, du Idiot... Herrgott!«

Ehrlich, Amerikaner sind das sentimentalste Volk der Welt. Sie sind eine Art psychologischer süßer Schleckermäuler. Tash zog den Rülpser voller Zigarrenrauch durch einen durchstochenen Nasenflügel. »Laß uns einfach abhauen. Niemand wird wissen, daß wir es waren«, sagte sie. »Ich meine, er ist der Direktor eines Filmstudios. Es wird da Trillionen an Verdachtspersonen geben.«

»Trash!« Ich hyperventilierte. »Du hast mir erzählt, er wäre ein Müsli-Mensch gewesen, total fit.«

»Ja, ist er... war er... Guck dir doch mal seine roten Bäckchen an.«

»Das sind keine roten Bäckchen. Das sind rote *Adern*!« zischte ich, um dann darauf hinzuweisen, daß es jetzt sowieso zu spät sei, abzuhauen. Wir hatten den alten Dickbauch so viel herumgehievt, daß es mittlerweile nach einem Mord aussah. Blaue Flecken entwickelten sich in Polaroidgeschwindigkeit an seinen Armen und Beinen und auf der Rückseite seines Kopfes. Seine Haut begann gerade, etwas runzlig auszusehen. »Vielleicht sollten wir einfach die Bullen anrufen?« schlug ich vor.

»Wie denn... bist du wirklich in der Laune, die gesamte Mordkommission von Beverly Hills zu bumsen?« Tash stupste den riesigen Feuerwerkskörper, den sie geraucht hatte, wieder aus. »Der Typ, den wir *wirklich* anrufen sollten, ist Arnie Grossman.«

»Wer?«

»Er ist der Vizepräsident. Er wird sehr daran interessiert sein, die Sache totzuschweigen. Du weißt schon, die Ehre des Studios retten und den ganzen Scheiß.«

»Wirklich?« Erleichterung sickerte durch meinen Körper. »Und er hat haufenweise Einfluß und so?«

Tash gab mir einen dieser »Bist du noch bei Trost?«-Blicke. »Wir reden hier von dem Typen, der Israel dazu gebracht hat, sich wieder aus dem Libanon rauszumachen.« Sie nahm den Hörer auf. »Reicht dir das an Einfluß?« Dann, genauso schnell, legte sie wieder auf. »Scheiße. Dann wird das Studio aber den Plattenaufnahmetermin stornieren, den Joel mir organisiert hat.«

»Tash«, erklärte ich eisig, »wenn wir nicht bald was tun, wird die ganze Aufnahme, mit der du noch zu tun haben wirst, sich im Eingangsbereich eines Gefängnisses befinden.«

Ich dachte über den Knast nach. Über *Miami Vice, L. A. Law.* Den elektrischen Stuhl. Es gab keine Alternative. *Wir* mußten Selbstmord begehen.

»Okay, okay. Beruhige dich. Was ist mit deinem Produzenten, Epstein? Ja. Melde dich doch mal beim alten Abe.« Sie legte mir den Hörer in die Hand.

»Tash, wie kann ich ihn anrufen, wenn ich nicht mehr mit ihm rede?« Ich schob das Telefon zurück in ihre Richtung. »Ich habe seine Show mitten in den Aufnahmen verlassen, du erinnerst dich vielleicht? Der totale Hängenlasser. In gar keinem Fall werde ich diesen Hurensohn anru...«

»Er hat doch Kontakte zur Mafia, oder?«

»*Hat* er die?«

Tash wand meine Finger um den Hörer. »Ruf an!«

Ich hätte nie, nie nach Hollywood kommen sollen. Alles war seit dem Tag, an dem ich hier angekommen war, mies und mieser gelaufen. Ich hatte mich in einen Typen verliebt, der auf seinem Spiegel lauter Knutschflecken hatte. Ich war in einen Klub aufgenommen worden, der »*Ugly Unlimited*« hieß. Ich teilte mir eine Wohnung mit einem Mädchen, die sich die Haare am St. Patrick's Day grün färbte und teilzeitweise mit älteren Männern schlief, um die Aufnahmen und Lieder mit doofen Titeln zu bezahlen – und die soeben den Vorstand eines der größten Filmstudios in Hollywood umgebracht hatte. Abgesehen davon war alles wunderbar, fein, keine verdammten Schwierigkeiten. Ich wählte Abes Nummer. »Anrufbeantworter.«

Tash starrte die Leiche mit der verzweifelten Zuneigung an, die normalerweise einem toten Haustier vorbehalten bleibt. »Okay«, sagte sie, indem sie an dem Fingernagel knabberte, den sie eben frisch lackiert hatte, »dann warten wir eben und rufen später an.«

Oh, warum hatte ich nur nicht auf meine Kumpels gehört? Grub, Chook, Fang, Debbie, Macka, Cara – keiner von ihnen war besonders begeistert davon, daß ich mich in die Staaten aufmachte. Nicht, wie zu erwarten gewesen wäre, wegen der Raubüberfälle oder Autounfälle oder Massenmorde. Was sie beunruhigte war vielmehr, daß ich mich zu einem Klugscheißer entwickeln würde. Am Flughafen hatten sie mich gezwungen, eine »Klugscheißerklausel« zu unterschreiben. Es stand schlicht dort: »Es ist Zeit, nach Hause zu kommen. Du bist jetzt zu einem Klugscheißer mutiert.« Es war vereinbart worden, daß mir diese Notiz geschickt werden würde, wenn man mich jemals dabei erwischte, wie ich im Haus eine Sonnenbrille trug oder den Begriff »Powerfrühstück« benutzte. Nicht, als ob ich dachte, daß ich mich jemals in einen Klugscheißer verwandeln *könnte*. Mit einem Vater wie dem meinen zu leben, läßt einen eine ganz fein austarierte Bullshitantenne entwickeln. Aber auf den komme ich gleich zu sprechen.

Der Grund, warum ich mich überhaupt an einem Ort befand, an dem die Leute im Haus Sonnenbrillen trugen, war, daß ich eine Reise nach Hollywood gewonnen hatte, um eine Statistenrolle in einer berühmten amerikanischen Comedy Show namens DINKS (Double Income, No Kids) zu spielen. Das Preisausschreiben war eines dieser widerlichen Reklamedinger gewesen. Die Show war gerade *Down Under* angelaufen, und die Produzenten dachten, es würde ganz niedlich sein, eine kleine Australierin da einen Gastauftritt machen zu lassen. Alles was man machen mußte, war, eine Videoaufnahme von sich selber einzuschicken plus den Coupons von zehn Margarinepapieren, und in maximal zehn Worten zu schreiben, was man von Amerika dachte.

Das war einfach. Ich liebte Amerika. Der Grund, warum ich Amerika liebte, war, daß mein Vater Amerika haßte. Und ich haßte meinen Vater. Ich weiß nicht, warum sich die Leute immer so aufregen über Kids, die Scheiße bauen. Was ich wollte, war ein Heim für pflichtvergessene Papis. Einmal, als ich ungefähr zehn war und er verreisen mußte, ließ er mich alle seine Postkarten schreiben, ehe er überhaupt abgereist war: für den Fall, daß er bei seiner Ankunft dort zu betrunken wäre, um sie selber zu schreiben. »Hallo. Amüsiere mich prächtig. Wünschte, du wärst hier…« usw. Ich mußte mir sogar selber eine schreiben: »Liebe Katrina…«

Das einzige Geburtstagsgeschenk, das ich je von ihm bekam, war das Angebot eines »Volltreffers« oder eines »Treffers« auf Lehrer meiner Wahl an der Schule. Ein

»Volltreffer« hätte ihre gänzliche Beseitigung bedeutet, ein »Treffer« nur ihre Kniescheiben betroffen. Das war ein unheimlich guter Beitrag zum Elternabend, kann ich nur sagen.

Ich erinnere mich auch an die Besuche im Gefängnis. Die langen, freudlosen Zugreisen zum *Parramatta Prison*, durch die Fabriken und die Sozialwohnungen. Die Gefängnisseife, die nach Fliegenschutzmittel roch. Die blassen, seekrank-grünen Gefängnisuniformen. Der fettige Geruch nach Gefängniseintopf – »Schlucken und Spucken« nannte man ihn dort. Und wie seine Stimme, die sich anstrengte, fröhlich und lässig zu sein, durch die Sprechanlage im Besuchszimmer verzerrt wurde. Und dann gab es noch die »Kontaktbesuche« – der grausame, herablassende Blick der Wärter, während sie die Handtasche meiner Mutter durchsuchten. Eines Tages zerfetzten sie ihre Binde. Suchten nach Drogen, sagten sie. Schweine. Wir saßen dann im Schneidersitz auf dem pockenfarbigen Rasen und warteten, daß sein strahlendes Gesicht aus dem kotzgrünen Meer von Männern herausschauen würde. Er würde dann eine Weile bei uns sitzen, einige Kartentricks machen und mich ungefähr hundertmal fragen, wie groß ich sei. Aber während die Sonne meinen Kopf verbrannte, würde sich das Thema auf Geld und Moral richten. Er regte sich dann immer über meine Mutter auf und nannte sie einen Snob und eine reiche Pute, »die dachte, ihre Scheiße würde nicht stinken« – mein Vater hatte eine bemerkenswerte Formulierungskraft –, und dann wanderte er weiter, um mit den Frauen anderer Knastbrüder zu flirten.

So habe ich ihn in Erinnerung.

Meine Mutter hatte »unter Stand« geheiratet. Einen »Taugenichts«, einen »Rowdy«, einen »Frauenhelden«, wie meine schicken Tantchen aus *North-Shore*-Vororten sagten. Mum fand nach meiner Geburt heraus, daß Dad schon dreimal vorher verheiratet gewesen war. Sie dachte sich, er heirate so oft, weil er ein ungebildeter Tropf war. Sie sagte, »ich« und »will« wie im Hochzeitsschwur stellten sein Gesamtvokabular dar.

Man nahm an, es sei Krebs gewesen, der sie umgebracht habe. Aber woran sie in Wirklichkeit starb, war mein Vater. Er war ein bösartiges Geschwür in Gestalt eines zwei Meter großen, blauäugigen Iren mit einem leuchtenden Lächeln und einem sonnenverbrannten Gesicht, durch das sich Lachfalten zogen.

Das Merkwürdige war, ich vermißte sie nicht wirklich. Um die Wahrheit zu sagen, gab es nicht soviel zu vermissen. Obwohl sie erst letzten Sommer gestorben ist, hatte sie sich tatsächlich schon vor Jahren selber stillgelegt. Ihre Gegenwart war wie die Musik in Einkaufspassagen; da, aber doch nicht wirklich da, mit der Umgebung verschmelzend; im Hintergrund, undeutlich. In meiner Erinnerung war ihr Gesicht verkniffen, ihre Lippen vorgestülpt, als ob sie nähen würde und den Mund voller Nadeln hätte. Ich vermute, sie hatte Angst, daß, wenn sie jemals lächelte, sie sich einfach völlig auflösen würde.

Aber keine Sorge. Ich werde jetzt nicht in einer ganzen Menge Ach-ich-armes-Ding-Scheiße baden. Das Leben ist für mich eigentlich immer einfach gewesen, viel einfacher als für meine Kumpels. Ich habe einen Satz eingebauter Übersetzungen. Ich glaube einfach an all die Dinge, an die mein Vater nicht glaubt. Er haßt die Polizei, klassische Musik, süßlichen Romantikkram, Fernsehen (er nennt es das gespenstische Goldfischaquarium) – und, mehr als all die anderen Sachen zusammen: Amerika. Er glaubt, Australien sei der dreiundfünfzigste Bundesstaat geworden. Er schimpft und lästert dauernd, daß, wenn wir aufgewachsen wären und russischen Fraß gegessen hätten, russisches Fernsehen geglotzt und russische Klamotten getragen hätten, würde der Rest der Welt finden, wir seien erobert und gehirngewaschen worden. Aber nur weil es *amerikanische* Glotze und Fressen und Unterhaltung sind, scheint niemand es zu bemerken. Während er unsere McDonalds-Tüten herauswarf und seine Gabel gegen die amerikanischen Filme im Fernsehen schmiß, versuchte meine Mutter, sich mit ihm auseinanderzusetzen. Aber um die Wahrheit zu sagen, das einzige, was mein Vater wirklich in einer Diskussion in den Griff bekommen konnte, war eine Bierdose.

Als Konsequenz wuchs ich als klassische Musik hörende, Groschenroman lesende, ehrliche, fernsehende, heimliche Amerikanerin auf. Wenn man seinen Namen durch eine einseitige Erklärung der Namensänderung wechseln konnte, wieso konnte man nicht seine Herkunft ändern? Man kann sich das vorstellen: durch eine einseitige Erklärung der Familienänderung. Ich wollte Amerikanerin werden. Unbedingt.

Amerika ließ mich fühlen, als hätte ich mich schon mein ganzes Leben lang nach Dingen gesehnt, von denen ich noch nie gehört hatte: sprechende Badezimmerwaagen, zusammenfaltbare Schlitten, Helikopter für sie und ihn, Heim-Ski-Maschinen, ein sonarer Rattenabweiser... Und die Sache, nach der ich mich am meisten sehnte, war es, mich zu verlieben. Ich wollte einen amerikanischen Romeo; frisch aus dem Ofen, frei Haus geliefert. Oh, nichts Besonderes: solange er Brustmuskeln, einen Doktorgrad, einen hübschen Po, eine nichtsexistische Haltung, einen schönen Teint, einen erfahrenen Penis und blaßblaue Augen hatte, Soufflés zubereiten konnte, mit

Krokodilen Zweikampf übte und eine liebevolle Beziehung suchte mit knochenmarkwegschmelzendem Sex. Na und, ist das von einem Milliardär zuviel verlangt?

Das war der andere Grund, Amerikanerin zu werden. Man muß wissen, daß Australier nichts Besonderes sind, was den süßlich-romantischen Kram angeht. Leidenschaft ist da nicht modern, wo ich herkomme. Aussie-Typen, diejenigen ohne alkoholbedingte Impotenz oder Balkon über ihrem Spielzeugladen, mögen ja bronzefarben und blond sein, mit lachenden Augen und einem Humor, der so trocken ist wie die Sahara – aber sie sind außerdem noch *emotionaler Bonsai*. Nicht nur das, Emotion nur bei Erektion. Bei den Jungen, die ich kannte, wenigstens.

Tash meint, ich wäre pimmelscheu, aber das ist es nicht. Ich hatte sieben Liebhaber, ein ganz guter Schnitt für eine Zwanzigjährige, denke ich mal. Colin Pickles, Chook, Fang, Fido, Scunge, Terry the Tooth und Garry Hudson. Garry war mein letzter Freund. Von meinen Freundinnen wurde er für einen superfeurigen Typen gehalten. Obwohl es mich etwas nervte, wie er immer seine Fürze anzündete, man kennt das, als Fetentrick. Jedenfalls, eines Nachts bremste ich Gaz mitten im Bums, um ihm in meinem allerbesten Filmsternchenstil meine Verehrung zu gestehen und ihm meine lebenslängliche Liebe und Zuneigung zu schwören. »Ich meine«, bettelte ich in meiner süßlichsten, wimperntuschenverlaufenen Stimme, »du liebst mich doch wirklich, oder?«

Gazza schaute völlig verwirrt auf mich herunter und zuckte mit der Schulter. »Herrje, ich bums dich doch gerade, oder?«

Danach sandte ich die Margarinecoupons ein.

Tash meint, Liebe sei nicht »objektiv verifizierbar«. Sie

findet, daß an die Liebe zu glauben genausoviel Sinn hat wie an UFOs zu glauben. Auf eine bestimmte Art hat sie schon recht. Ich meine, Begegnungen der romantischen Art waren in meinem Zuhause jedenfalls nicht zu erleben. Eines Tages ging mein Vater aus dem Haus, um eine Packung Zigaretten zu kaufen, und kam zwei Jahre nicht wieder. Als er zur Tür hereinkam, pleite, sah ihn meine Mum nur an und fragte: »Gab es deine Marke nicht?«

Man muß wissen, daß der Grund, warum mein Vater so verantwortungslos handelt, seine Spielernatur ist. Mein Vater würde Wetten über die Länge des Pimmels einer Biene abschließen. Also jetzt ist der wahre Grund, warum ich an die Liebe glaube, heraus. Gegen schlechte Aussichten anzuwetten habe ich einfach nicht im Blut. Und obwohl meine arme alte Mum ein so schlechtes Rennen gelaufen war (das meine ich wörtlich: Dad verlor regelmäßig seine gesamte Lohntüte bei Pferderennen – das heißt, die paar Male, die er Arbeit hatte), sagte sie mir trotzdem noch, daß sie wirklich glaube, es gäbe da draußen einen Typen für jedes Mädchen. Und daß ich eines Tages meinen Richtigen kennenlernen würde.

Allerdings sollte man auch wissen, daß sie mir auch immer sagte, ich solle nicht schwimmen gehen, wenn ich meine Tage hätte.

Jedenfalls, als ich den Wettbewerb gewonnen hatte (ich hatte denen erzählt, daß ich eine Nationalitätenverpflanzung wollte), ging ich meine Möglichkeiten durch: eine von Kakerlaken besetzte Bude, ein Freund, der seine Fürze anzündete, der zunächst alles bumste, das warm war und erst hinterher die Beine zählte, und ein Vater, der beim Patiencespielen gegen sich selbst wettete. Es waren sie – oder Amerika. Ich beantragte ein Visum. Ich denke, so bin ich einfach – impulsiv.

»Bist du sicher, daß er tot ist?« Noch einmal stieß Tash vorsichtig mit ihrem Stilettohacken dem alten Fettwanst in die Rippen.

»Tot? Natürlich ist er tot. Was glaubst du denn, was er ist? *Schüchtern?*« Ich war am Rande der Hysterie.

»Versuch es bei Abe noch mal.«

Während ich die Nummer wählte, hörte ich dem Gejaule der Sirenen unten auf der Straße zu. Der Mond war wie ein riesiger Scheinwerfer im Himmel, der anklagend auf uns gerichtet war. »Maschine.« Ich legte auf, schlängelte mich aus dem klebrigen schwarzen Leder heraus und in meine Jeans und ein T-Shirt. Dann begriff ich, daß ich ein Klugscheißer geworden war – offiziell. Es war an der Zeit, den Brief zurückzuschicken: Ich hatte meine Sonnenbrille aufgesetzt – *im Haus*.

Tash tippte Joel Schulmans toten Körper mit ihrem Zeh an. »Muß so was nicht langsam steif werden?« Sein Teint hatte mittlerweile die Farbe geronnener Milch.

»Gib dem Typen Zeit, um Himmels willen. Er ist erst seit«, ich prüfte meine Uhr, es war fast Mitternacht, «zwei Stunden tot.«

Tash fummelte nachdenklich an ihren lackierten Zehennägeln herum. »Wußtest du, daß die Haare und Nägel weiterwachsen, wenn du stirbst?«

»Nein, Tash. Das wußte ich nicht«, sagte ich und wandte die Augen von ihren Füßen ab. »Vielen Dank für die Aufklärung.«

»Versuch es noch mal bei Epstein.«

Zögernd, ungefähr das zwanzigste Mal, wählte ich die Nummer meines Exproduzenten. Mit sinkendem Mut hörte ich, wie das Summen erneut in den Anrufbeantworter einklickte. Ich legte auf. »Was machen wir *jetzt*?«

Tash zuckte die Achseln. »Um die Wahrheit zu sagen – ich habe nicht die leiseste Idee. Ich frage mich, was es in der alten Glotze gibt?«

Ich sah sie an, als ob eine fremde Lebensform ihren Körper kolonisierte. *»Wie kannst du jetzt über Fernsehen nachdenken?«*

»Okay, okay.« Sie streckte die Hände in die Luft und ahmte ein Raubüberfallopfer nach. »Versuch es nur noch einmal, okay?«

Nachdem ich die Nummer gewählt hatte, die ich mittlerweile auswendig konnte, war ich so überrascht, eine menschliche Stimme zu hören, daß ich fast aufgelegt hätte.

»Ach, hallo, könnte ich bitte mit Abe Epstein sprechen? Hier sprich Katrina Kennedy.«

»Was? Was?« forderte Tash, die sich mittlerweile mit ihren Zähnen an ihren Fingernägeln zu schaffen machte.

Ich bedeckte die Sprechmuschel mit der Hand. »Sie hat mich in die Warteschleife gesteckt.« Die Musik, die ins Telefon hineinspielte, war »Got so Many Troubles I Wanna Die«. Wenn wir uns jetzt in einem Woody-Allen-Film befunden hätten, wäre das komisch gewesen. Aber wir waren es nicht, und es war auch nicht komisch.

»Mr. Epstein kann jetzt nicht gestört werden. Er ist in seinem Whirlpool.«

»Also, es ist eine Art Notfall. Es ist irgendwie eine Frage von...«

»Leben und Tod!« drängte Tash, die aufmerksam auf ihren Hinterläufen hockte.

»...Leben oder Tod.«

»Im wahrsten Sinne des Wortes«, fügte Tash hinzu, die an den Fingernägeln beider Hände gleichzeitig knabberte.

»Hören Sie mal«, sagte die weibliche Stimme am anderen Ende der Leitung – ich konnte die blonden Haare und Silikonbrüste quasi *hören*, kein Scherz –, »Mr. Epstein kann nicht einfach Anrufe von Fremden mitten in der Nacht entgegennehmen. Nur zu Ihrer Information, Mr. Epstein ist *der* berühmteste Fernsehproduzent in ganz Holly –«

»Ja, ja, das weiß ich alles. Können Sie ihm einfach sagen, er soll mich zurückrufen?«

Zögernd schrieb Fräulein Freundlichkeit des Jahrzehnts die Nummer auf, die ich ihr von der Plastikaureole des Telefons vor mir ablas. Wir waren völlig erledigt. »Und was machen wir *jetzt*?«

»Okay, es ist Zeit, aufzuhören, hier rumzupupsen. Was wir brauchen», sagte Tash, indem sie vom Fußboden lospreschte und über die Möbel zu ihrer Handtasche hechtete, »ist ein Rechtsanwalt.« Sie griff sich ihr Adreßbuch und schnipste die Seiten um. »Erinnerst du dich an Hank, den Haufen Männlichkeit?« Tash, was vorauszusehen war, brachte alle Männer alphabetisch in Ordnung unter »R« für »Rechtsanwalt«, »D« für »Koksdealer«, »T« für Typen, die ihr Tickets für Konzerte organisieren konnten und so weiter. Ich persönlich fand, man müßte sie umsortieren – »A« für »Arschloch«, »S« für »Schleimscheißer«, »D« für »Mega-Drongo-Arschloch-Flachwichser-Furzgesicht-das-Dritte«. In diesem Fall wäre Hank, der Haufen Männlichkeit, in die letzte Kategorie gefallen. Ein gebürtiger New Yorker in seinen Mittdreißigern, mit einer Haarverpflanzung, die niemand je erwähnte, verdiente Hank sein Geld, indem er sich als »Notarztwagen-Verfolger« medizinischer Kunstfehler annahm. Nachdem er es mittlerweile leid war, in Krankenhäusern rumzuhängen, hatte er sich nunmehr auf Unterhaltszahlungen für die abgelegten früheren Wohnungsgefährten und

Liebhaber reicher Witwen spezialisiert. Er war im übrigen auch dafür bekannt, daß er seine Gebühren auch in Form von sexuellen Dienstleistungen entgegennahm. Von beiden Geschlechtern.

Tash rief ihn an. Innerhalb von zehn keuchenden Minuten kam er in die Wohnung hereingeschlichen. »Also, kleine Ladies«, schleimte er und warf einen herablassenden Blick auf uns beide, »wohl ein bißchen mehr abgebissen, als wir kauen können, was?«

»Hi, Hank«, sagte ich. »Wie geht's der Haarverpflanzung?«

Sein rosenwangiges Babygesicht verdunkelte und seine kleinen Äuglein verengten sich. Tash trat mich fest gegen das Schienbein, ehe sie Hank mit einem leckeren Zungensandwich beruhigte.

»Also«, sagte Hank, als er wieder aufgetaucht war. »Ich habe mich auf dem Weg hierher über euren Fall informiert. Männlicher Tod während geschlechtlicher Aktivität ist nicht so selten, wie man sich das vorstellen würde«, sagte er schleimig. Hank zauberte ein großes Lexikon aus seiner Aktentasche, schlug es an der eingeknickten Seite auf und fing an, laut vorzulesen: »Felix Faure starb an einem Herzinfarkt, während er...«

»Wer?« fragte ich.

Tash brachte mich zum Schweigen.

»...in einem besonderen Sexstuhl mit seiner Geliebten saß. Attila, der Hunne, Schlaganfall während Sexualverkehrs. Leo VIII. starb genauso...«

»Scheiße«, sagte Tash und streckte sich über seine Schulter, »und der war auch noch Papst, um Himmels willen. Siehst du?« Sie strahlte mich an. »Es könnte noch schlimmer sein.«

Ich konnte nicht ganz die Gründe für diesen Optimismus erkennen. Hank warf mir den riesigen Band in den Schoß. »Hier, du könntest was daraus lernen«, knurrte er und setzte, obwohl es mitten in der Nacht war, seine Raybans auf. Ich sah ihn mit Abscheu an. Dieser Typ brauchte eine Sonnenbrille für seinen Hintern. Ich meine, das war offensichtlich der Ort, von dem er glaubte, daß die Sonne daraus schiene.

Während ich die pastellfarbenen Illustrationen des Lexikons von Sputniks und Brontosauriern, von Kopfjägern und Neuguinea und Hammerhaien durchgeblättert hatte, war Tash von der menschgewordenen Haarverpflanzung endlich überzeugt worden, alle Ideen bezüglich eines Aufnahmevertrages aufzugeben und sich telefonisch mit Joel Schulmans Vizepräsidenten des Studios, Arnie Grossman, in Verbindung zu setzen.

Ich hatte Bilder von Joel und Arnie über das ganze Apartment verstreut gesehen. Die Mehrzahl der Fotos zeigte die beiden strahlend, die Arme umeinander geschlungen, wie sie Preise in Empfang nahmen. Es gab jede Menge freundschaftlicher Fisch- und Jagdausflugsbilder, und noch jede Menge von den beiden Kameraden auf dem Set ihrer diversen Superkassenschlager, Arm in Arm mit den jeweiligen Stars. Die Verzweiflung packte mich im Magen. Es gibt nettere Dinge, die man machen könnte, als die Todesnachricht eines lieben Freundes zu überbringen. Aber wie es sich herausstellte, hätte ich mir gar keine Sorgen zu machen brauchen. Das erste, was Arnie Grossman machte, als er ankam, war, den Leichnam seines besten Freundes mit der Spitze seines italienischen Tennisschuhs zu treten. »Seid ihr sicher, daß er tot ist?« fragte er.

»Nein«, sagte Tash und rollte ihre Augen in meine Richtung, »er tut nur so. Der Typ«, fügte sie hinzu, wobei sie kaum ihre Hysterie verbarg, »ist so tot wie eine *Hammel*keule. Er ist so *tot* wie ein Wochenende in *Toledo, Iowa*. Kapierst du jetzt mal die Lage, Freundchen?«

Ich sah sie rätselnd an. »Wo?«

»Na ja«, seufzte Grossman, während er das Zellophanpapier von seiner kubanischen Zigarre wickelte, und steckte sich den duftenden Knüppel zwischen seine Gummilippen. »Wenigstens muß er sich jetzt nicht mehr um die Kasseneinnahmen kümmern.« Es fiel mir dann ein, daß Grossman natürlich der nächste in der Warteschlange für den Studiothron sein würde. Obwohl er sich Mühe gab, wenigstens ein Minimum an Trauer zur Schau zu stellen, konnte er nicht verhindern, daß sich ein selbstzufriedenes Grinsen in seine Augen schlich. Obwohl er offensichtlich durch Aerobik schon abgespeckt hatte, war Grossman immer noch mit hängenden Backen ausgestattet, und sein überhängender Bauch wurde von einem Gucci-Trainingsanzug eingezwängt. Er trug ein tragbares Telefon um die Hüfte geschnallt wie eine Pistole in der Halterung.

Die menschgewordene Haarverpflanzung – die noch nie in der Gegenwart eines hohen Tiers gewesen war – wurde ganz aufgeregt und grinste zum Kotzen aufrichtig, während er Grossman über die Details der Situation aufklärte.

»Das ist unmöglich«, unterbrach ihn Grossman.

»Was?« fragte die menschgewordene Haarverpflanzung. »Daß er einen Schlaganfall bekommen hat?«

»Nein. Daß er ein *Herz* hatte«, gluckste Grossman. Tash und ich tauschten einen Blick angeekelten Unglaubens aus. Er hustete sein Gelächter weg und wurde plötzlich wieder ernst. »Diese Nachricht darf nicht rauskommen. Es wäre eine Katastrophe. Wir müssen das geheimhalten. Wenigstens, bis morgen die Wall Street zugemacht hat. Ansonsten, Jesus Fucking Christ!« Indem er im Apartment auf und ab schritt, Zigarre in der einen Hand, tragbares Telefon in der anderen, war Grossman wie die Karikatur eines Studiodirektors. »Die Firmenaktien werden in den Keller fallen. Es hat schon seit Wochen Spekulationen gegeben, daß wir übernommen würden. Natürlich haben wir das immer bestritten, aber die Dinge sind gerade ein bißchen ungemütlich, wißt ihr?«

»Ich verstehe«, stimmte die menschgewordene Haarverpflanzung kriecherisch zu, »und das wird das Boot zum Kentern bringen?«

»Das Boot zum Kentern bringen?« knurrte Grossman. »Das verdammte Boot zum Kentern bringen? Das wird uns in die verdammte Titanic verwandeln.«

Tash stand ein bißchen hinter der trainingsbehosten Masse von Arnie Grossman. Sie erhaschte meinen Blick, und indem ihr Gesicht sich verdrehte, sagte sie mir lautlos: »Kannst du dir diesen Typen überhaupt noch vorstellen?«

»Hör mal, Großmaul –«, sagte sie und drehte ihn zu sich, so daß er sie sah. Sie reichte ihm ungefähr bis zu seinem Nabel hoch, »– oder was auch immer dein verdammter Name ist, ich kümmere mich einen Scheiß um dein Studioaktien. Alles, was ich wissen will, ist: WAS MACHEN WIR JETZT MIT SEINER LEICHE?«

Grossman sah sie so an, wie man etwas Übelriechendes auf seiner Fußsohle ansieht. »Du willst meine Hilfe? Häh?« schnauzte er sie an. »Häh? Dann *halt verdammt noch mal den Mund*. Das ist schon erledigt. Ich habe einen Kumpel bei der Mordkommission.«

»Die Bullen?« Die Worte blieben in Tashs Hals hängen. »Ihr wollt die Bullen rufen? Klasse. Das hätten wir sel...«

»Hör mal, dieser Typ ist ein Lieutenant.« Er redete mit ihr, als würde sie eine Sprachtherapie durchmachen. »Wir haben ihn benutzt, als wir die Fernsehserie über das Drogenkommando gedreht haben. Der Typ ist völlig cool. Vertrau mir, Baby.«

Grossman zog sein tragbares Telefon und lud die Nummer.

Die nächste Stunde kann ich nur noch als unreal beschreiben. Der zahme Lieutenant, sein gelbes Gesicht feucht von dem Schweiß seines Treppenaufstiegs, keuchte in das Zimmer mit zwei Detectives hinter sich. Er stand da, wischte sich die Stirn und sagte einfach: »Wo ist der Sargbewohner?« Alle sieben zogen wir in das Wohnzimmer und betrachteten düster die Leiche von Joel Schulman. Sein Gesicht hatte einen verwirrten Gesichtsausdruck angenommen – so wie jemand, der in einem Kreuzworträtsel nicht mehr weiterkommt. In der Gegenwart eines Sargbewohners zu sein, schien die jüngeren Männer hungrig zu machen. Während der Lieutenant die Leiche untersuchte, untersuchten die Detectives den Eisschrank. »Was zum Teufel ist das denn?« fragte der jüngere, als er seinen Kopf aus dem zweiten Fach herauszog. Seine Hand folgte ihm kurz darauf, mit einer Schale Seetangkelp. »Guck dir das mal an, was?« Er begann, den Eisschrank abzutasten, wobei er die verschiedenen Nahrungsmittel wie Tatverdächtige auf der Arbeitsplatte in der Küche aufreihte. »Gesundheitsbrot, Misosuppe, Lecithin, Salat«, sagte er in einem ungläubigen Anwesenheitsappell auf, »Bienengelee, Ginseng. Der Typ ist ein verdammter Müslifresser.«

»Oh, ja, und es hat ihm auch ganz schön geholfen im Leben, was?« fügte der andere Detective hinzu. Er hob eine Schüssel mit Misosuppe hoch und schnüffelte vorsichtig an ihr. »Scheiße. Was ist das denn? Fledermauspisse?«

Die Frage, was mit der Leiche zu geschehen habe, wich daraufhin einem viel dringenderen Problem – was für ein Essen man bestellen sollte. Der Lieutenant wollte chinesisch. Grossman war dagegen, wegen »diesem Monosodium-Glutamatscheiß«. Hank sprach sich für Sushi aus. Der jüngere Detective gab sich noch nicht einmal Mühe, seinen Abscheu zu verbergen. »Gott«, flüsterte er, »Rechtsanwälte sind doch wirklich zum Speien.«

Während Tash und ich in einer Ecke des Wohnzimmers zusammengekauert saßen, nahmen die Männer ihre Jacken ab und lockerten die Krawatten. Sie besprachen das Für und Wider von Pizza und Rippchen, Cajun oder Kentucky Fried Chicken, ehe sie dem nächsten Einsatzauto eine Bestellung über Funk durchgaben. Grossman, Hank und der Lieutenant zogen sich ins Schlafzimmer zurück, um ungestört planen zu können. Tash sauste auf die Tür zu, aber sie schlossen sie resolut vor ihrer Nase. Die Detectives unterhielten sich dann über Baseball.

Mitten im Satz schnipste der ältere der beiden die Finger und zeigte auf Tash. »Du«, sagte er, »lutschst meinen Schwanz, und du« – er machte mich aus und bewegte seinen Daumen in Richtung seines Partners –, »lutschst seinen.« Lässig machte er seinen Hosenstall auf und nahm dann die Unterhaltung über Manager und Homeruns und gestohlene Würfel wieder dort auf, wo er sie eben fallengelassen hatte.

Ich zog mich hastig über den Teppich und griff mir Tashs dünnen kleinen Arm. »Die denken, wir wären Prostituierte!« keuchte ich. »Das ist ja schrecklich!«

»Na ja, natürlich denken sie, wir wären Prostituierte. Sind wir doch auch.«

Ich sah sie total verdutzt an. »Tash, das einzige, was ich im Bett mache, ist schlafen. Ich hatte im ganzen letzten Jahr nur einmal Sex. Das läßt mich kaum eine ...«

Aber Tash war schon auf den Füßen und bewegte sich gehorsam durch das Zimmer. Ich beobachtete sie, und mir war flau im Magen. Sie stellte sich direkt neben dem Bullen auf. »Sag mir doch mal«, sagte sie freundlich und goß ihm ihre Diätpepsi über den Kopf, »bei einer Penisimplantation, gibt es danach Schmerzen?«

Er glotzte sie an, wobei sein totales Erstaunen bald vollkommenem Ekel wich. »Verfickte Zicke!« zischte er.

»Hey«, erwiderte Tash. »Wenn Gott gewollt hätte, daß wir Männern einen blasen, dann hätte sie uns keine Zähne gegeben.«

Eine halbe Stunde später erschienen zwei Männer in Blau mit dem Essen. Natürlich, da wir uns hier in L. A. befanden, kannten sie sich alle untereinander. »Wie geht's dem Frauchen, Johnno?« fragte einer der Bullen, während sie sich durch die fettigen Pappkartons gruben und mit wackligen Plastikgabeln darin fuhrwerkten.

Der Geruch von Essen lockte die menschgewordene Haarverpflanzung aus dem Konferenzzimmer. Er flüsterte uns zu, daß Grossman gerade in Kontakt mit dem Büro des Staatsanwalts stand und versuchte, einen Deal zu machen. Aber der Staatsanwalt bestand auf einer Obduktion, was eine Untersuchung bedeuten könnte. Das war der Moment, in dem Grossman seinen Brainstorm bekam. Joel Schulman hatte jede Menge Spenden an die Republikanische Partei gemacht. Vielleicht war es jetzt an der Zeit, ein paar Gefallen einzufordern.

Während die Großkopfeten hinter verschlossenen Türen intrigierten und Ränke schmiedeten, verteilten die jüngeren Detectives und ihre Bullenfreunde Karten für eine Runde Siebzehnundvier. Da ich mich ekliger und schmutziger als je in meinem gesamten Leben zuvor fühlte, ging ich raus, um ein Bad einlaufen zulassen.

Während sich die Wanne füllte, putzte ich mir die Zähne, bis das Zahnfleisch blutete. Ich tauchte im heißen, seifigen Wasser ein und hatte dabei das deutliche Gefühl, daß ich mich auflöste. Tash kam auf Zehenspitzen herein und schloß hinter sich die Tür ab. »Hi«, sagte sie sanft. Ich ignorierte sie. »Was dagegen, wenn ich dazukomme?« Ich ließ die Augen geschlossen. »Keine Angst«, sagte sie sarkastisch. »Ich nehm dann auch das Ende, wo der Wasserhahn ist. Das ist ja wohl das mindeste, stimmt's?« Ich fühlte, wie sie in die Wanne stieg und sich mit einem langen Seufzer niederließ. »Schlechte Laune?« fragte sie vorsichtig.

Schlechte Laune? Die Laune, die ich hatte, ließ Sylvia Plath geradezu temperamentvoll erscheinen.

»Ich hab dir ein paar Kekse mitgebracht«, sagte Tash fröhlich, als ich nicht antwortete. Sie lehnte sich über den Wannenrand und holte den Teller vom Fußboden hoch. »Dachte mir, du könntest Hunger haben. Ich meine, jemanden umzubringen, läßt ein Mädchen wirklich zu Appetit kommen.« Sie fing an, sich laut durch den ganzen Haufen durchzuschmatzen. Was als ein kleiner Mückenstich an Genervtheit begonnen hatte, wurde plötzlich zu einem ausgewachsenen Ausschlag an Wut.

»Weißt du, was ich an dir hasse?« zischte ich plötzlich und setzte mich aufrecht, wobei ich eine Flutwelle über den Wannenrand spritzte. »Ich hasse einfach die Art, wie du nie und niemals sagst, daß du Hunger hast und nie und niemals irgendwas zu essen bestellst, und dann mein ganzes Essen aufißt. Es macht mich *wahnsinnig.*«

Tashs Gesicht fiel für einen Moment in sich zusammen. Sie sah mich schockiert an, und dann leuchtete Trotz in ihren Augen auf. »Hey, ich hab dich nicht gezwungen, mitzukommen!« schmetterte sie zurück. »Du hast gesagt, du bräuchtest Geld.«

Ich grunzte und schmierte wütend meine linke Achselhöhle mit der Seife ein. »Glaubst du nicht, ich wüßte das? Glaubst du nicht, daß ich weiß, daß mein ganzes Leben im Arsch ist?« Indem ich meinen Arm hob und in die Spiegelwand linste, führte ich den Rasierer um die fleischigen Formen meines Unterarms. »Verdammt noch mal. Eltern können einen verderben. Ich habe die kriminellen Gene meines Vaters geerbt – ich bin abwärts mobil.«

Wir wurden von einem Hämmern an der Tür geweckt. Ich bemerkte mit einem dumpfen Schreck, wo wir waren und warum. Meine Finger waren ganz faltig – ein Zustand, den wir als Kinder »Leichenfinger« nannten. Ziemlich ironisch, was? Wir waren eingeschlafen, wobei die Wasserhähne immer noch tropften und das Badewasser nunmehr über die emaillierten Seiten lief.

»Verdammt noch mal«, sagte eine rauhe Stimme, »was zum Teufel macht ihr beiden da drin?« Ich erkannte sie als Stimme des älteren der beiden Detectives. Wir spürten, wie seine Schulter die Tür rammte. Ich sah auf die Uhr. *Es war sechs Uhr morgens.*

»Okay, okay«, sagte Tash und griff nach den Wasserhähnen und kletterte in ein Handtuch. »Jesus Christus. Was ist denn so eilig? Irgend jemand gestorben?«

Ich stieg aus der Wanne in einen Teppichmatsch.

»Hahaha, Fräulein Ach-so-Komisch.« Dieses Mal erkannte ich Grossmans befehlsgewohnten Ton. »Wir müssen diese Leiche in die Badewanne schaffen. Sie verwest schon.«

Einen Moment lang dachte ich, ich würde mich übergeben. Als wir die Tür öffneten und immer noch unsere diversen Kleidungsstücke anzogen, drängten die Bullen an uns vorbei und hebelten den nackten Körper in die Wanne. Es war das Gegenteil dessen, einen Wal wieder in die See hinauszuschaffen. Grossman und Hank kamen mit Eiswürfeltabletts nach und warfen die gefrorenen Würfel ins Wasser. Wie Miniatureisberge stießen sie gegen die zutage liegenden Teile von Joel Schulmans Fleisch. Der alte Joel, blaß und düster wie er war, sah selber ein bißchen wie ein Eisberg aus. Während ich ihn beobachtete, öffnete sich plötzlich ein Augenlid, und ein blasses und geleeartiges Auge betrachtete mich beschuldigend.

Tash kochte uns beiden Kaffee. Während ich den Becher in den Händen hielt, begrub ich mein Gesicht im Dampf. Das bleifarbene Morgenlicht sickerte unter den Türen durch. Tash trommelte mit ihren abgebissenen Fingernägeln auf der Frühstücksbar herum. »So wie ich das sehe, werden wir eingebuchtet«, erklärte sie tonlos. Ich sah sie mit trüben Augen an. Mein Hirn war benommen, total auseinandergerissen von den Ereignissen der letzten drei Tage. Also, was gab es sonst noch Neues?

Und genau wie vorausgesehen entstand in der nächsten Stunde ein Streit darüber, was man mit dem Leichnam machen wollte, daß er verschwand. Die beste Lösung dafür war, ihn zu »Hühnerdraht-Charlie« zu bringen. Seine Technik, so erläuterte Lieutenant Scurtin, war, den Körper in Hühnerdraht zu wickeln, ihn mit Gewichten zu versehen und ihn dann auf hoher See abzuwerfen. Auf diese Art konnte das Beweisstück einfach von verschiedenen Formen der Meeresfauna weggeknabbert werden und würde in irgend jemandes Fischfilet enden. Den Körper einfach in die See zu werfen, bedeutete, daß Arme oder Beine, die man identifizieren konnte, im Bauch eines Hais aufkreuzen könnten.

Ich persönlich betete, daß Joel Schulman einfach durch Magie verbrennen würde. Obwohl, da er ja ein Harvard-Absolvent, Hollywood-Studio-Direktor und Mitglied des Palm Springs Country Clubs geworden war, dies definitiv das Spontanste sein würde, was er jemals in seinem Leben gemacht haben würde.

»Eine einfachere Art«, schlug der ältere Detective vor, »wäre, das Schließen der Wall Street abzuwarten und dann einfach alles zu sagen. Laß doch die Mädels sich mit der Sache rumärgern.«

Alle Augen im Raum schwenkten auf uns ein. Ich weiß ehrlich gesagt nicht, was passiert wäre, wenn nicht das passierte, was passierte, wenn ich mich da verständlich ausdrücke. Es gab ein Geräusch, das einem langen und lauten Rülpser nicht unähnlich war, und das Gebäude wackelte. Ich war gerade dabei, in den Erdbebenmodus zu schalten und mich unter einem Türrahmen mit dem Telefonbuch zu vergraben, als ich merkte, daß diese Störung aus dem Badezimmer kam. Grossman, Scrutin, die beiden Detectives und Mister Haarverpflanzung brachen alle bekannten Rekorde, als sie den Flur hinuntersprinteten. Als Tash und ich das Badezimmer erreichten, schwang die Tür lässig in ihren Scharnieren. Die Luft war voller schwebender Staubteilchen. Was wir sahen, während wir durch den Dunst blickten, ließ uns staunen.

Die Badewanne war durch den Boden gefallen.

Joel Schumans Wohnung befand sich ganz oben auf einem gläsernen Turm, der sich dreißig Stockwerke über der Straße erhob. Der größte Teil seines Penthouse hing in der Luft über den Rest des Gebäudes hinaus. Tash geht davon aus, daß es unsere Schuld war, weil wir die ganze Nacht die Wasserhähne haben laufen lassen und das übermäßige Gewicht so die Wanne in den Orkus geschickt hat. Aber ich denke, die ganze Bausubstanz ist durch das verdammte Erdbeben gewaltig beschädigt worden. Freeways hatten sich seit dem Wackelauftritt von letzter Woche zusammengefaltet, und Gebäude hatten Risse bekommen. Die weißen Wände waren mit Haarrissen übersät, und riesige Stücke der Kacheln waren weggeplatzt. Wir linsten über die Kante des mit Teppich umrahmten Lochs. Alles, was wir unter uns sehen konnten, waren die Bürstenköpfe der Palmen und die Chromschlange von Autos, die sich den Freeway entlangschlichen.

Aber keine Spur von Joel Schuman. Aus dieser Höhe müßte er wohl pulverisiert sein. Wahrscheinlich würde er etwa so aussehen wie die Pizza in Waisenhausgröße.

»Nun, meine Herren«, freute sich Tash hämisch, »es scheint mir so auszusehen, als befände sich der Ball im anderen Feld.«

»Was meinst du?« schnappte Grossman.

»Nun ja«, fügte Tash süß hinzu, »sagt Ihnen das Wort PLATSCH irgend etwas?«

Obwohl Grossman an filmische Special Effects gewöhnt war (man berichtete von ihm, er sei allein verantwortlich für den C-Movie Thriller in 3-D »Rache des mutierten Gemüsemannes«), war er völlig aus der Fassung gebracht. Wie auch die Bullen. Mister Haarverpflanzung übergab sich prompt über Arnie Grossman. Tash war die einzige, die sich in der Angelegenheit cool verhielt.

»Der perfekte Mord. Ein Mord ohne Leiche... Todesursache: Unfall. Naturkatastrophe. Laßt uns mal geschäftlich reden, meine Herren, wollen wir?«

Mir war übel, und so sauste ich auf den Balkon hinaus, wo ich stand und den Smog einsog. L. A. muß der einzige Ort der Welt sein, wo man *ins Haus* gehen muß, um ein bißchen frische Luft zu bekommen. Schon so früh am Tag war die Sonne wie Sirup, der schwerfällig von einem Löffel tropft. Die Stadt schien ein grauer Schmierfleck zu sein, der von einem gigantischen Daumen gemacht worden war.

Es muß ungefähr acht Uhr dreißig gewesen sein, als Tash wieder herauskam und zwei Stückchen Papier in der Hand hielt. Sie reichte mir eines. Es war ein Scheck. Ich sah mir den Betrag an. 50 000 Dollar. Sie stand mit gespreizten Beinen und ihren kleinen Händen auf ihren schmalen Hüften vor mir, und ihr Nasenring glitzerte in der Sonne. Ich sah sie erstaunt an.

»Ich habe die Filmrechte verkauft«, sagte sie sachlich.

»Für was?«

»Für *das* hier. Für *uns*. Alles, was ich machen mußte, war, diesen Grossman-Idioten von dem Publicity-Potential zu überzeugen. Ich hab's ihm so beigebogen: Zwei naive, junge Mädchen sind auf ihrem ersten Nuttenauftrag unterwegs. Sie sind pleite und unerfahren. Und der Typ, weißt du, startet einfach durch und stirbt ihnen unter der Hand weg. Jetzt, was sollen sie mit der Leiche anfangen?« Ihre Augen glitzerten ungezogen. »Es ist eine Komödie, eine schwarze Komödie. Mit dem perfekten Ende. Grossman redet schon von der Besetzung.«

Meine erste Reaktion war, daß sie entweder total übergeschnappt war, oder daß sie, wie sie es nennen würde, mich »mal hochnahm«. Aber dann sah ich mich um. Immerhin befand ich mich hier in Hollywood. Eine Stadt, in der man den Leuten einen schönen Tag wünschte und sie dann erschoß.

»Also«, sagte Tash und hievte sich auf die Balkonmauer. Ihre Beine baumelten gefährlich über der Straße unten, wo eine Menschenmenge ein halbes Dutzend Rettungswagen umgab. »Was wirst du mit deinem Geld anfangen?«

Ich sah auf das Stück Papier in meiner Hand. »Weiß nicht.« Ich hörte den Sirenen unten zu, dem Staccatohupen der Autos, den pulsierenden Radios, den kreischenden Reifen. »Nach Hause fahren, denk ich mal.«

Einer der Detectives streckte seinen gräßlichen Kopf aus der Schiebetüre hinaus. »Telefon«, sagte er knapp. Tash bewegte sich auf die Tür zu. »Für *sie*.« Er zeigte mit dem Daumen in meine Richtung.

»Hallo?« Ich nahm den Anruf im Schlafzimmer an. Die seidenen Seile hingen immer noch wie feuchte Stränge Spaghetti von den vier hölzernen Bettpfosten. Mit den zurückgeworfenen Decken und den verwuselten Laken sah das Bett aus wie eine Wunde. Ich konnte es nicht ansehen.

»Was?« brüllte eine Stimme. »Du glaubst, du kannst einfach von meinem Set runtermarschieren und dann wieder angeschissen kommen? Du bist nicht ganz bei Trost.« Im Hintergrund konnte ich hören, wie leere Flaschen zusammengeräumt und von Frauen in Schubladen zurückgesteckt wurden. »Du wirst in dieser Stadt nie wieder arbeiten!«

Als ich Abe erzählt hatte, was passiert war, änderte sich seine gesamte Art. »Filmrechte?« stotterte er. »Filmrechte? Warte mal einen Moment.« Abe legte seine Hand über den Hörer und ließ alle weiteren Anrufe für ungefähr das ganze nächste Jahr stornieren. Ich hatte das Gefühl, er könnte plötzlich einen Termin zum Lunch frei haben. Seine Stimme wechselte den Gang. Sie war voller langvergessenen Lachens, diese Art von Freundschaftlichkeit. Die alte Bullshit-Antenne fing an zu wackeln.

»Mach's nicht«, keuchte Abe ins Telefon, »für ein ganz kleines bißchen kann ich dir einen viel besseren Deal bei der Konkurrenz organisieren. Denk darüber nach.«

»Nee, Abe, ich glaube nicht.«

»Aber ich habe dir doch alles gegeben.«

Stimmt, dachte ich, ein paar lebenslängliche, psychische Probleme, einen Minderwertigkeitskomplex, eine Identitätskrise und einen totalen Nervenzusammenbruch. Mit langsamer Absicht, so daß ich jede Sekunde davon genießen konnte, legte ich in sein Ohr hinein auf.

»Also, wenigstens haben wir eins gelernt«, philosophierte Tash, während sie ins Zimmer kam. »Egal, wie schlecht es einem gehen kann, ist der Tod doch immer noch ein schlimmeres Schicksal als das Leben.« Sie schob mir meine Handtasche in die Arme. »Mach dich auf, Mädchen. Ich halte hier die Stellung.«

»Wird bei dir alles okay sein?«

Tash gab mir einen dieser »Wem-willst-du-eigentlich-was-vormachen«-Blicke. »Wo glaubst du eigentlich, wohne ich – in einer *Kiste*?« Sie zwinkerte mir zu und schnipste dann die Jalousien auf. Die Sonne beleuchtete ihre Augen und ihre Haare. Das ist es, wie ich mich immer an Tash erinnern werde. In Technicolor.

Als ich mich auf den Weg hinunter zum Ausgang machte, hatte ich das deutliche Gefühl, daß mein Glück wiederkommen würde – irgendwann in einem der kommenden Jahrzehnte.

Vera Lundt

Zickig

»Jetzt komm mir bloß nicht so.« Susanne Düsdieker konnte diesen Ich-hab's-dir-ja-gleich-gesagt-Blick ihrer Freundin Doris auf den Tod nicht ausstehen.

»Liebe Frau Düsdieker, Sie ticken nicht richtig. Ehrlich, seit acht Monaten hockt dieser Typ nun schon in deiner Wohnung. Soll das so 'ne Art Ehehafen werden? Vielleicht noch mit Kind, 'nem Golden Retriever und Sofakissen obendrauf? Das Ganze war mal als Spaßnummer zur Aufbesserung deiner Laune gedacht. Kannst du dich überhaupt noch daran erinnern?«

»Jetzt mach mal 'nen Punkt.« Susanne Düsdieker war müde und genervt. »Ich weiß es ja, verdammt. Gestern hat er mir übrigens eröffnet, daß er einen neuen Kühlschrank bestellt hat. Das Pils ist Monsieur nicht kalt genug.«

»Das wird ja immer besser. Da gibt's nur eins. Rausschmeißen, und zwar sofort. Irgendwie hab ich das dumpfe Gefühl, daß ich dir das schon mal gesagt habe. Entschuldige bitte, wenn ich mich wiederhole.« Doris strich sich den blonden Pony aus der Stirn und lächelte den Barkeeper an, um ihm anzudeuten, daß ihr Weinglas leer war.

»Ist hier noch frei?« Doris und Susanne wandten sich um, als hätten sie nicht richtig gehört.

»Wie? Nee, da kommt noch jemand«, sagte Susanne und stellte demonstrativ ihre Handtasche auf den Barhocker neben sich.

»Schade«, war die Antwort, »dann eben nicht.«

Diesen Blick von Doris kannte Susanne. Ja, wirklich schade, hieß das im Klartext. Eine Nacht ohne Mann, und du lebst ohne Fun.

Susanne sah Doris an. »Gönn dir mal 'n bißchen Schlaf, meine Liebe, sonst siehst du bald aus wie Mutter Teresa... Orlowski, versteht sich. Von zuviel Sex kriegt man Falten. Außerdem scheint diese Art von Fitneß deinen Verstand zu trüben. Rausschmeißen, rausschmeißen. Fällt dir nichts Besseres ein? Ich kann ihn nicht rausschmeißen. Ich bring's einfach nicht übers Herz.«

»Lieber ein paar Falten als Herzrhythmusstörungen. Du solltest dir ein Beispiel an Fergie nehmen. Die hat auch rote Haare und keine Herzprobleme mit ihrem Andrew. Dieser österreichische Tennisspieler hat eben den knackigeren Hintern. Oder nimm meinetwegen Lolita, die sieht besser aus und war ganz und gar nicht zimperlich mit Loddar«, sagte Doris, während sie mit ihren riesigen blauen Augen versuchte, den gar nicht mal so übel aussehenden jungen Mann an den Tisch zurückzubeamen.

»Ich bin aber nicht Fergie, und ich bin auch nicht Lolita. Ich bin Susanne Düsdieker, und ich will das auf meine Art regeln. Außerdem, sieh dir Liz Hurley mit ihrem unsäglichen Hugh Grant an. Der betrügt sie, und sie verzeiht ihm«, erwiderte Susanne trotzig, obwohl sie wußte, daß das ziemlich schwache Ausreden waren.

»Hör doch auf. Du vergißt, daß da ein gravierender Unterschied besteht. Hugh sieht trotz Welpe-im-Regen-

Blick immer noch Klassen besser aus als dein Rüdiger. Und wenn du mal 'nen Blick nach hinten werfen möchtest – den Typ würde ich nicht von der Bettkante stoßen... ich würde ihn dir sogar überlassen für heute nacht. Und du weißt, daß ich das nicht für jede tun würde.«

Susanne drehte ihren roten Bubikopf, und was sie sah, gefiel ihr nicht. Männer mit bunten Brillen waren nichts für Susanne Düsdieker. Das hatte sie schon hinter sich.

Was sie noch vor sich hatte, war ein Sonntag. Doris hat leider ausnahmsweise recht, dachte Susanne, während sie im Bett mit den Beinen fahrradfuhr – zur Vorbeugung gegen Krampfadern. Ab 30 muß man schließlich mit allem rechnen, und Susanne Düsdieker war da konsequent. Recht, links, rechts, links... ich werde alt und seßhaft, wahrscheinlich ist das mein Problem.

Sie ging in die Küche und murmelte ein verschlafenes »Morgen«. Die ganze Wohnung roch nach einer Mischung aus »Axe« und »Egoiste«. Wie jeden Sonntagmorgen, wenn Rüdiger sein Männerpflegeprogramm absolviert hatte.

»Guten Morgen, meine Schöne.« Irgendwie klang das verdächtig nach der *Lindenstraße*. Vage kam ihr in den Sinn, daß Beimer sich mit Schleimer reimte. »Setz dich zu mir, ich habe dir schon dein Brötchen geschmiert.«

Erst mal einen Schluck Kaffee, dachte Susanne, sonst überstehe ich dieses Idyll nicht. Irgendwie wurde ihr in letzter Zeit von diesem After-Shave-Geruch immer übel. Sie setzte sich, rieb sich die Augen, und dann bemerkte sie es: Die Schlagzeile der Sonntagszeitung, die auf der anderen Seite des Küchentisches gelegentlich das dick beschmierte Honigbrötchen streifte, war nicht zu übersehen. Susanne Düsdieker mußte zweimal hinsehen. Es war nicht zu fassen: Nicht nur Fergie, dieses pausbackige Palastluder, und Lolita, diese Milka-Schönheit, hatten es geschafft. Offenbar hatte es jetzt auch Liz hinter sich gebracht. Susanne Düsdieker spürte, wie ihr der Kaffee im Magen gerann. Liz hatte endlich einen Weg gefunden, es ihrem Dauer-Hugh heimzuzahlen, der sich lieber auf offener Straße eine Lutschnummer verpassen ließ. Sie sah einen tränenüberströmten Hugh vor sich und überlegte, daß er eigentlich ganz gut zu dieser Kindergärtnerin aus dem Kensington-Palast passen würde, die bereits einen Thronanwärter mit ihren Elton-John-Platten aus der Kemenate verjagt hatte. Ein wahrhaft gutes Mädchen, diese Di – sie hatte sich ihr Schicksal redlich verdient. Und zwei weinende Herzen hätten sich gefunden. Amen.

»Erwache und lache«, dachte Susanne laut und starrte mißmutig in ihre Kaffeetasse.

Die Hand, die eben noch die linke Seite der Zeitung gehalten hatte, schubste das Honigbrötchen vom Teller.

»Du gute Güte«, sagte Rüdiger, ohne richtig hinzugucken, was er da eigentlich angerichtet hatte.

Wie nett, dachte Susanne, in der Hoffnung, sie könnte jetzt die Zeitung haben. Erst »Egoiste« auflegen und dann 'ne Sauerei veranstalten, so haben wir's gern.

»Wärst du so lieb, das wegzuwischen? Bitte, Schatz, ich hab den Artikel noch nicht zu Ende gelesen.«

Susanne Düsdieker tat, wie ihr geheißen. Während sie die klebrige Honig-Butter-Pansche vom Boden wischte, dachte sie nach. Was tat sie eigentlich hier? Und überhaupt, was hatte sie nicht schon alles versucht?

Sie hatte sechs Wochen lang keine Socken gewaschen. Doch Rüdiger hatte verstanden: Die moderne Karrierefrau kann schließlich nicht alles leisten. Deshalb hatte er sich neue gekauft. Mehrere Viererpacks auf einmal. Das hatte Susanne natürlich enorm entlastet.

Nachdem sie im Wartezimmer ihres Frauenarztes gelesen hatte, daß Männer betrunkene Frauen nicht ausstehen können, hatte sie sich zusammen mit Doris im »News« die Cocktailkugel gegeben. Meine Herren, was war sie blau gewesen! Doch Rüdiger hatte verstanden. Frauen wollten eben auch mal unter sich sein. Spaß haben. *Das ist doch nur natürlich, liebste Susanne.*

Vor sechs Wochen war sie sogar mit Doris eine Woche nach New York geflogen, obwohl er da schon immer mal mit ihr hinwollte. Doch Rüdiger hatte verstanden: »Tolle Idee, Schatz. Dann kann ich mal eine Woche allein zu meiner Mutter fahren, und du suchst uns schon mal ein schönes Hotel für unsere Hochzeitreise aus.«

Hochzeitsreise? Gut, dann wollen wir doch mal sehen, ob du's wirklich ernst meinst, hatte Susanne gedacht und sich heimlich seine Kreditkarte geschnappt. Und in New York war ihnen wirklich nichts zu teuer gewesen! Doris und Susanne hatten im »TriBeCa« fürstlich gespeist, sich einen privaten Stadtführer gelcistet, der Brad Pitt nicht ganz unähnlich gewesen war, und natürlich waren sie dem größten Kaufrausch ihres wunderbaren Lebens erlegen. Am Ende hatten sie sich jede zwei neue Koffer kaufen müssen – von Louis Vuitton, versteht sich. Hoffnungsfroh war Susanne zurückgekehrt, doch Rüdiger hatte mal wieder verstanden: »Liebling, dein Geschmack ist umwerfend. Du siehst toll aus. Was ist das, Armani?« Und augenzwinkernd hatte er hinzugefügt: »Ich hab übrigens für dich eine zweite Kreditkarte beantragt, dann brauchst du nicht wieder meine zu nehmen.« Rüdiger, der Traum einer jeden Frau. Die Kreditkartenabrechnung hatte er nicht mal erwähnt.

Letzten Monat hatte sie sich auch noch die flammend rote Mähne abschneiden lassen, nachdem er oft genug erwähnt hatte, daß er Frauen mit kurzen Haaren unattraktiv fand. Doch Rüdiger hatte, na klar, verstanden: »Kurze Haare sind in, stimmt's? Und der Bubikopf sieht wirklich süß aus.«

Süß!

Es war einfach nichts zu machen. Nichts. Die Liebe war mit aller Macht über ihn gekommen und ließ ihn nicht mehr los. Er hatte für alles Verständnis, was Susanne auch immer tat oder ließ. Sie wußte, daß es nicht mehr lange dauern konnte, bis er um ihre Hand anhalten würde. Und dann? Fergie, Lolita – nein, sie mußte es vorher schaffen.

Indem ich seinen Dreck wegmache? Susanne kicherte in sich hinein. Du bist eine brave Hausfrau, einfach perfekt. Denn wer nett fragt, dem macht man's auch, dachte sie, während sie den letzten Rest Honig vom Boden wischte. So war schon ihre Mutter gewesen.

»Hör dir das an, Schatz. Das mußt du unbedingt lesen. Hier ist ein Artikel über Frank Sinatra drin. Wenn wir nächstes Jahr in die USA fliegen, dann... ist was?«

Auch das noch. Wenn man nur wenigstens nicht reden müßte.

»Nein, ich würde nur gern die Zeitung haben.«

»Okay, also wenn wir nächstes Jahr in die USA fliegen, dann müssen wir jedenfalls unbedingt nach Savannah. Zum Moon River. Hier steht, daß der Fluß doch tatsächlich nach unserem Lied benannt wurde. Wußtest du das? Ist das nicht irre? Eigentlich denkt man doch, daß es umgekehrt gewesen sein müßte.«

O Gott, bitte, flehte Susanne, laß diesen Kelch an mir vorübergehen. Doch der Barmherzige hatte kein Einsehen und ließ sein Schäfchen Susanne Düsdieker weiterleiden.

»Kannst du dir vorstellen, wie schön es da sein muß? Ich möchte dir das schenken, Liebste. Weil ich dich liebe.«

Jetzt war Susanne endgültig schlecht. Dieser haselnußbraune Doggenblick aus dem frisch rasierten Männerface machte sie fertig. Sag was, Susanne, sprich, damit er von diesem Trip runterkommt.

»Kann ich wenigstens den ersten Teil haben?«

»Von mir kannst du alles haben, meine Süße. Danke, daß du das weggewischt hast.«

Ich hasse diese beschissene Höflichkeit, dachte Susanne. Und vor allem hasse ich »Süße«. Irgendwie klang das nach Lutschern mit Natreengeschmack.

Während sie die Zeitung nach dem Artikel über Liz und Hugh absuchte, hörte sie plötzlich aus dem Wohnzimmer Frankieboys zärtliche Stimme.

»Moon River.« Er wollte sie daran erinnern, dieser Mistkerl. An diesen Abend vor zehn Monaten, als er sie auf der Party bei Sandra einfach in seine starken Arme geschlossen hatte und sie dahingeschmolzen war... damals. Sie war lange genug allein gewesen, hatte mal wieder ein bißchen Romantik gebraucht – ein bißchen was fürs Herz, wie ihre Mutter es ausdrückte, oder einen ordentlichen Fick, wie Doris so taktvoll bemerkte. Und genauso hatte sie es auch gesehen – ein bißchen was von allem, bloß keine feste Beziehung. Doch wer ist schon immun gegen heiße Liebesschwüre in durchschwitzten Nächten? Gegen ein zärtlich gehauchtes »Dein Körper ist schöner als alles, was ich je in meinem Leben gesehen habe, Darling«? Gegen wunderbare Liebeslieder, gesungen von einer Stimme, die einen den Rest der Welt vergessen ließ?

Gegen einen mit Wäschetüten bepackten Männerbody, der vor der Haustür um Einlaß bittet? Nein, Susanne Düsdieker hatte nicht nein sagen können. Und jetzt sollte sie sich diesen verdammten Moon River auch noch aus der Nähe ansehen.

Liz hatte einen Neuen. Wie dumm von ihr. Wie konnte eine Frau nur so blöd sein? Frustriert fahndete sie nach dem Frank-Sinatra-Artikel und ging damit ins Schlafzimmer. Ein Sonntagmorgen im Bett. Vielleicht brachte das ein wenig Ordnung in ihr Leben.

Doch das Bett ist auch ein Ort der Liebe. Susanne Düsdieker hatte es ganz vergessen.

»Schatz, wo bist du?« Rüdiger war im Anmarsch.

»Darf ich zu dir?« Er knipste sein Richard-Gere-Verführerlächeln an.

»Bitte, Rüdi-Schatz, später. Ich möchte jetzt einfach nicht.«

Susanne haßte sich selbst. Rüdi-Schatz – so nannte man doch nicht mal seinen Rauhhaardackel. Aber wahrscheinlich würde er sich sogar über »Purzelchen« freuen. Warum war sie bloß immer so nett? Doch Rüdiger hatte verstanden.

Mit einem liebevollen Lächeln zog er von dannen. Wie immer, wenn Susanne Düsdieker allein sein wollte.

Jetzt macht er seinen Sonntagsspaziergang, dieser unerschütterlich gute Mensch, dachte sie und überlegte kurz, ob sie nicht einfach den Schlüssel von innen ins Schloß der Haustür stecken sollte. Sollte er doch vor der Tür stehen, bis er eingeschneit war.

Sie hörte, wie die Tür ins Schloß fiel. »Moon River«, Baby. Die Zeiten wären dann vorbei.

Susanne schloß die Augen und konnte sich ein Grinsen nicht verkneifen.

Zuerst dachte sie, der vierzehnjährige Techno-Freak von unten hätte seine Anlage mal wieder zu weit aufgedreht. Aber dann merkte sie, daß jemand gegen die Tür hämmerte. Vielleicht hatte Rüdiger seinen Schlüssel auf dem Telefontischchen in der Diele liegenlassen. Sie schüttelte den Kopf, während sie durch den Spion lugte.

Kein Mitleid, Frau Düsdieker. Da haben Sie Ihre Chance. Gehen Sie jetzt an die Arbeit.

Sie zog die Küchenschublade auf. Das Tomatenmesser war gut für Hemden. Die Geflügelschere – damit konnte man auch einer Diesel-Jeans zu Leibe rücken. Die Schaschlikspieße... da paßten pro Stück zehn Socken drauf. Das Käsemesser war erstklassig für Feinrippunterhosen. Fast hätte sie den Dosenöffner vergessen. Jetzt fiel ihr plötzlich ein, was man damit alles anstellen konnte.

Sie ging ins Badezimmer und hielt kurz Zwiesprache mit ihrem wohlgeformten Spiegelbild. Fergie, Lolita, Liz – jetzt würden sie erleben, was es hieß, ganz Frau zu sein.

Susanne Düsdieker betrat das Wohnzimmer und drehte »Moon River« auf volle Lautstärke, damit es ihm da draußen so richtig schlechtging. Das Imperium schlägt zurück! Und wo konnte man damit besser anfangen als im gemeinsamen Schlafzimmer? Diese perverse Sockensammlung, die gestreiften, gepunkteten, mit Osterhasen und Weihnachtsmännern geschmückten Ami-Unterhosen – nie wieder ein Mann mit Boxershorts, soviel stand fest –, mindestens fünfzig Krawatten jeder Farbe. Hemden, Anzüge, Unterhemden, Gürtel und Gucci-Slipper – wahllos zog sie seine Klamotten aus den Schrankfächern und feuerte sie vor das Fenster, als wäre dort die Abschußrampe von Cape Canaveral. Mit geradezu ekstatischer Lust zerrte Susanne Düsdieker Frotteeschlafanzüge, T-Shirts, Tennisdresses und Schläger aus allen Ecken und Winkeln. Im Nu hatte sie vier Bundfaltenhosen in Bermudas verwandelt – die Geflügelschere hatte ihre wahre Berufung gefunden!

Als sie mit seinen Klamotten fertig war, schnappte sie sich das schmucke Aktenköfferchen mit den goldenen Initialen RS, das die wichtigsten Unterlagen beherbergte, die ein erfolgreicher Geschäftsmann so brauchte. Es war die wahre Freude. Als sie die Computerausdrucke zerriß, fiel ihr Blick auf ihr Foto, das er wie eine Ikone mit sich herumschleppte. *Ratsch!* Da war der Taschenrechner, den er immer bei der Steuererklärung verwendete – den würde sie sich für die Mikrowelle aufheben. Und die verdammten Disketten ...

Susanne hielt inne. Was war das? Sie griff nach dem kleinen blauen Kästchen und fischte einen mit zwei Brillis besetzten Ring heraus. Es war nicht zu fassen – ein Verlobungsring.

Rüdiger hatte sich mittlerweile aufs Sturmklingeln verlegt, was Frankies zärtliche Weisen erheblich störte. Susanne ging zum Sicherungskasten und stellte die Klingel ab. Es kam ihr vor, als würde sie ein leises Wimmern vor der Tür hören, aber das bildete sie sich sicher nur ein. *Hughhuuu* ... Ich bin besser als Liz, vergiß das nicht, *Süßer*.

Frankieboy war inzwischen bei »New York, New York« angelangt. Susanne zündete sich eine Philip Morris an und überlegte, was sie mit dem Ring machen sollte. Würde er ihren Scheiterhaufen zieren, oder sollte sie ihn lieber gleich durch die Spülung jagen? Nein, das war zu billig. Wie wär's mit Verschenken? Das war's: Gudrun ... Gudrun war genau die Richtige. Diesem blondierten

Angorahäschen von Sekretärin würde er bestimmt ganz hervorragend stehen. Irgendwo in diesem verdammten Koffer mußte doch sein Adreßbuch rumliegen. Gudrun, Gudrun – wie hieß sie doch gleich, irgendwas mit S, genau, Sieben ... Siebenschön, Gudrun, na bitte. Sehr schön, Frau Gudrun Siebenschön, Dienstag werden Sie Post erhalten von Ihrem Chef. Das war doch was. Susanne verfrachtete einen der Ringe in einen Umschlag und steckte ihn in ihre Handtasche. Ihr Kopf hatte noch nie so gut funktioniert – morgen würde sie die Adresse mit der Maschine schreiben und einen Brief dazu. In Liebe, Ihr RS. Ha! Der Chef und seine Sekretärin, das war schon immer die beste aller Lösungen gewesen.

Frankie sang nicht mehr. Susanne war so beschäftigt gewesen, daß sie die plötzliche Stille gar nicht bemerkt hatte. Sie ging zur Haustür. Kein Ton, nicht mal ein Fiepen. Sie linste durch den Spion: nichts. Gab er jetzt vielleicht schon sein erstes Interview? Sie ging ins Wohnzimmer, öffnete das Fenster und sah, was sie sehen wollte. Da unten saß er in seinem Porsche-Cabrio und überlegte offensichtlich, was er tun sollte.

Okay, Baby, dann woll'n wir den Leuten mal was bieten.

Susanne Düsdieker schnappte sich die Weihnachtsmann-Unterhose und ließ sie genüßlich direkt in seinen Porsche fliegen. Rüdiger schreckte auf, sah nach oben und sprang aus dem Auto. Es war soweit: Susanne warf Hosen und Schlipse, Hemden und Socken aus dem Fenster – einen Fetzen nach dem anderen, so viel Zeit muß sein! Rüdigers Stimme drang zu ihr hinauf: »Susanne, Schatz! Bitte, hör auf! Was soll das? Ich liebe dich! Ich will doch, daß du meine Frau wirst!« Und während Susanne weiter warf und Rüdiger weiter flehte, bildete sich eine kleine

Gruppe Schaulustiger, die das offensichtlich noch besser fand als jede Reality-Show im Fernsehen.

Kein schlechter Anfang für einen Sonntag!

Die Welt sollte sie kennenlernen. Und Rüdiger sollte sie fürchten lernen. Meine Damen und Herren, treten Sie näher, kommen Sie ran! Kinder die Hälfte! Vergessen Sie Di. Hier kommt Hurrikan Susanne! Papierfetzen und Diskettenreste flogen durch die Luft, ein leerer Aktenkoffer, zwei Zahnbürsten, zwei Flaschen »Egoiste«. Sie warf noch ihre Pillenpackung hinterher, die sie in ein Kondom gesteckt hatte – hier kam es schließlich auf die Aerodynamik an.

Ein kurzer Blick aus dem Fenster, und Susanne wußte, daß sie jetzt zum Finale kommen würde. Rüdiger starrte wie das Mondkalb höchstpersönlich zu ihr hinauf. Die Leute standen um ihn herum und applaudierten. Es war phantastisch. Sie hätte Einladungen verschicken und das Fernsehen informieren sollen. Waldemar Hartmann hätte moderieren können.

Sie ging zum Regal mit den CDs und riß seine Platten heraus. Die Frankieboy-Platten legte sie auf einen Extrastapel. Unten vor dem Fenster herrschte jetzt erwartungsvolle Spannung. Die erste silberglänzende Frisbeescheibe fegte durch die Luft, dann die zweite, dann die dritte, und sie sah, daß Rüdiger offensichtlich ahnte, was sie vorhatte, denn er sprang auf und schrie: »Nein, Susanne, nein! Nicht die Frank-Sinatra-Platten, bitte, laß mir wenigstens die!« Tja, Rüdiger – es ist schon eine häßliche Welt! Damit hast du mich verführt, du Ekelpaket, und das soll nie wieder vorkommen.

Und da flog Frank Sinatra aus dem Fenster und mit ihm die Liebe. Nie wieder Weihnachtsmann-Unterhosen. Die Zeiten waren vorbei.

Hört die Mär vom guten Schwein
Und von seiner Liebe!
Ach, es wollt geliebet sein
Und bekam nur Hiebe!

Kinderreime sind das Größte, ein Hort ewiger Wahrheiten, dachte Susanne und atmete siebenmal tief durch. Jede Hexe tut das, wenn sie ihr Werk vollbracht hat. Es ging ihr hervorragend. Sie schloß das Fenster. Jetzt wollte sie Ruhe, nichts als Ruhe.

Sie hatte sich gerade auf dem Sofa ausgestreckt, als ein Rascheln an ihre Ohren drang. Was war das? Langsam öffnete Susanne die Augen. Da stand Rüdiger mit einem Strauß roter Rosen neben ihrem Bett und lächelte sie an. »Hallo, meine Süße. Hast du schön geschlafen? Du siehst so zufrieden aus. Hast du was Schönes geträumt?«

Susanne starrte ihn an, als sei er der Melitta-Mann. »Was machst du denn hier?«

»Ich bin dein Rosenkavalier.« Rüdiger strahlte sie an und freute sich offensichtlich über seinen gelungenen Reim.

Sie ließ Rüdiger stehen, wo er stand, und ging ins Badezimmer. Fergie sah ihr aus dem Spiegel entgegen. Lolita lächelte. Oh, hallo, Liz. Haben wir uns heute nicht schon mal gesehen?

Draußen klingelte das Telefon. »Ja, natürlich kann ich dir helfen, Mutter«, hörte sie Rüdiger sagen. Durch den Flur rief er: »Ich muß noch mal auf einen Sprung weg, Süße.«

Frauen, die sich traun, ganz Frau zu sein. Susanne Düsdieker zog die Küchenschublade auf. Das Tomatenmesser war gut für Hemden. Die Geflügelschere – damit konnte man seinen Jeans zu Leibe rücken. Das Käsemesser war erstklassig für Calvin-Klein-Unterwäsche.

Und der Dosenöffner. Fast hätte sie ihn vergessen!

Rüdiger hatte sicher Verständnis dafür.

Susanne Düsdieker öffnete den Schlafzimmerschrank. Das war der Tag, an dem sie zickig wurde.

Doris Dörrie

»Ein Mann!«

Seit in einer Zeitschrift stand, daß die Chancen, von einer Atombombe getroffen zu werden, größer sind, als als Frau über dreißig in New York einen Mann zu finden, sehe ich Panik in den Gesichtern meiner amerikanischen Freundinnen. Die Wahrscheinlichkeit, heutzutage von einer Atombombe getroffen zu werden, ist ziemlich hoch, versuche ich sie zu beruhigen, dann kann es mit den Männern auch nicht so schlimm sein. Ja, in Europa vielleicht, erwidern sie, aber doch nicht hier in Amerika. Da ich dreiunddreißig bin, seit fünf Jahren in New York lebe und nicht vorhabe, wegen der größeren Bombenbedrohung und der damit anscheinend statisch besseren Chancen, sich einen Mann zu angeln, nach Deutschland zurückzukehren, fange ich auch an, mir ernsthaft Gedanken zu machen.

Vor drei Jahren habe ich mich von Johannes getrennt. Ihm fehlten in Amerika zunehmend deutsches Bier und Labskaus – er nannte es »Kultur« –, und er ging zurück nach Hamburg. Seit diesem blöden Artikel denke ich oft an ihn. Er hat in Deutschland als Modefotograf Karriere gemacht. Nach unserer Trennung bin ich manchmal ins ›Bremenhaus‹ in der 86. Straße gegangen und habe die Modefotos in den deutschen Frauenzeitschriften durchgeblättert, glühend vor Eifersucht habe ich in den Blicken der Mannequins ihre Flirts mit ihrem Fotografen, mit Johannes, entdeckt. Heute finde ich seinen winzigklein gedruckten Namen unter der neuen Badekollektion in der ›Brigitte‹. Die Mannequins sehen eher gelangweilt aus. Nein, es war doch kein Fehler, daß ich ihn habe gehen lassen. Aber damals, vor drei Jahren, wußte ich noch nichts über den Zusammenhang von Atombomben, Männern und Frauen über dreißig.

Bei der Käseverkäuferin im ›Bremenhaus‹ kaufe ich wie früher ein Stück Tilsiter, weil ich sie so gerne englisch mit sächsischem Akzent sprechen höre. Über der Theke steht QUARK TODAY.

Der Tilsiter stinkt in meiner Handtasche vor sich hin, ich sitze in der ›Kleinen Konditorei‹, stochere in einem Stück Schwarzwälder Kirschtorte und frage mich, ob ich a) wirklich geglaubt habe, ausgerechnet hier auf einen passenden Mann zu treffen, und ob ich b) wirklich einen Mann will. Je länger ich den alten Damen mit blaugefärbten Haaren um mich herum zusehe, wie sie energisch ihre Linzer Torten und Sahnestückchen in sich hineinschaufeln und sich übers Wetter und die Gesundheit beschweren, um so mehr beneide ich sie. Sie haben ihre Männer überlebt, ich aber werde nie mehr einen finden.

Eigentlich hat mir seit Johannes ein Mann nicht wirklich gefehlt.

Manchmal, wenn ich das Gefühl hatte, ein bißchen Sex würde mir guttun, hatte ich kurze Affären, aber seit man sich das nicht mehr leisten kann, habe ich entdeckt, daß ein Kaufrausch in der Chanel-Boutique letzten Endes denselben Effekt hat. Dann zeichne ich gleich viel besser, deshalb fühle ich mich besser, und meine Haut sieht auch viel glatter aus. Es lebe Chanel.

Die Schwarzwälder Kirschtorte bereue ich bereits. Mir ist übel, ich fühle mich ungesund, triebhaft, unamerikanisch. Vor Monaten habe ich aufgehört, rotes Fleisch zu essen und Kaffee zu trinken, das Rauchen hatte ich schon vor Jahren aufgegeben, ich beobachte sorgfältig meinen Cholesterinspiegel, sehe zu, daß ich nicht zu viel Sodium zu mir nehme, ich trinke keinen Alkohol, trainiere meinen Körper, bemühe mich, wie ein echter Amerikaner daran zu glauben, daß man es schaffen kann, wenn man es nur wirklich will. Seit drei Jahren gehe ich einmal in der Woche zu einer Psychotherapeutin, die mich darin bestärkt und mich für einhundertzwanzig Dollar in der Stunde eindringlich vor einer Beziehungsfalle warnt. So habe ich Karriere gemacht. In New York. Und eine Eigentumswohnung im Village habe ich auch schon. Warum also will ich plötzlich einen Mann?

Meine Therapeutin kann ich das nach drei Jahren nicht fragen. Das sind Anfängerprobleme. Ihre ganze Mühe wäre umsonst gewesen.

Wie findet man überhaupt einen Mann? Seit der Veröffentlichung dieser grausamen Statistik sind die Frauenzeitschriften gespickt mit Tips und Ratschlägen. Unter der Rubrik »Nie mehr einsam: Wie aufgeweckte Cosmo-Mädchen einen Mann kennenlernen« berichten Leserinnen, wie sie es geschafft haben. (Was ist ein Cosmo-Mädchen? Bin ich eins? Ich nehme es einfach mal an.) Penelope, Stewardeß, 28 Jahre alt, schreibt: »Männer sprechen einen oft an, wenn man ein seltsames Objekt mit sich herumschleppt. Natürlich sollten Sie sich etwas aussuchen, was Sie auch wirklich interessiert, sonst könnte die Begegnung nach wenigen Sekunden beendet sein. Ich habe gute Erfahrungen mit einem großen eisernen Kreuz gemacht.« Interessant. Penelopes Ratschlag hat nur einen entscheidenden Schönheitsfehler. Sie ist erst 28 und hätte ihr eisernes Kreuz laut Statistik überhaupt nicht nötig gehabt. Barbara, Fernsehproduzentin, 36 Jahre alt, vertraue ich da schon eher: »Schauen Sie sich genau an Ihrem Arbeitsplatz um. Der Trick ist, sich jemanden auszusuchen, der nicht schon von allen anderen Frauen angemacht wird. Natürlich sollten Sie ihn auch mögen.«

Tja, Barbara, in meiner Redaktion gibt es nur den Chef, den alle anmachen, und einen winzigkleinen, buckligen Layouter mit dicker Brille. Ich mag ihn, keine Frage, aber ich bin drei Jahre jünger als Sie, liebe Barbara, und habe das (noch) nicht nötig.

Judy dagegen, Steuerberaterin, ist genau in meinem Alter, 33. Sie schreibt: »Ich habe Männer häufig in Kaufhäusern kennengelernt. Einige Abteilungen sind besonders zu empfehlen: Lederwaren, Schreibwaren und Elektroartikel. Kommen Sie nicht auf die Idee, sich in der Herrenkonfektion auf die Lauer zu legen. Jeder Mann wird annehmen, Sie suchen ein Hemd für Ihren Freund. Dasselbe gilt für Damenwäsche. Haushaltswaren sind gut, Männer sind da so hilflos.« Es macht mich skeptisch, daß sie schreibt, sie habe »häufig« Männer auf diese Art und Weise kennengelernt, wie groß war da der Ausschuß, aber ihr Rat scheint mir einen Versuch wert.

Vier Tage lang war ich jetzt jeden Tag nach der Arbeit bei Marcy's, aber in all den von Judy so warm empfohlenen Abteilungen habe ich keinen einzigen Mann entdecken können, nur Frauen. Ich habe den Verdacht, sie sind alle aus demselben Grund hier wie ich. Wir umschleichen uns wie Katzen, beobachten uns, wie wir Brieftaschen und Koffer befühlen, Mixer und Toaster ausprobieren, uns stundenlag Schreibmaschinen vorführen lassen, fast nie etwas kaufen, und wenn, dann nur zur Tarnung. Unruhig flattern unsere Blicke über die Regale, wir mustern uns feindselig und versuchen gegenseitig unser Alter zu schätzen. Wie weit über dreißig?

Aber heute bei Bloomingdale's, vielleicht stand mein Horoskop günstig, war ich plötzlich ganz allein in der Lederwarenabteilung, und ein Mann um die Vierzig tauchte hinter einem Schweinslederkoffer auf wie ein Deus ex machina. Ein Mann mit dichtem, hellbraunem Haar, gut aussehend, vielleicht eine Spur zu seriös für meinen Geschmack, aber ich kann mir solche Mäkeleien ja nicht mehr leisten in meinem Alter. Er stand also vor den Koffern, ließ sie auf- und zuschnappen, ich robbte mich langsam und so unauffällig wie möglich über die Portemonnaies und die Damenhandtaschen näher, bis ich fast direkt neben ihm stand, da hörte ich ihn zum Verkäufer sagen, er suche einen möglichst eleganten Flugkoffer, er sei geschäftlich sehr viel unterwegs und müsse meist direkt vom Flughafen in eine Sitzung. Mir sank augenblicklich das Herz. Was nützt mir ein Mann, in dessen Jackentaschen ich unweigerlich irgendwann die Telefonnummer von Monique aus Paris oder Gabi aus Stuttgart finde?

Ich habe mir statt dessen die neue Folge von »Wie aufgeweckte Cosmo-Mädchen einen Mann kennenlernen« gekauft. Heute schreibt Susanne, Zahnarzthelferin, 35: »Mein Ex-Mann mochte keine Hunde, also haben wir uns ein Kaninchen angeschafft. Als wir uns scheiden ließen, bekam ich das Sorgerecht für das Kaninchen. Ich nehme es jetzt immer mit, wenn ich mit dem Zug nach Connecticut fahre. Jede Menge interessante Männer haben sich schon neben mich gesetzt, um das Kaninchen zu streicheln.«

Ich sehne mich plötzlich heftig nach einem kleinen, schwarzen Kaninchen mit weißen Ohren, aber meine Eltern wohnen in Wuppertal und nicht in Connecticut. Wohin sollte ich denn fahren mit dem Kaninchen? Ich sehe mich schon einsam und verlassen in New Haven nachts am Bahnhof stehen, der letzte Zug nach New York ist bereits abgefahren, und weit und breit kein interessanter Mann in Sicht, der mein Kaninchen streicheln will.

Neuerdings habe ich Tagträume. Ich sehe einen Mann in meiner Küche sein Frühstücksei köpfen, ein anderer sitzt mit einem Martiniglas in der Hand auf der Couch, einer steht unter der Dusche, einen finde ich in meinem Bett. Er sieht mich erwartungsvoll an und lächelt.

Meine Therapeutin hat ein nervöses Gesichtszucken an mir bemerkt. Sie meint, ich stecke voller negativer Energie. Seit drei Jahren komme ich jeden Mittwoch um elf in dieses Zimmer, und immer riecht es leicht nach Aftershave, die Couch ist noch warm von meinem Vorgänger, manchmal, wenn ich etwas zu früh dran bin und im Vorzimmer warte, höre ich seine sonore Stimme. Aber gesehen habe ich ihn noch nie. Diskret, wie meine Therapeutin ist, enläßt sie die Patienten durch eine andere Tür, bevor der nächste hereinkommt. Heute fiel mir seine Stimme als besonders sympathisch auf.

»Sport«, sagt meine Therapeutin. »Sport?« fragte ich schwach. Seit zwei Jahren gehe ich jeden zweiten Tag ins Sportstudio. Sie verordnet mir Urlaub.

Ich nehme vier Wochen frei. Ohne meinen Arbeitsrhythmus fällt mir die Abwesenheit eines Manns um so schmerzlicher auf. Ich telefoniere mit sämtlichen Freundinnen. Zögernd geben sie alle zu, seit dem Artikel auf der Pirsch zu sein. »Weißt du«, sagt Margie, 36, »seit ich diese verdammte Statistik gelesen habe, sehe ich im Spiegel nur noch eine Frau mit Cellulitis und Bandscheibenschaden, ohne Mann, ohne Doppelbett und ohne Rente.« Ich werfe ihr ihren Materialismus vor, und sie nennt mich eine unverbesserliche, europäische Romantikerin. Sie will sich einen Mann als Untermieter für ihre winzige Zweizimmerwohnung suchen. »Auf eine Anzeige melden sich im Schnitt vierhundert Interessenten«, sagt Margie, »und wer in Manhattan mal ein Zimmer gefunden hat, zieht nie wieder aus.« »Außer er heiratet eine andere«, wende ich ein. Sie legt beleidigt auf.

Ich habe leider nur ein Einzimmerapartment. Aber wenn ich durch das Wohnzimmer eine Wand ziehen würde... Unter vierhundert Bewerbern müßte doch ein passender dabei sein.

Im Fernsehen läuft, wie immer, wenn es mir schlechtgeht, »The Way We Were«. Ach, Barbra Streisand, diesen Luxus, dich wegen politischer Meinungsverschiedenheiten von Robert Redford zu trennen, würdest du dir heutzutage nicht mehr leisten können.

Im College gab es viele, die so aussahen wie Redford. Gutaussehend, robust, mit fabelhaften Zähnen und einem unerschütterlichen Optimismus. Wo sind die alle geblieben? In New York sind sie jedenfalls nicht. Ich wette, die sind bereits alle verheiratet, und ihre Frauen haben ihnen nach der Lektüre der Atombomben-Männer-Statistik erleichtert die Hemden gebügelt und ihnen jauchzend ein Bier gebracht. Warum mußte ich mich damals im College auch ausgerechnet in den einzigen Deutschen verlieben? Johannes trug die besseren Unterhosen, knappe Slips, nicht diese gräßlichen Boxershorts; er rauchte und redete über Kunst, er war anders als die Amerikaner, er war so wie ich, damals.

Die große Liebe erwarte ich ja gar nicht. Ich möchte nur

einem Mann morgens beim Rasieren zusehen, mit ihm Baseball im Fernsehen sehen und so tun, als interessiere es mich, ich möchte mein Doppelbett nicht mehr nur auf Verdacht auf beiden Seiten beziehen, im Kühlschrank möchte ich Budweiser und im Badezimmer After-shave finden, am Strand mit ihm auf einem Handtuch liegen und von ihm hören, daß ich eine bessere Figur habe als die anderen. Ist das denn zuviel verlangt? Die Streisand verteilt immer noch ihre Flugblätter, als sie Jahre später ihren Bobby wiedersieht, und sie lieben sich immer noch und können dennoch nie, nie zusammenfinden, und ich weine wie ich immer am Ende dieses Films weine. Verdammt noch mal, ich möchte auch mal wieder so richtig aus Liebe leiden.

In der ›Village Voice‹ liegt eine Beilage des Sommerkursprogramms, in dem ›Kreative Hypnose‹ angeboten wird, ›Geheimnis des Charisma‹, ›Die Kraft der Kristalle‹, ›Lassen Sie Wunder geschehen durch die Kraft der Liebe‹ und ›Wie baue ich ein Glückwunschkartengeschäft auf‹.

Man kann an Sightseeing-Tours teilnehmen zu den Heimen berühmter Filmstars oder zu den Schauplätzen berühmter Morde, auch als Doppelpaket zum ermäßigten Preis zu haben. Ich erwäge kurz, mich dafür einzuschreiben, aber dort trifft man wahrscheinlich nur Touristen, die, kaum weiß man ihre Telefonnummer auswendig, wieder nach Hause fahren. Es gibt natürlich auch maßgeschneiderte Kurse für mein Problem: ›52 Wege, einen Liebhaber zu finden‹, ›Der kreative Flirt‹ und für Fortgeschrittene ›Die kreative Beziehung‹. Aber irgendwie widerstrebt es mir – noch –, dafür einen Kurs zu belegen und mit ähnlich Erfolgslosen im Rollenspiel den kreativen Flirt zu üben. Als wäre ich selbst dazu zu blöd. Meine Mutter hat immer, wenn sie ein besonders seltsames Paar sah, gesagt: »Es ist doch kein Topf so schief, daß nicht ein Deckel draufpaßt.« Ich frage mich, ob ich der Topf oder der Deckel bin.

Meine Freundin Julie ruft an und berichtet aufgeregt, sie gehe jetzt jeden Tag zu den Treffen der Anonymen Alkoholiker, da könne man jede Menge interessanter Männer kennenlernen. »Aber du hast doch nie auch nur an Alkohol gerochen«, sagte ich. »Opfer muß man eben bringen«, sagt sie, »ich trinke jetzt jeden Tag eine Flasche Bier, und manchmal sogar zwei. Ich muß ja schließlich mitreden können. Und weißt du was, langsam schmeckt es mir sogar!« Sie kichert glücklich.

Ich hole die Whiskyflasche aus dem Schrank, die mir die Kollegen von der Redaktion vor einem Jahr zum Geburtstag geschenkt haben und die seither unberührt im Schrank gestanden hat. Ich trinke ihn in kleinen Schlucken wie Medizin. Ich weiß nicht, ob ich mich daran gewöhnen könnte, aber es gibt ja auch noch die anonymen Raucher. Nach zwei Jahren sehne ich mich plötzlich wieder nach einer Zigarette.

Ich nehme mir ein Kissen und die Whiskyflasche und lehne mich aus dem Fenster. Für jeden gutaussehenden Mann, der vorbeikommt, mache ich einen Strich auf den Fensterrahmen, für jeden halbwegs attraktiven ein Kreuz. Über Fünfzig- und unter Zwanzigjährige zähle ich nicht mit. Nach drei Stunden sind 187 Männer unter meinem Fenster vorbeigegangen, davon 53 in weiblicher Begleitung, 3 wirklich gutaussehende und 7 halbwegs attraktive. Ein niederschmetternder Prozentsatz. Auf der Straße zieht ein Penner einen Pappkarton hinter sich her. »Wenn du mich noch einmal fragst, ob ich dich liebe, wenn du mich noch ein einziges Mal fragst...«, sagt er zu seinem Pappkarton.

Ich trinke die Flasche aus. Fünf Männer sitzen auf meiner Couch und fragen mich, ob ich sie liebe.

Ich verlasse die Wohnung.

Auf der Sixth Avenue sitzt eine Handleserin an einem Campingtisch, winkt mir zu und schreit: »Ihr Schicksal steht in Ihrer Hand!« Ich bin sicher, in meiner Hand steht: »Ätsch. Kein Mann in Sicht.«

Ich komme an dem billigen, verstaubten chinesischen Restaurant vorbei, da waren Johannes und ich am Abend, bevor er nach Deutschland zurückgeflogen ist. »Du kannst ja nachkommen«, hat er gesagt. Vielleicht hätte er sagen sollen: »Komm mit. Bitte.« Wenn man wirklich mal eine chinesische Lebensweisheit braucht, findet man in seinem Fortune-Cookie nur banalen Mist. An dem Abend war's ›Große Ereignisse kündigen sich nicht groß an‹.

Neben dem Chinesen hat ein neuer Laden aufgemacht, das ›Magie-Center‹. Im Schaufenster stehen sauber nebeneinander aufgereiht Spraydosen gegen ›negative Kräfte‹, ›Neid und Mißgunst‹, kleine Flaschen mit den Aufschriften ›Ich-bin-stark-Öl‹ und ›Komm-zu-mir-Öl‹. Ich betrete whiskymutig schnurstracks den Laden und erkläre den beiden in schwarzes Leder gekleideten, mit schweren Ketten und Plastiktotenschädeln behängten Magie-Verkäufern mein Problem. Sie hören mir genauso milde lächelnd und aufmunternd nickend zu wie sonst meine Psychotherapeutin. Und umsonst! Sie sind offensichtlich schwul, was mir meine Enthüllungen sehr viel leichter macht. Welche Frau gibt schon gerne zu, daß sie zu blöd ist, einen Mann zu finden. »Sie brauchen sich gar keine Vorwürfe zu machen«, sagt der eine zu mir, der seine Haare in einer karottenroten Tonsur trägt, »haben Sie diese Statistik gelesen, wonach es sehr viel wahrscheinlicher ist, als Frau über dreißig von einer Atombombe getroffen zu werden?« Ich nicke bitter. »Schrecklich«, sagt der andere. »Aber es gibt doch genauso viele Männer wie Frauen, nicht?« frage ich. »Tja«, sagen beide unisono und sehen sich an. »Es gibt noch genug Heteros«, wendet der Rote sich wieder mir zu, »sie sind bloß schwer zu finden. Es ist ein bißchen wie bei... bei Hunden...« – »Pferden«, sagt der andere. »Ja, wie bei Pferden«, fährt der Rote fort und lächelt seinem Kompagnon zärtlich zu, »wenn Sie hinter ihnen herlaufen, galoppieren sie nur um so schneller davon. Sie müssen stehenbleiben und positive Schwingungen aussenden.« Und deshalb empfehlen sie mir beide dringend das ›Komm-zu-mir-Paket‹, bestehend aus ›Komm-zu-mir-Öl‹, einem Beutelchen mit Liebesduft, das immer bei sich zu tragen ist, und einer Kerze, in die ich den Namen des Begehrten einritzen soll. »Ich habe aber gar keinen Bestimmten im Auge«, sage ich schüchtern.

Daraufhin wiegen beide bedenklich das Haupt. Von anonymer Magie können sie mir in dieser Stadt nur abraten, es seien zu viele ausgeflippte Typen unterwegs, die stark auf Magie ansprächen. »Und die werden Sie dann nie wieder los.« Sie raten mir dringend, mir ein ganz bestimmtes Opfer zu suchen (bei dem Wort Opfer stößt der mit der roten Tonsur dem anderen leicht tadelnd in die Rippen), mir seinen Namen zu merken, ihm ein Haar auszureißen oder sein Jackett nach einem ausgefallenen abzusuchen und dann die Beschwörung genau nach Gebrauchsanweisung vorzunehmen.

Ich erwerbe das ›Komm-zu-mir-Paket‹, sie hängen mir fürsorglich das Beutelchen mit Liebesduft gleich um den Hals, weil manchmal schon allein der Duft helfen könne, und entlassen mich mit guten Wünschen und Ermahnungen zu positiver Denkungsart. Das Beutelchen stinkt penetrant nach Moschusöl.

Meine Therapeutin stellt fest, ich röche nach negativen Schwingungen. Sie habe auf einem Fortbildungskurs gelernt, psychische Störungen zu riechen, das sei eine alte chinesische Wissenschaft, und während sie mir davon erzählt, sehe ich plötzlich ein langes, graues Haar auf ihrer Couch. Vorsichtig hebe ich es auf und lege es in mein Portemonnaie.

»Und versuchen Sie auf keinen Fall, Ihr Stimmungstief durch eine Beziehung zu beheben«, schärft sie mir zum Abschied ein. Als sie sich erhebt, werfe ich einen schnellen Blick in ihren Terminkalender auf dem Schreibtisch. »10 UHR L. MONTELEONE« steht da vor meinem Namen um 11 Uhr. L. Monteleone, die sonore Stimme. Ein grauhaariger, gutaussehender Italiener, so Anfang Vierzig, ein Künstler vielleicht, der unter der Welt leidet, stelle ich mir vor und sehe sofort in meinem Portemonnaie nach – das Haar ist noch da –, oder ein fetter Mafioso im Kamelhaarmantel, der sich behandeln läßt, weil ihn sein Gewissen quält?

Ist das lange, graue Haar wirklich von ihm, oder ist es vielleicht ein Hundehaar? Auf dem Weg nach Hause kaufe ich eine Lupe. Es sieht zum Glück sehr nach einem Menschenhaar aus und leidet unter Spliß. Monteleone, was für ein schöner Name. L. für Ludovico? Luigi? Lino? Die sechs Tage bis zu meiner nächsten Therapiestunde kommen mir vor wie sechs Jahre.

Am nächsten Mittwoch stehe ich um sechs Uhr früh auf, wasche mir die Haare, schminke mich sorgfältig und ziehe mein bestes Kleid an. Vor Aufregung trinke ich in einer Kneipe einen Wodka, bevor ich um 10.30 Uhr das Vorzimmer meiner Therapeutin betrete.

Ich lausche seiner entfernten Stimme, sie ist nicht nur sonor und sympathisch, sondern auch ausgesprochen sexy. Leider kann ich nicht verstehen, was er sagt, einmal nur glaube ich, ein »Warum? Warum?« herauszuhören. Wie gut ich ihn verstehen kann, Herrn L. Monteleone. Warum geht die Vorzimmerdame ausgerechnet heute nicht wie sonst aufs Klo, um ihre Zigarette zu rauchen? Ich zittere vor Angst, daß sie innerhalb einer Woche das Rauchen aufgegeben hat, da holt sie endlich ihre Zigaretten aus der Schublade, zwinkert mir verschwörerisch zu und verschwindet. Kaum ist sie draußen, springe ich auf und reiße die Tür zum Behandlungszimmer auf. Er liegt nicht auf der Couch, sondern sitzt, wie ich, das macht ihn mir sofort sympathisch, GRAUE Haare fallen ihm fast bis auf die Schultern. Überrascht drehen sich meine Therapeutin und er nach mir um. Er sieht markant aus, vielleicht nicht gerade schön, aber markant ist doch viel interessanter als schön, ich schätze ihn auf Anfang Vierzig, das beste Alter für einen Mann, sehr groß ist er nicht, aber bestimmt auch nicht kleiner als ich. »Ich muß schon sagen!« faucht meine Therapeutin, und ich stammle »Entschuldigung. Ich dachte, es sei schon elf Uhr« und schließe schweißnaß vor Aufregung die Tür. Der Vorzimmerdame kritzle ich eine Nachricht, mir sei plötzlich schlecht, ich könne meine Stunde heute unmöglich wahrnehmen.

Zu Hause ziehe ich die Vorhänge zu. Sorgfältig schnitze ich L. Monteleone ins Wachs, sein Name ist so lang, daß er kaum auf die Kerze paßt. Genau nach Gebrauchsanweisung reibe ich sie mit dem ›Komm-zu-mir-Öl‹ ein, zünde die Kerze an und halte mit klopfendem Herzen sein Haar in die Flamme.

Es verzischt schneller, als ich gucken kann. Aber die

Kerze brennt vier Stunden und zwanzig Minuten lang, und so lange, haben mir meine magischen Berater eingeschärft, muß ich mich auf mein Opfer konzentrieren. Als die Flamme endlich zuckend erlischt, schlafe ich vor Erschöpfung ein.

Vom Telefonklingeln wache ich Stunden später erst auf. Im Traum war ich in Wuppertal. Meine Mutter häkelte einen Klopapierüberzug fürs Auto aus rosa Wolle und murmelte unablässig vor sich hin: »Es ist kein Topf so schief, daß kein Deckel draufpaßt.« Mein Anrufbeantworter, den ich eingeschaltet habe, um bei meiner Zeremonie nicht gestört zu werden, meldet sich und erzählt, daß ich im Moment leider nicht zu Hause bin, es piepst, und ich höre ein Atmen, und dann sagt eine sonore, sympathische Männerstimme: »Hier ist Leonardo Monteleone, schade, daß Sie nicht zu Hause sind...«

Ich springe aus dem Bett, verheddere mich im Bettlaken, kann das Telefon nicht finden. Leonardo Monteleone, was für ein Name! »Schade«, sagt die Stimme, »na ja, dann...« Ich wühle mich quer durch das Zimmer an der Schnur zum Telefon, »warten Sie, warten Sie«, sage ich atemlos, »ich bin gerade nach Hause gekommen.« »Mein Name ist Leonardo Monteleone«, wiederholt er in fast akzentfreiem Englisch förmlich. »Sie haben heute morgen in der Praxis Ihren Schal vergessen, so einen grüngemusterten...«

Ich trage nie grüngemusterte Schals. »O ja«, sage ich, »das muß meiner sein.« Aus dem Liebesbeutel unter meinem Kinn strömt Moschusduft.

»Ich könnte Ihnen den Schal vorbeibringen.«

»Das ist schrecklich nett von Ihnen...« stottere ich.

»Oh«, unterbricht er mich, »das war nicht aufdringlich gemeint. Ich hatte nur vergessen, daß es Frauen in dieser

Stadt nicht gerne haben, wenn wildfremde Männer ihre Adresse kennen…«

»Sie sind nicht von hier?« frage ich.

»Nein, ich komme aus Deutschland.«

»Ach, wirklich?« sage ich nonchalant, »woher denn in Deutschland?«

»Wuppertal, ich weiß nicht, ob Ihnen das was sagt.«

Ich nehme den Liebesbeutel vom Hals und lege ihn unter mein Kopfkissen.

»Ich wohne in der Leroy Street 15«, sage ich langsam auf deutsch, »kommen Sie schnell.«

»Na, dann tschö«, sagte er, »und bis gleich.«

Anne Billson

Kleine Schwächen

Für schlechte Angewohnheiten hatte ich keine Zeit. Sex, Drogen, Zigaretten – all das hatte ich schon vor langer Zeit aufgegeben. Vage schwebte mir vor, daß ich eines Tages vielleicht wieder damit anfangen könnte, dann, wenn ich alles unter Kontrolle hatte, aber nicht jetzt. Die einzige Schwäche, die ich mir erlaubte, war Wein. Und als ich an jenem Morgen mit einem von üblen Kopfschmerzen begleiteten Kater aufwachte, führte ich es auf die Flasche zurück, die ich die Nacht zuvor geleert hatte.

Mein Magen revoltierte. Ich konnte nichts von dem bei mir behalten, was ich in ihn hineinschüttete: Orangensaft, Kamillentee, in Wasser aufgelöstes Aspirin. An Müsli war nicht zu denken. Allein die Vorstellung von trockenem Toast ließ mir schon die Galle hochkommen. Aber dann, im Taxi auf dem Weg zur Arbeit, fiel mir wie Schuppen von den Augen, wonach mir wirklich war. Ich hatte immer gedacht, daß Junk Food zum Allerschlimmsten gehörte, aber mein Verdauungssystem war entschieden anderer Meinung. Es wollte nichts von diesem frisch gepreßten Zeug; es schrie geradezu nach einer Familienpackung Softeis. Ich hatte nie zuvor Lust auf Softeis verspürt, aber jetzt wurde ich von einem so überwältigenden Verlangen getrieben, daß ich das Taxi am Marble Arch verlassen mußte, um mich auf die Suche danach zu machen. Eigentlich hatte ich ja einen Termin mit Belgiern, aber jetzt war ich hier und suchte nach einer Softeisbude, während mir die Zeit zwischen den Fingern zerrann.

Ich kämpfte mich durch die morgendliche Fußgängerbrandung; alle schienen mir entgegenzukommen. An diese Menschenmassen war ich nicht gewöhnt. Aber plötzlich wichen die Leute vor mir zurück. Sie traten zur Seite, während ich näher kam, drückten sich in die Eingänge von Geschäften oder verließen den Bürgersteig, und die Augen aller waren auf mich gerichtet. Oder vielleicht doch nicht ganz auf mich, sondern auf etwas, das sich direkt hinter mir befand. Ein paar kicherten, aber die meisten sahen eher erschrocken aus. Jemand öffnete den Mund, um etwas zu mir zu sagen, schüttelte dann den Kopf und ging weiter.

Ich warf einen Blick über die Schulter. Was ich sah, ließ mich erstarren. Direkt hinter mir war ein Mann. Als ich stehenblieb, hielt er ebenfalls inne. Normalerweise hätte er wohl kaum Aufsehen erregt, aber sein grauer Anzug war zerknittert, und abgesehen davon hatte er einen leicht irren Ausdruck in den Augen. Der Grund jedoch, warum ihn alle anstarrten, war, daß er ungefähr in Hüfthöhe ein Küchenmesser umklammert hielt. Das Messer war geradezu absurd groß. Es war keine versteckte Waffe; man hätte sie von einer vorüberfliegenden 747 aus sehen können. Ich nahm das Ganze nicht sonderlich ernst. Nein. Wenn es irgendein Irrer auf einen abgesehen hatte, schlich er sich nicht wie ein Schmierentheaterschurke von hinten an, schon gar nicht mit einer Waffe wie dieser. Nicht am hellichten Tag. Nicht vor Hunderten von Augenzeugen. Nicht auf der *Oxford Street*.

Dann sah ich, daß Speichel an seinem Kinn hinunterlief. Es war dieser Anblick, der mich aus dem Gleichgewicht brachte.

Wir standen uns gegenüber und starrten einander an. Er murmelte etwas vor sich hin. Ich sah auf meine Uhr und sagte ihm die Zeit. Einer der Umstehenden trat nervös von einem Fuß auf den anderen. Der Mann runzelte die Stirn und murmelte wieder etwas.

Ich dachte, er hätte sich vielleicht verlaufen und würde nach dem Weg fragen. »Sorry«, sagte ich. »Können Sie etwas lauter sprechen? Ich bin heute morgen nicht ganz auf der Höhe.«

Er schien sich noch einmal zu überlegen, was er eigentlich wollte, öffnete dann den Mund und schrie: »Abscheulichste aller Schlampen! Königin der Schändlichkeiten! Hure von Babylon!«

»Ich glaube, Sie verwechseln mich mit jemandem«, sagte ich.

Er schüttelte den Kopf, schloß seine Finger fester um den Messergriff und rannte auf mich zu.

Es war nicht so, daß mein Leben noch einmal wie ein Film vor meinen Augen ablief, aber es gab mir doch einen leichten Stich, daß ich all diese Dinge aufgegeben hatte, weil sie schlecht für meine Gesundheit waren. Die ganze Selbstverleugnung war für die Katz gewesen. Dann wich das Bedauern einem ziemlich lahmen Überlebensinstinkt. Ich überlegte kurz, mich in die Menge zu flüchten, aber es war zu spät. Niemand würde vortreten und mir helfen; ich war ganz auf mich allein gestellt.

Die näher kommende Stahlklinge war sehr groß und sah verdammt scharf aus. Jetzt war sie gerade noch sechs Fuß entfernt. Jetzt nur noch fünf. Vier Fuß. Drei.

Der Mann legte alles, was seine Lungen hergaben, in

einen geifernd-sabbernden Schrei und stürzte sich auf mich. Ich konnte mir nicht vorstellen, daß er mich verfehlen könnte, aber genau das tat er. Er gab einen überraschten Grunzer von sich und erstarrte wie eine Pantomime vor einer unsichtbaren Wand.

Und dann machte er so etwas wie einen Luftsprung nach hinten. Eigentlich war es unmöglich, aber er vollführte die Bewegung so leichtfüßig und graziös wie ein olympischer Turner. Sein Gesichtsausdruck ließ erkennen, daß das nicht seine Absicht gewesen war, und irgendwo in der Luft verpuffte alle Leichtigkeit und Grazie, so daß er taumelnd auf den Boden aufkam. Er streckte eine Hand aus, um den Sturz abzufangen, aber unglücklicherweise war es die Hand mit dem Küchenmesser, und er fiel geradewegs in die Klinge.

Es stellte sich heraus, daß das Messer genauso scharf war, wie es aussah. Es schnitt ihm fast die ganze Kehle durch. Eine Pause entstand, und dann war es, als hätte irgend jemand einen Hahn aufgedreht. Das Blut sprühte aus ihm heraus wie aus einer Sprinkleranlage, und alle sagten *Ooooh*. Nicht ganz alle. Jemand gab einen grellen Schrei von sich. Ich hoffe, Sie können sich vorstellen, wie peinlich es mir war, als mir aufging, daß ich dieser Jemand war.

»Wie fühlen Sie sich?« fragte der Mann in der Tweedjacke.

Ich sagte ihm, daß es mir ziemlich beschissen ging.

Ich lag angezogen auf einem Bett, aber meine Sachen fühlten sich an, als hätte jemand an ihnen herumgefummelt. Ich versuchte mich aufzusetzen, was nicht ganz einfach war.

»An Ihrer Stelle würde ich noch nicht aufstehen«, sagte

der Mann mit der Tweedjacke und sah über den Rand seiner Brille auf das Klemmbrett in seiner Hand. »Entspannen Sie sich. Sie haben einen leichten Schock erlitten, aber es gibt wirklich keinen Anlaß zur Besorgnis.«

»Was ist passiert?«

»Wir haben Ihnen ein Beruhigungsmittel gegeben, und wahrscheinlich sind Sie deswegen noch ein bißchen durcheinander. Das Mittel ist aber vollkommen ungefährlich.«

»Was ist mit dem Softeis?« fragte ich, und dann erinnerte ich mich wieder. »Da war dieser Mann mit dem Messer...«

»Machen Sie sich keine Sorgen«, sagte der Mann. »Sie sind im Krankenhaus. Wir haben Sie untersucht, und alles ist in Ordnung. Übrigens, ich bin Dr. Webster.«

»Ist er... tot?«

»Ich fürchte ja.« Er machte sich irgendeine Notiz. »Haben Sie eine Idee, wer er gewesen sein könnte?«

Ich schüttelte den Kopf. »Ich habe ihn noch nie gesehen. Er muß verrückt gewesen sein.«

Dr. Webster nickte. »Sieht ganz so aus. Nun, das ist jetzt Aufgabe der Behörden. Möchten Sie jetzt gerne Ihren Mann anrufen?«

»Ich bin nicht verheiratet«, sagte ich.

»Ihren Freund?«

»Ich habe keinen Freund«, sagte ich. »Aber ich würde gerne im Büro anrufen. Mein Gott, so spät ist es schon? Jesus, ich sollte doch mit den Belgiern essen gehen.«

Ich versuchte wieder aufzustehen. Diesmal konnte ich mich wenigstens aufsetzen. Der Arzt zog die Stirn in Falten.

»Dann wenigstens den Vater. Wir können den Vater anrufen und ihm sagen, daß alles in Ordnung ist.«

»Sie können meinen Vater nicht anrufen«, sagte ich, leicht verstimmt darüber, mit welcher Beharrlichkeit er die Männer in mein Leben zurückbringen wollte, gehörten sie doch ebenfalls zu den schlechten Gewohnheiten, die ich aufgegeben hatte. »Mein Vater ist tot.«

Der Arzt runzelte die Stirn. »Das tut mir leid«, sagte er. »Miss... Miss ist doch richtig, oder? Miss...«

»Oh, das ist schon sieben Jahre her«, sagte ich. »Loughlin, Nancy Loughlin.« Die Attacke des Irren war inzwischen kaum noch mehr als die Erinnerung an einen längst vergangenen Traum, aber langsam wurde ich argwöhnisch, was das Hier und Jetzt anging. »Wieso müssen Sie überhaupt jemanden anrufen? Es geht mir doch gut, oder?«

Dr. Webster zuckte mit den Schultern. »Ich dachte nur, Sie wollten dem Vater vielleicht sagen, daß es dem Baby gutgeht.«

Meine Aufmerksamkeit ließ nach. Sie verlagerte sich über seine linke Schulter, bis mein Blick auf einem Anti-Raucher-Plakat an der Wand hinter ihm hängenblieb. Plötzlich zog es mich völlig in seinen Bann.

Ich hörte mich selbst sagen: »Wie bitte?«

»Dem Baby geht es gut.«

Kurze Zeit später, nachdem ich mich von einer weiteren Dosis des vollkommen ungefährlichen Beruhigungsmittels erholt hatte, führten Dr. Webster und ich ein langes Gespräch. Ich begriff schnell. Ich begriff, daß es gar keinen Sinn hatte, damit zu argumentieren, daß ich nicht schwanger sein konnte. Obwohl es einfach nicht möglich war, daß ich ein Baby erwartete, weil ich eine wiedergeborene Jungfrau war; seit Jahren schon hatte ich keinen Sex mehr gehabt. Ich sagte Dr. Webster das auch, aber er glaubte mir nicht. Er dachte, daß meine Weigerung, die

Tatsache zu akzeptieren, auf moralische Verwirrung und tiefsitzende Schuldgefühle zurückzuführen war.

Ich begann an meinem Verstand zu zweifeln. War ich die ganze Jahre einem Irrtum aufgesessen? Vielleicht hatte ich einfach die Fakten durcheinandergebracht. Ich hatte immer angenommen, daß man durch Geschlechtsverkehr schwanger wurde, vielleicht hatte ich mich aber auch getäuscht. Was, wenn es durch Küssen oder Niesen oder Händeschütteln passierte? Vielleicht hatte ich nie begriffen, was Sex eigentlich *bedeutete*. Vielleicht hatte ich Sex mit jemandem gehabt, ohne es zu bemerken. Oder vielleicht litt ich an irgendeiner seltenen Krankheit, die dieselben Symptome wie eine Schwangerschaft hatte.

Ich konnte mich nicht einmal erinnern, daß meine Periode ausgeblieben war, obwohl ich mich auch nie weiter darum gekümmert hatte. Aber ich war definitiv schwanger. Dr. Webster zeigte mir die Bilder der Ultraschalluntersuchung. Als ich mich weiter weigerte, es zu glauben, rollte er mit den Augen und rief eine Schwester herein, die mir ebenfalls bestätigte, daß ich definitiv schwanger sei, und mir gratulierte, ich müßte ja überglücklich sein. Ich brach in Tränen aus, aber das änderte auch nichts.

»Ich kann unmöglich ein Kind haben«, sagte ich. »Was wird dann aus meiner Karriere?«

Dr. Webster verdrückte sich, nachdem seine Miene gelangweilter und gelangweilter geworden war. Ich sagte, daß ich nicht warten könnte und daß ich das Kind so schnell wie möglich abtreiben lassen wollte. Die Schwester gab mir ein paar Telefonnummern; ich schob ihr eine Zehn-Pfund-Note hin, telefonierte und machte einen Termin für den nächsten Morgen aus. Dann rief ich im Büro an und sagte Jamie, daß ich mir ein paar Tage freinehmen würde. Davon wollte er nichts wissen, aber als ich einfließen ließ, daß mich ein Verrückter auf offener Straße angegriffen hatte, zeigte er sich tief betroffen und versuchte mich zu überreden, gleich die nächsten vierzehn Tage freizunehmen. Ich sagte, nein, das wäre nicht nötig, ich würde gegen Ende der Woche wiederkommen, und Susie könnte ja die Sache mit den Belgiern übernehmen und mich jederzeit zu Hause anrufen, wenn irgendwelche Probleme auftauchen würden.

Die Schwester lächelte mich traurig an, als ich auflegte. »Das ist ein schwierige Entscheidung«, sagte sie. »Wollen Sie nicht noch mal darüber nachdenken?«

Ich dachte über den Embryo nach, der in mir heranwuchs, und fragte mich, ob er schon kleine Arme und Beine und Finger und Zehen hatte. Ich fragte mich, ob er schon ein Gesicht hatte und ob er nach mir oder nach seinem nicht vorhandenen Vater kommen würde. Ich fragte mich, ob das Ganze eine Art Wunder war, und konnte es nicht erwarten, das Kind so schnell wie möglich wieder loszuwerden.

Ich sagte ihr, daß ich nicht weiter darüber nachdenken müßte; für mich sei schon immer klar gewesen, was ich in so einem Fall tun würde. Als sie mich daraufhin fassungslos ansah, fügte ich etwas in der Art hinzu, wie verdammt mies ich mich deswegen fühlen würde, worauf sie mir ein mitleidiges Lächeln schenkte.

Es war kein Taxi zu bekommen. Es goß wie aus Kannen, und ich würde die U-Bahn zur Klinik nehmen müssen. Auf dem Weg zur U-Bahn-Station hatte ich das Gefühl, daß mich jemand verfolgte. Während ich auf den Zug wartete, sah ich den Bahnsteig hinauf und hinunter. Außer mir warteten noch ein paar Dutzend anderer Leute, aber soweit ich sehen konnte, hatte niemand von ihnen ein Messer dabei. Ich kam zu dem Schluß, daß ich unter Verfolgungswahn litt. Aber nach dem, was ich erlebt hatte, war das eine ganz natürliche Reaktion.

Auf der Anzeigentafel wurde der nächste Zug angekündigt. Ein entferntes Donnern war zu hören, begleitet von einem leichten Luftzug. Als ich einen Schritt auf den Bahnsteigrand zutrat, fühlte ich, wie ich von hinten gestoßen wurde. Ich versuchte mich irgendwo festzuhalten, griff aber ins Leere.

Das Wort *unfair* zuckte wie ein Blitz durch mein Gehirn.

Dann segelte der Mann, der mich gestoßen hatte, an mir vorbei, er stürzte kopfüber über den Bahnsteigrand und landete rücklings auf den Schienen. Als er sich aufzusetzen versuchte, sah ich für einen Sekundenbruchteil seine Augen, die mich aus einem glänzend weißen Gesicht heraus anstarrten. Seine Lippen bewegten sich, aber ich konnte nicht mehr herausfinden, was er sagte, denn plötzlich war die Bahn da, und zwar mit einem solchen Lärm, daß ich mir das Klatschen eingebildet haben muß, als ihn die Zugmaschine zerquetschte.

Türen gingen auf, und Leute stiegen aus, ohne bemerkt zu haben, daß etwas passiert war. Ich fragte mich, ob ich schreien sollte, ließ es dann aber, weil ich nicht noch mehr Scherereien haben wollte. Ich wollte auf keinen Fall mehr mit der Polizei sprechen müssen. Ich wußte, daß sie mich diesmal richtig in die Mangel nehmen würden. Die Sache mit dem Messerstecher war Zufall gewesen. Aber das jetzt – das sah langsam verdächtig aus.

Weiter vorn am Bahnsteig lehnte sich der Zugführer aus seiner Kabine, grün im Gesicht. Überall waren Schreie zu hören, während Leute hin und her liefen, aber niemand schenkte mir Beachtung, als ich mich in Richtung Ausgang davonmachte. Ein oder zwei Leute hatten den armen Wicht die Balance verlieren sehen, aber niemand hatte beobachtet, was er vorher mit mir gemacht hatte.

Der Mann am Schalter sah mich fragend an, als ich ihm mein ungebrauchtes Ticket gab. »Jemand ist unter den Zug gekommen«, keuchte ich. Draußen lehnte ich mich gegen eine Mauer und sog tief die Luft ein. Ich blieb dort stehen und fühlte mich hundeelend, bis mir der Gedanke an eine Familienpackung Softeis kam und ich mich plötzlich besser fühlte.

Langsam begann ich mich abgestumpft und gleichgültig zu fühlen. Ich war immer gut darin gewesen, mich den jeweiligen Verhältnissen anzupassen, was auch der Grund dafür war, daß ich es immer weiter nach oben geschafft hatte, während andere untergegangen waren. Ich holte mir ein Softeis an einer Bude, drängte mich vor ein paar Touristen, die es gerade geschafft hatten, ein Taxi anzuhalten, winkte ihnen vom Fond aus zu, während sie mir hinterherglotzten, und lehnte mich im Sitz zurück.

Ich fühlte mich, als ob jetzt kommen könnte, was wollte, und ich mußte nicht lange warten. An der Knightsbridge beobachtete ich interessiert, wie ein Ford Fiesta eine rote Ampel überfuhr und uns zu rammen versuchte. Der Taxifahrer riß das Steuer herum, aber ich wußte, daß der Fiestafahrer nicht treffen würde, und genauso kam es auch. Während der Fahrer noch das Taxi wieder unter Kontrolle zu bringen versuchte, schleuderte ein anderer Wagen über die Straße und geradewegs ins Schaufenster von Harvey Nichols. Mein Fahrer sah das Ganze im Rückspiegel. »Der Typ muß 'nen Herzanfall gehabt haben«, knurrte er, während wir weiterfuhren. Ich aß mein Softeis und drehte mich um, um durch die Heckscheibe zu beobachten, wie der zerstörte Fiesta in Flammen aufging.

Sonst passierte nichts auf dem Weg zur Klinik. Ich zerbrach mir den Kopf über einen möglichen Zusammenhang zwischen meiner Person und den wiederholten Anschlägen auf mich. Vielleicht hatte ich ein Vermögen geerbt, ohne etwas davon zu wissen, oder ich war bei meiner letzten Italienreise unabsichtlich der Cosa Nostra in die Quere gekommen. Vielleicht hatten die Behörden versehentlich Giftmüll ins Trinkwasser kippen lassen. Vielleicht rasteten die Leute in der ganzen Stadt aus.

Trotzdem hatte ich meine Zweifel. Langsam kam ich zu dem Schluß, daß ich ein besonderer Fall war.

Beim Termin in der Klinik ging alles glatt. Ich behielt Dr. Madison im Auge, halb in der Erwartung, daß er jede Sekunde ein Skalpell zücken und damit auf meine Kehle losgehen würde, aber er war höflich und professionell. Er verschwendete auch keine Zeit mit ethischen Grundsatzdiskussionen. Ich füllte ein paar Formulare sowie einen Scheck aus und vereinbarte einen weiteren Termin in zwei Tagen. Ich würde kurz vor Mittag kommen, kurz danach den Eingriff über mich ergehen lassen und dann auf meine Freundin Belinda warten, die mich nach Hause bringen würde. Mit ein bißchen Glück war ich zu den Neun-Uhr-Nachrichten wieder in meinen eigenen vier Wänden.

»Ich wußte nicht, daß Abtreibungen so einfach sind«, sagte ich.

»Eine Frau hat das Recht auf freie Entscheidung«, sagte Dr. Madison, und keiner von uns beiden erwähnte die fette Summe, die ich gerade ausgespuckt hatte.

Der Leichenberg wuchs rapide. Meine Fahrt nach Hause war wie ein Roadrunner-Zeichentrickfilm, mit meinen Angreifern in der Rolle des Kojoten. Sie versuchten es wieder und wieder, auf jede erdenkliche Weise, aber keiner von ihnen kam in Reichweite. Der nächste Attentäter hatte eine Spritze bei sich, aber sobald ich ihn gesehen hatte, drehte er eine entzückende Pirouette und stolperte seitwärts vor einen vorüberfahrenden Bus. Zehn Minuten später kam ein anderer Mann auf mich zu und zog irgendeinen metallischen Gegenstand aus einer Innentasche, als von oben ein »Grundgütiger«-Schrei zu hören war und der verzierte Aufsatz einer Turmuhr, den ein paar Arbeiter gerade reinigten, herunterkrachte und seinen Kopf mit einem übelkeitserregenden Geräusch zermalmte. Und gerade, als ich langsam dachte, daß ich auf den nächsten Mann vergeblich warten würde, stürmten zwei Pitbull-Terrier vor mir aus einem Schuhgeschäft. Ich drehte mich nicht um, als sie an mir vorbeirannten, nicht einmal, als ihr Knurren aufhörte und die Schreie einsetzten.

Mag sein, daß es noch weitere Anschläge gab, ich bemerkte sie jedenfalls nicht. Ich hielt ein Taxi auf der Brook Street an und fuhr auf direktem Weg nach Hause. Sobald ich in meiner Wohnung war, schloß ich von innen ab und legt die Kette vor, aber nur, um in zwei Läufe einer Schrotflinte zu starren, als ich mich umdrehte.

»Hure von Babylon!« geiferte der Mann. »Sterben sollst du!«

»Oh, um Himmels willen«, sagte ich, »aber *warum*? Warum *ich*?«

Sein Anzug war zerknittert, aber wären da nicht der herabrinnende Speichel, die blutunterlaufenen Augen und das zerwühlte Haar gewesen, hätte man ihn ohne weiteres für einen durch und durch seriösen Geschäftsmann halten können. Er senkte die Waffe, anscheinend ziemlich verblüfft darüber, daß ich nicht auf den Knien um Gnade bettelte. Aber ich fühlte mich sicher, selbst jetzt. *Gerade* jetzt.

»Nichts Persönliches«, sagte er.

»Sie haben mich gerade als Hure von Babylon bezeichnet«, sagte ich. »Wenn das nichts Persönliches ist, weiß ich's auch nicht.«

An seinem Gesicht konnte ich sehen, wie Zweifel in ihm aufstiegen. »Es tut mir leid«, sagte er. »Wirklich. Wir wissen, daß Sie nichts dafür können.«

»Wir?«

»Die Brüder des Göttlichen Ordens der Toten Heiligen.«

»Was ist denn nun eigentlich?«

»Soll das heißen, Sie wissen es nicht?«

»Ich weiß nur, daß ich den ganzen Tag mit einem Legt-mich-um-Schild auf dem Rücken herumgelaufen bin.«

»Sie tragen etwas...«

»Ach, und das sagen Sie mir *jetzt.*«

»Sie tragen etwas unter dem Herzen, was zerstört werden muß.«

»Hören Sie«, sagte ich, »ich weiß nicht, wo das Problem liegt.«

»Sie verstehen es nicht«, sagte er und begann zu weinen. »Sie haben keine Vorstellung, was es bedeutet.«

»Na, dann erklären Sie doch mal«, sagte ich.

Er hob ruckartig den Kopf, und dieser irre Blick stand wieder in seinen Augen. »Das Ende von *allem*«, brabbelte er. »Das Ende allen Lebens. Die Posaunen werden ertönen, und *niemand* wird gerettet werden.«

Plötzlich kam mir ein Gedanke. »Auf welcher Seite stehen Sie eigentlich? Und was ist mit mir? Reden wir hier vom Jüngsten Gericht, oder geht es um so was wie in *Rosemarys Baby*?«

»Das Blut des Lamms!« brach es aus ihm heraus, was mich auch nicht schlauer machte. Wieder richtete er die Schrotflinte auf mich, aber seine Hände waren schon ruhiger geworden. Ich bot an, ihm eine Tasse Tee zu machen. Er schüttelte den Kopf, während Tränen über seine Wangen liefen. »Es tut mir leid«, sagte er, »wirklich. Aber ich muß es tun. Es gibt keine andere Möglichkeit.«

»Das stimmt nicht«, sagte ich und griff in meine Handtasche. »Werfen Sie mal einen Blick hier drauf.« Ich reichte ihm die Formulare, die ich in der Klinik ausgefüllt hatte.

»Was sind das für Papiere?«

»Übermorgen«, sagte ich. »Ich will es genausowenig wie Sie. Sie müssen sich absolut keine Sorgen machen.«

Er verstand nicht auf Anhieb, worauf ich hinauswollte. Dann hellte sein Miene auf. »Sie meinen…«

»Alles kein Problem«, sagte ich. »Wer immer es war, er hat sich die Falsche ausgesucht. Ich bin einfach nicht der mütterliche Typ, bin es nie gewesen. Schließlich muß ich an meine Karriere denken.«

Ich machte ihm eine Tasse Tee, bei der wir lange miteinander redeten, und schließlich ging er.

Es wurden keine weiteren Anschläge auf mein Leben verübt, weder für den Rest des Tages noch am folgenden Tag. Der Mann mit der Schrotflinte hatte zu seinem Wort gestanden und seine Brüder vom Plan gerufen. Sie wußten, daß ich auf ihrer Seite war, gut, vielleicht aus weltlichen Gründen, aber das Ziel war das gleiche. Es war ein seltsames Abenteuer gewesen, aber jetzt war es vorbei, und mir blieb nur noch, mir das, was immer in mich hineingepflanzt worden war, vom Leib zu schaffen und wieder zu meiner Arbeit zurückzukehren.

Am Morgen meines Kliniktermins wachte ich erfrischt und optimistisch auf. Leichten Herzens fuhr ich zum Krankenhaus, zog ein Nachthemd an, machte es mir in meinem kleinen Zimmer bequem und blätterte die neuesten Zeitschriften durch, obwohl sie so öde und trivial waren, daß ich mich schließlich lieber mit einem der Berichte befaßte, die ich mir mitgebracht hatte.

Kurz nach Mittag kam die Schwester herein, um Temperatur und Blutdruck zu messen. »Sind Sie nervös?«

»Kein bißchen.«

»Brauchen Sie auch nicht zu sein«, sagte sie. »Ist ja bloß eine Routinesache.«

Eine halbe Stunde später rollten sie mich in den winzigen Operationsraum, legten ein Tuch über meinen Unterleib und schnallten meine Füße fest. Dr. Madison sah auf mich herunter und lächelte. Ich hatte seinen Zähnen bislang keine Beachtung geschenkt. Sie waren glänzend weiß wie die Wände um mich herum. »Alles klar mit Ihnen, Miss Loughlin?«

»Mir geht's bestens«, sagte ich.

»Das ist Arthur. Er ist unser Anästhesist.«

»Hallo, Arthur.«

Arthur steckte eine Nadel in meinen Arm und wies mich an, mit dem Zählen zu beginnen. »Eins«, sagte ich. »Zwei. Sie haben doch ein Auge darauf, daß ich nichts spüre, oder?«

»Aber natürlich«, sagte er. »Zählen Sie einfach weiter, und nachher werden Sie sich wundern, wie…«

»Drei«, zählte ich. »Vier… fünf…«

Mir war wieder ziemlich schummrig. Ich wußte, daß irgend etwas passiert war, aber mir fiel einfach nicht ein, was. Ich öffnete die Augen. Es war unangenehm hell, und mir war kalt. Wo war mein Softeis?

»Nancy? Nancy? Bist du okay?«

Jemand beugte sich über mich. Ich zwinkerte heftig, um zu sehen, wer es war.

»Belinda? Du bist schon da?« Erleichterung überkam mich. Alles war vorbei.

»Oh, Nancy«, sagte sie.

Ich zwinkerte wieder. So hatte ich Belinda noch nie gesehen. Jemand hatte ihr alles Blut aus dem Gesicht gepumpt und es durch Porridge ersetzt. »Du siehst schrecklich aus«, sagte ich.

»Hey, wir machen dich erst mal hier los.« Ihre Stimme zitterte.

Ich versuchte, mich selbst zu befreien, aber meine Glieder wogen Tonnen. »Wo ist die Schwester?« fragte ich, und in genau diesem Moment wurde mir klar, was geschehen war.

»Was zum ...«, sagte ich und versuchte mich aufzusetzen.

»Nein, sieh nicht hin«, sagte Belinda und drückte mich zurück. Dann war jemand neben ihr, und ich wurde auf die Bahre gehoben, zugedeckt und weg aus dem hellen Licht geschoben, und jede Menge Leute wieselten um mich herum. Ein paar von ihnen waren in Uniform.

Belinda beugte sich über mich und ergriff eine meiner Hände. »Nun, wenigstens ist es vorbei«, sagte ich und bemerkte, daß sie mich ängstlich ansah. »Es ist doch vorbei, oder?«

Und da wußte ich plötzlich, daß es ganz und gar nicht

vorbei war. Der Operationsraum war weiß gewesen, als ich hineingeschoben worden war. Jetzt war er größtenteils rot. Jetzt konnte ich der Roadrunner-Liste einen Arzt, eine Schwester und einen Anästhesisten hinzufügen. Es war nicht ihr Fehler gewesen. Sie hatten es gut gemeint.

Die Polizei versuchte, im Verhör die ganz harte Tour anzuwenden, aber ich sagte ihnen, daß ich mit niemandem reden würde, bevor ich nicht endlich ein Softeis bekommen hätte. Aber selbst dann hatte ich noch keine Lust, ihnen zu erzählen, was hinter der ganzen Sache steckte. Sie wußten, daß ich irgend etwas damit zu tun hatte, nur nicht was, aber aus einer schwangeren Frau konnten sie schlecht ein Geständnis herausprügeln.

Ich würde es schließlich den Brüdern des Göttlichen Ordens der Toten Heiligen überlassen. Wenigstens ließen sie mir etwas Luft; nämlich achtundvierzig Stunden, bevor es wieder mit den Anschlägen losging. Sie versuchten es, immer und immer wieder, aber keiner von ihnen schaffte es. Ich wußte nicht, auf welcher Seite sie waren, und scherte mich auch nicht weiter drum, weil das meiner Meinung nach sowieso keinen großen Unterschied machte.

Ich begann, das Ganze als einzigartige Gelegenheit zu betrachten. Ich konnte die Eiger-Nordwand besteigen oder die tiefsten Tiefen des Marianengrabens erforschen. Ich konnte bei Nacht durch den Central Park schlendern oder Leber vom japanischen Kugelfisch essen. Ich konnte Kleiderschränke von Männern mit riesigen Oberarmen und martialischen Tätowierungen auffordern, den Müll aufzuheben, den sie gerade weggeworfen hatten. Ich konnte einfach *alles* tun.

Sieben Monate hatte ich noch vor mir. Ich dachte, daß ich genausogut wieder mit dem Rauchen anfangen konnte.

Gaby Hauptmann

Halbe Männer gibt es nicht

Gespannt sitzt Carmen auf der Straßenterrasse des kleinen Cafés. Sie ist vorhin nochmals bei der Zeitung gewesen und hat nach weiteren Zuschriften gefragt. Die würden ihr doch sowieso zugeschickt, war die Auskunft. Aber Carmen wollte sie gleich mitnehmen. Also stand die Frau mißmutig auf. Vier Briefe waren es.

»So viel?« Carmen war erfreut. Ihre Gesprächspartnerin zuckte die Schultern.

»Seien Sie doch froh, daß ich sie abhole, so haben Sie Porto gespart«, sagt Carmen fröhlich.

»Ist nicht mein Geld«, erwiderte die junge Frau lapidar.

»Auch 'ne Einstellung!« nickte Carmen beifällig. »Bravo!« drehte sich um und ging.

Die vier Briefkuverts hat Carmen vor sich auf dem Cafétisch liegen und studiert sie. Aber nicht mehr ganz so interessiert wie gestern die drei. Und vor allem auch etwas abgelenkt, denn sie hat sich mit Stefan Kaltenstein verabredet. Am Telefon hatte er sehr sympathisch geklungen. Sonore Stimme, gewählte Sprache und trotzdem spontan witzig.

Sie würde als Erkennungszeichen ein rotes Leinenkleid anziehen, erklärte sie ihm, und außerdem gab sie eine kurze Beschreibung von sich.

»Warum suchen Sie einen impotenten Mann?« wollte er zum Schluß noch wissen.

»Weil ich von potenten Männern die Nase voll habe«, gab sie zur Antwort.

»Also dann, bis Montag. Ich freue mich.«

»Ja, bis Montag.«

Ein dunkelblauer Jaguar fährt langsam an dem Café vorbei. Carmen versucht, unauffällig etwas zu erkennen, was aber nicht gelingt, da die Scheiben dunkel getönt sind.

Erwarte nicht gleich wieder das Tollste, ruft sie sich selbst zur Ordnung. Trotzdem gibt sie ihm, mit Parkplatzsuche, etwa fünf Minuten, bis er hier erscheinen müßte. Und tatsächlich. Ihr Irish Coffee wird eben serviert, da geht ein einzelner Herr durch die Tischreihen. Sie erkennt ihn sofort. Groß, schlank, das markante Gesicht, ein rotes Poloshirt und helle Leinenhosen.

Einige Damen schauen ihm verstohlen nach.

Carmen grinst. Wenn ihr wüßtet... Aber nun ist sie doch aufgeregt. Er sieht gut aus. Eine Erscheinung, die den Mann von Welt verrät. Erfahren, erfolgreich, selbstbewußt.

Fast tut es Carmen leid, daß er impotent ist.

Überhaupt ist es ein komisches Gefühl, einen Mann zu taxieren und diesen kleinen Hintergedanken ganz auszuschließen.

Reiß dich zusammen, Carmen Legg, sagt sie sich. Dies ist mal einer, der nicht mit dir ins Bett will! Ist doch toll!

Sie hebt den Arm und winkt.

Er sieht es, nickt ihr von weitem lächelnd zu und steuert ihren Tisch zielstrebig an.

Carmen wird es flau im Magen. Was soll ich überhaupt mit ihm reden?

»Stefan Kaltenstein, guten Tag.«

»Carmen Legg, guten Tag. Herr Kaltenstein, bitte setzen Sie sich doch!«

Sie geben sich die Hände, Stefan Kaltenstein nimmt ihr gegenüber Platz.

»Es ist das erste Mal, daß ich mich unter solchen Bedingungen mit einer Frau treffe«, sagt er und schüttelt leicht den Kopf. »Ich bin noch ganz erstaunt über mich selbst!«

»Ja?« lacht Carmen. »Das kann ich mir vorstellen. Ich bewundere Ihren Mut!«

»Nun, nachdem ich Sie gesehen habe und weiß, daß Sie durchaus zu der zivilisierten Sorte Mensch gehören, bin ich froh darüber.«

»O Gott – was haben Sie denn erwartet?«

Er zögert kurz.

»Ich weiß nicht recht, vielleicht ein zahnloses, teigiges Wesen, grau im Gesicht und mit Haaren auf der Brust!«

»Ha.« Carmen greift zu ihrem Irish Coffee, zieht an dem Röhrchen, schaut ihn dabei verschmitzt lächelnd an. »Ich glaube«, sagt sie und zieht noch mal, »bei dem Vergleich kommt so ziemlich jede Frau gut weg!«

»Aber Sie besonders!«

»Danke, ich nehm's als Kompliment!«

»Es ist die Wahrheit. Und das macht mich natürlich noch stutziger. Denn bei einer häßlichen Frau hätte ich verstanden, daß sie das Suchen nach einer intakten Beziehung aufgegeben hat. Aber Sie?«

»Suchen Sie nach dem berühmten Haken?«

»Irgendwie wahrscheinlich schon«, sagt er und winkt dem Kellner.

»Es gibt keinen. Ich habe es Ihnen ja schon am Telefon gesagt. Ich suche ganz einfach einen Mann, der phantasievoll ist, gerne gute Gespräche führt, der Spaß am Leben hat und der nicht nur von morgens bis abends das eine im Sinn hat. Das kann einem nämlich ganz schön auf die Nerven gehen.«

»Guten Tag der Herr, was darf ich Ihnen bringen?«

Der Kellner stört Carmens Gedankengänge. Sie war eben so schön in Fahrt.

»Dasselbe wie die Dame bitte. Und einen Erdbeerkuchen. Haben Sie Erdbeerkuchen?«

»Ja, aber jetzt ist Pflaumenzeit, und ich könnte Ihnen auch einen frischen Pflaumenkuchen anbieten.«

»Mag sein, danke, ich bleibe aber doch lieber bei den Erdbeeren. Ich darf doch annehmen, daß die auch frisch sind?«

»Ja, ja – sicherlich der Herr, natürlich. Gern. Wird gleich serviert.«

Carmen beobachtet Stefan. Keiner, der sich etwas aufdrängen läßt. Und keiner, der leicht nervös wird. Die Hände, langfingrig und sehr gepflegt, liegen ruhig auf dem Tisch, er macht durch und durch den Eindruck eines Mannes, der immer alles unter Kontrolle hat. Und ausgerechnet ihm spielt die Natur einen Streich. Oder wer weiß, vielleicht gerade deshalb?

»Gut.« Er blickt sie wieder an, voll in die Augen, wie ein Mann, der eine Frau ganz schnell verführen will. »Sie mögen mit all dem recht haben. Aber meinen Sie nicht, daß dann – auch bei Ihnen – zwischendurch mal der Wunsch nach einem ebenbürtigen Partner kommt? Was würden Sie da machen? Fremdgehen?«

Fremdgehen? Das ist für Carmen in diesem Zusammenhang ein seltsames Wort.

»Ja«, bekräftigt er. »Würden Sie sich fürs Bett einen anderen Partner suchen?«

»Darüber habe ich noch nicht nachgedacht?« weicht sie aus.

»Na, sehen Sie, das sollten Sie aber. Denn stellen Sie sich vor, Impotente haben auch Gefühle. Wenn Sie meine Freundin wären und würden trotzdem mit einem anderen Mann ins Bett gehen, würde mich das sehr verletzen.«

Carmen wird es unbehaglich. So bis in die letzte Konsequenz hat sie sich das nicht überlegt. Und es stimmt schon, dann und wann wollte sie es eigentlich gar nicht ausschließen. Das hatte Peter völlig richtig gesehen.

»Sie sind sich da nicht sicher?« sagt er, die Augen leicht zusammengekniffen. Wegen der tiefstehenden Herbstsonne, oder weil er ein etwas kritischer Zeitgenosse ist? Carmen kann es nicht einschätzen.

»Vielleicht sollte man sich ja auch erst ein bißchen besser kennenlernen«, versucht sie die Situation zu retten.

»Nein, Carmen. Sie müssen sich zuerst sicher sein, was Sie wollen. Ich möchte mich nicht in Sie verlieben, um nachher festzustellen, daß Sie mir nur das Herz aufreißen.« Er schaut sie an. Carmen sucht eine passende Antwort. »Und zum Verlieben sind Sie«, fährt er fort.

»Danke. Sie aber auch!«

»Nett von Ihnen. Aber ich mache Ihnen einen Vorschlag. Wir unterhalten uns nun ein bißchen über Gott und die Welt, trinken unseren Irish Coffee und essen den Kuchen – möchten Sie übrigens auch einen? Keinen? Nein? Auch keinen frischen Pflaumenkuchen? – und dann trennen sich unsere Wege. Sobald Sie sich Klarheit über das verschafft haben, was Sie wirklich wollen, rufen Sie mich an. So einfach ist das!«

Carmen nickt nur. Ihr fällt beim besten Willen nichts ein. Ihm jetzt zu beteuern, daß sie überhaupt im Leben mit keinem Mann mehr schlafen will, wäre auch nicht korrekt. Zwischendurch mal, mit dem einen oder anderen – warum nicht? Aber, da hat Stefan recht, sie hat das alles zu wenig durchdacht. Oder der Typ da sieht es zu eng. Das wird's sein. Ist doch eigentlich klar, daß keine Frau einem impotenten Mann treu sein kann.

Das Gespräch zieht sich mit Belanglosigkeiten über Irish Coffee und Kuchen hinweg, und sie gehen noch gemeinsam zum Parkhaus.

Hat sie es doch gewußt. Der Jaguar gehört ihm. Paßt zu ihm. Beide haben etwas vom englischen Landadel.

Sie verabschieden sich mit kräftigem Händedruck.

Im Auto schiebt sie die *Genesis*-Kassette in den Recorder. Der ist viel zu straight, sagt sie sich. Der ist so gerade, daß bei ihm zu Hause sicherlich kein Buch schief steht. Wahrscheinlich lebt er in einem Schloß und heißt auch nicht Stefan Kaltenstein, sondern Stefan Graf zu Kaltenstein oder so ähnlich. Und ich müßte dann immer adrett im Kleidchen nebenhertanzen und die perfekte Gastgeberin spielen. Ne, das schenke ich mir.

Sie fährt in ihre Garage, das Garagentor steht offen, welch Wunder, und geht langsam über die Straße. Mit den hohen Absätzen versucht sie immer genau die Pflastersteinmitte zu treffen und bloß nicht in die Fugen zu geraten. Kopfsteinpflaster ist für Carmen das typischste Zeichen für Männerherrschaft im Städtebau. Wenn Sportwagenfahrer gegen Städte Recht bekommen, weil sie mit ihren tiefer gelegten Autos in verkehrsberuhigten Zonen an den hohen Schwellen hängengeblieben sind, was würde den Herren Bürgermeistern erst blühen, wenn ihnen Tausende von Frauen ihre aufgerissenen Absätze auf die polierten Schreibtische werfen würden? Die Städte wären bankrott! Sind sie ja sowieso, denkt Carmen, blickt hoch und sieht Elvira am Fenster.

Sie winkt ihr zu, gestikuliert, daß sie gleich vorbeikommen würde.

Kaum daß Elviras Tür hinter ihr ins Schloß gefallen ist und sie in dem Wohnzimmer aus längst vergangenen Zeiten steht, bricht es aus ihr heraus: »Es war eine totale Niederlage! Elvira, ich habe mich saublöd benommen!«

»Gott, Kindchen, was ist denn? Das Treffen mit Stefan Kaltenstein?«

Carmen läßt sich aufs Sofa sinken und ist den Tränen nahe.

»Können Sie es sich vorstellen? Ein Mann wie aus dem Bilderbuch – und impotent? Ist das nicht furchtbar?«

Elvira stellt zwei Weingläser auf den Tisch.

»Aber Sie wollten es doch so, Carmen!«

Carmen sieht die Weingläser und winkt ab. »Aber so nicht. So wollte ich es nicht – Elvira, ich kann heute keinen Wein trinken. Hätten Sie Selters da?«

»Oh, das muß ja ganz schlimm gelaufen sein. Wollen Sie erzählen?«

Carmen schaut auf und nickt: »Dazu bin ich ja schließlich hergekommen! Ich fühle mich so, ich weiß nicht, so halbwertig. So, als sei dieser Stefan der ganze Mann und ich die halbe Frau. Er hat mich hingestellt wie ein kleines Schulmädchen, das irgend etwas erzählt, was es nicht richtig weiß. Und das Schlimme ist, Elvira, er hatte recht!«

»Was ist er denn für ein Mann, der Herr Kaltenstein?«

»Es ist schwer zu erklären, Elvira. Er ist sicherlich ein Mann, wie jede Frau ihn sich wünschen könnte. Aber ich glaube, er ist auch verdammt schwierig. So ein Mimöschen, ich glaube, er hört das Gras wachsen.«

»Vielleicht ist er durch seine Impotenz so geworden!«

»Herrje, hoffentlich haben nicht alle solche Probleme. Das kann ja stressig werden!«

Und dann erzählt Carmen ausführlich von ihrem Treffen. Elvira nickt und meint zum Schluß, daß sie diesen Mann gut verstehen könne.

»Ja«, gibt Carmen ihr recht. »Aber was soll ich denn machen? Ich kann doch nicht dafür garantieren, daß ich mich niemals mehr sexuell abreagieren will. Schließlich bin ich ja nicht impotent!«

»Wohl wahr. Aber wenn Sie zwischen potent und impotent wählen und impotent vorziehen, müssen Sie auch dazu stehen!«

»Ich glaube, Elvira, ich gehe jetzt hoch, nehme ein Bad, lege mich ins Bett, lese die neuen vier Briefe und denke über mich nach!«

»Es sind neue Zuschriften da?«

»Ja, ich werfe sie Ihnen morgen früh in den Briefkasten, oder besser – ich lege sie Ihnen vor die Tür!«

»Unter den Schuhabstreifer. Man kann ja nie wissen!«

»Ja«, und Carmens gute Laune wagt sich wieder etwas hervor, »das wäre was, wenn Frau Domhan von nebenan die Post lesen würde. Die würde die Welt nicht mehr verstehen...«

»Stimmt. Die würde wahrscheinlich die entgegengesetzte Anzeige aufgeben – oder glauben Sie vielleicht, der Herr Domhan taugt noch viel?«

»Tja«, erwiderte Carmen im Gehen, »die Welt ist halt verkehrt. Wie man's auch hat, ist es verkehrt!«

Der zweite Brief spricht Carmen an. Der erste war derart voller schwülstiger Anspielungen, daß sie ihn nicht einmal zu Ende gelesen hat. Der zweite Schreiber wirkt sehr jungenhaft und frisch. Er schreibt so euphorisch, daß er den Eindruck vermittelt, das Geilste, was einem Mann je widerfahren könnte, sei die Impotenz. Carmen hat sich einen Tee aufgebrüht und sitzt mit angezogenen Beinen schräg auf der Couch. Sie nippt am heißen Tee und beißt in ein belegtes Brötchen, das sie sich am Nachmittag noch gekauft hat. Hoffentlich kann er kochen, denkt sie dabei. Frederic Donner, die Telefonnummer steht darunter. Auch der Name gefällt ihr gut. Kurz entschlossen greift sie zum Telefon, das vor ihr auf einem kleinen Beistelltisch steht, und wählt die Nummer.

»Donner.«

Eine Frauenstimme. Ach du mein Schreck, ist er etwa verheiratet? Instinktiv legt sie wieder auf. Ihr Herz schlägt bis zum Hals. Das ist auch nicht die feine Art, einfach aufzulegen, ohne sich gemeldet zu haben, schilt sie sich. Ihre Gedanken jagen durcheinander. Kann es sein, daß ein impotenter Mann verheiratet ist? Natürlich! Und auf ihre Anzeige antwortet? Warum nicht? Sie war, trotz ihrer Verbindung zu Peter, ja auch manchmal versucht gewesen, auf besonders ansprechende Anzeigen zu antworten. Sie hat es nie getan – aber das ist schließlich eine andere Sache. Warum gibt er dann die Telefonnummer an? Postfach wäre in diesem Fall sinnvoller gewesen!

Sie nippt am Tee. Was mache ich jetzt? Das Brötchen ist schon fast verschwunden, automatisch aufgegessen. Sie greift beherzt nochmals zum Hörer.

Es meldet sich dieselbe Stimme.

»Donner.«

»Guten Tag, entschuldigen Sie, ich hätte gern Herrn Donner gesprochen.«

»Frederic?«

»Ja, wenn es möglich ist?«

»Sicher ist es möglich, wenn er zufällig da sein sollte – Augenblick, bitte!«

Carmen hört, wie sie nach Frederic ruft, vernimmt schwach eine Männerstimme, dann ist die Frau wieder am Apparat. »Er ist da, ich verbinde.«

»Vielen Dank«, antwortet Carmen, aber die Leitung ist schon unterbrochen.

Eine Männerstimme meldet sich.

»Donner?«

»Hier ist Carmen Legg, guten Abend, ich wollte Sie so spät eigentlich nicht mehr stören...«

»Wenn Sie mir mal verraten, wer Sie sind, tun Sie's vielleicht ja auch nicht...«

»Ach ja, klar, mein Name sagt Ihnen ja nichts – Sie haben auf meine Anzeige geantwortet!«

Kurze Pause.

»Ach ja, jetzt ist alles klar!«

Kurze Pause. Carmen überlegt, was sie sagen könnte.

»Ich dachte, ich melde mich gleich mal...«, zu blöd, denkt sie, fällt dir denn nichts Gescheites ein.

»Das ist nett.«

Wieder eine Pause. Jetzt wird es Carmen langsam lästig. Dann kommt ihr eine Idee.

»Sind Sie nicht alleine? Können Sie nicht reden?«

»Schlecht, ja!«

Also doch verheiratet, denkt sie und verwünscht, überhaupt angerufen zu haben.

»Aber wir könnten uns treffen«, sagt er.

Carmen ist völlig überrascht.

»Ja? Wann?«

»Heute noch, wenn Sie Lust haben!«

»Heute?« Sie schaut an sich hinunter. »Ich liege aber schon im Feierabendlook auf der Couch.«

»Sagen Sie bloß, Sie sind so eine, die sich immer zurechtmachen muß...?«

Na, eigentlich schon, denkt sie. »Nein, eigentlich nicht!«

»Wo liegt dann das Problem?«

Sie will nun nicht auch noch auf der Uhrzeit herumreiten, schließlich hat sie ja angerufen: »Wo meinen Sie denn?«

»Am besten komme ich bei Ihnen vorbei, dann brauchen Sie sich nicht groß umzuziehen.«

»Ach ja.« Paßt mir das nun, oder paßt mir das nicht? Eigentlich nicht! Ein fremder Mann?

»Wann denn?« fragt sie.

»Gleich, sagen Sie mir nur Ihre Adresse...«

»Zur Zinne 7.«

»Das ist mitten in der Altstadt, stimmt's?«

»Ja, um die Ecke vom *Laguna*, einem italienischen Restaurant, wenn Sie das kennen!«

»Alles klar, bin gleich da!«

Es knackst.

Langsam legt Carmen den Hörer auf.

Dann springt sie auf, saust ins Bad, legt sich ein leichtes Make-up auf, nimmt helle Wolleggins und einen gleichfarbigen weiten Wollpullover aus dem Schrank und zieht sich schnell um. Der Pullover hat einen überlappenden Ausschnitt, sehr sexy. Sie zupft ein bißchen daran, dann schüttelt sie den Kopf über sich selbst. Alte Gewohnheit. Es geht doch wirklich nicht darum, daß er sie anziehend findet. Er soll sie nett finden. Und sie ihn auch. Das ist alles.

Sie läuft in die Küche, schaut in den Kühlschrank.

Was kann sie ihm anbieten?

»Sekt ist da, Wein, Bier, Sprudel, Orangensaft. Sechs Eier, ein bißchen Wurst zum Frühstück und ein Rest Butter. Wahrlich nicht berauschend. Aber essen kann er schließlich woanders. Sie wird abwarten, was er will.

Carmen läuft zurück ans Telefon. Sie wählt 3 13 57.

»Elvira, stellen Sie sich vor, ich bekomme Besuch!«

»Ja? Wen denn?«

»Entschuldigung, habe ich Sie geweckt? Es ist schließlich schon zehn, und ich habe im Moment überhaupt nicht daran gedacht.«

»Nein, Sie wissen doch, alte Menschen wie ich...«

»Ja, ja, ich weiß«, unterbricht Carmen ungeduldig, »aber stellen Sie sich vor, ich habe einen angerufen, und der kommt jetzt noch!«

»Wer denn?«

»Frederic Donner. Ich hätte Ihnen den Brief morgen hingelegt, Sie haben ihn noch nicht gelesen.«

»Ach, das ist ja spannend. Klang er so gut?«

»Ja, finde ich schon.«

»Und die anderen?«

»Der erste war Schrott, und zu den restlichen bin ich noch nicht gekommen!«

»Dann war's aber ein zündender Brief.«

»Ja, irgendwie schon... Elvira?«

»Ja?«

»Nun, wenn ich mich bis Mitternacht nicht bei Ihnen gemeldet habe, würden Sie dann mal nachschauen? Oder zumindest anrufen?«

»Sie oder die Polizei?«

Carmen lacht.

»Nein, im Ernst, haben Sie Befürchtungen?«

»Nein, eigentlich nicht, aber man weiß ja nie... oder ist Ihnen Mitternacht zu spät?«

»Nein, Sie wissen...«

»Ja, danke, ich weiß«, lacht Carmen. »Sie sind ein Engel, Elvira. Ich bin wirklich froh, Sie kennengelernt zu haben!«

»Ganz meinerseits.«

Sie legen auf, Carmen läuft wieder los, räumt hier etwas weg, stellt dort etwas auf einen anderen Platz.

Blumen fehlen. Warum kaufe ich mir nie Blumen, denkt sie und schaut sich um.

Ab morgen wird das anders!

Sie geht ins Bad, putzt sich schnell noch die Zähne, da klingelt es.

Weit weg kann er nicht wohnen – sie wischt sich hastig den Mund ab. Ein letzter Blick in den Spiegel. Halt, Zahnpasta im Mundwinkel. Sie befeuchtet hastig die Ecke eines Badetuchs, wischt sich den Mund ab. Jetzt ist der Lippenstift auch flöten. Es klingelt wieder. Sie rennt an die Tür. Drückt den Öffner.

Drei Stockwerke, das braucht Zeit.

Zurück ins Badezimmer, leicht Lippenstift aufgelegt.

Es klopft bereits.

Mein lieber Mann, der ist schnell.

Sie geht gemessenen Schrittes an die Tür. Nur nicht gehetzt wirken oder schön gemacht. Das wäre fatal.

Sie öffnet.

Vor ihr steht ein junger Mann in einer völlig durchnäßten braunen Lederjacke. Kurze, schwarze Haare stehen naß in alle Richtungen ab, Regentropfen hängen darin. Auch die Jeans ist naß.

»Du meine Güte«, entfährt es Carmen. »Regnet es etwa?«

»Regnen? Gar kein Ausdruck. Es ist der Auftakt zum Jüngsten Gericht!«

»So?« Leicht verwirrt geht Carmen einen Schritt zurück. Wie hat er das gemeint? Ist er etwa ein religiöser

Fanatiker? In irgendeiner dubiosen Sekte? Vielweiberei statt Impotenz?

»Was ist? Darf ich eintreten?«

»Sorry, natürlich, bitte!«

Sie geht auf die Seite, nimmt ihm die Lederjacke ab. Es ist ein dunkelbrauner Glattlederblouson mit Gürtel um die Taille und breiten, verstärkten Schultern.

»Sind Sie etwa mit dem Motorrad da?«

»Das geht in der Altstadt schneller als mit dem Auto. Aber mit so einem Wolkenbruch habe ich nicht gerechnet.«

»Ihre Jeans sind auch ganz naß!«

Er schaut an sich hinunter.

»Ich kann sie ja ausziehen!«

Um Gottes willen, Elvira, denkt Carmen und deutet aufs Wohnzimmer.

»Da hinein, bitte!«

Sie geht hinter ihm her.

Seine breiten Schultern verraten irgendeine kräftezehrende Sportart. Er trägt trotz der Jahreszeit ein ärmelloses T-Shirt Marke Mottenbiß, das viel braune Haut zeigt.

»Schön«, er bleibt stehen, schaut sich um, »doch, wirklich schön!« Dann geht er auf die Couch zu und läßt sich hineinfallen.

Carmen schwankt in ihren Empfindungen. Sie kann sich noch kein rechtes Bild machen.

»Was möchten Sie trinken?«

»Könnten wir mal das alberne Sie weglassen? Du bist zarte 35, und ich bin gestandene 28, also brauchen wir uns doch nicht zu siezen.«

Donnerwetter, so jung, denkt Carmen und wirft einen zweiten Blick auf ihn. Und der Body? Was soll der sein? Impotent?

»Also«, paßt sie sich seiner Redeform an. »Bier, Wein, Sekt, Saft?«

»Mineralwasser, wenn du das hast. Ich muß noch heimfahren.«

Er schaut sie an. »Oder?«

»Ja, natürlich!« sagt sie schnell. Was soll denn das? War das ein Indiz dafür, daß er gar nicht impotent ist, oder kann er mit solchen Dingen locker umgehen, weil er impotent ist?

Sie greift im Kühlschrank nach einer Mineralwasserflasche und nimmt zwei Gläser. Selten, daß sie auf diese Weise Gäste bewirtet. Beides stellt sie auf den Tisch und setzt sich ihm gegenüber hin.

»Also«, beginnt er fragend.

»Was?«

»Was«, macht er sie nach und zieht dabei eine Augenbraue hoch.

»Was ist mit dir los, daß du einen impotenten Mann brauchst?«

»Läßt du mich zunächst mal eine Frage stellen?«

»Wenn darüber meine nicht in Vergessenheit gerät...«

»Bist du verheiratet?«

Frederic streicht sich mit allen zehn Fingern durch die kurzen Haare. Wassertropfen fallen herab, die Haare stehen noch widerborstiger als zuvor.

»Wie kommst du denn auf so was?«

»Es hat sich doch vorhin unter deiner Telefonnummer eine Frau Donner gemeldet.«

»Klar, Clara Donner – meine Schwester. Meine Eltern sind bei einem Autounfall ums Leben gekommen, und das Haus war für einen einzelnen zu groß. So haben wir es uns geteilt. Wir kommen gut miteinander aus – warum also nicht?«

»Ach so, das tut mir leid!« Carmen schenkt die Gläser voll. Liegt im Tod der Eltern etwa der Grund für seine Impotenz? Ein Schock? Oder hatte er danach ein Verhältnis mit seiner Schwester, und das schlechte Gewissen hat ihm auf die Potenz geschlagen?

»Wann ist das mit deinen Eltern passiert?« fragt sie.

»Vor sechs Jahren. Aber laß uns über was anderes reden. Darüber, warum du einen impotenten Mann suchst. Ich meine, warum hältst du dir nicht einen potenten und wirfst ihn raus, wenn es dir zuviel wird? Du kannst dir doch das leisten!«

»Ich bin erstaunt, so etwas von einem Mann zu hören!«

»Gleiche Rechte für alle. Männer tun so was doch auch. Ich hab's zumindest schwach in Erinnerung.«

Carmen muß lachen, nimmt, um es zu verbergen, einen großen Schluck aus ihrem Glas.

»Ich will eben keinen Potenten mehr. Und wenn ich dich so anschaue, entschuldige, dann traue ich dir in der Beziehung auch nicht so ganz«, sagt sie und mustert seinen Körper. »Du siehst so männlich aus. Ich kann mir einfach nicht vorstellen, daß du impotent sein sollst!«

»Ich werd's dir beweisen!«

»Wie?« Carmen schaut ihn erstaunt an. »Beweisen? Wie denn das?«

»Zieh dich aus!« sagt er kurz.

»Wie bitte?«

»Du sollst dich ausziehen!«

»Ich kann mich doch nicht vor einem wildfremden Mann einfach ausziehen!«

»Warum denn nicht? Es passiert doch nichts!«

»Wie kann ich das denn wissen?«

»Du weißt es nicht! Deshalb will ich es dir ja beweisen!«

Carmen greift wieder nach dem Glas.

»Also, ich weiß nicht, ich komme mir komisch vor, wenn ich mich einfach so ausziehe.«

»Du brauchst dich ja nicht ganz ausziehen. Bis BH und Slip reicht. Da springt jeder normale Mann an. Du wirst schon sehen – ich nicht!«

Elvira, Hilfe, fleht Carmen im stillen, was mache ich jetzt bloß?

»Aber«, sagt sie und zieht automatisch ihren Ausschnitt etwas zusammen, »verstehst du denn nicht? Ich kenne dich jetzt seit einer halben Stunde. Ich weiß ja gar nicht, ob das stimmt, was du mir erzählst, und stell dir mal vor, ich ziehe mich hier aus und du...«

»Toll! Du meinst, ich könnte über dich herfallen? Wenn das passiert, kaufe ich dir einen Ferrari. Das gebe ich dir schriftlich!«

Carmen muß schon wieder lachen. Sie überlegt: »Und wenn noch jemand dabei wäre? Ich habe eine Freundin, die wohnt nur zwei Stockwerke unter mir. Die könnte doch schnell hochkommen.«

»Also, ich glaube, mit einer Anstandsdame wäre die Situation dann wirklich merkwürdig!« Er schüttelt den Kopf. »Unter solchen Umständen würde wahrscheinlich nicht mal ein potenter Mann einen hoch bekommen!«

Carmen reibt sich mit dem Zeigefinger die Nase. »Da kannst du recht haben!« Sie stellt sich Elvira als gestrenge Sittenwärterin vor und lacht laut los, bis ihr die Luft ausgeht. Frederic zieht eine Augenbraue hoch und wartet ab.

»Hast du öfters solche Ideen?« fragt sie schließlich.

»Nein, das ist das erste Mal. Aber bisher hat auch noch nie jemand einen solchen Beweis verlangt!«

Er schenkt sich nach, stellt die leere Flasche auf den Tisch. »Gibt's Nachschub?«

»Wasser? Oder darf's auch Wasser mit Geschmack sein? Ein Tee beispielsweise? Würde dir sicherlich guttun, du bist ja noch ganz naß?«

»Kannst du einen Jägertee kochen?«

»Mit Rum, oder wie?«

»Rum und Wasser, halbe – halbe, und viel Zucker!«

»O Gott, ich wollte den heutigen Tag eigentlich überleben!«

»Ich tu's nur für dich. Vielleicht wirst du dann ein bißchen lockerer und bist nicht mehr so fürchterlich verkrampft!«

»Was? Ich bin verkrampft? Du spinnst wohl!« Carmen lacht schon wieder. Sie fühlt sich gut, und Frederic gefällt ihr.

»Weißt du was? Wir stellen den Tee zusammen auf, trinken ihn, und dann veranstalten wir eine Modenschau. Ich ziehe mal ein bißchen was aus der heißeren Schublade an, dann werden wir schon sehen.«

Sie stehen in der Küche und albern wie Kinder. Frederic ist für die Teemischung zuständig, Carmen schüttet den Rum dazu. Mit zwei dampfenden Tassen gehen sie wieder ins Wohnzimmer zurück.

»Du bist süß, Carmen. Zum Verlieben, ehrlich! Warum hast du dich erst jetzt gemeldet? Vor sechs Jahren wäre alles noch ganz anders gewesen!«

Sein Tonfall wird bedrohlich ernst. Carmen ist es nicht nach ernsten Gesprächen. Nicht heute abend. Sie möchte die lustige, leichte Stimmung erhalten.

»Vor sechs Jahren wärst du mir bedeutend zu jung gewesen. Welche gestandene Frau läßt sich schon mit einem 22jährigen Hüpfer ein?«

Er lacht wieder, die weißen Zähne blitzen.

»Setz dich hin, trink deinen Tee, ich komme gleich

wieder!« Carmen drückt ihn in den Sessel, nimmt ihren Tee und verschwindet im Schlafzimmer. Übertreiben will sie es nicht, aber ein bißchen herausfordern möchte sie ihn schon. Sie hat ein langes, schwarzes Catsuit im Schrank, das bringt ihre Formen gut zur Geltung, ist sehr körperbetont und sexy, und sie ist trotzdem vom Hals bis zur Ferse angezogen. Dazu einen breiten Gürtel und hohe Schuhe – das müßte jeden Mann auf Zack bringen. Und wenn nicht, dann ist alles klar!

Sie zieht sich schnell um und denkt dabei, daß sie sich noch nicht einmal für Peter so präpariert hat. Aber das wäre unnötig gewesen, der hat sowieso durch jede Aufmachung hindurchgeschaut und nur Busen und Bärchen gesehen. Sie legt noch kurz roten Lippenstift auf, bürstet sich durch ihr langes Haar. Und wenn er jetzt weg ist, und mit ihm mein Geldbeutel, die Scheckkarten und Schecks? Der Gedanke trifft sie beim Hinausgehen. Aber sie glaubt es nicht. Irgendwie hat sie Vertrauen zu ihm.

Er hat den Sessel mit der Couch vertauscht, sitzt bequem in der Ecke, hat seine Beine hochgelegt, die Schuhe neben sich gestellt und hält den dicken Teebecher wärmend zwischen seinen Händen.

»Blitz und Donner!« sagt er und nickt anerkennend mit dem Kopf. »Das wäre für Otto Normalverbraucher schon eine Spur zuviel. Bevor der einen Ständer hätte, hätte ihn wahrscheinlich schon der Schlag getroffen!«

Carmen muß lachen. Die *Genesis*-Kassette spielt gerade eines ihrer Lieblingslieder, und sie tanzt danach.

»Das ist ja selbst für mich kaum auszuhalten«, sagt er und hält sich theatralisch die Hand vors Gesicht, blinzelt aber durch die Finger hindurch.

»Du!« droht Carmen mit dem Finger, zögert kurz und will dann neugierig wissen: »Tut sich was?«

»Schau selbst!«

Carmen kommt näher, bleibt aber in gebührendem Abstand stehen.

»So kannst du's nicht sehen!« Frederic verzieht die Mundwinkel und schüttelt den Kopf.

»Ich kann's so oder so nicht sehen!« Carmen deutet auf seine Hose. »Oder glaubst du, ich bin Hellseher?«

»Och.« Frederic schaut an sich hinunter. »Wo liegt das Problem?«

»Zieh die Hose aus!«

»Was soll ich?«

»Na und? Plötzlich so dünnhäutig? Vorhin wolltest du das doch bereits schon an der Tür!«

»Das war spontan!«

Carmen lacht laut los: »Und jetzt? Was ist denn schon dabei, ich nehme an, du trägst noch etwas darunter!«

»Darf ich erst mal kurz nachschauen, ob meine Dessous heute auch ladylike sind?«

Carmen balanciert ihm gegenüber auf ihren hohen Absätzen.

»Jetzt hab dich nicht so, ich habe ja auch mitgespielt.«

»Aber nur halb«, sagt er schmollend.

»Trotzdem.« Carmen will es jetzt wissen, und außerdem fängt die Sache an, ihr richtig Spaß zu machen. »Jetzt bis du dran!«

»Hmm.« Frederic öffnet den Gürtel, dann den Knopf und zieht, bevor er zum Reißverschluß greift, vorsichtig mit Daumen und Zeigefinger zwei Zentimter seiner Unterwäsche hervor.

»So ein Zufall«, sagt er dann und atmet laut auf, »ich habe heute ja richtig was Feines an!«

Es sind bordeauxrot-hellgraugestreifte Boxer-Shorts aus Seide, die zum Vorschein kommen. Frederic streift sich die Jeans über die Beine, steht dann auf und hält die Hose am Bund weit von sich. »Kann ich die Gelegenheit nutzen, sie irgendwo an die Heizung zu hängen? Vielleicht trocknet sie ja noch!«

»Aha – wie lange gedenken der Herr denn zu bleiben?« Carmen legt den Kopf schief.

»Bis ich dich überzeugt habe!« antwortet er und läuft mit der Hose zu einem der Heizkörper.

»Ich könnte sie auch schnell in den Trockner werfen.« Carmen geht einige Schritte hinter ihm her.

»So eine Energieverschwendung! Wegen einer Hose – überleg mal!«

Sie bleibt stehen und schaut ihm nach. Was sie sieht, gefällt ihr: Braune, behaarte Beine, die Wadenmsukeln treten bei jeder Bewegung hervor. Ein knackiger Po, von den Seidenshorts eher betont denn verdeckt. Frederic hängt die Jeans sorgfältig auf und kommt zu ihr zurück. Sie studiert ihn von vorn. Auch die Oberschenkel sehen nach Krafttraining aus. Nur das Stück darüber zeigt wirklich kein Leben. Unter der feinen Seide zeichnet sich nichts, aber auch gar nichts ab.

»Siehst du's jetzt?« fragt er, und sie wird fast rot.

»Setz dich hin, ich kann ja noch 'nen Zahn zulegen!«

»Ich schau mir's gern an, aber du wirst schon sehen – ich bin der absolut richtige Mann für dich! Wir werden die nächsten sechzig Jahre jungfräulich nebeneinander verbringen!«

»Wie furchtbar!« rutscht es Carmen heraus. Erschrocken schlägt sie sich auf den Mund und hätte es gern rückgängig gemacht. »Sorry, aber ich habe uns schon als vertrocknete Mumien nebeneinander liegen sehen. Sex ist nicht alles. Man kann sich ja schließlich auch so gern haben«, fügt sie hinzu. »Man kann sich in den Arm nehmen, sich streicheln, kuscheln, sich liebhaben. Man muß ja nicht ständig wie wild aufeinander herumhüpfen!« Sie setzt sich neben ihn auf die Couch.

»Komm, hilf mir mal aus meinem Catsuit!« Er beginnt, die kleinen Knöpfe auf ihrem Rücken aufzuknöpfen. Eigentlich sind sie mehr Dekoration, zum An- und Ausziehen nicht nötig, aber ihr gefällt diese kleine Spielerei.

Frederic öffnet Knopf für Knopf, küßt sie dabei auf die nackte Schulter, küßt sie immer tiefer, bis er beim letzten Knopf in Taillenhöhe angekommen ist. Carmen räkelt sich, es ist ein angenehmes, ein sehr erotisches Gefühl. Seine Hände, fest und trocken, streifen das Oberteil nach vorn, mit beiden Händen greift er nach ihrem Busen. Eine Gänsehaut läuft ihr über den Rücken. Ach, das ist schön, das tut gut. Frederic streift ihre langen Haare nach vorn und küßt zärtlich ihren Nacken, während seine Hände sanft ihre Brustwarzen streicheln. Die richten sich auf, die Haut wird fest, erwartungsvoll. Carmen greift nach seinem Penis. Frederic zuckt kurz zusammen, läßt es aber geschehen. Er ist nicht klein, sondern eher groß, liegt aber völlig unbeteiligt auf seinem Schenkel. Carmen massiert ihn eine Weile mit den Händen, dann beugt sie sich hinunter, nimmt ihn in den Mund. Einen schlaffen Penis hat sie noch nie geküßt, aber irgendwie will sie es jetzt nicht mehr glauben, daß ein so angeturnter Mann nicht erregbar sein soll. Und gleichzeitig regt sich in ihr auch der Ehrgeiz. Das gibt's doch nicht, daß er nicht auf sie reagiert!

Seine rechte Hand gleitet nach unten, zwischen ihre Beine. Er findet den Kitzler und streichelt ihn so erfahren, daß Carmen aufstöhnt. Sie bearbeitet ihn jetzt mit Mund, Zunge und mit beiden Händen, aber es ist vergebens. Es regt sich nichts, absolut nichts.

»Jetzt hättest du's doch gern!« stellt er schließlich fest, und Carmen fühlt sich ertappt.

Sie taucht wieder auf und kuschelt sich an ihn.

»Aber nur, weil die Stimmung danach ist und weil ich mir vorstelle, daß es mit dir wunderschön sein könnte. Es kommt dir jetzt möglicherweise leicht schizophren vor, aber generell ist's schon so, daß ich von den ständig geilen Männern die Nase voll habe. Ich will nicht immer von einem aufgerichteten Penis bedrängt werden. Wenn ich wählen kann, ist's mir so viel lieber!«

»Na.« Sein Tonfall klingt skeptisch, trotzdem hört er nicht auf, sie leicht und genau an der richtigen Stelle zu streicheln, daß ihr fast abwechselnd heiße und kalte Schauer über den Körper jagen und sie fast versucht ist, ihn zu fragen, ob er in seinem vorigen Leben einmal Frau war. Aber angesichts der Situation läßt sie die Frage lieber. Sie genießt. Mit der linken Hand fährt er ihr nun zärtlich über das Gesicht und hält dann ihre schweren Haare im Nacken zusammen.

»Na«, wiederholt er, »bist du dir da sicher?«

Sie nickt. »Bin ich. Absolut. Und du zeigst mir ja jetzt, daß ich völlig richtig liege!«

»Im wahrsten Sinn...«

Frederic wird unterbrochen. An der Haustüre klingelt es Sturm.

»Ach du mein Schreck.« Carmen fährt auf, Frederic zieht langsam die Hände zurück. »Das habe ich ja total vergessen!«

»Was? Kommt dein Mann? Dein Freund? Um Mitternacht?«

»Nein«, lacht Carmen und zieht schnell einen Ärmel über die Schulter. »Mein Bodyguard. Ich habe jemanden organisiert, der mich aus deinen Klauen befreien soll, falls ich mich bis Mitternacht nicht gemeldet habe! Und das ist er!«

»Muß ich mich jetzt bewaffnen?«

Carmen lacht herzlich. »Du siehst so aus, als könntest du mit meinem Beschützer fertig werden – vorausgesetzt natürlich, er hat gerade einen schlechten Tag. Mein Bodyguard ist nämlich auch nicht von schlechten Eltern! Du wirst schon sehen!«

Und sie läuft, halbnackt wie sie ist, zur Tür.

»Ich komme schon«, ruft sie, und zu Frederic, über die Schulter: »Laß die Jeans ruhig aus. Sie ist sowieso noch feucht!«

Frederic, der eben zu diesem Zweck aufstehen wollte, läßt sich wieder auf die Couch zurückfallen.

Das ist ein Stilleben, denkt Carmen noch und öffnet die Tür.

»Gott sei Dank, Kindchen, du lebst ja noch!«

»Schön, daß du da bist, Elvira, komm herein«, sagt Carmen, und ihr fällt auf, daß sie beide nahtlos von »Sie« auf »du« übergegangen sind.

»Darf ich dir Frederic vorstellen?«

Sie deutet mit einer Handbewegung zur Couch. Frederic sitzt kerzengerade und fängt dann an zu lachen.

»Tut mir leid«, sagt er und springt auf, kommt auf Elvira zu, nimmt ihre Hand und küßt sie formvollendet, »ich wollte nicht lachen, es ist nur so urkomisch, weil mir Carmen mit Ihnen gerade gedroht hat!«

»Das war ja auch ganz richtig so, junger Mann«, lächelt Elvira, »und nicht ganz unbegründet. Ich habe zu diesem Zweck extra meine Schlagwaffe mitgenommen!« Sie hebt leicht ihren Gehstock. Dann schaut sie Carmen an: »Habe ich euch jetzt etwa gestört?« und mit einem strafenden Blick zu Frederic: »Haben Sie sich etwa unter Vorspiegelung falscher Tatsachen in Carmens Wohnung geschlichen?«

»Nein, nein«, lacht Carmen. »Komm, setz dich mal – Entschuldigung, Elvira, aber wir duzen uns jetzt so selbstverständlich – darf ich dabei bleiben?«

»Aber gern, mit Freuden«, und mit einem Blick auf Carmens Aufzug: »Was ist hier denn eigentlich passiert?«

»Nichts, liebe Elvira, rein gar nichts, was mich beunruhigen könnte«, grinst Frederic und bietet Elvira, ganz in der Rolle des Hausherrn, Platz an. Carmen fummelt sich langsam wieder in ihrem Catsuit zurecht, und Frederic fragt Elvira: »Stört es Sie, wenn ich keine Hosen anhabe? Sie sind nämlich naß« – er deutet zur Heizung. Elvira nickt: »So, so, ich verstehe!«

»Das bezweifle ich«, lacht Carmen, »das Ganze ist so verrückt, daß es überhaupt nicht zu verstehen ist!«

»Aber schön?« wirft Elvira fragend ein, und als Carmen lächelnd leicht mit dem Kopf nickt, schließt Elvira kurz die Augen und sagt dann: »Das ist das Allerwichtigste!«

Sie sitzen zu dritt, unterhalten sich noch ein bißchen, aber langsam werden sie müde, und als Elvira nach einer halben Stunde gehen will, schließt sich Frederic an.

»Ich begleite Sie noch hinunter – wer weiß, es gibt so viele Unholde. Überall lauern welche!«

Elvira, mit einem Blick auf ihn: »Ja, stimmt, das dachten wir auch!«

Carmen bringt die beiden zur Tür.

»Sind deine Hosen trocken geworden, Frederic, damit sich der Abend wenigstens gelohnt hat?«

»Du bist gut! Vielen Dank, Carmen – für alles. Du hörst von mir. Bussi!« Und er drückt ihr mit spitzen Lippen einen Kuß auf den Mund.

»Ciao«, nickt Carmen. »Und vielen Dank für deinen Einsatz, Elvira. Ein Glück, daß du um Mitternacht nicht gleich die Polizei geholt hast!«

»Ach?« Frederic runzelt die Stirn. »Das hätte mir auch blühen können? Die hätten sich über so einen dicken Fang wie mich gefreut! Schade, das wäre lustig geworden«, und mit einem kleinen Seitenblick zu Elvira, »aber die Vorhut war auch sehr nett!«

»Will ich doch meinen«, hört Carmen Elvira antworten und winkt den beiden nach, wie sie nebeneinander die Treppe hinuntergehen. Frederic, ganz Kavalier, stützt Elvira leicht am Arm und sagt, noch immer in Hörweite von Carmen, zu seiner Begleiterin: »Und was stellen wir beiden Hübschen jetzt noch an? Schlummertrunk bei Ihnen, oder gehen wir lieber zu mir?«

Elvira lacht: »Hat Ihnen Carmen nicht genügt?«

»Ich stehe auf reifere Damen! Davon kann ich nie genug kriegen!«

Anka Radakovich

Mein Camcorder und ich

Ich bin elf Jahre alt, und mein Vater filmt mich mit seiner Super-Acht-Kamera, wie ich im Wohnzimer radschlage und Purzelbäume mache. Ich bin voll in Fahrt, bis sich meine Zahnspangen im Teppich verhaken. Mam kommt reingerannt, um mich loszuschneiden; derweil wird mein Malheur für die Nachwelt auf Zelluloid festgehalten. Als ich mir diese Dokumente aus meiner Kindheit kürzlich wieder ansah, fühlte ich mich berufen, auch die besonderen Momente meines Erwachsenendaseins aufzuzeichnen. Ich kaufte mir also einen Camcorder, montierte ihn auf ein Stativ, um kurz darauf zu filmen, wie ich nackt zu »Car Wash« tanzte und mit den Brüsten in die Kamera winkte.

Zu Anfang schleppte ich den Camorder überallhin, aus dem Impuls heraus, das Leben in den 90ern für meine künftigen Kinder zu dokumentieren. Ich ging damit zu einer Taufe, einer Hochzeit und einer Dachparty, wo ich die Nutten auf dem Straßenstrich filmte, wie sie die Röcke hoben und zu den Freiern ins Auto stiegen, während die Partygäste darüber spekulierten, ob die Damen nun mit Penis ausgestattet waren oder nicht. Als nächstes hielt ich die Kamera auf Alltäglichkeiten wie Straßenprediger, die desinteressierte Passanten drängten,

»Coors und Huren« fernzubleiben, oder auf Leute, die ihre in Pullover gewandeten Hunde Gassi führten und mit ihnen redeten, als seien sie Menschen.

Durch den Camorder wurde sogar das Banale spannend. Ich machte plötzlich anspruchsvolle Großaufnahmen von meinen Körperöffnungen. Dann lichtete ich meinen Schließmuskel dabei ab, wie er Rauchringe blies. Als ich anfing, größeren oder ungewöhnlich geformten Stuhlgang zu dokumentieren, wußte ich, daß ich die Hemmungen verlor. Nachdem ich zum dritten Mal in einer Woche einen Riesenhaufen gefilmt hatte, wurde mir klar, daß das Ganze ungesunde Formen annahm. Ich begriff an diesem Punkt, daß ich mich wohl lieber richtig ausleben sollte. Ich kapierte auch, warum ich immer noch Single bin.

Der Camcorder bringt sofort Resultate; ideal für die narzistischen 90er. Und nichts kitzelt Narzißmus und Eitelkeit mehr raus als eine Filmkamera. Die Leute wollen immer im Fernsehen auftreten, aber sie übersehen dabei, daß der kleine Bildschirm der brutalste aller Spiegel ist. Nachdem man sich jahrelang eingeredet hat, daß man eine wohlgeformte Nase habe, stellt man durch den Camcorder fest, daß sie knollenförmig und voller Mitesser ist. Ein Freund erzählt mir, daß er merklich an Selbstachtung verloren habe, seit er seinen Bauch auf dem Bildschirm baumeln sah. Für ihn sei das Erlebnis »demütigend« gewesen. Auch der Anblick seines Penis auf dem Bildschirm hatte ihn enttäuscht. Er hatte geglaubt, daß er größer wirken, daß die Kamera vielleicht zehn Pfund an Gewicht zulegen würde.

Der Camcorder fördert auch sämtliche exhibitionistischen Neigungen in den Leuten zutage. Als ich ihn zum Club der wilden Mädchen mitnahm, spaltete sich die

Gruppe sofort in Kamerascheue und Kamerageile. Von zwanzig Mädels rannten zehn aus dem Zimmer, während die anderen auf einen Fingerzeig hin loslegten. Sie wollten Schauspielerinnen und ich wollte Regisseurin sein. Ich forderte die Mädels auf, einen Orgasmus vorzutäuschen und in die Kamera zu stöhnen. Es folgte ein dramatischer, kollektiver Höhepunkt. Das war der Gute-Laune-Streifen des Jahres.

Die Idee, den Camcorder beim Sex zu nutzen, ließ mir keine Ruhe. Eines Abends beschloß ich, mich zu filmen, während ich es machte. Da ich keinen Partner hatte, mußte ich mit dem vorliebnehmen, was da war. Man fühlt sich manchmal schon als Versager, wenn man an sich selbst rumfingert, aber noch schlimmer ist es, wenn man das Ganze in Vergrößerung geboten kriegt. Ich wirkte schrecklich einsam, und obendrein sahen meine herausgewachsenen Schamhaare aus wie eine von Chers Perücken.

Als hätte ich damit nicht genug sexuellen Frust ertragen müssen, hörte ich an diesem Abend auch noch, wie ein Pärchen in der Nebenwohnung zugange war. Plötzlich ganz neugierige Nachbarin, horchte ich an den Wänden und am Boden, um rauszukriegen, woher die Geräusche kamen. Sie schienen von dem Nachbarn zu kommen, den ich kürzlich kennengelernt hatte; dem, der Computervertreter war, ein Abo für *GQ* hatte und auf blond stand. Als ich zwei Tage später abends mit einer Freundin telefonierte, die ausgehen und jemand aufreißen wollte, hörte ich die Geräusche wieder. Kurz darauf kletterte ich auf die Feuerleiter und folgte dem Stöhnen und den Schlürfgeräuschen bis zu seinem offenen Fenster. Ich legte mich auf den Bauch, schaltete den Camcorder ein und sichtete durch den Sucher einen haarigen

Hintern. Als nächstes sah ich, wie der gewaltige Penis meines Nachbarn von einem schönen blonden Wesen gelutscht wurde, das ebenfalls einen großen Penis hatte. Ich zoomte den Mund ran.

Während ich verkrümmt unter dem Fenstersims lag und die saftige Sache ablichtete, dachte ich mir: »Ich bin pervers. Ich bin eine Techno-Spannerin. Ich brauche einen Psychiater.« Was mich allerdings nicht davon abhielt, weiter zuzuschauen. Ich lag da wie angewurzelt und gab mir die volle voyeuristische Dröhnung, während der andere Typ seine Ladung abschoß und damit unter anderem die Lampe traf. Eine Stunde später sah ich sie beide im Supermarkt. Sie kauften Mundwasser und Backfett. Ich ging nach Hause und lud die Batterie vom Camcorder wieder auf.

Für Einsame eignet sich der Camcorder hervorragend zum Anbaggern. Männern verleiht er so einen verirrten, heimatlosen Touch, wenn sie jemanden nach dem Weg fragen, mit dem sie gerne ins Bett möchten.

Ich hätte ohne mein neues Spielzeug nicht meinen Partner für den Abenteuer-Action-Film gefunden, den ich drehen wollte. Er saß auf einer Bank im Park und filmte jeden Trottel, der vorbeimarschierte. Ich verliebte mich auf Anhieb in sein bemerkenswertes Kinn. (Mehr war von seinem Gesicht nicht zu sehen hinterm Camcorder.) Als sich schließlich unsere Blicke durch die Sucher trafen, wußte ich, daß ich in punkto Video meinen Traumkerl gefunden hatte. Wir redeten zwei Stunden lang, und ich erzählte ihm, daß ich dabei war, mein Leben auf Film zu dokumentieren. Er entgegnete, daß er gerade einen Amateurporno drehte. Wir verabredeten uns.

An diesem ersten Abend filmte ich die Tätowierungen auf seinen Armen und seinem Nacken. Ich ließ mich nicht küssen, aber ich züngelte mit der Kamera. Beim zweiten Rendezvous sahen wir uns bei einer Freundin einen Boxkampf an, und ich schlug vor, er solle doch mich und meine Freundin filmen, wie wir boxten und uns eine Schlacht mit Haareausreißen lieferten. Das war ein Versuch von mir, ihn in Stimmung zu bringen. Beim dritten Treffen montierten wir die Kamera aufs Stativ. Ich setzte mich auf seinen Schoß und vollführte dort ein vorläufig noch nicht ernsthaftes Tänzchen. Beim vierten Mal stürzten wir uns in die Produktion. Es war so erregend, daß unser Spielfilm zum Kurzfilm geriet.

Doch nach den animierenden Dreharbeiten gab es einen ziemlichen Kater, als wir uns hinterher das Band ansahen. »Da sehen wir ziemlich scharf aus«, bemerkte mein Co-Star anfangs. Dann jedoch sah er, wie er sich im Film auf den Bauch rollte, und schrie: »Wo ist denn mein Arsch? Ich hab ja null Hintern!«

»Zumindest hast du keine Pickel drauf!« rief ich. »Meiner sieht aus wie 'ne Pizza!«

Dann kreischte er. »Mein Sack sieht ja fürchterlich aus – wie zwei verschrumpelte Teebeutel!«

Das führte bei mir zu der Erkenntnis, daß die menschlichen Genitalien samt ihrer näheren Umgebung nicht besonders fotogen sind – vor allem als ich feststellte, daß meine Liebesgrotte einem aufgeschnittenen Mortadella-Sandwich mit Sojasprossen glich.

Dennoch bot sich mein Partner am nächsten Abend für weitere Szenen an. Ich machte ihn mit meiner bevorzugten erogenen Zone – meiner Feuerleiter – bekannt und brachte ihn dazu, seine Hosen aufzumachen und sich zu befummeln, während ich ihn filmte. Der Camcorder schuf so viel Distanz, daß ich mutig wurde und ihn zu ganz abartigen Sachen anhielt, wie zum Beispiel meinen

Blumenkasten zu bewässern. Als er mit seinem Schlauch zielte, blickte ich zu dem Haus gegenüber und sah einen nackten Mann, der uns mit einem Fernglas beobachtete. Die braven Bürger behielten die Nachbarschaft im Auge, um Einbrecher auf frischer Tat zu ertappen.

So wurde der Kurzfilm doch noch zum Spielfilm, und wir beschlossen, einen Titel dafür zu suchen. Wir erwogen, ihm einen unserer Lieblingspornotitel zu geben, (*Der Sperminator, Null Null Sex. Eine schrecklich geile Familie. Guck mal, wer da fickt*), entschlossen uns aber dann für *Neckische Nachbarn.* Für den Dialog der nächsten Szene bedienten wir uns bei von uns hochgeschätzten Fernsehfilmen wie der »Amy Fisher Story«.

AMY: »Oh, Joey, mach mich glitschig – du hast es versprochen.«

JOEY: »Amy, du bist so jung und nackt, versuchen wir's doch mit Autopolitur.«

Schließlich fügten wir dem Ganzen einen Hauch Amateurvideo bei; dort treiben es immer die Paare ganz real und äußern dabei reale Sätze wie »Laß mich mal nach oben«, »Beug dich vor« und »Gib mir das Handtuch«.

Für den Soundtrack nahmen wir das »Finger Lickin Good«-Jingle von Kentucky Fried Chicken und den Titelsong aus *Grease.* Wir stellten ferner eine Szene aus einem Amateurvideo nach, in der ein kamerascheuer Liebhaber beim Drehen verlegen wird und seiner Erektion verlustig geht – eine oscarreife Darstellung.

Als die Dreharbeiten beendet waren, machten wir uns ans Schneiden. Zunächst unterschnitt ich meine *Allein-zu-Hause*-Sequenz mit Szenen aus dem Aufmarsch der diesjährigen Miss-Amerika-Wahl. Dann montierte ich in die Szene mit meinen Nachbarn Einstellungen von zwei kopulierenden Gürteltieren aus einem Tierfilm. Die Sequenz mit dem schrumpfenden Schwanz wurde mit Bildern aus einem Rob-Lowe-Video aufbereitet. Zum Schluß montierte ich Auschnitte aus der »Ich habe gesündigt«-Rede des Fernsehpredigers Jimmy Swaggert mit der Masturbationsszene auf der Feuerleiter. *Neckische Nachbarn* – demnächst in Ihrem Filmtheater.

Christopher Moore

Psychotest für böse Mädchen

1. Es ist die dritte Verabredung, und Sie stehen kurz vor dem entscheidenden Moment, doch als er die letzten Hüllen fallen läßt, sehen Sie, daß er nicht so großzügig ausgestattet ist, wie Sie gedacht hatten. Wie reagieren Sie?

A) Sie zeigen mit dem Finger auf ihn und lachen.

B) Sie sagen: »Hui! Endlich mal ein richtiger Mann!« Dann drehen Sie sich um und kichern leise in sich hinein.

C) Sie sagen: »So was nennt man wohl Mikrobiologie, oder?«

D) Sie lassen sich davon nicht stören. Vielleicht geht er aus Verlegenheit eine feste Beziehung ein. Und was kümmert es Sie schon, wenn all Ihre Söhne den Spitznamen Winzmann tragen?

2. Sie entscheiden sich, aufs Ganze zu gehen, und gerade als es so richtig heiß wird, kommt er, rollt von Ihnen runter und fragt: »War es schön für dich?« Wie reagieren Sie?

A) Sie sagen: »Mein Gott, ja! Da waren die besten siebzehn Sekunden meines Lebens!«

B) Sie sagen: »Klar, so schön wie es für mich mit einem Mann eben werden kann.«

C) Sie stecken ein Vivil in Ihren Bauchnabel und sagen: »Das ist für dich, Mr. Rammler. Du kannst es auf dem Weg nach oben haben, wenn du mit der Arbeit fertig bist.«

D) Sie lächeln und werfen seinen Autoschlüssel aus dem Fenster.

3. Nach einigem Gefummel im Dunkeln vermeint er, die richtige Stelle gefunden zu haben. Als Sie ihm sagen, daß dem nicht so ist, macht er trotzdem unbeirrt weiter. Wie reagieren Sie?

A) Sie greifen sich die Nachttischlampe und schlagen damit auf ihn ein, bis er von Ihnen abläßt.

B) Sie greifen sich die Nachttischlampe und schlagen ihn damit tot.

C) Sie greifen sich die Nachttischlampe, knipsen sie an und sagen: »Würdest du dir bitte mal ansehen, wo du da bist?«

D) Sie warten geduldig, bis er fertig ist, während Sie die ganze Zeit über wünschen, daß Sie eine Nachttischlampe hätten.

Lynn Snowden

Zieh dich aus

Die Aussicht, mich vor Fremden für Geld auszuziehen, führt dazu, daß ich immer wieder nur an eines denken muß: Ganz bestimmt hat mich meine Mutter zu etwas Besserem erzogen. Meine Familie, meine Lehrer und auch meine Freunde haben über all die Jahre einen klaren Standpunkt vertreten: Für manche Frauen mag es ja durchaus angebracht sein, sich ihren Lebensunterhalt als Stripperin zu verdienen, aber zu dieser Kategorie würde ich wohl nicht gehören. Bisher hatte ich nur eine einzige Stripperin kennengelernt, und zwar eine siebenundzwanzig Jahre alte ehemalige Studienkollegin mit einem zehnjährigen, unehelich geborenen Sohn. Sie trug kohlrabenschwarz gefärbte Haare und jede Menge Make-up, hatte mehrere Tätowierungen und war bekannt für ihre Vorliebe für Fernfahrer. *Das* war für mich der Inbegriff einer Stripperin.

Vor meinem ersten Auftritt als Stripperin nahm ich mir vor, mich zu betrinken. Das erste Mal würde es wohl am schlimmsten sein, dachte ich, wenn ich das geschafft hätte, würde es mir vielleicht leichterfallen. Schon Monate vorher versuchte ich mir auszumalen, wie es wohl ist, als Stripperin auf der Bühne zu stehen. Pfiffen und johlten mir eine paar Bauarbeiter auf der Straße nach und fühlte ich mich dadurch sexuell belästigt, so war für mich klar: Genauso wird es sein, wenn ich Stripperin bin, nur noch hundertmal schlimmer. Ich stellte mir vor, wie ich mit leicht flauem Gefühl im Magen hinter der Bühne stehe und denselben Todesmut wie damals aufbringen mußte, als ich zum ersten Mal bei einem Skid-Row-Konzert von der Bühne sprang. Aber wie üblich kam alles ganz anders.

Es war gar nicht so schwierig, mich vor Fremden auszuziehen. An einer Baustelle vorbeizugehen, ist viel unangenehmer, als sich in einem Stripplokal seiner Kleider zu entledigen. Männer verhalten sich gegenüber Stripperinnen in einem Stripteaselokal viel schüchterner und gehemmter, als wenn sie Frauen auf der Straße begegnen. In einem Stripteaseclub sind sie in unserem Revier, und sie werden sich hüten, etwas Falsches zu tun, um nicht Gefahr zu laufen, hinausgeworfen zu werden.

Überraschend für mich war auch, daß mich im Bikini am Strand häufiger Blicke taxierten. Vielleicht lag das daran, daß am Strand auch Frauen sind, die andere Geschlechtsgenossinnen viel kritischer betrachten, als dies Männer tun. Als ich mich in einem Stripteaseclub zur Schau stellte, wurde mir ausschließlich Anerkennung, Zustimmung und Wertschätzung entgegengebracht. Nicht ein einziges Mal wurde mir das Gefühl vermittelt, mein Körper sei auf irgendeine Weise unvollkommen. Und das war eine neue Erfahrung für mich.

Ich hatte Glück, in diesem Beruf eine Mentorin names GiO zu haben. Sie hat rabenschwarzes Haar und ist bereits eine Veteranin in diesem Geschäft, denn sie strippt schon seit zwanzig Jahren, und sie erzählt gerne, daß sie die beste Stripperin ihrer Generation ist. Vor siebenunddreißig Jahren erblickte GiO als Lisa Suarez das Licht der Welt. Sie war einer der Stars in der Dokumentation *Strip-*

per aus dem Jahre 1984. Auf der Abschlußfete der Filmarbeiten zu *JFK* zog sie ihre wilde Cowgirlnummer für niemand anderen als den Regisseur Oliver Stone ab. Dabei brachte sie Sissy Spacek so aus der Fassung, daß diese versuchte, ihr während der Show eine Jacke überzuwerfen. Auch neben dem Strippen kann sie einige Erfolge vorweisen: So arbeitete sie aktiv bei der Wahlkampagne für Jimmy Carter im Jahre 1976 mit und war als Groupie bei Led Zeppelin offenbar so erfolgreich, daß sie die Band zu dem Song »South Bond Suarez« inspirierte. GiO trägt in einer Brustwarze einen Ring, eine tätowierte Flamme auf einer Schamlippe, und sie hat einen akademischen Grad für Industriedesign des Pratt-Instituts in der Tasche.

»Wenn du auf die Bühne gehst, stell dir vor, du gehst zum Einkaufen«, rät sie mir an meinem ersten Abend im Bourbon Burlesque, einem charmant-zwielichtigen Schuppen an der Bourbon Street in New Orleans. Hier ist GiO zu Hause, wenn sie nicht gerade unterwegs ist. Diesen Rat gab ihr vor zwanzig Jahren eine alte Stripperin, bevor sie zum ersten Mal die Runway betrat. »Wenn du auf die Bühne gehst, tu so, als wüßtest du genau, was du wolltest, dann schaffst du es auch. Denk daran, *es liegt in deiner Hand.*« Ich gehe in die mit Vorhängen abgeteilte Nische, von der drei Stufen hinauf zur Bühne führen. Die Bühne selbst ist halbkreisförmig angelegt, mit einer Messingstange in der Mitte. Das unvermeidliche Requisit für Stripperinnen – ein Holzstuhl – steht an der Seite vor der Bühne vor großen Spiegeln. Die Bühne selbst ist von einem schmalen Geländer umgeben, an dem diejenigen Gäste sitzen, die alles aus nächster Nähe erleben möchten. Ich bin völlig nüchtern. Die zwei Drinks, die ich vor einer Stunde hinuntergekippt habe, haben ihre Wirkung bereits wieder verloren.

Bei meinem Auftritt versuche ich mir vorzustellen, ich sei im Schuhgeschäft von Bergdorf Goodman – vor mir sind keine Männer, sondern die neuesten Schuhkreationen, aber das gelingt nicht so ganz. Ich probiere den alten Rednertrick und stelle mir die Zuschauer nackt vor, aber auch das ist einfach zu grotesk. Also rede ich mir ein, daß das, was ich sehe, nur Halluzination ist. In Wirklichkeit bin ich allein in meinem Wohnzimmer, ganz in Lederlack, tanze nach einer Blues-Version von »Heartbreak-Hotel« und nach »Should I stay or should I go« von Clash, und endlich klickt es. Sich das vorzustellen, ist nicht schwierig. Dann bemerke ich, daß die israelische Handelsmarine ihr Stühle näher an die Bühne gerückt hat.

Erst vor ein paar Minuten hatte ich mit einem Typen von der Handelsmarine bei ein paar Drinks geplaudert. Es war die übliche »Darf-ich-Ihnen-einen-Drink-anbieten«-Masche. Dennoch ist es hier anders als in einem normalen Lokal: Trotz unserer kleinen Plauderei, meiner verbalen Hinhaltetechnik und der Tatsache, daß ich nicht im mindesten an ihm interessiert bin, wird er mich in Kürze *nackt* sehen! Irgendwann ist es Zeit, vom Barhocker zu steigen, auf die Bühne zu gehen und sich bis auf einen schwarzen Stringtanga von der Größe eines Lesezeichens auszuziehen. Und nun trage ich nur noch dieses Lesezeichen, und er hält zwei gefaltete Dollarnoten hoch. Das ist das seltsamste Erlebnis, das ich jemals hatte. Es gelingt mir nur schlecht, ihn anzusehen. »Du mußt versuchen, mit Augenkontakt zu arbeiten«, sagt GiO nach Dienstschluß um halb drei Uhr früh, als wir bei ein paar Drinks zusammensitzen. Ich ächze vernehmlich. »Ich weiß, das ist schwierig«, tröstet sie mich. »Aber nur so wirst du Geld verdienen.« Sie hat recht. Ich probiere es aus und stelle fest, daß ich dadurch an Macht und Einfluß gewinne. Dieses Gefühl ist so berauschend, daß ich die Sache mit dem Augenkontakt bald am besten kann. Wenn man als Stripperin dies einmal beherrscht, ist alles andere nur noch Verzierung auf dem Kuchen.

Tagsüber probiere ich die Verzierung in meinem Hotelzimmer aus. Leider ist mein Zimmer nicht mit einer senkrecht aufgestellten Messingstange ausgestattet, dafür gibt es aber einen Holzstuhl. Ich schiebe die Möbel zur Seite und schalte meine tragbare Stereoanlage ein. Was die Choreographie angeht, so klaue ich einiges aus dem Film *Cabaret* von Bob Fosse. Ich versuche, mir verführerische Posen auf dem Fußboden und dem Stuhl auszudenken, während ich meine Sachen nach und nach ausziehe. GiO empfahl mir, noch in New York fünf verschiedene Outfits zu kaufen. Dabei machte ich die interessante Entdeckung, daß Geschäfte für Transsexuelle auch sehr gut für Stripperinnen geeignet sind. Die Fummel dort sind so ausgefallen, so sparsam und übertreiben die weiblichen Merkmale dermaßen, daß die meisten Frauen es niemals wagen würden, sie auf der Straße zu tragen. Da die Sachen leicht zu öffnen sein müssen, hielt ich nach Reißverschlüssen, einfachen Schnappverschlüssen oder nach Stellen Ausschau, an denen ich Klettband einnähen könnte. Ich kaufte die kürzesten, engsten Shorts, die es gab, einen verrückten Fransenbikini, ein hautenges Kleid, schwarze Strapse aus Lackleder, Stringtangas, verschiedene Strümpfe und einen schwarzen Leder-BH mit Nieten. Diese Sachen sind nicht billig, allein für den BH mußte ich über hundert Dollar hinblättern.

Als Stripperin komme ich nicht umhin, jeden Tag ins Fitneßstudio zu gehen. Während ich mich am Laufband abrackere, Gewichte hebe und hundert Sit-ups absolviere, lasse ich mir Songs und Kostümideen durch den Kopf gehen. Diese Übungen trainiere ich mit einer Beharrlichkeit, die ich vorher an mir nicht gekannt habe: Nichts eignet sich besser dazu, einen straffen Übungsplan durchzuhalten, als das Wissen, daß man abends nackt auf der Bühne stehen wird. Es gibt noch andere Regeln, die ich mir selbst aufgestellt habe: Ich schlafe, bis ich aufwache. Nicht Sklave meines Weckers sein zu müssen, betrachte ich als einen der größten Vorteile, den dieser Job bietet. Nach einem ausgiebigen Mittagessen um drei Uhr nachmittags wird nichts mehr gegessen, bis ich meine Schicht in den frühen Morgenstunden beendet habe. Einmal die Woche gehe ich zur Maniküre und zur Pediküre. Mein sonst üblicher, pastellfarbener Nagellack ist jetzt leuchtend rot. Der Begriff »Hautpflege« bekommt eine neue Bedeutung, nachdem es nicht nur mein Gesicht ist, das die Leute zu sehen kriegen. Also pflege ich verschwenderischen Umgang mit Feuchtigkeitscremes, Balsam, Tonic Lotions und Peeling Cremes, und auch der Rasierapparat kommt häufig zum Einsatz.

Wenn ich den Leuten erzähle, daß ich Stripperin bin, fragen sie mich als erstes, ob ich mich *ganz nackt* ausziehe. Die Anwort ist nein, und dann kann ich sofort erkennen, ob ich an ihrer moralischen Meßlatte einen Zentimeter gewachsen oder geschrumpft bin. Manche Leute sind offenbar erleichtert, daß noch ein Rest Keuschheit in mir steckt, weil ich mich nicht ganz nackt ausziehe, andere rümpfen die Nase, weil ich so feige bin, mich hinter einem Stringtanga zu verstecken. »Oh«, sagen diese Leute dann, »Sie strippen ja gar nicht *wirklich*. Ich meine, nicht *komplett*.« Weder die einen noch die anderen scheinen zu kapieren, daß nicht ich, sondern die jeweiligen

Gesetze der Bundesstaaten bestimmen, ob ich alles ausziehe oder nicht. In Louisiana darf ich mich nur bis auf ein schmales, dreieckiges Fetzchen Stoff entkleiden, das von kurzen Schnüren in Position gehalten wird. Wenn man ein Kleidungsstück trägt, das so klein ist, daß man es in einen Standardbrief verschicken könnte, muß man ziemlich viel von den Schamhaaren entfernen. Ich überlege mir inzwischen, ob ich sie mir nicht einfach ganz abrasieren soll und fertig. Also, sagen Sie selbst: Strippe ich nun nackt? Ziehen Sie doch einmal selbst diesen kleinen Fetzen Stoff an, und sagen Sie dann, wie angezogen Sie sich fühlen!

»Ich verwende Nair«, sagt GiO als Antwort auf meine unvermeidliche Frage, womit man sich die Schamhaare am nachhaltigsten entfernt. Während der Schicht frequentiere ich die allgemeine Garderobe im unteren Geschoß des Clubs. Vor und nach der Schicht darf ich aber ihre private Garderobe im oberen Stock mitbenutzen, um meine Straßenkleidung gegen meine Arbeitskleidung zu tauschen. GiO zeigt mir, wie man viel Zeit sparen kann, wenn man sich schminkt, während das Nair (am besten ist die Tropensorte mit Kakaobutter) zwischen den Beinen ruhig vor sich hin perlt. Man muß dabei nur etwas eigenartig auf der Stuhlkante sitzen.

Die untere Garderobe ist mit einem Spiegel, einem kleinen Tisch und einigen Spinden ausgestattet. Von Zeit zu Zeit halten sich dort die Stripperinnen auf, um Bargeld zu verstauen, ihr Make-up aufzufrischen, sich zu parfümieren und anzuziehen, wenn sie von der Bühne kommen. Es ist ein kleiner Raum, der überwältigend nach Desinfektionsmittel und Muskelöl riecht, und manchmal auch nach einem chinesischen Takeaway-Essen, in dem jemand lustlos herumstochert. Die Garderobe ist für

Stripperinnen das, was der Wasserspender im Büro ist: ein Platz, an dem Klatsch, Geschichten und Ratschläge kursieren. Trish, ein großes, dünnes, eurasisches Mädchen aus Kanada, rät: »Erstens: Rasiere dich jeden Tag unter den Armen. Zweites: Streck auf der Bühne deine Zehen durch. Und drittens: Schneide immer den Faden von deinem Tampon ab.«

Eine weitere Pflichtübung in der Garderobe ist das obligatorische Aufkleben eines dünnen Pflasters, das im Stripper-Jargon »Titten«-Pflaster genannt wird und ansonsten in der Chirurgie Verwendung findet. In vielen Bundesstaaten, so auch in Louisiana, müssen Stripperinnen die Nippel ihrer Brustwarzen irgendwie »bedecken«, also entweder mit einer dünnen Schicht Latex oder mit diesem glatten Streifen, der sich als besser als Latex herausgestellt hat, weil man zwei kleine Streifen abschneiden und so auf die Brustwarze kleben kann, daß sie, koste es, was es wolle, ihre kecke, aufrechte Position beibehält, die dem Besucher vermitteln soll: »Schau her, ich bin ganz schön scharf.« Oft vergaß ich, das Tape nach der Arbeit wieder abzumachen, und merkte es erst dann, als am folgenden Tag im Fitneßclub die anderen Frauen verständnislose Blicke auf meine Brüste warfen, wo das Pflaster inzwischen leichte Auflösungserscheinungen zeigte. Ironischerweise fällt den meisten Männern im Club gar nicht auf, daß etwas auf den Brustwarzen klebt.

»Also, man mag ja nicht unentwegt *hinstarren.*« Das ist die übliche Antwort auf die Frage, warum der durchschnittliche Gast so etwas nicht bemerkt. Wenn Männer auf der Straße eine Frau sehen, die ihnen gefällt, kann es ohne weiteres sein, daß sie gegen Laternenmasten rennen, weil sie ihren Blick einfach nicht abwenden können. Tanzt sie aber direkt vor ihrer Nase nackt den Limbo, möchten sie nicht *unhöflich* sein. Meine Kolleginnen sind in der Regel freundlich, allenfalls zurückhaltend. Von der ausgesprochenen Feindseligkeit, die mir von meinen Kolleginnen entgegengebracht wurde, als ich Barkellnerin war, ist hier nichts zu spüren. Allerdings findet auch unter den Stripperinnen ein kleiner Wettbewerb statt, wenn ein vielversprechender Gast hereinkommt. Als »vielversprechend« wird jemand mit einer dicken Brieftasche bezeichnet. Beim Rennen darum, wer sich als erste mit dem Typen hinsetzen und ihn dazu überreden kann, einen »Table Dance« zu kaufen, können durchaus ein paar Kellnerinnen umgemäht werden.

Obwohl er so heißt, wird der Table Dance nicht *auf* seinem Tisch getanzt. Ein Gast bezahlt uns zwanzig Dollar dafür, daß wir auf einem kleinen Sperrholzpodest neben seinem Tisch strippen. Das Podest ist so angelegt, daß unser Unterkörper mit ihm auf Augenhöhe ist. »Zieh deine Schuhe aus, bevor du aufs Podest steigst«, empfiehlt GiO auf meine Frage, wie ein Table Dance vor sich geht. »Im Grunde posiert man einfach oder bewegt sich langsam, anstatt zu tanzen. Ein Table Dance dauert einen Song lang.« Zwanzig Dollar für drei Minuten Arbeit. Nicht schlecht. Damit verdient man das eigentliche Geld. Die Show auf der Bühne, wo man zwei oder drei Songs lang tanzt und hauptsächlich Eindollarnoten als Trinkgeld bekommt, ist mehr oder weniger als Animation gedacht.

Wir Stripperinnen auf der Bühne versuchen, die Phantasie der Männer anzuregen. So schälen wir uns lasziv aus unseren Kleidungsstücken, räkeln uns, streicheln uns, kriechen auf allen vieren, schlingen unsere Beine um die Stange, gleiten an ihr auf und ab, spreizen die Beine und legen sie hinter unseren Kopf. Dabei sehen wir unverwandt die Männer an, als wollten wir fragen: Kannst du dir das in deinem Bett vorstellen? Wie würde dir das gefallen? Das ist der Grund, weshalb die Begleiterin eines Mannes oft einen so leidenden Gesichtsausdruck hat, wenn sie uns auf der Bühne beobachtet: *Das gefällt ihm,* denkt sie. *Und ich kann ihm das nicht bieten.*

Entgegen der landläufigen Meinung hängt der Erfolg einer Stripperin eher von guten Verkäuferqualitäten als von einem guten Körperbau ab. Es sind auf keinen Fall die hübschesten Mädchen, die das meiste Geld verdienen. Ein Mann kann sich ja den *Playboy* kaufen, wenn er sich einen schönen Körper ansehen möchte. In einem Stripteaseclub erwartet er, daß man ihm persönlich Aufmerksamkeit schenkt: Hier kann die nackte Frau zurücklächeln. Wenn sie in der Lage ist, einem Mann zu vermitteln, daß er etwas ganz Besonderes sehen wird, kann sie einen Table Dance auch an jemanden verkaufen, der eigentlich gar keinen will. Mit anderen Worten: Sie verkauft ihm ein ganz normales Schnitzel, verpackt es aber so, daß er meint, er bekäme das teuerste Steak. Wenn das Mädchen ihn beim Table Dance auch noch unverhohlen anhimmelt, während sie sich räkelt, könnte der Gast vielleicht einen weiteren springen lassen, weil er glaubt, daß sie es nicht wegen seiner zwanzig Dollar tut, sondern weil sie ihn einfach für unwiderstehlich charmant hält. Eine gute Stripperin kann schon nach wenigen Augenblicken beurteilen, ob der Gast, zu dem sie sich gesetzt hat, ein dicker Fisch ist oder ob sie ihn besser vom Haken läßt. Ich beginne meine Plauderei gewöhnlich damit, daß ich dem Gast etwas über mich erzähle. Wenn ich Glück habe, ist bereits ein kleines Gespräch im Gange, wenn die fleischfressenden Kellnerinnen über uns herfallen und den Gast fragen: »Möchten Sie die Dame auf einen Drink einladen?«

»Na klar«, antwortet er dann häufig. Die Kellnerin verschwindet und taucht mit einem Getränk auf, das in der Karte völlig falsch »Champagner-Cocktail« genannt wird. Dabei ist es etwas Preiselbeersaft, aufgefüllt mit Eis und einem Gesöff, das sich »alkoholfreier Champagner« nennt. Dafür muß man acht Dollar für einen »Einfachen«, sechzehn für einen »Doppelten« und vierundzwanzig Dollar für einen »Dreifachen« hinblättern. Die Kellnerin entscheidet je nach aktueller Marktlage, welche Preisklasse sie für angebracht hält. Etwas anderes dürfen wir nicht trinken, und wir müssen sechs Drinks pro Nacht verkaufen, um unsere Gage von vier Dollar die Stunde zu bekommen. Man *kann* natürlich auch die »alkoholische« Version eines Champagner-Cocktails bestellen, der ebenfalls mit Eis und einem Schuß Preißelbeersaft serviert wird. Er enthält wenig Alkohol und schafft es tatsächlich, noch übler zu schmecken als die entsetzliche alkoholfreie Version. Keiner der Drinks ähnelt Champagner auch nur im entferntesten, es sei denn, man ist farbenblind und mag Perier-Jouet »on the rocks«. Wenn der Preis des Drinks zu Sprache kommt, muß der Gast erst mal seinen Schock verdauen, das Geld ausspucken, und gnade Gott demjenigen, der vergißt, der Kellnerin ein Trinkgeld zu geben, denn dann kommt prompt die Drohung: »Und was ist mit mir?«

Das kesse Auftreten der Kellnerin ist für den Mann Anlaß genug, *mir* die Schuld dafür zu geben, daß der Drink so teuer ist. Er meint, daß ich mir ebensogut ein Bier für vier Dollar hätte bestellen können, es mir aber statt dessen in den Kopf gesetzt hätte, ihn ordentlich zu schröpfen. Ein Cowboy mit einem unübersehbaren blauen Auge griff sich meinen Drink, nippte daran und verkündete laut: »Ich habe gerade vierundzwanzig Dollar für eine Scheiß-Kirschlimonade bezahlt!«

Als die Kellnerin einem Mann aus New Jersey, nachdem mein Drink serviert wurde, eröffnete: »Das macht sechzehn Dollar«, sagte er an mich gewandt: »Bei mir bist du da an der falschen Adresse, wenn du *diese Nummer abziehen willst*!« Er weigert sich strikt, zu bezahlen, weshalb sein etwas ruhiger, bebrillter Freund sich anbietet, die Rechnung zu übernehmen. »Los, setz dich hin zu ihm!« fordert mich der Hitzkopf auf.

Ich wechsle also den Platz und setze mich zu dem Mann mit Brille. Er schaut meinen Drink an und sagt: »Wenn du mir jetzt erzählst, daß ich gerade sechzehn Dollar für einen *Campari Soda* bezahlt habe«, prügle ich dir die Seele aus dem Leib!«

Diese unerfreulichen Erlebnisse sind es, die mich lehren, die Leute vorzuwarnen, worauf sie sich einlassen. Ich sage von vornherein, was das Ganze kosten wird: »Ich würde gern etwas trinken, aber mein Lieblingsgetränk kostet acht Dollar«, und füge – das riet mir eine Stripperin – ein psychologisch vernichtendes »Wenn du es dir leisten kannst« hinzu. Schließlich wird ein wütender Gast keinen Table Dance kaufen, und nur aus diesem Grund unterhalte ich mich ja mit ihm, denn an dem Gespräch an sich bin ich wirklich nicht interessiert.

Eines Abends sagt ein Stammgast zu mir: »Nostradamus hat alles vorausgesagt.« Er ist ein »Maître de irgendwas« in einem Restaurant im French Quarter. »Er hatte mit allem recht.«

»Genau, und ganz besonders damit, daß Gastronomen unweigerlich von Stripteaseclubs angezogen werden.«

Er sieht mich an, als sei ich ein altkluges Kind. »Du

weißt ja nicht einmal, wer Nostradamus ist«, sagt er. Schon Jahre zuvor, als ich noch Fotomodell war, hatte man mich so behandelt, als hätte ich nichts im Kopf; damals wußte ich allerdings nicht, daß es noch eine Steigerung gibt, wenn man Stripperin ist.

Ein Mann aus Frankreich erzählte mir eine absolut fesselnde Geschichte darüber, wie viele Shrimps er einmal gegessen hatte. »Es muß ungefähr ein Kilo gewesen sein«, sagte er. »Ein Kilo sind hier bei euch zwei Pfund«, fügte er hinzu.

»Eigentlich sind es zwei Komma zwei Pfund«, warf ich ein. Er zeigte sich völlig überrascht. »Woher weißt du das denn?«

An einem anderen Abend prostet mir ein anderer Typ zu. Er ist aus New Jersey.

»Salud«, sagt er.

»Salud«, antworte ich und proste ihm auch zu.

»Ach, du weißt nicht einmal, was das heißt«, meint er abfällig.

»Wenn ich Sie jetzt in dem Glauben lasse, daß ich es nicht weiß«, antworte ich ihm, denn diese Art von Plauderei geht mir mittlerweile auf die Nerven, »fühlen Sie sich dann besser?«

»Also!« sagt er und ignoriert meinen Kommentar. »Sag mir, wie du wirklich heißt?«

Männer verschwenden eine Menge Energie darauf, uns dazu zu bringen, ihnen unseren richtigen Namen zu nennen. Dieses Geheimnis quält sie noch mehr als die Neugierde darüber, was wohl unter dem winzigen Streifen eines Stringtangas verborgen sein könnte. Mein Künstlername ist Dolores Haze, was übrigens der eigentliche Name der Lolita in dem Roman von Vladimir Nabokov ist.

»Wenn ich dir das verraten würde«, sage ich und versuche, nicht zu zwinkern, während ich meinen Drink schlürfe, »müßte ich dich umbringen.«

GiO entlieh ihren Künstlernamen einer Geschichte von Aldous Huxley, erzählt mir aber, daß die meisten Stripperinnen ihre Namen offenbar »aus der Billigparfümabteilung eines Drogeriesupermarktes beziehen. ›Hallo, ich bin Ciara.‹ ›Ich heiße Charlie.‹ ›Ich heiße Tabu.‹

Für unser ganz persönliches Publikum ist der richtige Name einer Stripperin etwas Intimes, ein Paßwort zu dem wahren Ich. Ich komme in die Garderobe und sehe, daß eine Stripperin weint. Es ist diejenige, die immer einen weißen Bikini und zerrissene, abgeschnittene Jeans trägt und ziemlich wild – und, wie sich herausstellt, passend – nach dem Song »I Hate Myself for Loving You« tanzt. Sie sieht vom Frisiertisch auf: »Mein Exfreund läßt mich einfach nicht in Ruhe«, schluchzt sie: »Er ist ins Lokal gekommen und hat meinen *richtigen Namen* so laut gebrüllt, daß es die ganze Bar hörte!«

»Dolores Haze?« bemerkte ein Rocker. »Wie aus *Lolita*?« Es stellt sich heraus, daß er ein Kinonarr und zugleich angehender Drehbuchautor ist. Ich nehme diesen winzigen Gesprächsfaden sofort zum Anlaß, um eine Geschichte um die NYU-Filmschule zu spinnen, für die ich angeblich an einem Drehbuch über Stripperinnen arbeite. Das hat den erwünschten Effekt, daß er zwei Table Dances bestellte, die ich nicht vorführen muß. »Ich mag es nicht, wenn mich andere Leute dabei beobachten, wenn ich dir beim Strippen zusehe«, sagt er und drückt mir die Scheine in die Hand, »aber ich möchte, daß du das Geld kriegst.«

»Lynn!« flüstert GiO, als ich ihr dieses leicht verdiente

Geld zeige. »Du hast wirklich schnell gelernt, wie man bescheißt!«

Das ist eine deutliche Verbesserung gegenüber meiner zweiten Nacht, als mir ein Typ andauernd Geld zusteckte, nur damit ich seinen Tisch nicht verlasse. Der Abend war beendet, als er mich darum bat, für vierhundertfünfzig Dollar mit ihm zum Kaffeetrinken in ein anderes Lokal zu gehen. Bei diesem Vorschlag bekam ich eine Gänsehaut und lehnte ab.

»Du hättest viel mehr Gled aus ihm rausholen können«, sagte GiO beim Frühstück im Delikatessenladen von St. Ann's um drei Uhr morgens. Ich hatte zweihundertfünfzig Dollar eingenommen. »Du hättest fünfhundert, ja sechshundert kriegen können. Womit verdient er seinen Lebensunterhalt?«

»Ich habe keine Ahnung«, sagte ich.

»Du hast keine *Ahnung* und hast mit diesem Typen so lange gesprochen?«

»Nun, er hat ad nauseam...«

»Ad nauseam. Siehst du, wenn genug Geld im Spiel ist, macht dir das nichts aus. Du mußt das Ganze als Spiel ansehen. Du mußt herausfinden, wieviel Geld du aus einem Typen herausholen kannst.«

»Ich habe mich ohnehin schon drastisch überbezahlt gefühlt«, rechtfertigte ich mich lammfromm.

»Nein«, sagt GiO energisch: »Du warst drastisch unterbezahlt. Denk dran«, sagte sie, »Seelenklempner verdienen sechzig bis siebzig Dollar die Stunde. Und wie so viele andere Männer wollte er einfach nur reden. Über sich selbst, das heißt – es ist ein Monolog. Und während er dir von seinen Problemen mit seiner Freundin erzählt, wird er irgendwann sagen: ›Ich weiß nicht, warum ich dir das alles erzähle... kann ich dir meine Telefonnummer geben? Vielleicht rufst du mich an. Nur um zu reden...‹«

Um Verkaufstechniken zu studieren, beobachte ich die anderen Stripperinnen so oft wie möglich. Eine der Stripperinnen verwendet die sogenannte »Pech-gehabt«-Masche. Sie weiß genau, wann sie ihr leeres Portemonnaie zücken und die Fotos ihres Kindes herzeigen muß. Eine andere erzählt dem Gast, daß sie ihn für wahnsinnig attraktiv hält und sich gerne mit ihm zusammentun würde, daß ihr aber ein paar überfällige Rechnungen einfach nicht aus dem Kopf gehen. Eine weitere nicht so attraktive Stripperin, die immer viel Trinkgeld bekommt, erzählt zwei Männern einfach nur: »Ich bin von Texas umgesiedelt.« Sie läßt ein dreckiges Lachen hören. »Haha! Von Texas... ha, ha! Zum Big Easy! Hahaha!« Die Männer krümmen sich vor Lachen. Ich glaube, es kommt nicht so sehr darauf an, was man sagt, sondern wie man es sagt.

Als Thema für meine kleinen Plaudereien dienen meine Erlebnisse als Lehrerin. »Ich strippe noch nicht lange«, erzähle ich zum Beispiel. Männer hören das gerne, sie glauben dann, daß man zwar äußerst tolerant, aber keine Nutte ist. (Das ist übrigens die klassische Phantasie von Männern, wenn sie sich das »Playmate des Monats« im Playboy anschauen.) »Vorher war ich Aushilfskellnerin an einer Oberschule in Virginia, habe aber nur achtundvierzig Dollar am Tag verdient, und davon gingen noch die Steuern ab! Na ja, egal, jedenfalls zog ich dann hierher und warte jetzt auf eine feste Anstellung im Herbst als Lehrerin. Bis es soweit ist, arbeite ich als Tänzerin.« *Tänzerin* klingt vornehmer als Stripperin.

»Also gefällt dir das, was du hier tust?« fragt der Mann dann gewöhnlich, schockiert, aber auch erregt bei dem Gedanken an eine strippende Lehrerin. Ich erwähne dann noch, daß ich Englisch oder Mathematik unterrichte, das paßt zum prüden Teil seiner Phantasie.

»Es macht Spaß«, sage ich. »Ich tanze gerne auf der Bühne. Es ist zwar schrecklich öde, wenn ich die Gäste mit einem Table Dance nerven muß, aber« (dabei hebe ich bescheiden die Schultern) »das bringt das meiste Geld.«

Das ist der Zeitpunkt, an dem er kapituliert und einen Table Dance spendiert. Als ich einer Gruppe Marineoffiziere meine kleine Geschichte erzähle, geben sie mir sechzig Dollar. »Du brauchst nicht tanzen«, sagt einer von ihnen. »Wir wissen, daß du arbeiten mußt, aber wir sind Romantiker. Wir zahlen dafür, daß du einfach hier sitzt und mit uns über Mathematik plauderst.« Wenn ich dann doch zur Bühne hinaufgehe, um zu strippen, rücken die Offiziere an den Ring heran. Einer nimmt meinen abgelegten BH und hängt ihn träumerisch über seinen Kopf.

Da ich nur ungefähr einmal pro Stunde auftrete, fülle ich die Nächte zu einem großen Teil mit dieser Art von Anmache aus. Gerade als ich meinen Blick auf der Suche nach einem willigen Opfer über die Gäste wandern lasse, faßt mich ein Mann an der Bar am Arm: »Kann ich dich auf einen Drink einladen?« Er hat einen Goldzahn und wird im Moment gerade von einer Stripperin mit dem völlig irreführenden Namen Demure (spröde, gesetzt. Anm. d. Ü.) bearbeitet. (»Das kommt wohl aus dem Grönländischen oder Isländischen«, erklärt GiO.) Es ist bei Stripperinnen verpönt, einen Typen anzumachen, mit dem sich bereits ein anderes Mädchen unterhält, aber wenn er den ersten Schritt macht, gilt diese Spielregel nicht mehr. »Es ist nicht sehr aufregend, mir beim Trinken zuzusehen«, sage ich ungefähr zum zwanzigsten Mal an diesem Abend. »Aber es ist aufregend, mich tanzen zu sehen. Kaufen Sie statt dessen doch einen Table Dance!«

»Einen Table Dance?« fragt er. »Was ist das?«

»Also, wir beide gehen dort hinüber«, sage ich und zeige auf den Teil des Clubs, in dem die Stühle am Fußboden angenagelt sind und in einem bestimmten Abstand von ebenfalls am Boden festgenagelten Sperrholzpodesten stehen.

»So kannst du *Titten und Arsch aus nächster Nähe betrachten*«, fügt Demure hinzu.

»Und auf einem solchen Podest tanze ich *nur für dich.*«

»Du siehst einfach *alles*, Süßer«, flötet Demure und küßt ihn auf die Schläfe.

»Es kostet nur zwanzig Dollar«, sage ich und wünsche mir, daß Demure die Klappe hält und auch damit aufhört, die Gäste abzuschlecken. »Ich tanze einen ganzen Song lang nur für dich.«

»Na gut – welche von euch beiden wird tanzen?« fragt er diplomatisch, denn er möchte nichts Falsches tun. Er behauptet, zum ersten Mal in einem Lokal wie diesem hier zu sein. (»Ich auch«, antworte ich dann immer. Ein solches Gelabere muß ich mir ständig anhören.)

Ich schaue Demure mit großen Augen an, da ich das Opfer ja angezapft habe.

»Dolores wird tanzen. Es war ihre Idee«, meint Demure.

»Oh, muß ich mich also um dich kümmern?« fragt er Demure, der jetzt dummerweise ein Geschäft entgeht.

»Später, Süßer«, sagt sie auf eine Weise, die sie für verführerisch hält.

Mir ist es es völlig schleierhaft, weshalb jemand, der seine fünf Sinne beisammen hat, zwanzig Dollar für etwas zahlen sollte, was er kostenlos auf der Bühne sehen kann. Aber schließlich bezahlt er ja für die Illusion, daß ich *nur für ihn* tanze. Obwohl der Diskjockey immer wieder für diese »*persönlichen, privaten* Table Dances« wirbt, kann jeder im Club herübersehen und beobachten, was da vor sich geht. Um dieses Affentheater um die Exklusivität noch zu unterstützen, achte ich auf soviel Augenkontakt wie möglich – mit dem Hintergedanken, entweder noch einen Table Dance zu verkaufen oder ein ansehnliches Trinkgeld zu bekommen.

Während eines Table Dances verhalten sich die meisten Männer noch braver, als wenn sie direkt vor der Bühne sitzen, da sie von der Menge isoliert sind und im Rampenlicht stehen. Sie lehnen sich normalerweise höflich zurück und sehen mit dem Gesichtsausdruck eines Vierjährigen zu, der sich Zeichentrickfilme ansieht: den Mund leicht geöffnet, einen Ausdruck zufriedenen Staunens im Gesicht. Normalerweise ist an ihrem Verhalten nichts Laszives, nur an meinem.

Hin und wieder wird die Aufmerksamkeit, die ich ihnen schenke, zuviel für sie. Einmal tanzte ich für einen fünfundzwanzigjährigen Typen aus Seattle, der es kaum wagte, mich anzusehen, und wenn er es doch tat, wurde er rot. Ich legte meine Hand auf seine Schulter, um mich abzustützen, beugte mich zu ihm hinunter und fragte: »Bringe ich dich in Verlegenheit?«

»Ooch nein«, antwortete er und wurde wieder rot. »Aber kannst du bitte deine Strümpfe und die Strapse anbehalten?« Wenn auch die Scheußlichkeiten auf sexuellem Gebiet immer mehr an Raum gewinnen, manches ändert sich doch nie.

GiO und ich sind die einzigen Stripperinnen im Club, die Strapse und Strümpfe tragen. Die meisten Stripperinnen halten das für zu umständlich und bevorzugen hautenge Minikleider, die sie sich über einen Stringtanga streifen. Es ist vielleicht mehr Arbeit, sich einen ganzen Abend lang die Strümpfe aus- und anzuziehen, es bringt aber auch mehr Geld, da sich nur sehr wenige Männer dem Reiz dieses Anblickes entziehen können. Zwei Teenager kaufen mir einen Drink und bewundern meine Lackledershorts und die dazu passenden Strapse. »Wenn ich einmal heirate«, sagt einer von ihnen wehmütig, »wird meine Frau auch Strümpfe und Strapse tragen, äh, und zwar jeden Tag.«

Ich probiere meine Theorie aus, wonach Männer genauso fasziniert zusehen, wenn sich Frauen anziehen, wie wenn sie sich ausziehen. Die meisten Stripperinnen werfen nach einem Table Dance hastig ihre Kleider über, damit sie sich so schnell wie möglich um den nächsten zahlenden Gast kümmern können. Ich experimentiere damit, nach einem Table Dance mit dem Gast zu plaudern und dabei meine Kleider unverkrampft und wohldosiert wieder anzuziehen. Diese Masche hat Erfolg und bringt gewöhnlich noch mal fünf Dollar extra. Anziehen muß ich mich ohnehin, also kann ich dabei genausogut Geld verdienen.

Nach einer Weile als Stripperin habe ich mich an die immer wiederkehrenden Fragen gewöhnt.

»Was machst du tagsüber?« fragt ein orthopädischer Chirurg.

»Schlafen«, ist die einfache, naheliegende Antwort, aber Männer hängen gerne der Phantasie nach, daß Stripperinnen noch ein anderes, »anständiges« Leben führen müssen und daß keiner weiß, womit sie sich ihre Nächte um die Ohren schlagen. So sehen sie uns bevorzugt als gelangweilte Hausfrauen, geile Bibliothekarinnen oder aber als Medizinstudentinnen, die Geld für Nachhilfeunterricht verdienen wollen. Beweis genug dürfte wohl sein, daß viele Männer tatsächlich glauben, die Handlungen in Pornofilmen seien wahren Begebenheiten nachgestellt. Ein weiterer Beweis für diese Behauptung ist die oft gestellte Frage: »Erregt es dich eigentlich, wenn du auf der Bühne tanzt?«

Man ist versucht, diesem Wochenendgolfer und Vater von vier Kindern tief in die Augen zu schauen und ihm zuzuflüstern: »Nein, außer man gibt mir echt große Scheine.« Die *Macht*, die man ausübt, ist erregend, und es macht Spaß, dem Publikum ein gutes Programm zu bieten, aber weder ich noch andere Stripperinnen, die ich danach fragte, fanden das Posieren sexuell erregend. Eine kluge Stripperin wird diese Männerphantasie jedoch zu ihren Gunsten ausnützen. Sie wird erzählen, daß sie diese Art der Arbeit nicht wegen des Geldes, sondern deshalb ausgewählt hat, weil sie ihr sexuelle Befriedigung verschafft. Die klassische Antwort auf seine Frage ist daher: »Aber klar! *Und wie!*«

Es ist sehr interessant zu beobachten, wie viele Männer wütend werden, wenn ihnen der Verdacht kommt, daß wir in ihnen bloß Goldesel sehen. Im Gegensatz dazu halten sie es für völlig normal, daß wir nichts dagegen haben, wenn sie uns ausschließlich als Sexualobjekte behandeln. Sie erwarten tatsächlich, daß wir so viel Spaß daran haben, daß wir es auch kostenlos tun würden.

Einmal, während ich auf der Bühne tanzte, lächelte mich ein Mann andauernd an, kam aber niemals herüber, um mir ein Trinkgeld zuzustecken. Also ging ich schließlich zu ihm hinüber und fragte ihn, ob ihm die Show gefallen hätte. »Abärr jah«, sagte er. Oh, Mist, dachte ich, das ist ein Franzose, und diese Leute sind hier bekannt für ihren Geiz. »Isch mag die Mädschen, die läscheln.«

»Wenn es dir gefallen hat, hättest du mir ein Trinkgeld geben können«, sagte ich.

»Ast du misch desalb angeläschelt?« fragte er indigniert. »Damit du *die Dollar* kriegscht?«

Ja, du blödes Arschloch.

Es paßt gut in dieses Bild, daß Männer so naiv sind, zu glauben, daß man sie deshalb um einen Drink bittet, weil man wirklich etwas *trinken* möchte. Es sollte ihnen klar sein, daß es zum *Job* gehört, die Quote zu erfüllen, und das sind nun mal sechs Drinks bis zum Ende der Schicht. »Wir laden dich auf einen Drink ein!« sagt irgendwann einer von zwei betrunkenen UPS-Fahrern. »Aber nicht hier! Zu teuer! Gehen wir woanders hin, und wir zahlen alles, was du gerne trinken möchtest!« Ein Rocker mit langen, blonden Haaren und krächzender Stimme kapiert auch nicht, worauf es ankommt, und bietet mir an: »Wir zahlen dir fünfzig Dollar, wenn du mit uns später auf ein paar Drinks ins ›Dungeon‹ kommst. Du mußt dich nicht einmal umziehen! Wir zahlen dir alles, was du trinken kannst, *machen dich betrunken*, hören uns gute Musik an!« Ja, natürlich, das ist genau das, was ich mir schon immer gewünscht habe. Einen Moment, ich hole nur noch meinen Mantel!

Bevor ich hierherkam, hatten mir einige Stripperinnen von der *Geraldo Show* und anderen Stripteasesendungen gesagt, daß man in diesem Beruf so zwischen tausendfünfhundert bis dreitausend Dollar pro Woche verdienen könnte. »Schätzchen, ich ziehe mich nicht für weniger als fünfhundert pro Nacht aus«, erklärte eine Stripperin eines anderen Clubs, die vorbeischaute, um bei uns »Werkspionage« zu betreiben. »Wieviel verdienst du hier?«

»Auch in etwa dasselbe«, log ich. Jetzt verstehe ich,

weshalb Stripperinnen bei ihrem Gehalt lügen. Es ist schon peinlich, zu sagen, daß man sich für Geld auszieht, und noch peinlicher zuzugeben, daß man gar nicht so viel verdient. Ich schätze, daß ich so zwischen sechzig und dreihundert Dollar pro Nacht mache, und zwar für sechs Stunden Arbeit. Das hört sich für eine Stripperin armselig an, ist aber von allen Jobs, die ich ausprobiert habe, der bei weitem bestbezahlte.

Ich könnte viel mehr verdienen, sage ich mir, während ich Kate, der »Queen of Table Dances«, dabei zusehe, wie sie Bargeld in ihren Spind stopft. Andererseits beschäftige ich mich auch nicht so intensiv mit den Geschäftsleuten, wie ich eigentlich sollte, sondern verbringe mehr Zeit damit, abgebrannte Studenten zu bequatschen. An manchen Abenden ist der Club zwar voll, aber nur von Leuten besucht, die sich weigern, sich von ihrem Geld zu trennen.

So fahren mich zwei überängstliche Engländer jedesmal mit »Nein, vielen Dank!« an, wenn ich nur den Mund aufmache, auch dann, wenn ich sie nur frage. »Aus welchem Teil Englands kommen Sie?« Dann gibt es Männer, die meinen, sie hätten sich in mich verliebt, und bombardieren mich deshalb mit Geld, aber von dieser Gattung gibt es nur wenige, und sie treten nur äußerst selten auf. Trotzdem ist eines für mich klar: Das hier schlägt die Arbeit in Las Vegas um Längen!

Die Gründe dafür sind zahlreich: Zwar bin ich hier von Trinkgeld abhängig, ich muß mir aber wenigstens nicht merken, was wer bestellt hat und wieviel das kostet. Ich muß mir keinen Barkeeper warmhalten. Meine Schicht ist kürzer, und ich kann mich nicht nur hinsetzen, wenn ich möchte, sondern auch meine Schuhe ausziehen. Und wenn ich ein blödes Kostüm trage, so habe ich mir das selbst ausgesucht. Männer betrachten Kellnerinnen als Dienerinnen, eine Stripperin hingegen sehen sie als Künstlerin an. Männer, die in Stripteaselokale gehen, machen sich gerne vor, ich sei ein nettes Mädchen, das strippt: Männer im Spielcasino hingegen würden gerne bewiesen bekommen, daß ich eine Nutte bin, die Getränke serviert. Ich werde als Stripperin besser behandelt und verdiene mehr Geld. Aber obwohl zwischen diesen beiden Berufen eine riesige Kluft besteht, und zwar sowohl bezüglich des Niveaus als auch des Ausmaßes, in dem man sich sexuelle Belästigung gefallen lassen muß, würden viele Eltern ihrer Tochter zwar erlauben, als Barkellnerin zu arbeiten, jedoch niemals als Stripperin. Gegenüber dem Strippen hat der Job als Barkellnerin jedoch einen unbestreitbaren Vorteil: Dieser Beruf wirkt sich bei weitem nicht so belastend auf eine bestehende Beziehung zu einem Mann aus. Das soziale Stigma, mit dem das Strippen behaftet ist, ist für die meisten Beziehungen unerträglich. Da dieser Beruf so nah am Rande der Gesellschaft angesiedelt ist, zieht er auch Frauen an, die sich aus dem Leben der Normalbürger ausgeschlossen fühlen. Viele wurden als Kinder sexuell mißbraucht und leiden an geringem Selbstwertgefühl. Im Gegensatz zur landläufigen Meinung haben die meisten Stripperinnen keine gute Ausbildung, und die meisten von ihnen sind überzeugt davon, daß ihnen die Möglichkeiten fehlen, einen anderen Beruf auszuüben.

Ein Junge, der nicht älter als siebzehn sein kann, fragt mich eines Abends, ob ich einen Freund hätte. Ich bejahe. (Obwohl ich einen Ehering trage, weigern sich viele Gäste zu glauben, daß ich verheiratet bin – das paßt nicht in ihre Phantasien –, und deshalb wollen sie glauben, daß ich einen Ring trage, »um mir die blöden Typen vom Hals zu halten«. *Das funktioniert aber leider nicht*, ist meine stille Antwort.) Der Siebzehnjährige stellt sich vor, daß ich zu Hause nur spärlich bekleidet herumhüpfe und den ganzen Tag lang mein Programm für meinen Freund abspule. »Und er kriegt alles *kostenlos*!« staunt er. Er hat einen Ausweis, der besagt, daß er achtzehn ist, was bedeutet, daß er nur Sprudel für vier Dollar trinken darf. Er bemüht sich nach Kräften, mit seinen paar Kröten so lange wie möglich in diesem gelebten »Wet Dream« auszukommen, deshalb wird ihm ganz schwindlig bei der Vorstellung, daß es jemanden gibt, der das jederzeit und bei freiem Eintritt sehen darf. »Und du strippst immer für ihn, wenn er es möchte! Und er darf, uuh, äh, dich dabei anfassen! Und noch alles andere? *Mann!*« Ich will ihm seine Illusion nicht nehmen und verschweige ihm deshalb, daß das jedenfalls nicht passiert, wenn sich ein Mann mit einer Stripperin trifft.

»Ich würde mich nicht mit einem Typen verabreden, der mich auf der Bühne gesehen hat«, sagt Trish, als GiO und ich sie eines Tages beim Mittagessen treffen. »Wenn jemand glaubt, ich würde mich mit ihm in der Öffentlichkeit blicken lassen, nachdem er mich auf der Bühne gesehen hat, dann täuscht er sich gewaltig.«

»Aber was ist mit Männern, die du woanders kennenlernst?« frage ich. »Kriegen die jemals die Chance, dich tanzen zu sehen?«

»Nein. Das wäre keine gute Idee. Man setzt bei der Arbeit ein anderes Gesicht auf, wie ihr sehr gut wißt.« Sie zuckt die Schultern. »Ich habe noch nie eine wirklich gute Beziehung gehabt.«

GiO warnt mich eindringlich davor, meinem Mann zu erlauben, mir hier beim Strippen zuzusehen. Daran hatte ich tatsächlich schon gedacht, nachdem sich ein gewisser Stolz aufgrund meiner Fähigkeiten eingestellt hatte. »Das wäre keine gute Idee«, sagt sie. »Er braucht nicht zu sehen, wenn du dich vornüberbeugst, um bei irgendeinem Kerl einen Dollar lockerzumachen. Und überhaupt«, fährt sie fort, »fangen sie irgendwann an, sich Fragen zu stellen.« Mit »sie« meint sie männliche Partner, die sich überlegen könnten, was nun echt ist: *Macht es ihr auf der Bühne Spaß, oder ist das Schauspielerei? Macht es ihr im Bett Spaß, oder ist das Schauspielerei?* Eine Beziehung ist ohne Frage von vornherein zum Scheitern verurteilt, wenn man dem, womit man seinen Lebensunterhalt verdient, selbst widersprüchlich gegenübersteht. Stripperinnen glauben, daß ein Mann, der mit ihrem Beruf einverstanden ist, nicht ganz koscher sein kann; auf der anderen Seite ist es sinnlos, sich noch mal mit einem Mann zu treffen, der damit nicht einverstanden ist. »Und überhaupt habe ich keine Lust, mit jemandem auszugehen, den ich im Club kennengelernt habe«, sagt Trish. »*Weil er einer von denen ist, die sich in Oben-ohne-Clubs herumtreiben.*«

Suzette ist der Inbegriff eines hohlköpfigen Blondchens mit voluminöser Frisur, die ausschließlich nach Pearl Jam und Nirvana strippt. Dazu bewegt sie synchron ihre Lippen und schneidet entsprechende Grimassen, daß man leicht glauben könnte, da oben stünde eine völlig ausgerastete Tunte. Sie hatte befürchtet, schwanger zu sein. Heute verkündet sie uns freudestrahlend, daß sie nun doch ihre Periode bekommen hat.

»Hat sie einen Freund?« frage ich Gio.

»Klar. Ihm paßt es nicht, was sie tut, und er nennt sie eine Hure. Natürlich unterstützt sie ihn finanziell, das ist durchaus üblich. Diesen Fehler habe ich auch schon begangen«, sagt sie. Suzette tritt nicht auf, ohne sich vorher mit Tabletten aufgeputscht zu haben. Sie kann leidenschaftlichen Sex auf der Bühne erfolgreich simulieren, obwohl sie so gut wie keinen Spaß dabei hat. Ich sehe ihr zu, wie sie erfolglos versucht, ihre Lippen nachzuziehen, und frage sie, was sie genommen hat. Sie schaut auf, lächelt mit zusammengekniffenen Lippen und stößt schließlich unartikuliert heraus: »Das möchtest du wohl gerne wissen, was?«

Die sehr zierliche Trish, die den Körper einer Primaballerina hat, ist das krasse Gegenteil von Suzette. Sie macht den Eindruck, als würde sie sich blendend amüsieren. Zunächst tänzelt sie wie ein zartes Einhorn aus Glas herum, dann verwandelt sie sich auf dem Fußboden in eine langgliedrige Gummipuppe, die ihre Gliedmaßen in alle Richtungen biegt und faltet, und dabei liegt ein bezauberndes Lächeln auf ihren Lippen.

»Sie sind furchtbar«, sagt sie von Männern im allgemeinen. »Du bist einfach noch nicht lange genug dabei. Nach einiger Zeit glaubst du, na ja, daß alle Männer gleich sind. In diesem Beruf erlebt man die Männer von ihrer schlechtesten Seite.« Und dann erwähnt dieses Mädchen, bei dem die Männer fast reihenweise ohnmächtig werden, wenn sie nur daran denken, mir ihr im Bett zu sein, daß sie Sex eigentlich gar nicht mag.

Die meisten Stripperinnen, die ich traf, wohnen in Wohnungen, deren Einrichtung so aussieht, als ob alles leicht zerlegt und schnell wieder eingepackt werden könnte. Sie haben überhaupt keine Beziehung zum Geld, schaffen es nicht, etwas auf die hohe Kante zu legen, und sind auch nicht in der Lage, für eine wie immer geartete Zukunft zu planen, nicht einmal dann, wenn sie Kinder haben. GiO ist eine Ausnahme, denn sie hat nicht nur einen College-Abschluß, sondern vermarktet auch ihr eigenes Video und Mardi-Gras-Poster. Sie ist Wohnungseigentümerin und Vermieterin. Außerdem ist sie im Bourbon Burlesque als »Headlinerin« angestellt, was so etwas wie eine »Chef-Stripperin« ist. Sie wird für zwei oder drei zwanzigminütige Vorstellungen pro Abend bezahlt, braucht keine Table Dances und auch keine Drinks zu verkaufen. Das Berufsziel der meisten Stripperinnen ist es, »Headlinerin« zu werden.

Eine andere Stripperin, ein etwas pummeliges Mädchen mit langem, schwarzem Haar, erzählt mir, daß sie seit einem Jahr strippt. »Davor«, sagt sie, »war ich ungefähr fünf Jahre mit einem Mann zusammen und habe in China-Restaurants gearbeitet.« Sie ist so schüchtern, daß sie sich dazu zwingen muß, die Garderobe zu verlassen, und kaum einmal bei Männern sitzt oder einen Table Dance verkauft.

»Ich werde nicht damit fertig, wenn man mich zurückweist«, sagt sie. »Ich weiß schon von vornherein, daß sie nein sagen werden, also warum sollte ich mir die Mühe machen, sie erst zu fragen?«

Sie erzählt mir hinter vorgehaltener Hand etwas über eine neue Stripperin, die heute abend hier ist.

»Du hast das nicht von mir«, sagt sie, »aber sie ist erst siebzehn. Eine Ausreißerin.« Ich brauche nicht zu fragen, warum – wie bei so vielen Ausreißerinnen im Teenageralter ist der Grund aller Wahrscheinlichkeit nach Inzest. Das Mädchen hat einen hübschen Körper, aber eine schlechte Haut, die sie unter Mengen von Make-up versteckt. Sie ist eine wilde, energiegeladene Tänzerin, die funky Rapmusik favorisiert und es noch nicht gelernt hat, sich mit ihrem Programm Zeit zu lassen, damit die Männer mit Trinkgeld reagieren können. Ich kann nicht umhin, mir zu denken, daß sie lieber mit Jungs ihres Alters im Auto herumknutschen sollte, als hier zu lernen, wie man den Männern am erfolgreichsten zusammengefaltete Dollarnoten aus der Tasche zieht.

Ich erzähle Trish, wie jung das Mädchen ist, und sie antwortet mir, daß auch sie mit siebzehn zu strippen begann. »Ich glaube, ich war wohl ein ›verdorbenes Mädchen‹«, sagt sie mit einem Lächeln. »Ich hatte damals ein paar Freundinnen, die gestrippt und damit viel Geld verdient haben. Also habe ich auch angefangen.« Das war vor elf Jahren. »Das Geschäft wirkt zerstörend auf dein Ego..., so daß du wirklich glaubst, du könntest nichts anderes mehr tun.« Sie sagt, sie wünsche sich, mit einer Freundin in Kanada einen Kleidergroßhandel zu eröffnen. »Ich habe keine Ausbildung, und es gibt nicht viel, was ich tun kann. Und es gibt nichts, was so viel Geld einbringen würde wie das hier. Ich habe jede Menge Hochachtung vor Stripperinnen, die es geschafft haben, auszusteigen und etwas anderes zu machen. Aber schon der Gedanke daran macht mir angst! Da draußen ist alles so kalt und feindlich.«

»Da draußen?« frage ich. »Ich sage dir was: Das mit ›kalt und feindlich‹ spielt sich hier drin ab.«

»Aber hier ist es sicher«, sagt sie, »es ist einem vertraut.«

Kate kommt herein und steckt weiteres Geld in ihren Spind. »Königin des Table Dance«, sage ich, als sie hereinkommt. »Wie machst du das?« frage ich sie. »Wie schaffst du es, so viele Table Dances zu verkaufen?«

»Ich weiß es nicht«, antwortet sie mit kaum wahrnehmbarem irischen Akzent, als sie ihr Portemonnaie öffnet. Sie ist so zwischen zwanzig und dreißig Jahre alt, und mit ihrer kessen Figur und ihrem kurzen, blonden, zotteligen Haarschnitt hat sie die gesunde Ausstrahlung einer Goldie Hawn. Seit sie das Gewicht wieder zugelegt hat, das sie als Junkie verloren hatte, sieht sie ihr sogar noch ähnlicher. Sie verdeckt ihre Tätowierung mit Totenkopf und Schlange auf ihrer Wade unter ihren Lederstiefeln. »Ich tanze schon so lange, daß ich ein Nein einfach nicht als Antwort akzeptiere. Ich bohre einfach so lange, bis sie weich werden.«

»Und du, was willst du später machen?« frage ich. »Ich meine, wenn du aufhörst zu strippen? Hast du eine Vorstellung davon?«

»Ich weiß nicht. Einen reichen Typen heiraten.« Sie knallt die Spindtür zu und verstellt das Kombinationsschloß. »Ich glaube, ich sollte mein Geld sparen.«

Ich folge ihr aus der Garderobe und werde sofort von zwei jungen Studenten angehalten. »Entschuldige«, sagt der eine, »aber hat man uns vielleicht gerade übers Ohr gehauen?«

»Sie hat uns einfach unser ganzes Geld abgenommen«, empört sich der andere und zeigt auf Kate, die sich am anderen Ende des Raums gerade zu einem anderen Gast setzt.

»Sie hat von *jedem* von uns zwanzig Dollar verlangt und dann einen halben Song lang getanzt, und jetzt schaut sie uns nicht einmal mehr an! Sie spricht auch nicht mit uns!« Ich stelle wieder mal fest, daß meine Methode, den Männern das Gefühl zu geben, ihr Geld gut angelegt zu haben, wesentlich weniger effizient ist als Kates Methode der Brandrodung.

»Also, wieviel verlangen Sie?« fragt der eine.

»Es kostet zwanzig Dollar«, sage ich.

»Für jeden von uns?«

»Also«, entgegne ich und versuche Kate nicht zu kompromittieren, die richtigerweise das berechnete, was die Marktlage hergab, »ihr könnt die zusätzlichen Kosten sparen, wenn ihr mich nicht zur gleichen Zeit anseht.«

»Wir haben aber nur noch zwei Dollar«, sagt der eine.

»Akzeptiert man hier Visa?« fragt der andere.

»Ja!« antworte ich.

»Was ist mit Texaco, wird das akzeptiert?« fragt er.

»Aber ja. Du kannst damit einen Table Dance kaufen, kein Problem«, sage ich.

»Nein, das können wir eben nicht, weil ich dann Ärger kriege«, meint er.

»Was kriegen wir für zwei Dollar?«

»Na, vielleicht einen Raußschmiß?« anwortete ich zuckersüß.

Ich stelle fest, daß das Strippen nach dem schwermütigen Lied »Wickes Game« von Chris Isaak eine sehr einträgliche Sache für mich ist. Es ist langsam und traurig, beschwört Erinnerungen an eine verlorene Liebe herauf, ist also die perfekte Hintergrundmusik für einen Stripteaseschuppen.

Die Männer singen beim Refrain oft mit. Ich sehe ihnen in die Augen, denn dann fängt es an, Dollarscheine zu regnen. Mitten im Lied schaue ich auf und sehe die beiden jungen Studenten. Sie geben mir ihre zwei Dollar.

Ich strippe gern für Studenten – selbst für Oberschüler, die mit gefälschten Ausweisen hier sind. Jüngere Männer sind lieb, sie lächeln viel und bringen eine Menge Enthusiasmus mit, weswegen es mir nichts ausmacht, daß sie gewöhnlich pleite sind. Ihnen fehlt auch die emotionale Bürde, die bei älteren Männern ab und zu vorhanden ist, diese greifbare Bitterkeit, an der ihrer Meinung nach eine Frau schuld ist, die ihr Leben zerstörte, sich von ihnen scheiden ließ und die Kinder behielt. Das ist der ideale

Nährboden für ihre Schlußfolgerung, daß alle Frauen hinterhältige Goldgräberinnen oder Huren sind. Das trifft ganz besonders auf Frauen in Striplokalen zu.

Manche Geschäftsleute können diese normalerweise kaum verhüllte Feindschaft unterdrücken und recht gute Gäste sein – damit ist gemeint, daß sie viel Trinkgeld geben. Aber alle Anzugträger neigen dazu, sich von der Aufmerksamkeit und Zuneigung, die ihnen die Stripperin entgegenbringt, einlullen zu lassen. Wenn es dann soweit ist, daß ihr Ego – wenn schon sonst nichts – anschwillt, stellen sie gewöhnlich die Frage: »Was kostet eine Extrabehandlung in meinem Hotelzimmer?« Als Stripperin muß man dann in der Lage sein, sie hinzuhalten und dafür zahlen zu lassen, ungeachtet dessen, ob sie das Gewünschte bekommen oder nicht.

»Stell dich nicht so an, wir sind nicht von der Polizei!« erklären zwei Laser-Produzenten, die zu einer Tagung in New Orleans sind. »Warum kommst du nicht mit aufs Zimmer«, fragt einer mit breitem Grinsen, »und gibst uns dort eine private Vorstellung?«

Ich möchte nicht wissen, was sie für eine private Vorstellung halten, bin aber ziemlich sicher, daß darin kein Stringtanga vorkommt. »Ich bin Tänzerin und keine Prostituierte«, ist meine Standardantwort auf ein solches Ansinnen. Ich versuche gekränkt auszusehen, da das normalerweise allein aus Schuldgefühl ein Trinkgeld nach sich zieht. Eine solch leidende Miene setze ich auf, als ich einem französischen Matrosen meine Standardantwort auf seine Frage liefere, ob wir später irgendwohin zum Bumsen gehen könnten. Danach schafft er es sogar, noch leidender auszusehen als ich. »Nein, nicht für Geld«, sagt er schockiert: »Für... *l'amour*.« O Mann, diese Franzosen sind wirklich miese Scheißkerle.

Ich frage GiO, ob es wahr ist, daß Huren niemals strippen und Stripperinnen niemals huren. »Ja«, sagt sie. »Warum sollten Huren auch so schwer arbeiten wollen?«

»Aber zur Sperrstunde«, sagt Veronica, eine Australierin, die zu gerne ein Gangsterliebchen wäre, »solltest du die Typen draußen sehen, die auf der Straße warten. Hier geht es wirklich zu wie in einem echten Bordell.«

»Nein, das stimmt nicht«, sagt GiO und preßt die Lippen mißbilligend zu einem bleistiftdünnen Strich zusammen: »Diese Mädchen da draußen sind Huren von der Bourbon Street.«

Auf der Bühne muß eine Stripperin ihr Publikum zwar locken, aber gleichzeitig auf diejenigen Typen aufpassen, die versuchen, sich Freiheiten herauszunehmen, wenn sie ihr eine Dollarnote in den Stringtanga stecken. Junge Männer, die gerne in Cliquen auftreten und Baseballmützen verkehrt rum tragen, sind zwar manchmal großzügig mit Trinkgeldern, sie sind aber auch diejenigen, bei denen man höllisch aufpassen muß, daß sie einen nicht betatschen. Sie warten bewegungslos wie Tiger am Geländer vor der Bühne, und wenn man ihnen ein wenig zu nahe kommt, schlagen sie zu. Sie passen den günstigen Augenblick ab, wenn der Rausschmeißer gerade wegsieht, und versuchen, zwischen die Beine der Stripperin zu greifen. Allmählich entwickelt man für solche Typen einen sechsten Sinn und lernt, sie zu ignorieren. Da ist es schon viel vorteilhafter, seine Aufmerksamkeit an den ruhigen Strebertypen zu verschwenden, dessen Brillengläser allmählich beschlagen. Er ist der Typ von Mann, bei dem das Trinkgeld locker sitzt.

Ein Mann, der als Schallplattenproduzent identifiziert wurde, kam einmal mit einer Horde von Freunden herein, die Dollarscheine zerknüllten und damit die Tänzerinnen bewarfen. »Scheißkerle«, brummte Veronica, die mit einer Handvoll zerknüllten Trinkgeldes von der Bühne kam. »Das tut richtig weh, wenn sie einen damit treffen.«

»Zumindest ist es Trinkgeld«, stellte ich klar. Ich kann gut auf die japanischen Geschäftsleute verzichten, die stundenlang mit dem gleichen Gesichtsausdruck dasitzen, ohne Trinkgeld zu geben. Und auch auf die Touristenpaare aus dem Mittleren Westen, die *noch nie* Trinkgeld gegeben haben.

Es sind die Geschäftsleute, die immer wissen wollen, ob man nicht *alles* ausziehen könnte. Offenbar ist ihre Vorstellungskraft so beschränkt, daß sie sich beim besten Willen nicht denken können, was sich unter diesem winzigen Fetzchen Stoff verbirgt. Die älteren Männer, die wie Pfarrer aussehen, sind die schlimmsten: Ein Mann von über fünfzig, der sich eine lange Strähne über seine unübersehbare Glatze gekämmt hat, sagt: »Ich kaufe lieber keinen Table Dance. Denn dann bin ich bestimmt ein unartiger Junge, der verbotene Sachen mit seinen Händen macht.« Ein anderer grauhaariger Mann fragt mich, ob er einen »Lap Dance« bekommen kann. Das ist ein Dienstleistung, bei dem eine Tänzerin auf seinem (bekleideten) Schoß sitzt und darauf herumrutscht, was so ähnlich wie eine Trockenübung fürs Bumsen ist.

»In Florida bietet man das an«, sagt er mit einem anzüglichen Grinsen.

»Hier ist es nicht erlaubt«, antworte ich.

»Jetzt werde ich hier also total erregt, und was wird passieren? Gar nichts!«

»Wissen Sie denn, daß wir hier nur für die Erregung zuständig sind?« Ich versuche, so süß wie nur möglich zu lächeln, aber mir klingen noch immer die Stimmen der

Jungs in den Ohren, die mir damals, als ich noch auf der Oberschule war, vorwarfen, daß sie schon ganz dicke Eier hätten und ich unbedingt etwas dagegen tun müsse. Und schon damals wußte ich, daß sie ihre Erektion als mein Problem ansahen, meine Schwangerschaft hingegen nicht als das ihre. Es hat sich nicht viel geändert: Dieser alte Knacker glaubt offenbar noch immer, seine Erektion sei mein Problem, aber meine Miete nicht seines.

Ich lerne von GiO, mindestens drei Stringtangas übereinander zu tragen, die immer kleiner werden. Dadurch hat man immer etwas in Reserve, wenn die Männer glauben, jetzt gäbe es nichts mehr auszuziehen. Es macht ihr riesigen Spaß, den vorletzten Tanga auszuziehen, das Fetzchen Stoff in das Bier eines Gastes zu tauchen und dann über seinem offenen Mund auszuwringen.

Von GiO schaute ich mir einen Stunt ab, den ich manchmal präsentiere, wenn man mir ein Trinkgeld zugesteckt hat: Ich spreize die Beine, beuge mich weit nach hinten und streichle dabei mit dem Schein aufreizend über meinen Körper. Das veranlaßt die Männer häufig, noch mehr Trinkgeld zu geben, damit sie alles noch einmal zu sehen bekommen. GiO und ich geben uns gegenseitig vor den Gästen immer wieder Trinkgeld. Damit wollen wir ihnen zeigen, daß etwas Interessantes passieren wird, wenn man uns mit Trinkgeld lockt. Einmal brach GiO einem Mann unabsichtlich die Nase, als sie sein Trinkgeld unkonventionell entgegennehmen wollte. Sie arbeitete damals in Kanada, als ein Mann sich zurücklehnte und seinen Kopf mit einem Dollarschein im Mund auf die Bühne legte. »Ich hatte vor, meine Beine über ihm zu spreizen und kurz über seinem Gesicht anzuhalten«, sagt sie, »aber ich verlor den Halt und – krach! – knallte ich auf den Boden. Dabei fiel ich genau auf seine Nase und *brach* sie ihm! Das Blut lief ihm aus der Nase und über sein Gesicht, und das erste, was er sagte, war: »Was sage ich jetzt meiner Frau?«

Kanada ist das gelobte Land für Stripperinnen. Dort gibt es jede Menge Clubs, und »die Garderoben sind schöner«, wie Trish sagt. »Manche haben einen Übungsraum mit einer Messingstange, einen Gymnastikraum, Duschen, einfach alles. Normalerweise bezahlt der Club einer Stripperin für ein Programm von zwanzig Minuten sechzig Dollar. Gewöhnlich kann man das auf ungefähr sechzehn Minuten straffen, wenn man kurze Songs auswählt«, sagt sie stolz. »Man arbeitet nackt, Table Dances gibt's für fünf Dollar, Trinkgelder werden keine gegeben.«

Jetzt wundert es mich nicht mehr, daß Kanadier in Las Vegas so knickrig sind.

»Aber manchmal kann es passieren, daß man einen Table Dance vorführt«, erzählt Trish, »und der Typ dann sagt: ›Das ist keine fünf Dollar wert!‹«

Trish, GiO und ich testen an unserem freien Abend das Crescent Cabaret, einen Stripschuppen der sogenannten Oberklasse in New Orleans, der seinen Tänzerinnen folgende Regeln auferlegt: Es ist nicht gestattet, (1) irgend etwas anderes als Weiß zu tragen, sich (2) ganz nach hinten zu beugen (»zu nuttig«) oder (3) den Boden mit irgend etwas anderem als ihren Fußsohlen zu berühren. Ich beobachte vierzig sehr ähnlich aussehende Tänzerinnen, die von Tisch zu Tisch wandern, und Geschäftsleute in gespannter Erwartung. Hier geht es ausschließlich darum, herumzukichern und herumzuwackeln, Körperteile werden auf dem Laufsteg präsentiert. Die Mädchen werden dafür bezahlt, daß sie püppchenhafte, leblose Pinups sind. Ein Mädchen wackelt lasziv mit ihren Schultern und lächelt einen Typen an; dabei lugt ihre Zungenspitze keck zwischen ihren Zähnen hervor. Eigentlich könnte man diesen Laden »Geile grüne Witwen« nennen. Wir kennen die Gepflogenheiten hier – wir geben Trinkgeld. Ich hatte ursprünglich angenommen, daß Stripperinnen es nicht mögen, wenn Frauen einen Club besuchen. Jetzt weiß ich, daß sie einfach keine Leute mögen, die kein Trinkgeld geben.

Dieses Gekichere und Herumgewackle wie am Fließband macht meiner Ansicht nach die Frauen viel eher zu Objekten als unsere Vorführungen im abgefackten Bourbon Burlesque. Bei uns wird eher Sex verkauft, als daß Körperteile angeboten werden. Im Crescent Cabaret sehen alle Stripperinnen gleich aus. Im Bourbon Burlesque hat jedes Mädchen, ob das nun gut oder schlecht ist, immerhin seinen eigenen Stil.

Alma zum Beispiel wendet die Technik einer Bauchtänzerin an. Sie sieht wie Louise Brooks aus – wenn Louise Brooks leuchtendrote Haare und mehrere Tätowierungen gehabt hätte. Sie lobt mich für meinen schlangengleichen Tanz, den ich nach einem Song von Jimi Hendrix aufführe: »Hast du das schon mal gemacht?«

»Ich finde, das sieht schön aus«, sagt sie bedeutungsvoll. Eine andere Stripperin bewundert die künstlichen Blumen auf ihrem hochgeschlitzten Kleid.

»Vielen Dank. Ich klaue sie immer«, sagt sie und nennt ein Kurzwarengeschäft.

»Klau doch das nächste Mal auch ein paar für mich.«

Alma wendet sich wieder an mich. »Eigentlich bin ich Schneiderin. Ich mache das hier, damit ich nicht Kleider schneidern muß, die mir nicht gefallen.« Sie stellt mich Miss Lucy, einer weiteren Stripperin, vor, die eine platinblonde Perücke mit Pagenschnitt trägt. Miss Lucy lächelt mich an und enthüllt dabei ausgesprochene Raubtierfänge. Sie hatte sich in den Kopf gesetzt, immer wie ein Vampir auszusehen, und ließ sich deshalb ihre Schneidezähne abfeilen und überkronen. Ich schaffe es endlich, meinen Blick von ihren Zähnen loszureißen, und starre nun auf die einzige Stripperin ohne Tätowierung oder Ring in der Brustwarze. Brustimplantate sind in den Oben-ohne-Clubs viel häufiger zu sehen; GiO allerdings ließ sich schon vor ein paar Jahren ein Implantat einsetzen. »Die beste Investition, die ich je getroffen habe«, sagt sie und wackelt wild mit ihren Brüsten. Sie steht am Eingang des Clubs und versucht auf diese Art, Gäste anzulocken, und hat Erfolg. »Ich hab's getan, um mich länger in diesem Geschäft halten zu können.«

»Wie machst du das?« frage ich und meine damit, wie sie ihre Brüste unabhängig voneinander herumwippen läßt, so daß sie fast aus ihrem Korsett hüpfen.

»Du mußt deine pektoralen Muskeln trainieren. Schau her. Es ist genauso, wie wenn man mit den Ohren wackelt.«

Ich schaue von meiner Brust auf und sehe, daß mich ein Paar an den Tisch winkt, also setze ich mich dazu. Die beiden kommen aus Tennessee und dürften so um die Vierzig sein. Er ist Mechaniker, sie betreibt ihr eigenes Fingernagelstudio. Sie möchte, daß ich für ihren Mann einen Table Dance aufführe. Diesem Wunsch komme ich natürlich gleich nach. Als ich fertig bin, bittet sie ihn, mir einen Drink zu spendieren, und ich sage ihr, daß es »für mich ziemlich ungewöhnlich« sei, mich an einen Tisch zu Paaren zu setzen. »Meine Freunde halten mich auch für verrückt«, antwortet sie. »Aber wir machen das immer, wenn wir in Urlaub sind. Und wissen Sie, was? Sie tanzen hier für ihn«, dabei zwinkert sie lasziv mit den

Augen, »aber später ernte ich die Früchte im Hotelzimmer.«

Es gibt noch andere Gäste, an die ich mich gerne erinnere. Eines Abends kamen ein paar Typen in den Club, die aus einem Panoptikum hätten stammen können: einer mit einer Flosse anstelle eines Arms, sein schwachsinniger Freund und ihre zwergenhaften Freundinnen. Sie klatschten allen begeistert Beifall, gaben aber nie ein Trinkgeld. »Die sind arm«, sagt GiO; allerdings beobachtete ich, daß sie ihr ein paar Dollar gaben. Der Typ mit der Flosse kam ein paar Wochen später noch mal – »Hal-lo, Dolores!« – und lud mich auf einen Drink ein. An einem anderen Abend gab mir ein Tisch mit Lesbierinnen auf etwas unübliche Weise Trinkgeld. Sie warteten, bis ich auf der Bühne fertig war, und riefen mich dann zu sich. »Das ist für dich«, sagte eine von ihnen und fächerte die Scheine wie Spielkarten auf.

Unter den Gästen findet sich immer einer mit einem verkrampften Gesichtsausdruck, der signalisiert, daß er wild entschlossen ist, sich nicht sexuell erregen zu lassen. Die meisten Gäste sind jedoch frustrierte Männer, die einfach dasitzen und ebenso benommen wie dämlich dreinschauen.

Inzwischen weiß ich, daß ich nur bis an den Bühnenrand auf sie zugehen und ihnen tief in die Augen zu schauen brauche, dann greift ihre Hand wie von selbst in die Tasche und holt einen Geldschein heraus.

»Ich weiß nicht, wie du das anstellst«, sagt das pummelige Mädchen, das sich nicht aus der Garderobe traut.

»Schau sie einfach an, als ob sie etwas falsch machen, wenn sie dir kein Trinkgeld geben«, sagt Veronica. Sie tanzt gerne nach dem Song von Aretha Franklin »You Make Me Feel Like a Natural Woman« in einem bodenlangen Satingewand und Abendhandschuhen, die ihr bis über die Ellenbogen reichen. »Ich meine, die wissen genau, was zu tun ist, verdammt noch mal! Sie sind schließlich in einem Stripteaseclub!«

Eines Abends komme ich zur Arbeit und trage meine normale Straßenkleidung, also Jeans und T-Shirt. Da es regnet, setze ich meine Skid-Row-Baseballmütze auf. »Kennst du die etwa?« fragt Trish. Sie glaubt, daß ich in New York City strippe, also nicke ich, denn ich hätte sie ja durchaus auch dort kennenlernen können. »Ich auch!« sagt sie. »Ich war einmal mit Rachel aus«, sagt sie.

»Wirklich! Ich kenn ihn nicht sehr gut«, antworte ich, was die Wahrheit ist.

»Er ist wirklich nett. Wir sind einmal miteinander ausgegangen. Passiert ist aber nichts. Ich glaube, daß er einfach einsam war, und ich war's auch.« Sie lächelt ein wenig. »Ich glaube, daß er seine Freundin ziemlich vermißt hat.«

»Du siehst ein wenig aus wie sie«, sage ich zu ihr und denke an die Tätowierung auf seinem Arm, die ein Mädchengesicht zeigte.

»Das hat mir schon mal jemand gesagt.«

Später in der Garderobe erzählt sie mir die Geschichte von einem Mädchen aus Calgary, das sich immer brüstete, Skid Row zu kennen.

»Ist sie eine Asiatin mit gewaltigen Lippen und riesigen Brüsten?« frage ich, »aber sehr klein?«

»Ja, das ist Sylvia!« ruft sie. »Du kennst sie?«

Ich erinnere mich an sie als rotznäsiges, unausstehliches Groupie, das einmal aus der Umkleidekabine rausgeschmissen wurde. Wir sind uns nur einmal begegnet, und damals versuchte sie, die Leute in der Kabine damit zu unterhalten, indem sie meine dreckigen, knöchelhohen

Turnschuhe mit ihren leuchtend pinkfarbenen Pumps verglich. »Sie ist Stewardeß bei Air Canada, nicht wahr?«

»Aber keineswegs. Sie ist Stripperin, Schätzchen.« Wie klein die Welt ist, denke ich mir, als ich die Strapse an meinem hautengen Kleid zurechtzupfe. Ich hole noch einmal tief Luft und gehe dann in den Club hinaus. Ich setze mich zu einem Studenten, der sagt, daß er mit seinen Kumpels hier ist, um den Geburtstag seines Freundes zu feiern. Kate setzt sich zum Geburtstagskind und geht nach zwei Minuten weg.

Ich lehne mich hinüber und tippe ihm auf die Schulter.

»Darf ich fragen, was sie zu dir gesagt hat?«

»Sie sagte, daß ich wirklich lieb bin. Dann fragte sie mich, ob ich einen Table Dance möchte, und ich sagte, nein, ich mag keine Blondinen. Nicht mein Typ.«

Ein paar Minuten später, während ich für seinen Freund tanze, sehe ich, wie Kate dem Herrn Ich-mag-keine-Blondinen doch einen Table Dance verkauft hat. »Also, wie hat sie dich überzeugt?« frage ich ihn später und hoffe, schließlich hinter das Geheimnis von Kate zu kommen.

»Also, sie hat mit ihren Brüsten vor mir herumgewackelt.«

»Und das war alles?«

»Und er hat mich auch noch dazu überredet!« sagt er und zeigt auf einen anderen Freund. »Er sagte: ›Nichts wie ran, Kerl. Du kannst es dir leisten.‹ Und, weißt du«, sagt er mißmutig, »sie hat mir nicht mal alles Gute zum Geburtstag gewünscht. Ich hätte eigentlich erwartet, daß das im Preis von zwanzig Dollar drin sein müßte.«

Als ich mich gerade in der Garderobe umziehe, kommt eine Stripperin namens Cherie hereingelaufen. Sie war mit demselben Mann am Ring gewesen, der mir ein sehr gutes Trinkgeld gegeben hatte.

»Ich muß dich etwas fragen«, sagt sie ein wenig atemlos. Sie hat die gleichen Grübchen im Kinn wie die junge Sally Struthers und sieht ihr auch sonst recht ähnlich. »Bist du bi?«

»Nein.«

»Kannst du denn so tun, als wärst du bi?« fragt sie. »Also, dieser Doktor«, sagt sie und wedelt stolz mit seiner Visitenkarte. Ja, ja, Doktor, denke ich. Die Karte sieht so labbrig und schlecht gedruckt aus, als ob er sie in einem Fotokopierladen hatte machen lassen. »Er möchte, daß wir in sein Hotelzimmer gehen und ihm für vierhundert Dollar eine Bi-Vorstellung geben. Zweihundert für mich und zweihundert für dich.«

»Nein, ich glaube nicht.«

»Ja, das habe ich mir schon gedacht. Ich überlege gerade, wen ich hier noch fragen könnte, der vielleicht bi ist.« Cherie sieht eine andere Stripperin in der Garderobe an. Es ist Anna, die so tanzt, als hätte sie eine Ballettausbildung. »Wie steht's mit dir? Du hast ihm gefallen. Möchtest du nicht einfach so tun, als ob wir's machen? Setz dich doch einfach mit hin zu ihm, und wir lassen uns noch ein paar Drinks spendieren und Trinkgeld geben. Wir holen so viel Geld aus ihm heraus, wie wir können, und dann stellen wir ihn einfach vor die Tatsache, daß wir nicht mit ihm ins Hotel gehen.«

»Aber klar!« antwortet sie.

Ein paar Minuten später sehe ich, daß Cherie allein ist. »Was ist mit dem Doktor passiert?«

»Oh, er hatte die Schnauze voll und ist abgehauen«, sagt sie. »Aber das ist schon in Ordnung. Ich habe seine Karte, und damit, denke ich, habe ich ihn in der Hand.«

Ich beobachte sie, wie sie sich an einen anderen Tisch setzt. Der Geschäftsmann, dem sie Gesellschaft leistet, hat keine blasse Ahnung davon, daß sie ausschließlich an den Inhalt seiner Brieftasche denkt. Wie jeder andere Mann hier im Club möcht er einen Abend lang der King sein, möchte, daß sich schöne Frauen zu seinem Vergnügen vor ihm präsentieren und sich ausziehen. Er glaubt, daß ihn dieses hübsche Mädchen mit den blonden Ringellocken für attraktiv, anregend und witzig und weltmännisch hält. Er glaubt, beurteilen zu können, wann eine Frau aufrichtig ist, und er glaubt zu wissen, daß eine Frau, die so freizügig ihren Körper zeigt, unfähig ist, die Wahrheit zu verbergen, wenn sie mit ihm spricht. Was für ein Trottel!

Der Mann, bei dem ich sitze, sagt: »Weißt du, viele Frauen, die in diesen Clubs sitzen, ziehen ein Hochschulstudium durch.« Warum glauben Männer, daß nur Frauen auf dumme Sprüche hereinfallen?

»Du hast recht«, erzähle ich ihm. »Ich bin Aushilfslehrerin, aber ich würde wirklich gerne noch den Doktor machen. Ich versuche, den Sommer über etwas Geld zu sparen.«

Seine Augen leuchten auf, und ich fühle schon die Geldscheine in meiner Hand rascheln.

Margaret Atwood

Wahrer Schund

Die Kellnerinnen baden in der Sonne wie eine Herde gehäuteter Robben, ihre rosigbraunen Körper glänzen vom Öl. Sie haben ihre Badeanzüge an, weil es Nachmittag ist. Morgens und abends, in der Dämmerung, baden sie manchmal nackt, was das juckende Ausharren in dem von Moskitos heimgesuchten Buschwerk gegenüber ihrem kleinen privaten Bootsteg ein ganzes Stück lohnenswerter macht.

Donny hat das Fernglas, es gehört nicht ihm, sondern Monty. Montys Dad hat es ihm zum Vogelbeobachten geschenkt, aber Monty interessiert sich nicht für Vögel. Er hat für das Fernglas eine bessere Verwendung gefunden: er vermietet es für maximal fünf Minuten an andere Jungen, für je einen Nickel oder auch für einen Schokoladenriegel aus dem Kiosk, obwohl ihm Geld lieber ist. Er ißt die Schokoladenriegel nicht; er verkauft sie auf dem schwarzen Markt – zum doppelten Preis; der Vorrat auf der Insel ist begrenzt, und so kommt er damit durch. Donny hat schon alles Sehenswerte betrachtet, aber er läßt sich Zeit mit dem Fernglas, trotz des heiseren Geflüsters und des Drängens derjenigen, die hinter ihm stehen. Er will kriegen, wofür er gezahlt hat.

»Jetzt seht euch das an«, sagt er mit, wie er hofft, die

anderen auf die Folter spannender Stimme. »Sabber, Sabber.« Direkt an der Stelle mit dem frischen Mückenstich bohrt sich ein Ast in seinen Magen, aber er kann ihn nicht wegschieben, ohne mit der Hand das Fernglas loszulassen. Er kennt die Flankengriffe.

»Laß sehen«, sagt Richie und zieht an seinem Ellenbogen.

»Verpiß dich«, sagt Donny. Er bewegt das Fernglas ein Stück weiter, erfaßt ein glitschiges halbnacktes Gesäß, eine Brust in einem Badeanzug mit roten Punkten, eine lange herunterfallende Strähne gebleichter blonder Haare: Ronette, die Schärfste, Ronette, die Verbotenste. Wenn ihnen im Winter die Lehrer der High-School Vorträge halten, wie gefährlich es ist, sich mit den Stadtmädchen einzulassen, dann denken sie alle an solche wie Ronette: die vor dem einzigen Kino der Stadt herumhängen, Kaugummi kauend und mit den Lederjacken ihrer Freunde, die wiederkäuenden Lippen so glänzend und tiefrot wie zerquetschte Himbeeren. Wenn man pfeift oder auch nur hinsieht, starren sie mitten durch einen hindurch.

Ronette hat alles außer dem Blick. Im Unterschied zu den anderen lächelt sie sogar manchmal. Jeden Tag schließen Donny und seine Freunde Wetten ab, ob sie an ihrem Tisch sein wird. Wenn sie sich nach vorn beugt, um die Teller abzuräumen, versuchen sie, in ihre gesittete, aber mit einem V-Ausschnitt versehene Uniform zu linsen. Sie wenden ihr das Gesicht zu, atmen sie ein: Sie riecht nach Haarspray, Nagellack, etwas Künstlichem und zu Süßem. Billig, würde Donnys Mutter sagen. Das ist ein verlockendes Wort. Die meisten Dinge in seinem Leben sind teuer und nicht besonders interessant.

Ronette dreht sich auf dem Landesteg um. Jetzt liegt sie

auf dem Bauch, hat das Kinn in die Hände gestützt, ihre Brüste werden durch die Schwerkraft nach unten gezogen. Sie hat die richtigen mit einer Spalte dazwischen, nicht wie manche von ihnen. Aber über ihrem Badeanzug kann er ihr Schlüsselbein und ein paar Rippen sehen. Trotz der Brüste ist sie dünn, mager; sie hat Arme wie Stöcke und ein schmales, ein wenig hohles Gesicht. Ein Backenzahn fehlt, man sieht es, wenn sie lächelt, und das beunruhigt ihn. Er weiß, daß er eigentlich Verlangen nach ihr spüren sollte, aber das ist es nicht, was er empfindet.

Die Kellnerinnen wissen, daß sie beobachtet werden: sie sehen, wie die Büsche sich bewegen. Die Jungen sind erst zwölf oder dreizehn, höchstens vierzehn, kleine Fische. Wenn es die Studenten wären, welche jeweils eine Jungengruppe beaufsichtigen, würden sie mehr kichern, sich mehr herausputzen, die Rücken durchdrücken. Jedenfalls manche von ihnen. Aber so verbringen sie ihre Nachmittagspause, als wäre niemand da. Sie reiben sich gegenseitig mit Sonnenöl ein, braten sich gleichmäßig, drehen sich faul von einer Seite auf die andere und bringen Richie, der jetzt das Fernglas hat, dazu, ein Stöhnen von sich zu geben, das die anderen Jungen verrückt machen soll und es auch tut. Es werden kleine Boxhiebe ausgeteilt, unterdrückte Ausrufe wie »dummer Hund« und »Arschloch« werden laut. Richie macht ein schlürfendes Geräusch, als liefe ihm der Speichel aus dem Mund, und grinst von einem Ohr zum anderen.

Die Kellnerinnen lesen sich laut etwas vor. Sie wechseln sich ab: ihre Stimmen schweben über das Wasser, durch gelegentliches Prusten und Auflachen unterbrochen. Donny hätte gern gewußt, was sie mit einer solchen Versunkenheit, mit so viel Spaß lesen, aber es wäre gefährlich, das zuzugeben. Nur ihre Körper zählen. Wen interessiert schon, was sie lesen?

»Die Zeit ist um, Scheißer«, flüsterte er Richie zu.

»Selber Scheißer«, sagt Richie. Die Büsche bewegen sich heftig.

Die Kellnerinnen lesen ein *Wahre-Romanzen*-Heft, einen Groschenroman. Tricia hat einen ganzen Stapel davon unter ihrer Matratze verstaut, und Sandy und Pat haben auch noch welche beigesteuert. Jedes dieser Hefte hat eine Frau auf der Titelseite, deren Kleid über der Schulter heruntergezogen ist oder die eine Zigarette im Mund hat oder irgendein anderes Anzeichen unordentlichen Lebenswandels aufweist. Gewöhnlich haben diese Frauen Tränen in den Augen. Die Farben sind merkwürdig: leicht schmuddelig, etwas verschmiert wie die handgefärbten Ansichtskarten im Kaufhaus. Nichts von den fröhlichen weißen Zähnen und dem sauber strahlenden Lächeln der Filmmagazine: dies sind keine Erfolgsstories. Wahrer Schund, so nennt Hilary sie. Joanne nennt sie Heulbojen.

Im Augenblick liest Joanne vor. Sie liest mir ernster, theatralischer Stimme, wie jemand im Radio; in der Schule hat sie in einem Theaterstück mitgespielt: *Unsere kleine Stadt*. Sie hat ihre Sonnenbrille wie ein Lehrer auf die Nasenspitze geschoben. Aus Spaß liest sie mit englischem Akzent.

Die Geschichte handelt von einem Mädchen, das mit seiner geschiedenen Mutter in einer engen, heruntergekommenen Wohnung über einem Schuhgeschäft wohnt. Ihr Name ist Marleen. Sie arbeitet nach der Schule und am Samstag in dem Geschäft, und zwei der Schuhverkäufer sind hinter ihr her. Der eine ist solide und langweilig und will sie heiraten. Der andere, der Dirk heißt, hat ein Motorrad und ein wissendes, unverschämtes Grinsen, von dem Marleen weiche Knie kriegt. Die Mutter sitzt sklavisch an der Nähmaschine. Sie macht Marleens Kleidung selbst, und sie verdient sich einen dürftigen Lebensunterhalt, indem sie für reiche Damen Kleider näht, die sie böse anfahren, wenn etwas nicht stimmt. Sie ermahnt Marleen ständig, sich den richtigen Mann auszusuchen und nicht einen schrecklichen Fehler zu machen, wie sie selbst. Das Mädchen hat vor, auf die Handelsschule zu gehen und sich für einen Verwaltungsjob ausbilden zu lassen, aber dazu reicht das Geld nicht. Sie ist im letzten Jahr der High-School, und ihre Noten werden immer schlechter, weil sie sich zwischen den beiden Schuhverkäufern nicht entscheiden kann. Und jetzt sitzt ihr ihre Mutter auch noch wegen der schlechten Noten im Nacken.

»O Gott«, sagt Hilary. Sie feilt sich die Fingernägel mit einer Metallfeile anstatt mit Schmirgelpapier. Sie findet Schmirgelpapier nicht gut. »Jemand soll ihr sofort einen doppelten Scotch geben.«

»Vielleicht sollte sie die Mutter umbringen, die Versicherung kassieren und machen, daß sie da wegkommt«, sagt Sandy.

»Hast du auch nur ein Wort von einer Versicherung gehört?« sagt Joanne und späht über ihre Brille.

»Du könntest es ja reinbringen«, sagt Pat.

»Vielleicht sollte sie beide ausprobieren, um zu sehen, welcher von beiden besser ist«, sagt Liz unverfroren.

»Wir wissen, welcher der bessere ist«, sagt Tricia. »Hört zu, wenn jemand *Dirk* heißt. Was soll da schiefgehen?«

»Die sind beide Stinktiere«, sagt Stephanie.

»Wenn sie das tut, wird sie eine GEFALLENE Frau sein,

in Großbuchstaben«, sagt Joanne. »Sie würde es BEREUEN müssen, in Großbuchstaben.«

Die anderen johlen. Reue! Die Mädchen in den Geschichten sind so lächerlich. Sie sind so schwach. Sie verlieben sich hoffnungslos in die falschen Männer, sie geben nach, sie werden sitzengelassen. Dann weinen sie.

»Moment«, sagt Joanne. »Hier kommt die große Nacht.« Sie liest weiter, hauchend. *»Meine Mutter war ausgegangen, um einer ihrer Kundinnen ein Cocktailkleid zu bringen. Ich war ganz allein in unserer schäbigen Wohnung.«*

»Keuch, keuch«, sagt Liz.

»Nein, das kommt später. *Ich war ganz allein in unserer schäbigen Wohnung. Der Abend war heiß und stickig. Ich wußte, daß ich eigentlich arbeiten sollte, aber ich konnte mich nicht konzentrieren. Ich ging unter die Dusche, um mich abzukühlen. Dann beschloß ich impulsiv, das Kleid für die Abschlußfeier anzuprobieren, über dem meine Mutter so viele Stunden bis in die Nacht hinein gesessen hatte.«*

»So ist es recht, Schuldgefühle, Schuldgefühle«, sagt Hilary voller Befriedigung. »Ich an ihrer Stelle würd die Mutter mit der Axt erschlagen.«

»Es war ein Traum aus Rosa –«

»Ein Traum aus rosa – was?« sagt Tricia.

»Ein Traum aus Rosa, Punkt, und halt den Mund. *Ich sah mich im winzigen Schlafzimmer meiner Mutter in dem hohen Spiegel an. Das Kleid war genau richtig für mich. Es paßte vollkommen zu meinem reifen, aber schlanken Körper. Ich sah darin anders aus, älter, schön, wie ein Mädchen, das an jeden Luxus gewöhnt ist. Wie eine Prinzessin. Ich lächelte mich an. Ich war verwandelt.*

Ich hatte gerade die Haken am Rücken aufgemacht und wollte das Kleid ausziehen und wieder aufhängen, als ich auf der Treppe Schritte hörte. Zu spät erinnerte ich mich daran, daß ich vergessen hatte, die Tür von innen zuzuschließen, nachdem meine Mutter gegangen war. Ich lief schnell zur Tür, hielt mein Kleid hoch – es konnte ein Einbrecher sein oder Schlimmeres! Aber es war Dirk.«

»Dirk oder Schmirk«, sagt Alex unter ihrem Handtuch hervor.

»Schlaf weiter«, sagt Liz.

Joanne liest jetzt leiser weiter, mit schleppender Stimme. »*›Dachte ich mir, ich komm mal rauf, um dir Gesellschaft zu leisten‹, sagte er mit einem unverschämten Lächeln. ›Hab gesehen, wie deine Mom weg ist.‹ Er wußte, daß ich allein war! Ich wurde rot und zitterte. Das Blut klopfte mir in den Adern. Ich konnte nicht sprechen. Jeder Instinkt warnte mich vor ihm – jeder Instinkt, außer denen meines Körpers und meines Herzens.«*

»Was gibt's denn noch für welche?« sagt Sandy. »Es gibt doch keine geistigen Instinkte.«

»Willst du weiterlesen?« sagt Joanne. »Dann sei still. »*Ich hielt die wallende rosa Spitze wie einen Schild vor mich hin. ›He, du siehst toll darin aus‹, sagte Dirk. Seine Stimme war rauh und zärtlich. ›Aber noch besser würdest du ohne aussehen.‹ Ich hatte Angst vor ihm. Seine Augen brannten vor Entschlossenheit. Er sah wie ein Tier aus, das sich an seine Beute heranpirscht.«*

»Ganz schön schwül«, sagt Hilary.

»Was für 'n Tier?« sagt Stephanie.

»Ein Stinktier«, sagt Tricia.

»Pst«, sagt Liz.

»Ich wich vor ihm zurück«, liest Joanne. *»Noch nie hatte er mich so angesehen. Jetzt drückte er mich an die Wand und riß mich in seine Arme. Ich fühlte, wie das Kleid herunterrutschte...«*

»Und das nach all der Näherei«, sagt Pat.

»...und seine Hand sich auf meine Brust legte und sein harter Mund meinen suchte. Ich wußte, daß er nicht der richtige Mann für mich war, aber ich konnte ihm nicht länger widerstehen. Mein ganzer Körper schrie nach ihm.«

»Was sagt er denn?«

»Er sagte: He, Körper, hierher!«

»Pst.«

»Ich spürte, wie ich hochgehoben wurde. Er trug mich zu dem Sofa. Dann fühlte ich, wie sich sein sehniger, harter Körper der Länge nach an mich preßte. Schwach versuchte ich, seine Hände wegzustoßen, aber in Wirklichkeit wollte ich es gar nicht. Und dann – Punkt Punkt Punkt *waren wir EINS*, in Großbuchstaben, Ausrufungszeichen.«

Einen Augenblick lang ist es still. Dann lachen die Kellnerinnen. Ihr Lachen ist empört, ungläubig. *EINS*. Einfach so. Es mußte doch noch mehr daran sein.

»Das Kleid ist hin«, sagt Joanne mit ihrer normalen Stimme. »Jetzt kommt die Mutter nach Hause.«

»Nicht heute, heute kommt sie nicht mehr«, sagt Hilary forsch. »Wir haben nur noch zehn Minuten. Ich geh schwimmen, um das Öl abzukriegen.« Sie steht auf, streicht ihr honigblondes Haar nach hinten, streckt ihren gebräunten athletischen Körper und springt mit einem perfekten Kopfsprung vom Ende des Stegs.

»Wer hat die Seife?« sagt Stephanie.

Ronette hat während der Geschichte nichts gesagt.

Wenn die anderen lachten, hat sie nur gelächelt. Jetzt lächelt sie auch. Es ist ein schiefes Lächeln, verwirrt, ein bißchen entschuldigend.

»Ja, aber«, sagt sie zu Joanne, »wieso ist das komisch?«

Mit gefalteten Händen und gebeugten Köpfen stehen die Kellnerinnen im Speisesaal an ihren Plätzen. Ihre königsblauen Uniformen reichen bis fast hinunter zu den Rändern ihrer weißen Söckchen, die mit weißen Mokassins oder schwarz-weißen Halbschuhen oder weißen Turnschuhen getragen werden. Über ihren Uniformen tragen sie einfache weiße Schürzen. Die rustikalen Schlafhütten aus Holz im Camp Adanaqui haben kein elektrisches Licht, und es gibt nur Außentoiletten. Die Jungen waschen ihre Sachen selbst, nicht einmal in Waschbecken, sondern im See; aber es gibt Kellnerinnen in Uniformen und Schürzen. Das Leben in der Natur prägt den Charakter eines Jungen, aber nur bestimmte Arten von Naturleben.

Mr. B. spricht das Tischgebet. Ihm gehört das Lager, und im Winter ist er auch Lehrer ihres Internats St. Jude's. Er hat ein ledriges gutaussehendes Gesicht, mit dem grauen Haarschnitt eines Rechtsanwalts aus der Baystreet und den Augen eines Falken; er sieht alles, stößt aber nur manchmal zu. Heute trägt er einen weißen Tennispulli mit V-Ausschnitt. Er könnte sehr gut einen Gin und Tonic trinken, tut es aber nicht.

Hinter ihm an der Wand, über seinem Kopf, ist ein verwittertes Brett mit einem Motto in schwarzer Groteskschrift darauf: *Jung gewohnt, alt getan.* Mit einem Stück ausgebleichten Treibholzes an jedem Ende geschmückt, und darunter zwei gekreuzte Paddel und der riesige Kopf eines Hechts im Profil, mit offenem Maul, so daß seine nadelspitzen Zähne und sein eines Glasauge mit dem wilden starren Blick eines Wahnsinnigen zu sehen sind.

Links von Mr. B. ist das Fenster der Stirnseite, und dahinter liegt die Georgian Bay, blau wie das Vergessen, bis ins Unendliche reichend. Daraus ragen wie die Rücken von Walen, wie runde Knie, wie die Waden und Schenkel riesiger dahintreibender Frauen, mehrere Inseln aus rosa Felsgestein auf, das von Gletschern und schwappendem Wasser und endlosen Winden abgeschabt und abgerundet ist. An den größeren klammern sich ein paar Kiefern mit ihren gewundenen Wurzeln fest. Durch diesen Archipel hindurch sind die Kellnerinnen von demselben klobigen Mahagonimotorboot, das auch die Post und die Lebensmittel und alles andere auf die Insel schafft, hierher gebracht worden, dreißig Kilometer vor der Küste. Es schafft heran und bringt fort. Aber die Kellnerinnen werden erst am Ende des Sommers wieder aufs Festland zurückgebracht: Für einen freien Tag ist es zu weit entfernt, und sie würden nie die Erlaubnis bekommen, über Nacht wegzubleiben. Und so sind sie die ganze Zeit hier. Außer Mrs. B. und Miss Fisk, die den Essensplan aufstellt, sind sie die einzigen Frauen auf der Insel. Aber die beiden sind alt und zählen nicht.

Es gibt neun Kellnerinnen. Es sind immer neun. Nur die Namen und Gesichter ändern sich, denkt Donny, der, seit er acht ist, in dieses Camp kommt. Als er acht war, hat er sich nicht um die Kellnerinnen gekümmert, außer wenn er Heimweh hatte. Dann dachte er sich Entschuldigungen aus, um am Küchenfenster vorbeizusehen, wenn sie das Geschirr abwuschen. Da waren sie, sicher geschützt, sicher hinter Glas: neun Mütter. Jetzt sieht er sie nicht mehr als Mütter an.

An diesem Abend ist Ronette an seinem Tisch. Hinter

halbgeschlossenen Augenlidern beobachtet Donny ihr schmales abgewandtes Gesicht. Er kann einen Ohrring sehen, einen kleinen goldenen Reifen. Er führt mitten durch ihr Ohrläppchen. Nur Italienerinnen und billige Mädchen haben durchbohrte Ohrläppchen, sagt seine Mutter. Es tat wahrscheinlich weh, wenn man ein Loch ins Ohr gemacht bekam. Es gehörte Mut dazu. Er überlegt, wie es wohl in Ronettes Zimmer aussieht, welche anderen faszinierenden Dinge sie noch dort hat. Bei jemandem wie Hilary braucht er nicht lange zu überlegen, weil er es schon kennt: die saubere Bettdecke, die Reihen Schuhe, den Kamm und die Bürste und die Maniküre auf dem Frisiertisch, wie Instrumente für eine Operation.

Hinter Ronettes gebeugtem Kopf ist die Haut einer Klapperschlange, einer großen, die an die Wand genagelt ist. Darauf muß man hier draußen achten: auf Klapperschlangen. Genauso auf Giftsumach, Gewitterstürme und Ertrinken. Letztes Jahr ist ein ganzes Kriegskanu voller Kinder ertrunken, aber die waren aus einem anderen Camp. Es war schon im Gespräch, daß alle weibische Schwimmwesten tragen müßten; die Mütter wollten es. Donny hätte gern eine eigene Klapperschlangenhaut, um sie über seinem Bett anzunageln; aber selbst wenn er die Schlange selbst erlegte, sie mit den bloßen Händen erdrosselte, ihr den Kopf abbisse, würde man ihm nie erlauben, die Haut zu behalten.

Mr. B. beendet das Tischgebet und setzt sich, und die Camper fangen wieder mit ihrem sich dreimal täglich wiederholenden Ritual des Brotgrabschens, Mundvollstopfens, Tretens unter den Tischen, leisen Fluchens an. Ronette kommt mit einem Teller aus der Küche. Makkaroni und Käse. »So, Jungs, jetzt kann's losgehen«, sagt sie mit ihrem gutmütigen schiefen Lächeln.

»Ergebensten Dank, mein Fräulein«, sagt Darce, der Student, der ihre Gruppe beaufsichtigt, mit seinem verlogenen Charme. Darce genießt den Ruf eines Frauenhelden. Donny weiß, daß er hinter Ronette her ist. Das macht ihn traurig. Er fühlt sich traurig und zu jung. Er würde gern ein Weilchen aus seinem Körper schlüpfen; er würde gern jemand anders sein.

Die Kellnerinnen waschen das Geschirr ab. Zwei zum Abkratzen der Teller, eine zum Abwaschen, eine zum Spülen in dem brühendheißen Spülausguß, drei zum Abtrocknen. Die andern beiden fegen den Fußboden und wischen die Tische ab. Später wird sich die Zahl der Abtrocknerinnen wegen ihrer freien Tage ändern – sie werden beschließen, ihre freien Tage zu zweit zu nehmen, damit sie Doppelverabredungen mit den Studenten treffen können –, aber heute sind alle da. Die Saison hat gerade erst begonnen, die Dinge sind noch in Bewegung, die Territorien noch nicht abgesteckt.

Während sie arbeiten, singen sie. Sie vermissen das Meer von Musik, in dem sie während des Winters dahintreiben. Pat und Liz haben ihre Kofferradios mitgebracht, obwohl man hier draußen nicht viel reinkriegt. Es ist zu weit von der Küste entfernt. Im Aufenthaltsraum der Aufseher gibt es einen Plattenspieler, aber die Platten sind veraltet. Patti Page, The Singing Rage. *How Much Is That Doggie In The Window. The Tennessee Waltz.* Wer tanzt schon noch Walzer?

»*Wake up, little Susie*«, trillert Susie. In diesem Sommer sind die Everly Brothers beliebt; oder waren es, auf dem Festland, als sie abgefahren sind.

»*What 're you gonna tell your mama, what 're you gonna tell your pa*«, singen die anderen. Joanne kann die

Altstimme improvisieren, dadurch hört es sich nicht so schrill an.

Hilary, Stephanie und Alex singen nicht mit. Sie gehen auf eine Privatschule, nur Mädchen, und sind besser im Kanon wie »*Fire Burning*« und »*White Coral Bells*«. Aber im Tennisspielen und Segeln, Dinge, die die anderen nicht können, sind sie gut.

Es ist merkwürdig, daß Hilary und die anderen beiden überhaupt hier sind und im Camp Adanaqui als Kellnerinnen arbeiten; sicher nicht, weil sie das Geld brauchen. (Nicht wie ich, denkt Joanne, die jeden Mittag den Posttisch heimsucht, um zu sehen, ob sie ihr Stipendium bekommen hat.) Sondern es ist auf Betreiben ihrer Mütter. Alex zufolge haben sich die drei Mütter zusammengetan und Mrs. B. auf einer Wohltätigkeitsveranstaltung überfallen und ihr so lange zugesetzt, bis sie die Mädchen kommen ließ. Natürlich ging Mrs. B. zu denselben Veranstaltungen und Partys wie die Mütter: Sie haben sie gesehen, mit ihrer Sonnenbrille ins Haar geschoben, mit einem Drink in der Hand, wie sie auf der Veranda von Mr. B.s weißem Haus auf dem Hügel Gäste empfing. Sie haben die Gäste in ihren fleckenlosen gebügelten Segelsachen gesehen. Sie haben das Lachen gehört, die Stimmen, rauh und beiläufig. *O Gott, erzählt mir bloß nichts.* Wie Hilary.

»Wir sind gekidnappt worden«, sagt Alex. »Sie fanden, daß es an der Zeit wär, ein paar Jungen kennenzulernen.«

Joanne kann das bei Alex verstehen, die mollig und unbeholfen ist, und bei Stephanie, die wie ein Junge gebaut ist und auch so geht; aber Hilary? Hilary ist klassisch. Hilary ist wie eine Shampoo-Werbung. Hilary ist vollkommen. Hinter ihr müßten sie eigentlich alle her sein, komischerweise ist das hier aber nicht so.

Ronette kratzt und läßt einen Teller fallen. »Mann«, sagt sie. »Wie kann man so tolpatschig sein.« Niemand schnauzt sie an oder neckt sie auch nur, wie sie es bei jeder anderen getan hätten. Sie ist bei ihnen beliebt, obwohl sich schwer sagen läßt, warum. Nicht nur, weil sie so unbekümmert ist: das ist Liz auch, das ist Pat auch. Sie hat irgendeinen geheimnisvollen Sonderstatus. Zum Beispiel hat jede andere einen Spitznamen: Hilary ist Hil, Stephanie ist Steph, Alex ist Al; Joanne ist Jo, Tricia ist Trish, Sandy ist San. Pat und Liz, die sich nicht noch weiter verkürzen lassen, sind zu Pet und Lizard geworden. Nur Ronette hat man die Würde ihres vollen, unwahrscheinlichen Namens zugestanden.

In mancher Hinsicht ist sie erwachsener als alle anderen. Aber nicht, weil sie mehr weiß. Sie weiß weniger, oft hat sie Mühe, sich in dem Wortschatz der anderen zurechtzufinden, vor allem im lässigen Slang des Trios von der Privatschule. »Das versteh ich nicht«, sagt sie, und den anderen macht es Spaß, es ihr zu erklären, als wäre sie eine Ausländerin, eine geschätzte Besucherin aus irgendeinem anderen Land. Sie geht ins Kino und sieht fern, wie alle anderen auch, aber sie hat nur selten eine Meinung zu dem, was sie gesehen hat. Sie sagt höchstens mal »Mist« oder »nicht schlecht«. Obwohl sie freundlich ist, hütet sie sich, Beifall in Worten auszudrücken. Ihr höchstes Kompliment ist »okay«. Wenn die anderen davon reden, was sie gelesen haben oder welche Kurse sie im nächsten Jahr am College belegen werden, ist sie still.

Aber sie weiß andere Dinge, verborgene Dinge. Geheimnisse. Und diese andere Dinge sind älter, und in gewisser Hinsicht wichtiger. Fundamentaler. Hautnaher.

Jedenfalls denkt Joanne das, die die schlechte Angewohnheit hat, alles in Romanform zu bringen.

Hinter dem Fenster schlendern Darce und Perry vorbei, treiben eine Gruppe Camper zusammen. Joanne erkennt ein paar von ihnen: Donny, Monty. Es ist schwer, sich die Namen der Camper zu merken. Sie sind nichts als eine Horde kaum voneinander zu unterscheidender, meist schmutzstarrender Jungen, die dreimal täglich abgefüttert werden müssen, deren Krusten und Krümel und Rinden hinterher weggeputzt werden müssen. Die Aufseher nennen sie Schlampis.

Aber manche stechen heraus. Donny ist für sein Alter groß, nichts als Ellbogen und spitze Knie, mit riesigen tiefblauen Augen; selbst wenn er flucht – sie fluchen alle während der Mahlzeiten, verstohlen, aber doch laut genug, daß es die Kellnerinnen hören können –, dann ist es mehr wie eine Meditation, oder mehr wie eine Frage, als würde er die Wörter ausprobieren, sie kosten. Monty dagegen ist wie die Miniaturausgabe eines Fünfundvierzigjährigen: er hat hängende Schultern wie ein Geschäftsmann und schon einen richtigen Bauch. Er stolziert in einem pompösen prahlerischen Gang daher. Joanne findet ihn zu komisch.

Gerade jetzt trägt er einen Besen mit fünf Rollen Klopapier vorbei, die auf den Stiel gesteckt sind. Alle Jungen tun das: sie haben Lokusdienst, fegen die Klos, ersetzen das Papier. Joanne überlegt, was sie wohl mit den benutzten Monatsbinden in dem braunen Papierbeutel im Privatklo der Kellnerinnen tun. Sie kann sich die Bemerkungen vorstellen.

»Kompanie... halt!« schreit Darce. Die Gruppe bleibt stolpernd vor dem Fenster stehen. »Präsentiert... das Gewehr!« Die Besen werden hochgehoben, die Enden der Klopapierrollen flattern wie Fahnen im Wind. Die Mädchen lachen und winken.

Montys Gruß ist halbherzig: das hier ist weit unter seiner Würde. Er verleiht vielleicht sein Fernglas – diese Geschichte hat sich inzwischen im ganzen Camp herumgesprochen –, aber er hat kein Interesse, es selbst zu benutzen. Das hat er deutlich gemacht. *Nicht bei diesen Mädchen*, sagt er und läßt höhere Ansprüche durchblicken.

Darce macht die Parodie eines militärischen Grußes, dann marschiert er mit seinem Haufen weiter. Das Singen in der Küche ist verstummt, die Kellnerinnen haben jetzt ein Thema: die Jungen. Darce ist der beste, der am meisten bewunderte, der attraktivste. Er hat die weißesten Zähne, das hellste Haar, das anziehendste Grinsen, er ist sexy. Im Aufenthaltsraum der Aufseher, wo sie jeden Abend hingehen, wenn das Geschirr abgewaschen ist, wenn sie ihre blauen Uniformen ausgezogen haben und in ihre Jeans und Pullover geschlüpft sind, wenn die Camper für die Nacht in ihre Betten gesteckt sind, hat er abwechselnd mit jeder von ihnen geflirtet. Wen hat er nun also wirklich gegrüßt?

»Mich«, sagt Pat scherzend. »Ich wollt, es wär so.«

»Träum weiter«, sagt Liz.

»Es war Hil«, sagt Stephanie loyal. Aber Joanne weiß, daß das nicht stimmt. Aber ihr selbst hat es auch nicht gegolten. Es war Ronette. Das vermuten alle. Aber keine sagt es.

»Perry mag Jo«, sagt Sandy.

»Tut er nicht«, sagt Joanne. Sie hat verbreitet, daß sie schon einen Freund hat und daß sie daher nicht im Rennen ist. Es ist zur Hälfte wahr: sie hat einen Freund. Er hat diesen Sommer einen Job als Salatkoch auf dem Canadian National, der quer über den Kontinent hin- und herfährt. Sie stellt ihn sich vor, wie er zwischen den Salatschichten hinten im Zug steht, auf dem Bremswagen, eine Zigarette rauchend, zusieht, wie das Land vorbeigleitet, hinter ihm zurückbleibt. Er schreibt ihr Briefe mit blauem Kugelschreiber, auf liniertem Papier. *Meine erste Nacht in der Prärie,* schreibt er. *Es ist prächtig – das weite Land und der Himmel. Die Sonnenuntergänge sind unglaublich.* Dann ist ein Strich quer über die Seite gezogen, und es kommt ein neues Datum, er erreicht die Rockies. Joanne nimmt es ihm ein bißchen übel, daß er so von Orten schwärmt, an denen sie nie gewesen ist. Es kommt ihr vor wie eine Art männliche Prahlerei: er ist ungebunden. Er schließt mit *Wünschte, Du wärst hier* und mehreren X und O. Das hört sich förmlich an, wie ein Brief an deine Mutter. Wie ein flüchtiger Kuß auf die Wange.

Sie hat den ersten Brief unter ihr Kopfkissen gelegt, ist aber mit blauen Schmierflecken sowohl im Gesicht als auch auf dem Kopfkissenbezug aufgewacht. Jetzt hebt sie die Briefe in ihrem Koffer unter dem Bett auf. Sie kann sich nur mit Mühe daran erinnern, wie er aussieht. Ein Bild huscht vorbei, sein Gesicht aus der Nähe, bei Nacht, auf dem Vordersitz im Wagen seines Vaters. Das Rascheln von Kleidern. Der Geruch von Rauch.

Miss Fisk kommt in die Küche marschiert. Sie ist klein, plump, nervös; sie trägt immer ein Haarnetz über ihrem grauen Knoten, ausgetretene Wollpantoffeln – sie hat irgendwas mit den Zehen – und eine ausgeblichene knielange blaue Strickjacke, egal wie heiß es ist. Sie betrachtet diesen Sommerjob als ihre Ferien. Gelegentlich sieht man sie in einem schlaff herunterhängenden Badeanzug und einer weißen Gummikappe mit hochgeklappten Ohrenklappen im Wasser. Sie macht sich nie den Kopf naß, weshalb sie also die Kappe trägt, weiß niemand.

»Na, Mädchen. Bald fertig?« Sie spricht die Kellnerinnen nie mit Namen an. Sie nennt sie *Mädchen*, und hinter ihrem Rücken *meine Mädchen*. Sie gibt ihnen die Schuld für alles, was schiefgeht. *Das muß eins von den Mädchen gewesen sein.* Außerdem dient sie als eine Art Anstandsdame: ihre Hütte liegt an dem Pfad zu denen der Mädchen, und sie hat Radarohren, wie eine Fledermaus.

So alt werd ich nie, denkt Joanne. *Ich werd sterben, bevor ich dreißig bin.* Das weiß sie mit absoluter Sicherheit. Es ist ein tragischer, aber befriedigender Gedanke. Wenn nötig, falls sie nicht von irgendeiner verzehrenden Krankheit dahingerafft wird, wird sie es selber tun, mit Pillen. Sie ist kein bißchen unglücklich, aber sie hat vor, es später zu werden. Das scheint eine Art Pflicht zu sein.

Dies ist kein Land für alte Männer, zitiert sie aus einem Gedicht, das sie behalten hat, obwohl es bei der Abschlußprüfung nicht vorkam. *Änder das in alte Frauen um.*

Als sie alle ihre Schlafanzüge anhaben, fertig fürs Bett, bietet sich Joanne an, ihnen die Wahre-Schund-Geschichte zu Ende vorzulesen. Aber sie sind alle zu müde, so daß sie sie, mit ihrer Taschenlampe, allein weiterliest, nachdem die einzige trübe Birne ausgegangen ist. Sie hat den Wunsch, immer alles zu Ende zu bringen. Manchmal fängt sie die Bücher hinten an.

Unnötig zu sagen, daß Marleen einen dicken Bauch kriegt und Dirk mit seinem Motorrad das Weite sucht, als er es erfährt. ›Ich bin nicht der seßhafte Typ, Baby. Mach's gut.‹ *Wruum.* Die Mutter kriegt einen Nervenzusammenbruch, weil sie den gleichen Fehler gemacht hat, als sie jung war, und sich ihre Chancen verdorben hat, man braucht sie nur anzusehen. Marleen weint und bereut und betet sogar. Aber zum Glück will der andere Schuhverkäufer, der langweilige, sie noch immer heiraten. Und das geschieht dann auch. Die Mutter verzeiht ihr, und Marleen selbst lernt den wahren Wert stiller Hingabe kennen. Vielleicht ist ihr Leben nicht gerade aufregend, aber es ist ein gutes Leben für die drei, in der Wohnwagenkolonie. Das Baby ist entzückend. Sie kaufen einen Hund. Es ist ein Irischer Setter, und er jagt in der Dämmerung hinter Stöcken her, während das Baby lacht. Und so endet diese Geschichte – mit dem Hund.

Joanne stopft das Heft nach unten zwischen ihr schmales kleines Bett und die Wand. Sie muß fast weinen. Sie wird niemals einen solchen Hund haben und auch kein Baby. Sie will sie nicht, und sowieso, wie sollte sie Zeit dazu haben, wenn sie daran denkt, was sie alles schaffen muß? Sie hat eine lange, wenn auch vage Liste von Dingen, die sie in ihrem Leben machen will. Trotzdem fühlt sie sich beraubt.

Zwischen zwei ovalen Hügeln aus rosafarbenem Granitgestein liegt ein kleiner halbmondförmiger Strand. Die Jungen, die ihre Badehosen anhaben (wie sie es bei Kanufahrten nie tun, sondern nur im Camp, wo sie von den Mädchen gesehen werden könnten), waschen ihre Wäsche; bis zu den Knien im Wasser stehend, schrubben sie ihre nassen T-Shirts und Unterhosen mit gelben Stückchen Sunlichtseife. Das geschieht nur, wenn sie nichts mehr anzuziehen haben oder wenn der Gestank der schmutzigen Socken in den Hütten zu durchdringend wird. Darce, der Aufseher, paßt auf. Er liegt ausgestreckt auf einem Felsblock, läßt die Sonne auf seinen schon braunen Körper scheinen und raucht. Es ist verboten, vor den Jungen zu rauchen, aber er weiß, daß ihn dieser Haufen nicht verraten wird. Um ganz sicherzugehen, sieht er sich vor, hält die Zigarette dicht am Boden und macht heimlich schnelle und kurze Züge.

Irgend etwas landet an Donnys Kopf. Es sind Richies nasse Unterhosen, zu einem Ball zusammengedrückt. Donny wirft sie zurück, und gleich darauf ist ein Unterhosenkrieg ausgebrochen. Monty weigert sich mitzumachen, und so wird er zum allgemeinen Ziel. »Haut ab!« schreit er.

»Hört auf, ihr Hohlköpfe«, sagt Darce. Aber in Wirklichkeit achtet er gar nicht auf sie: er hat etwas anderes gesehen, das Aufblitzen einer blauen Uniform oben zwischen den Bäumen. Auf dieser Seite der Insel haben die Kellnerinnen eigentlich gar nichts zu suchen. Sie sollten auf ihrem eigenen Badesteg sein, ihre Nachmittagspause abhalten.

Darce steht oben zwischen den Bäumen, stützt sich mit dem Arm an einen Baumstamm. Donny hört eine Unterhaltung; Gemurmel. Er weiß, daß es Ronette ist, er sieht es an ihrer Figur, an der Haarfarbe. Und hier ist er mit seinen Waschbrettrippen, seiner haarlosen Brust, und wirft mit Unterhosen durch die Gegend wie ein kleines Kind. Er ist wütend auf sich selbst.

Monty, der gegen die Überzahl keine Chance hat, seine Niederlage aber nicht eingestehen will, sagt, daß er mal verschwinden muß und geht in Richtung Klo. Inzwischen ist Darce nicht mehr zu sehen. Donny schnappt sich Montys Wäsche, die schon fertig gewaschen und ausgewrungen und schön ordentlich auf dem heißen Felsen zum Trocknen ausgebreitet ist. Er fängt an, sie nach oben in eine Kiefer zu werfen, ein Stück nach dem anderen. Die andern machen begeistert mit. Als Monty zurückkommt, ist der Baum mit seinen Unterhosen geschmückt, während die anderen Jungen mit Unschuldsmiene ihre Wäsche ausspülen.

Sie sind zu viert auf einer der rosafarbenen Granitinseln; Joanne und Ronette, Perry und Darce. Es ist eine Doppelverabredung. Die beiden Kanus sind halb aus dem Wasser gezogen und an den obligatorischen Strauchkiefern festgebunden, das Feuer ist schon fast heruntergebrannt und erlischt zu glühender Asche. Der Himmel ist noch immer pfirsichfarben und erleuchtet, und der weiche reife saftige Mond geht auf, die Abendluft ist warm und süß, die Wellen schlagen sanft an die Felsen. Es ist die Sommerausgabe, denkt Joanne. *Entspannte Trägheit, Tips zum Braunwerden. Schiffsromanze.*

Joanne röstet ein Stück Marshmallow. Sie tut es auf eine besondere Art: Sie hält es dicht an die Holzkohle, aber nicht so dicht, daß es Feuer fängt, nur so dicht, daß es sich wie ein Kissen aufbläht und sanft bräunt. Dann zieht sie die geröstete Haut herunter und ißt sie. Und dann röstet sie den weißen inneren Teil ganz genau so, und immer so weiter bis zum Kern. Sie leckt den klebrigen Sirup von den Fingern und starrt nachdenklich in das wechselhafte Glühen der Holzkohle. All das dient dazu, das, was wirklich vor sich geht, zu ignorieren oder so zu tun, als ignorierte sie es.

Es müßte eine Träne auf ihrer Wange sein, aufgemalt und starr. Darüber müßte eine Überschrift stehen: *Gebrochenes Herz.* Auf der ausgebreiteten Zeltplane direkt hinter ihr sitzt Perry, dessen Knie ihren Rücken berühren und der sauer ist, weil sie nicht mit ihm knutschen will. Hinter dem Felsbrocken, außerhalb des trüben Lichtkreises des Feuers, sind Ronette und Darce. Es ist die dritte Juliwoche, und sie sind inzwischen ein Paar, das weiß jeder. Im Aufenthaltsraum trägt sie sein Sweatshirt mit der St.-Jude's-Krone; sie lächelt jetzt häufiger und lacht sogar, wenn die andern Mädchen sie necken. Hilary beteiligt sich nicht an diesen Neckereien. Ronettes Gesicht scheint runder, gesünder, seine Ecken und Kanten sind wie mit der Hand geglättet. Sie ist nicht mehr so auf der Hut, nicht mehr so scheu. Sie sollte auch eine Überschrift haben, denkt Joanne. *War ich zu leicht zu haben?*

Aus der Dunkelheit ist ein Rascheln zu hören, leises Gemurmel, Atemgeräusche. Es ist wie am Samstagabend im Kino. Gruppenfummeln. Möglicherweise, denkt Joanne, stören sie eine Klapperschlange.

Perry legt ihr zaghaft eine Hand auf die Schulter. »Soll ich dir ein Marshmallow rösten?« sagt sie höflich zu ihm. Frostig. Dabei ist Perry kein Trostpreis. Er irritiert sie nur mit seiner sich schälenden sonnenverbräunten Haut und seinen bettelnden Spanielaugen. Ihr sogenannter richtiger Freund ist auch keine Hilfe, wie er auf seinen Eisenbahnschienen hin und zurück durch die Prärien saust, seine inzwischen selteneren tintigen Briefe schreibt, das Bild seines Gesichts fast völlig verwischt, als wäre es in Wasser aufgeweicht.

Und es ist auch nicht Darce, den sie will, nicht wirklich. Was sie will, ist etwas, das Ronette hat: die Kraft, sich selbst aufzugeben, rückhaltlos und ohne Erklärung. Es ist diese Sinnlichkeit, dieses Sichzurücklehnen. Wollüstige Gedankenlosigkeit. Alles, was Joanne tut, ist von Anführungszeichen umgeben.

»Marshmallows. Mann«, sagt Perry mit verdrossener, betrogener Stimme. Die ganze Paddelei und wofür? Warum, zum Teufel, ist sie mitgekommen, wenn sie es nicht wollte?

Joanne hat ein schlechtes Gewissen, sie hat das Gefühl,

sich schlecht zu benehmen. Würde es denn schaden, ihn zu küssen?

Ja, das würde es.

Donny und Monty machen eine Kanufahrt, irgendwo vor der undurchdringlichen Wildnis des Festlandes. Camp Adanaqui ist für seine Wanderfahrten bekannt. Fünf Tage lang sind sie und die anderen, insgesamt zwölf Jungen, durch einen See nach dem andern gepaddelt, haben die Ausrüstung und die Kanus über wellengeglättete Felsbrocken gezogen oder durch den Sumpf und den Gestank flacher Schlickteiche vor den Portagen, haben sich stöhnend mit dem Gepäck und den Kanus die Hügel raufgeschleppt, haben die Mücken von ihren Beinen geschlagen. Monty hat Blasen sowohl an den Händen als auch an den Füßen. Darüber ist Donny nicht allzu traurig. Er selbst hat einen eiternden Holzsplitter. Vielleicht kriegt er eine Blutvergiftung, fällt ins Delirium, bricht zusammen und stirbt auf einer Portage, zwischen den Felsen und den Tannennadeln. Das würde irgend jemandem recht geschehen. Irgend jemand mußte für die Schmerzen, die er erleidet, bezahlen.

Die Aufseher sind Darce und Perry. Tagsüber schwingen sie die Peitsche; nachts entspannen sie sich, mit dem Rücken an einen Felsblock oder Baum gelehnt, rauchen und beaufsichtigen die Jungen, die Feuer machen, die Wasser holen, das Essen kochen. Sie haben beide glatte nackte Muskeln, die sich unter der Bräune kräuseln, sie haben – inzwischen – beide stachlige Bärte. Wenn alle zusammen schwimmen gehen, wirft Donny versonnen neidische Blicke auf das, was sich unter ihren Badehosen abzeichnet. Sie geben ihm das Gefühl, spindeldürr zu sein und kindisch in seinen Sehnsüchten.

Jetzt ist es Nacht. Perry und Darce sind noch auf, reden mit leisen Stimmen, stochern in der glühenden Asche des verlöschenden Feuers. Die Jungen sollten längst schlafen. Für den Fall, daß es regnet, gibt es Zelte, aber seit zwei Tagen hat niemand daran gedacht, sie aufzustellen. Der Geruch von Schmutz und Schweißfüßen und Holzrauch wird bei engen Quartieren zu stark; die Schlafsäcke sind überreif wie Käse. Es ist besser, draußen zu sein, in den Sack gerollt, für den Fall eines Schauers eine Plane neben sich, mit dem Kopf unter einem umgekippten Kanu.

Monty ist der einzige, der für das Zelt gestimmt hat. Die Mücken machen sich über ihn her; er sagt, er sei allergisch. Er haßt Kanufahrten und macht kein Geheimnis daraus. Wenn er älter ist, sagt er, und endlich an den Familienzaster rankommt, wird er Mr. B. den ganzen Laden abkaufen und ihn dichtmachen. »Generationen ungeborener Jungen werden es mir danken«, sagt er. »Sie werden mir 'nen Orden verleihen.« Manchmal kann ihn Donny fast leiden. Er macht überhaupt keinen Hehl daraus, daß er gern stinkreich wäre. Er ist kein bißchen scheinheilig, nicht wie manche von den anderen Millionärssprößlingen, die so tun, als wollten sie Wissenschaftler werden oder sonstwas, womit sich nicht viel verdienen läßt.

Jetzt rückt Monty hin und her, kratzt sich seine Stiche. »He, Finley«, flüstert er.

»Schlaf jetzt«, sagt Donny.

»Ich wette, die haben 'nen Flachmann.«

»Was?«

»Ich wette, die trinken. Gestern hab ich's an Perrys Atem gerochen.«

»Na und?« sagt Donny.

»Na ja«, sagt Monty. »Das ist gegen die Regeln. Vielleicht können wir was aus ihnen rausholen.«

Das muß ihm Donny lassen. Er weiß genau, wie's gemacht wird. Zumindest könnten sie sich die Beute teilen.

Die beiden schieben sich aus den Schlafsäcken und schlagen leise einen Kreis um das Feuer. Sie haben Übung darin, den Kellnerinnen nachzuspionieren, und das kommt ihnen zugute. Sie ducken sich hinter eine buschige Fichte, halten nach gehobenen Ellbogen oder den Umrissen von Flaschen Ausschau, spitzen die Ohren. Aber was sie hören, hat mit Schnaps nichts zu tun. Es geht um Ronette. Darce redet von ihr, als wäre sie ein Stück Fleisch. Nach dem, was er sagt, läßt sie ihn alles machen, was er will. »Sommerwurst«, nennt er sie. Das ist ein Wort, das Donny noch nie gehört hat, und normalerweise würde er es lustig finden.

Monty kichert unter angehaltenem Atem und stößt Donny den Ellbogen in die Rippen. Weiß er, wie weh es tut, will er es noch unterstreichen? *Donny liebt Ronette.* Die größte Beleidigung in der sechsten Klasse, wenn man beschuldigt wird, jemanden zu lieben. Donny hat das Gefühl, als wäre er es, den man mit den Worten beschmutzt, als wäre es sein Gesicht, das darin gerieben wird. Er weiß, daß Monty alles, was sie hören, den anderen Jungen weitererzählen wird. Er wird sagen, daß Darce Ronette besprungen hat. Jetzt verabscheut Donny dieses Wort, die Vorstellung von schwankenden stöhnenden Tierleibern, die sich damit verbindet, auch wenn er es gestern noch selbst benutzt und komisch gefunden hat.

Er kann schlecht aus den Büschen stürzen und Darce eins auf die Nase hauen. Er würde sich nicht nur lächerlich machen. Darce würde ihn plattwalzen.

Er tut das einzige, was ihm einfällt. Am nächsten Morgen, als sie das Lager abbrechen, schnappt er sich Montys Fernglas und versenkt es im See.

Monty ahnt es und beschuldigt ihn. Irgendeine Art Stolz hält Donny davon ab, es zu leugnen. Und genausowenig kann er sagen, warum er es getan hat. Als sie zur Insel zurückkommen, findet im Speisesaal eine unerfreuliche Unterhaltung mit Mr. B. statt. Oder eigentlich keine Unterhaltung. Mr. B. redet, Donny schweigt. Er sieht nicht Mr. B. an, sondern den Hechtkopf an der Wand mit seinem voyeuristischen Glotzauge.

Beim nächsten Mal, als das Mahagonimotorboot ablegt, um in die Stadt zu fahren, ist Donny mit von der Partie. Seine Eltern sind nicht erfreut.

Es ist das Ende des Sommers. Die Camper sind schon fort, nur einige der Aufseher und die Kellnerinnen sind noch da. Morgen werden sie zu dem großen Anlegesteg gehen, in das niedrige Boot steigen, zwischen den rosafarbenen Inseln hindurchfahren, auf den Winter zusteuern.

Es ist Joannes halber freier Tag, so daß sie nicht im Speisesaal ist und mit den andern das Geschirr abwäscht. Sie ist in der Hütte, packt ihre Sachen. Ihr Kleidersack ist schon fertig, lehnt wie eine riesige Leinenwurst an ihrem Bett; jetzt packt sie ihren kleinen Koffer. Den Scheck für ihre Arbeit hat sie schon hineingesteckt: 200 Dollar, das ist eine Menge Geld.

Ronette kommt in die Hütte, noch in Uniform, zieht die Tür leise hinter sich zu. Sie setzt sich auf Joannes Bett und zündet sich eine Zigarette an. Joanne steht mit ihrem zusammengelegten Flanellpyjama aufmerksam da: irgend etwas ist passiert. In letzter Zeit ist Ronette wieder zu ihrem früheren wortkargen Selbst zurückgekehrt; sie lächelt nur noch selten. Bei den Abenden im Aufenthaltsraum ist Darce aufs Spielfeld zurückgekehrt. Er ist um Hilary herumgeschwänzelt, die – mit Rücksicht auf

Ronette – so getan hat, als merkte sie nichts. Vielleicht wird Joanne gleich erfahren, wie es zu dem großen Bruch gekommen ist. Bis jetzt hat Ronette noch nichts gesagt.

Ronette sieht durch ihre langen gelben Fransen zu Joanne auf. Wenn sie nach oben blickt, wirkt sie trotz des roten Lippenstifts jünger.

»Ich bin in Schwierigkeiten«, sagt Ronette.

»Was für Schwierigkeiten?« sagt Joanne. Ronette lächelt traurig, bläst den Rauch aus. Jetzt sieht sie alt aus. »Du weißt schon, Schwierigkeiten.«

»Oh«, sagt Joanne. Sie setzt sich neben Ronette, drückt den Flanellpyjama fest in die Arme. Ihr ist kalt. Es muß Darce sein. *In dieser sinnlichen Musik gefangen.* Jetzt wird er sie heiraten müssen. Oder so was. »Was wirst du tun?«

»Ich weiß es nicht«, sagt Ronette. »Sag es niemandem, nein? Sag es den anderen nicht.«

»Willst du's *ihm* denn nicht sagen?« sagt Joanne. Sie selbst kann sich nicht vorstellen, es zu tun. Sie kann sich das alles sowieso nicht vorstellen.

»Wem sagen?« sagt Ronette.

»Darce.«

Ronette stößt weiter den Rauch aus. »Darce«, sagt sie. »Der Clown. Es ist nicht von *ihm.*«

Joanne ist verblüfft und erleichtert. Aber auch ärgerlich auf sich: Was ist ihr entgangen, was hat sie versäumt? »Nicht? Von wem dann?«

Aber Ronette hat es sich anscheinend wieder anders überlegt. »Ich weiß, und du mußt raten«, sagt sie wie in dem Kinderspiel und versucht zu lachen.

»Na schön«, sagt Joanne. Ihre Hände sind feucht, als wäre sie es, die in Schwierigkeiten ist. Sie möchte gern helfen, hat aber keine Ahnung wie. »Vielleicht könntest du, ach, ich weiß nicht.« Sie weiß es nicht. Eine Abtreibung? Das ist ein dunkles und geheimnisvolles Wort, das mit den Staaten zu tun hat. Man muß weggehen. Es kostet eine Menge Geld. Ein Heim für ledige Mütter, gefolgt von einer Adoption? Verlustgefühle überschwemmen sie. Sie sieht Ronette vor sich, bis zur Unkenntlichkeit aufgebläht, als wäre sie ertrunken – ein Opfer, in ihrem eigenen Körper gefangen, ihm dargeboten. Gewissermaßen verstümmelt, entehrt. Unfrei. Es ist irgendwie nonnenartig, dieser Zustand. Sie verspürt Ehrfurcht. »Ich schätze, du könntest es auf die eine oder andere Art loswerden«, sagt sie; was aber ganz und gar nicht das ist, was sie fühlt. *Was immer gezeugt ward, wird geboren, stirbt.*

»Machst du Witze?« sagt Ronette fast mit Verachtung. »Mann, ich doch nicht.« Sie wirft ihre Zigarette auf den Boden, tritt sie mit dem Absatz aus. »Ich behalt es. Keine Sorge, meine Mom wird mir helfen.«

»Ja«, sagt Joanne. Sie hat jetzt wieder Atem geschöpft; sie fragt sich, warum Ronette das wohl bei ihr ablädt, vor allem, da sie ja nicht bereit ist, alles zu erzählen. Sie fühlt sich betrogen, ausgenutzt. Wer ist es also, welcher von den Jungen? Sie geht die Gesichter der Aufseher durch, versucht sich an Hinweise zu erinnern, an Spuren von Schuld, findet aber keine.

»Jedenfalls«, sagt Ronette, »muß ich wenigstens nicht wieder in die Schule. Danket dem Herrn auch für kleine Gaben, wie man so sagt.«

Joanne hört gespielte Tapferkeit und Verlassenheit. Sie streckt die Hand aus, drückt Ronettes Arm. »Viel Glück«, sagt sie. Es hört sich an wie etwas, das man vor einem Wettkampf oder einem Examen sagen würde oder vor einem Krieg. Es hört sich dumm an.

Ronette grinst. »Dir auch«, sagt sie.

Elf Jahre später geht Donny in der sommerlichen Hitze die Yorkville Avenue in Toronto herunter. Er ist jetzt nicht mehr Donny. An irgendeinem Punkt, an den er sich selbst nicht mehr genau erinnern kann, ist er zu Don geworden. Er trägt Sandalen und ein weißes Indianerhemd über seinen abgeschnittenen Jeans. Er hat ziemlich lange Haare und einen Bart. Der Bart hat sich als gelb herausgestellt, während die Haare braun sind. Ihm gefällt die Wirkung: Jesus oder Hollywood-Wikinger, je nachdem, wie er gelaunt ist. Um den Hals trägt er eine Kette aus Holzperlen.

So zieht er sich samstags an, um nach Yorkville zu fahren; um dorthin zu gehen und nur so herumzuhängen, mit dem Haufen anderer, die dasselbe tun. Manchmal wird er *high* von dem Pot, der so offen herumgereicht wird wie früher Zigaretten. Er findet, daß ihm diese Erfahrung mehr bringen müßte, als sie es in Wirklichkeit tut.

Für den Rest der Woche hat er einen Job in der Anwaltskanzlei seines Vaters. Dort geht sein Bart gerade noch durch, wenn er ihn mit einem Anzug ausgleicht. (Aber selbst die älteren Knaben dort lassen sich jetzt Koteletten wachsen und tragen bunte Hemden und verwenden häufiger als früher Wörter wie »kreativ«.) Den Leuten, die er in Yorkville trifft, erzählt er nichts von seinem Job, genausowenig wie er in der Anwaltskanzlei etwas von den Acid-Trips seiner Freunde erzählt. Er führt ein Doppelleben. Es fühlt sich gewagt an und mutig.

Plötzlich sieht er Joanne auf der anderen Straßenseite. Er hat schon lange nicht mehr auch nur an sie gedacht, aber sie ist es. Sie trägt nicht die matten Farben oder weiten fließenden Gewänder der Yorkville-Mädchen, sondern einen flotten, geschäftsmäßigen Minirock mit der dazu passenden Kostümjacke. Sie schwingt eine Aktentasche, geht mit großen Schritten, als habe sie etwas vor. Das macht sie auffällig: hier wird als Gang nur ein Schlendern akzeptiert.

Donny überlegt, ob er über die Straße laufen, sie aufhalten soll, vor ihr aufdecken soll, was er für seine wahre, aber geheime Identität hält. Jetzt sieht er nur noch ihren Rücken. Gleich wird sie verschwunden sein.

»Joanne«, ruft er. Sie hört ihn nicht. Er schlängelt sich zwischen den Autos hindurch, holt sie ein, berührt sie am Ellbogen. »Don Finley«, sagt er. Ihm ist bewußt, daß er dasteht und grinst wie ein Narr. Zu seinem Glück und auch ein bißchen zu seiner Enttäuschung erkennt sie ihn sofort.

»Donny!« sagt sie. «Mein Gott, bist du groß geworden!«

»Ich bin größer als du«, sagt er wie ein Kind, wie ein Idiot.

»Das warst du damals schon«, sagt sie lächelnd. »Ich meine, du bist erwachsen geworden.«

»Du auch«, sagt Donny, und dann lachen sie beide, fast wie von gleich zu gleich. Drei Jahre, vier Jahre Unterschied. Damals war das viel. Jetzt ist es nichts.

Also, Donny ist nun nicht mehr Donny, denkt Joanne. Das muß bedeuten, daß Richie jetzt Richard ist. Und was Monty betrifft, der ist jetzt zu Initialen geworden, zu einem Millionär. Zugegeben, einen Teil davon hat er geerbt, aber er hat es auch gut genutzt; Joanne hat sich hin und wieder in den Wirtschaftsblättern über seine Taten informiert. Und vor drei Jahren hat er Hilary geheiratet. Stell dir das vor. Auch das hat sie aus der Zeitung.

Sie gehen auf einen Kaffee und sitzen an einem der gewagten neuen Tische im Freien, unter einem bunt bemalten Holzpapagei, und trinken ihn. Es herrscht eine Intimität zwischen ihnen, als wären sie alte Freunde. Donny fragt Joanne, was sie macht. »Ich schlage mich so durch«, sagt sie. »Ich arbeite freiberuflich.« Im Augenblick schreibt sie Werbeanzeigen. Ihr Gesicht ist dünner, sie hat ihre jugendliche Rundlichkeit verloren; ihr früher nichtssagendes Haar hat jetzt einen modischen pilzförmigen Schnitt. Auch die Beine sind nicht übel. Um einen Mini zu tragen, braucht man gute Beine. So viele Frauen sehen darin plump aus, Schinken in Kleidern, aus denen unten die Beine rausgucken wie zwei Laib Weißbrot. Joannes Beine sind unter dem Tisch verborgen, aber Donny stellt fest, daß seine Gedanken länger bei ihnen verweilen, als sie es je getan haben, als sie deutlich und bis oben hin zu sehen waren, auf dem Steg der Kellnerinnen. Damals ist er über diese Beine hinweggegangen, ist insgesamt über Joanne hinweggegangen. Seine Aufmerksamkeit hat einzig Ronette gegolten. Inzwischen hat er schon etwas mehr von einem Kenner.

»Wir haben euch nachspioniert«, sagt er. »Wir haben euch beobachtet, als ihr nackt gebadet habt.« In Wirklichkeit hatten sie nie besonders viel gesehen. Die Mädchen hatten ihre Handtücher immer bis zum letzten Augenblick um ihre Körper geschlungen, und dann dämmerte es ja auch schon. Sie bekamen höchstens einmal ein weißes Aufblitzen zu sehen, dann kam ein Aufschrei und das Aufklatschen auf dem Wasser. Schamhaare, das wäre das Größte gewesen. Manche Jungen behaupteten, etwas gesehen zu haben, aber Donny hatte immer das Gefühl, daß sie logen. Oder war es nur Neid?

»Tatsächlich?« sagte Joanne abwesend. Und dann: »Ich

weiß, wir haben immer gesehen, wie sich die Büsche bewegten. Wir fanden es niedlich.«

Donny merkt, wie er rot wird. Er ist froh, daß er den Bart hat; der verbirgt manches. »Es war nicht niedlich«, sagt er. »Eigentlich waren wir ziemlich gemein.« Er erinnert sich noch an das Wort *bespringen.* »Siehst du die anderen manchmal?«

»Jetzt nicht mehr«, sagt Joanne. »Ein paar von ihnen hab ich an der Uni getroffen. Hilary und Alex. Pat manchmal.«

»Und Ronette?« fragt er, denn es ist das einzige, was er wirklich fragen möchte.

»Mit Darce hab ich mich früher öfter getroffen«, sagt Joanne, als hätte sie ihn nicht gehört.

Früher öfter getroffen ist eine Übertreibung. Sie hat ihn einmal getroffen.

Es war im Winter, Februar. Er rief sie in ihrem Büro bei *The Varsity* an. So hatte er erfahren, wo er sie finden würde: er hatte ihren Namen in der Campus-Zeitung gelesen. Zu der Zeit erinnerte sich Joanne kaum noch an ihn. Seit dem Sommer, in dem sie Kellnerin gewesen war, waren schon drei Jahre vergangen, Lichtjahre. Der Salatchef von der Eisenbahn war längst Vergangenheit; und jemand nicht so Unschuldiges hatte ihn ersetzt. Sie trug jetzt keine weißen Mokassins mehr, sang keine Lieder mehr. Sie trug Rollkragenpullis und trank Bier und eine Menge Kaffee, und sie schrieb zynische Enthüllungsgeschichten über solche Dinge wie die Küche der Universitätsmensa. Aber den Vorsatz, jung zu sterben, hatte sie aufgegeben. Das kam ihr jetzt übertrieben romantisch vor.

Darce wollte mit ihr ausgehen. Genau gesagt wollte er,

daß sie mit ihm auf eine Verbindungsparty ging. Joanne war darüber so verblüfft, daß sie zusagte, obwohl Verbindungen unter den Leuten, mit denen sie jetzt verkehrte, politisch einen sehr schlechten Ruf hatten. Es war etwas, das sie heimlich tun mußte, und das tat sie auch. Aber sie mußte sich dazu von ihrer Zimmergenossin ein Kleid ausleihen. Sie hatte sich schon seit der High-School nicht mehr dazu herabgelassen, auf eine Party zu gehen, bei der man sich so förmlich anziehen mußte.

Sie hatte Darce zuletzt mit sonnengebleichtem Haar und tiefgebräunter schimmernder Haut gesehen. Jetzt, in seiner Winterhaut, sah er blaß und unterernährt aus. Außerdem flirtete er nicht mehr mit jeder. Er flirtete nicht einmal mit Joanne. Statt dessen stellte er sie einigen anderen Paaren vor, tanzte mit ihr ein paarmal ziemlich mechanisch und fing an, sich mit einer Mischung aus Traubensaft und klarem Alkohol, die die Verbindungsbrüder Purple Jesus nannten, nach und nach zu betrinken. Er sagte ihr, daß er über sechs Monate lang mit Hilary verlobt gewesen sei, daß sie ihn dann aber einfach sitzengelassen habe. Sie hatte ihm nicht einmal gesagt, warum. Er sagte, er habe Joanne gebeten, mit ihm auszugehen, weil sie zu den Mädchen gehörte, mit denen man reden konnte, er wußte, daß sie ihn verstehen würde. Danach erbrach er jede Menge Purple Jesus, zuerst über ihr Kleid und dann – nachdem sie ihn nach draußen auf die Veranda geführt hatte – auf eine Schneewehe. Die Farbenzusammenstellung war erstaunlich.

Joanne bekam etwas Kaffee in ihn hinein und trampte in ihr Wohnheim, wo sie über die vereiste Feuerleiter klettern und durch das Fenster einsteigen mußte, weil die Tür zu so später Stunde schon abgeschlossen war.

Joanne war gekränkt. Sie war für ihn nur ein großes

Schlappohr gewesen. Außerdem war sie verärgert. Das Kleid, das sie sich ausgeliehen hatte, war hellblau, und der Purple Jesus ging nicht mit einfachem Wasser raus. Darce rief am nächsten Tag an, um sich zu entschuldigen – wenigstens brachte man ihnen in St. Jude's einigermaßen Manieren bei –, und Joanne schickte ihm die Rechnung von der Reinigung.

Während sie tanzten und bevor er zu nuscheln und zu schwanken begann, hatte sie gesagt: »Hast du mal was von Ronette gehört?« Sie hatte noch immer die Angewohnheit, alles in Erzählungen zu verwandeln, sie wollte noch immer wissen, wie die Geschichten ausgingen. Aber er hatte sie völlig verwundert angesehen.

»Von wem?« Es war keine Überheblichkeit, er erinnerte sich wirklich nicht. Sie fand diese Lücke in seinem Gedächtnis schrecklich. Sie selbst konnte vielleicht einen Namen vergessen, sogar ein Gesicht. Aber einen Körper? Ein Körper, der dem eigenen so nah gewesen war, der dieses Gemurmel, dieses Rascheln in der Dunkelheit, diesen sehnsüchtigen Schmerz erzeugt hatte – das war eine Beleidigung aller Körper, einschließlich ihres eigenen.

Nach dem Gespräch mit Mr. B. unter dem ausgestopften Hechtkopf geht Donny zu dem kleinen Strand hinunter, wo sie ihre Wäsche waschen. Die anderen aus seiner Hütte sind zum Segeln gegangen, aber er ist jetzt befreit von der Lagerroutine, er ist entlassen worden. Eine unehrenhafte Entlassung. Nach sieben Sommern unter Befehl kann er jetzt tun, was er will. Er hat keine Ahnung, was das sein könnte.

Er sitzt auf einem Buckel aus rosafarbenem Gestein, die Füße im Sand. Eine Eidechse läuft über den Felsen, dicht bei seiner Hand, nicht schnell. Sie hat ihn noch nicht entdeckt. Ihr Schwanz ist blau und geht ab, wenn er gepackt wird. Sie heißen Skinks. Früher hätte er sich über sein Wissen gefreut. Die Wellen schlagen an den Strand, ziehen sich wieder zurück, der vertraute Herzschlag. Er macht die Augen zu und hört nur eine Maschine. Vielleicht ist er wütend oder traurig. Er weiß es nicht.

Plötzlich ist Ronette da. Sie muß nach ihm den Pfad zwischen den Bäumen heruntergekommen sein. Sie hat ihre Uniform an, obwohl noch gar keine Essenszeit ist. Es ist erst später Nachmittag, die Zeit, um die die Kellnerinnen gewöhnlich ihren Steg verlassen, um sich umziehen zu gehen.

Ronette setzt sich neben ihn, holt aus einer verborgenen Tasche unter ihrer Schürze Zigaretten hervor. »Möchtest du eine?« sagt sie.

Donny nimmt eine und sagt: »Vielen Dank.« Nicht wortlos wie die Lederjackenmänner in Filmen, sondern »Vielen Dank«, wie ein braver Junge vom St.-Jude's-Internat, wie ein Idiot. Er läßt sich von ihr Feuer geben. Was bleibt ihm anderes übrig? Sie hat die Streichhölzer. Vorsichtig zieht er den Rauch ein. Eigentlich raucht er nicht viel und hat Angst, daß er husten muß.

»Ich hab gehört, daß sie dich rausgeschmissen haben«, sagt Ronette. »Das ist echt hart.«

»Macht nichts«, sagt Donny. »Ist mir egal.« Er kann ihr nicht sagen, warum, und wie edel er gewesen ist. Er hofft, daß er nicht weinen wird.

»Ich hab gehört, du hast Montys Fernglas weggeworfen«, sagt sie. »In den See.«

Donny kann nur nicken. Er wirft ihr einen Blick zu. Sie lächelt; er sieht die herzzerreißende Lücke in ihrem Mund, den fehlenden Zahn. Sie findet ihn komisch.

»Also, ich kann dich verstehen«, sagt sie. »Er ist 'n mieser Typ.«

»Es war nicht seinetwegen«, sagt Donny, der plötzlich das Bedürfnis hat, zu beichten oder ernst genommen zu werden. »Es war wegen Darce.« Er dreht sich um und sieht ihr zum ersten Mal in die Augen. Sie sind so grün. Jetzt zittern ihm die Hände. Er läßt die Zigarette in den Sand fallen. Sie werden die Kippe morgen früh finden, wenn er weg ist und Ronette verlassen hat, sie den Worten anderer Leute preisgegeben hat. »Es war deinetwegen. Was sie über dich gesagt haben. Was Darce gesagt hat.«

Ronette lächelt jetzt nicht mehr. »Zum Beispiel?« sagt sie.

»Ist doch egal«, sagt Donny. »Wozu willst du das wissen?«

»Ich weiß es auch so«, sagt Ronette. »Der Scheißkerl.« Sie klingt eher resigniert als wütend. Sie steht auf, legt beide Hände auf den Rücken. Donny braucht eine Weile, bis er merkt, daß sie ihre Schürze aufmacht. Als sie sie abgenommen hat, nimmt sie seine Hand, zieht ihn sanft mit. Er läßt zu, daß sie ihn um den Felshügel führt, so daß sie von niemandem gesehen werden, außer vom Wasser. Sie setzt sich hin, legt sich hin, lächelt, während sie nach oben greift, seine Hände führt. Ihre blaue Uniform ist vorn zum Aufknöpfen. Donny kann nicht glauben, daß dies geschieht, ihm geschieht, bei hellem Tageslicht. Es ist wie ein Schlafwandeln, es ist, als würde man zu schnell laufen, es ist wie nichts sonst.

»Noch einen Kaffee«, sagt Joanne. Sie nickt der Kellnerin zu. Donny hat sie nicht gehört.

»Sie war wirklich nett zu mir«, sagt er. »Ronette. Weißt du, als Mr. B. mich rausgeschmissen hat. Das hat mir damals viel bedeutet.« Er hat ein schlechtes Gewissen, weil er ihr nie geschrieben hat. Er wußte nicht, wo sie wohnte, aber er hat auch nichts unternommen, um es herauszufinden. Und außerdem konnte er sich nicht davon abhalten zu denken: *Sie haben recht. Sie ist eine Schlampe.* Ein Teil von ihm war zutiefst schockiert gewesen von dem, was sie getan hat. Er war dafür noch nicht bereit gewesen.

Joanne sieht ihn mit leicht geöffnetem Mund an, als wäre er ein sprechender Hund, ein sprechender Stein. Er zupft nervös an seinem Bart, überlegt, ob er etwas Falsches gesagt oder etwas verraten hat.

Joanne hat gerade das Ende der Geschichte gesehen, oder ein Ende von einer Geschichte. Oder zumindest ein fehlendes Stück. Also deshalb hatte Ronette es nicht gesagt: Es war Donny. Sie hatte ihn geschützt; oder vielleicht hatte sie sich selbst geschützt. Ein vierzehnjähriger Junge. Absurd.

Damals absurd, heute möglich. Man kann heute alles tun, niemand ist schockiert. Nur ein Achselzucken. Alles ist *cool.* Man hat einen Strich gezogen, und auf der anderen Seite ist die Vergangenheit, dunkler und zugleich von größerer Intensität als die Gegenwart.

Sie blickt über den Strich und sieht die neun Kellnerinnen in ihren Badeanzügen, im klaren gleißenden Sonnenlicht, auf dem Badesteg, lachend, und sie selbst ist auch dabei; und etwas weiter weg, in den schattigen raschelnden Büschen am Ufer, gefährlich lauernder Sex. Damals war es gefährlich gewesen. Es war eine Sünde gewesen. Verboten, heimlich, beschmutzend. *Krank vor Verlangen.* Die drei Punkte in den Büchern hatten es völlig richtig ausgedrückt, denn gewöhnliche Worte hatte es dafür nicht gegeben.

Andererseits hatte es die Heirat gegeben, und das bedeutete: karierte Hausfrauenschürzen, Laufställe, eine zuckrige Sicherheit.

Aber alles ist ganz anders gekommen. Der Sex wurde domestiziert, seines Geheimnisses beraubt, der Kategorie des Selbstverständlichen zugeordnet. Man tut es eben, es ist wie Hockeyspielen. Heute wäre Enthaltsamkeit der Skandal.

Und was ist schließlich aus Ronette geworden, die im Helldunkel der Vergangenheit zurückgelassen worden ist, im gefleckten Licht, eine Schlampe und eine Heilige, an der die Adjektive anderer Leute haftenbleiben? Was tut sie, jetzt, da alle in ihre Fußstapfen treten? Oder konkreter gefragt: Hat sie das Baby bekommen oder nicht? Hat sie es behalten oder nicht? Donny, der ihr so nett gegenübersitzt, ist aller Wahrscheinlichkeit nach Vater eines zehnjährigen Kindes, und er weiß überhaupt nichts davon.

Soll sie es ihm sagen? Das Melodram ist eine Versuchung, die Idee einer Enthüllung, einer Sensation, eines geordneten Endes.

Aber es würde kein Ende sein, es würde nur der Beginn von etwas anderem sein. Auf jeden Fall kommt ihr die Geschichte selbst veraltet vor. Es ist eine archaische Geschichte, ein Volksmärchen, ein altes Mosaik. Es ist eine Geschichte, die heute niemals passieren könnte.

Prentice Snyder III

Wie sich Silvia Plath einmal in Anne Sextons G-String verhedderte

Nach ihrem vierten Manhattan
in Frank O'Haras Sandbuggy
spürte Anne Sexton
des Herzens bittere Beichte.
Vom blauen Lack der Motorhaube
rief sie in den Wendekreis,
daß jeder in ihr ein Vogel sei,
als Silvia Plath im Rückspiegel
auftauchte (W. D. Snodgrass war
auch noch da). Die Fahrt ging von
Bedlam zu Robert Lowells Haus,
und Sand war Schnee.
Ladybirds Gesang aus dem Transistor
kam leise, und um drei gingen
am Himmel die Seesterne auf.
Silvia raffte den Rock, während
Anne den serviettengefalteten
Wonderbra noch einmal zurechtrückte.
Das Chrom des Überrollbügels glänzte,
und der Schwung weißer Schenkel
war einfach. Ein Ritt! Der Wagen war
nur gemietet.

Bibliographie

Margaret Atwood: **Wahrer Schund.** Aus: Margaret Atwood, »Tips für die Wildnis«. Ins Deutsche übertragen von Charlotte Franke. Copyright © 1991 by O. W. Toad, Ltd. Für die deutsche Ausgabe: Copyright © 1991 by S. Fischer Verlag GmbH, Frankfurt am Main.

Iain Banks: **Kaffee und Eis.*** Aus: Iain Banks, »Verschworen«. Ins Deutsche übertragen von Ute Thiemann. Copyright © 1993 by Iain Banks. Für die deutsche Ausgabe: Copyright © 1995 by Wilhelm Goldmann Verlag, München.

Anne Billson: **Kleine Schwächen.*** Originaltitel: »Born Again«. Aus dem Englischen von Robert Vito. Copyright © 1993 by Anne Billson. Abdruck mit freundlicher Genehmigung der Autorin.

Simone Borowiak: **Herr Jesus, gib Gummi!*** Aus: Simone Borowiak, »Frau Rettich, die Czerni und ich«. Copyright © 1992 by Vito von Eichborn GmbH und Co. Verlag KG, Frankfurt am Main.

Cassandra Brooke: **Einmal ist keinmal.*** Aus: Cassandra Brooke, »Alles Liebe, Deine Venus«. Aus dem Englischen von Judith Schwab. Copyright © 1992 by Cassandra Brooke. Für die deutsche Ausgabe: Copyright © 1993 Droemer Knaur Verlag, München.

Julie Burchill: **Herr Baby ist am Telefon.*** Originaltitel: »Baby Love«. Aus dem Englischen von Sabine Lohmann. Copyright © 1990 by Julie Burchill. Alle Rechte an der deutschen Übersetzung © 1992 by Wilhelm Goldmann Verlag, München.

DORIS DÖRRIE: **»Ein Mann!«** Aus: Doris Dörrie, »Was wollen Sie von mir?« Copyright © 1989 by Diogenes Verlag AG Zürich.

KERSTIN EKMAN: **Das Dreieck.*** Aus: Kerstin Ekman, »Stadt aus Licht«. Deutsch von Hedwig M. Binder. Copyright © 1983 by Kerstin Ekman. Für die deutsche Ausgabe: Copyright © 1992 by Neuer Malik Verlag Kiel.

MARY FLANAGAN: **Die unsterbliche Freundin.** Aus: Mary Flanagan, »Good Girls«. Aus dem Amerikanischen von Anne Steeb und Bernd Müller. Copyright © 1994 by Mary Flanagan. Für die deutsche Ausgabe: Copyright © S. Fischer Verlag GmbH, Frankfurt am Main, 1995.

SUSANNE FÜLSCHER: **Suberbabe.** Aus: Anne Bender (Hrsg.), »Einfach stark! Geschichten für Mädchen in den besten Jahren«. Copyright © 1996 Deutscher Taschenbuch Verlag GmbH & Co. KG, München.

GABY HAUPTMANN: **Halbe Männer gibt es nicht.*** Aus: Gaby Hauptmann: »Suche impotenten Mann fürs Leben«. Copyright © 1995 R. Piper GmbH und Co. KG, München.

VICKY HENDRICKS: **Bügelfrei.*** Aus: Vicky Hendricks, »Der Mann im Waschsalon«. Aus dem Amerikanischen von Berthold Radtke. Copyright © 1995 by Vicky Hendricks. Für die deutsche Ausgabe: Copyright © 1997 by Wilhelm Goldmann Verlag, München.

BINNIE KIRSHENBAUM: **Sag mir, wo die Gurken sind.*** Erschienen unter dem Titel »Ein erfülltes Leben gänzlich anderer Natur« in: Binnie Kirshenbaum, »Ich liebe dich nicht und andere wahre Abenteuer«. Deutsch von Sabine Groß. Copyright © 1990 by Binnie Kirshenbaum. Für die deutsche Ausgabe: Copyright © 1994 Deutscher Taschenbuch Verlag GmbH & Co. KG, München.

KATHY LETTE: **Das Schlimmste kommt noch.*** Aus: Kathy Lette, »Bonga Bonga oder Wo geht's denn hier nach Hollywood?« Aus dem Englischen von Sylveline Schönwald. Copyright © 1991 by Kathy Lette. Für die deutsche Ausgabe: Copyright © 1994 by ECON Taschenbuch Verlag GmbH, Düsseldorf und Wien.

TESSA DE LOO: **Zieh Leine, Mann.*** Erschienen unter dem Titel »Die Mädchen von der Süßwarenfabrik« in: Tessa de Loo, »Die Mädchen von der Süßwarenfabrik«. Aus dem Niederländischen von Rosemarie Still. Copyright © 1983 B. V. Uitgeverij De Arbeiderspers, Amsterdam. Für die deutsche Ausgabe: Copyright © 1994 Deutscher Taschenbuch Verlag GmbH und Co. KG, München.

VERA LUNDT: **Zickig.** Copyright © 1996 by Vera Lundt. Alle Rechte vorbehalten.

CHRISTOPHER MOORE: **Psychotest für böse Mädchen.*** Aus: Christopher Moore, »Lange Zähne«. Aus dem Amerikanischen von Ute Thiemann. Copyright © 1995 by Christopher Moore. Für die deutsche Ausgabe: Copyright © 1996 by Wilhelm Goldmann Verlag, München. Christopher Moore ist unter der E-Mail-Adresse BS-Fiends@AOL.com zu erreichen.

Iva Pekárková: **Im Bus mit Fialka.*** Aus: Iva Pekárková, »Truck Stop Rainbows«. Aus dem Tschechischen von Natascha Drubek-Meyer und Ladislav Drubek. Copyright © 1989 by Iva Pekárková. Für die deutsche Ausgabe: Copyright © 1995 R. Piper GmbH und Co. KG, München.

Anka Radakovich: **Mein Camcorder und ich.** Aus: Anka Radakovich, »Der Club der wilden Mädchen. Geschichten von unterhalb der Gürtellinie«. Aus dem Amerikanischen von Sibylle Schmidt. Copyright © 1994 by Anka Radakovich. Für die deutsche Ausgabe: Copyright © 1995 by Wilhelm Goldmann Verlag, München.

Lynn Snowden: **Zieh dich aus.*** Aus: Lynn Snowden, »Neun Leben«. Aus dem Amerikanischen von Liselotte Prugger. Copyright © 1994 by Lynn Snowden. Für die deutsche Ausgabe: Copyright © 1996 by Wilhelm Goldmann Verlag, München.

Prentice Snyder III: **Wie sich Silvia Plath einmal in Anne Sextons G-String verhedderte.** Originaltitel: »The Day Silvia Plath Got Caught in Anne Sexton's G-string«. Aus: Prentice Snyder III, »Pale Evenings, Bottles of Blue«. Aus dem Amerikanischen von Andrea Best und Sky Nonhoff. Copyright © 1969 by Prentice Snyder III. Abdruck mit freundlicher Genehmigung des Autors und P. W. Herman, Inc., New York.

* Mit Sternchen gekennzeichnete Titel stammen von der Herausgeberin.